VERTONUNGEN ANTIKER TEXTE
VOM BAROCK BIS ZUR GEGENWART

HEUREMATA

Studien zur Literatur, Sprachen und Kultur der Antike

herausgegeben von

Günther Wille

Band 7

Joachim Draheim

Vertonungen antiker Texte vom Barock bis zur Gegenwart
(mit einer Bibliographie der Vertonungen für den
Zeitraum von 1700 bis 1978)

Verlag B. R. Grüner BV — Amsterdam
1981

VERTONUNGEN ANTIKER TEXTE VOM BAROCK BIS ZUR GEGENWART

(mit einer Bibliographie der Vertonungen für den Zeitraum von 1700 bis 1978)

von

Joachim Draheim

Verlag B. R. Grüner BV — Amsterdam
1981

Die maschinenschriftliche Fassung des Manuskripts, die der Ablichtung zugrunde gelegt wurde, ist von Frau Luise Belthle auf der vom Verleger zur Verfügung gestellten IBM-Schreibmaschine angefertigt worden.

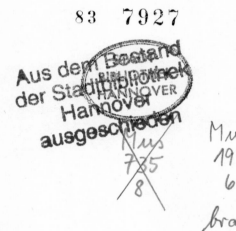
© by B.R. Grüner Publishing Co., 1981
ISBN 90 6032 183 9
Printed in The Netherlands

MEINEN ELTERN

Music kann mit Latein sich wohl verknüpffen lassen,
Wie diß das Alterthum vorlängst schon dargethan.
Ein Kopff, der fähig ist, die Harmonie zu fassen,
Sieht auch den Cicero für keinen Kobold an.

(Georg Philipp Telemann, Brieff an Herrn Mattheson, Franckfurth,
d. 14. Sept. 1718; in: Johann Matthesons Grosse General-Baß-Schule,
Oder: Der exemplarischen Organisten-Probe Zweite, verbesserte und
vermehrte Auflage, ... Hamburg 1731, S. 162)

"Wer wünschte nicht, die schönsten Strophen dieser Gesänge in ihren lieb-
lichen Cadenzen, im schönen Reigentanz ihrer Bilder, jetzt bei der Gui-
tarre und Laute, jetzt bei einem volleren Saitenspiel zu hören? Auch wun-
dert es mich wirklich, daß Horaz von unseren Musikmeistern, die doch an
guten Texten oft Mangel leiden, so wenig componirt ist. Die leidenschaftlichen sowohl als die moralischen Oden, ... wenn sie, gehörig vertheilt,
nicht strophenweise, sondern durchcomponirt würden, in welche schöne
Zeiten des Alterthums versetzte uns dieser Gesang! In den drei folgenden
Büchern sind der musicalischen Texte vielleicht noch mehr ... Und damit ich aus den folgenden Büchern nur e i n Beispiel anführe, wer wird
nicht das unübertroffene "Donec gratus eram tibi - Tecum vivere amem,
tecum obeam libens" in einem Duett zu hören wünschen?"

(Johann Gottfried Herder, Briefe über das Lesen des Horaz, an einen
jungen Freund (1803), Erster Brief; in: Herder's Werke. Nach den
besten Quellen revidirte Ausgabe. Achter Theil. Römische Literatur.
Herausgegeben und mit Anmerkungen begleitet von Heinrich Düntzer,
Berlin o.J., S. 72)

"Hab auch Dank Du lieber Kerl, daß Du die Antigone gleich durchgelesen
hast; daß sie Dir ungeheuer gefallen würde, w e n n Du sie läsest, das
wußte ich wohl vorher, und eben dieser Eindruck, den das Durchlesen auf
mich machte, ist eigentlich Schuld, daß die ganze Sache zu Stand kommt.
Denn alles sprach hin und her darüber, und keiner wollte anfangen; sie
wollten es aufs nächste Spätjahr verschieben und dgl.; und wie mich das
Herrliche des Stücks so packte, da kriegte ich den alten Tieck an, und
sagte: jetzt oder niemals. Und der war liebenswürdig, und sagte jetzt,
und da componirte ich aus Herzenslust drauf los, und jetzt haben wir täg-
lich 2 Proben davon und die Chöre knallen, daß es eine wahre Wonne ist.
Die Aufgabe an sich war herrlich, und ich habe mit herzlicher Freude ge-
arbeitet. Mir war's merkwürdig, wie es so viel Unveränderliches in der
Kunst giebt; die Stimmungen aller dieser Chöre sind noch heut so ächt
musikalisch, und wieder so verschieden unter sich, daß sichs kein Mensch
schöner wünschen könnte zur Composition."

(Felix Mendelssohn Bartholdy, Brief an Ferdinand David, Berlin d.
21. Oct. 1841.; in: Felix Mendelssohn Bartholdy, Briefe aus Leipziger
Archiven, herausgegeben von Hans-Joachim Rothe und Reinhard Szes-
kus, Leipzig 1972, S. 168)

Diese Arbeit ist ein Beitrag zur Rezeptionsgeschichte der antiken Literatur in der Neuzeit. Denn nicht nur die philologische Deutung oder literarische Verarbeitung, sondern auch die Vertonung eines Textes läßt Rückschlüsse auf seine historisch gewachsene Wirkung und Bedeutung zu. Jede musikalische Auseinandersetzung, ob sie sich nun mit dem griechischen bzw. lateinischen Urtext oder einer Übersetzung in eine moderne Sprache befaßt, setzt zunächst zumindest eine bestimmte Vorstellung, wenn nicht sogar eine eingehende Interpretation des vorgegebenen Textes voraus und schafft zugleich eine neue Interpretation, die allerdings ihrerseits oft nicht ohne weiteres entschlüsselt werden kann. Die Sprache der Musik kann und will sich nämlich weitaus weniger deutlich artikulieren als die Sprache der Worte. Aber selbst die musikalisch dürftigsten und mißlungensten Vertonungen antiker Texte, von denen es leider viele gibt, haben wenigstens einen historischen Quellenwert und geben uns Auskunft etwa über die Beliebtheit eines bestimmten Gedichts, eines Textausschnittes oder einer Übersetzung. Dagegen stehen einige der besonders gelungenen Kompositionen griechischer und lateinischer Poesie in der Komplexität und Tiefe ihrer geistigen Durchdringung manchen rein philologischen oder literarischen Interpretationen in nichts nach.

Bevor es jedoch möglich ist, auf diesem Gebiet zu präzisen Aussagen und Ergebnissen zu kommen, muß zuerst einmal das überall zerstreute musikalische Material gesichtet und geordnet werden. Dies ist bis jetzt erst in Ansätzen für die beiden lateinischen Autoren Horaz (1) und Catull (2) geschehen. Den Vertonungen horazischer Oden und Epoden wurde seit Beginn dieses Jahrhunderts einige Aufmerksamkeit geschenkt (3), wobei aber bei der Sammlung der musikalischen Werke viele Irrtümer und Ungenauigkeiten unterliefen, während eine große Anzahl gerade der wichtigsten Vertonungen übersehen wurde. Für alle anderen, insbesondere

---

1) Eduard Stemplinger, Das Fortleben der horazischen Lyrik seit der Renaissance, Leipzig 1906, passim; ders., Horaz im Urteil der Jahrhunderte, Leipzig 1921, S. 107-110; Henry Thomas, Musical settings of Horace's lyric poems in: Proceedings of the Musical Association, 46. Session, London 1919/20, S. 73-97; Joseph Wagner, Carmina Horatii selecta in usum iuventutis studiosae ad modos aptata (Parthenon. Societas amicorum litterarum humanarum Hungarica, Acta societatis 9), Budapest 1934; Charles van den Borren, Horace et la musique in: Études horatiennes, Recueil publié en l'honneur du bimillénaire d'Horace (Travaux de la faculté de philosophie et lettres de l'université de Bruxelles, tome VII), Brüssel 1937, S. 247-254. Die Ergebnisse dieser Arbeiten sind zusammengefaßt in: Günther Wille, Musica Romana - Die Bedeutung der Musik im Leben der Römer, Amsterdam 1967, S. 234-281. François Duysinx, Horace et la musique, in: Journées d'Études Nr. 36, 1963/64, S. 31-46, kennt nur einen Teil der genannten Literatur, bietet kein neues Material und macht aufgrund seines fehlenden Überblicks einige unrichtige Bemerkungen, vor allem zur Anzahl der Horaz-Vertonungen (besonders S. 31 und 35). Die von ihm S. 35 genannten Platten mit Horaz-Vertonungen (Horatius decantatus, Alpha 1006, 17 cm/45 T. und Poètes Latins - Horace (Odes), Essais de restitution musicale par Alphonse Bonnafé, Librairie Hachette - Ducretet Thomson, 190 E 829, 17 cm/33 T 1/3.) sind vergriffen und waren mir nicht zugänglich.
2) Günther Wille, Musica Romana ..., a.a.O., S. 220-225; ders., Alte und neue Musik zu Catull, in: Catull, Sämtliche Gedichte. Lateinisch und deutsch, herausgegeben, eingeleitet und übersetzt von Otto Weinreich, Zürich/Stuttgart 1969, S. 77-93.
3) Siehe Anm. 1.

die griechischen Dichter von Homer bis Theokrit, einschließlich der drei
Tragiker und Aristophanes, sind die Bemühungen um eine Zusammenstel-
lung und Sichtung der Vertonungen unterblieben oder wurden auf wenige
sporadische Hinweise beschränkt. Die vorliegende Arbeit muß darum als
ein erster, notwendigerweise unvollkommener Versuch betrachtet werden,
mit Hilfe einer "Bibliographie der Vertonungen antiker Texte für den Zeitraum von 1700 bis 1978" eine erste Übersicht über das Material, das aus
veröffentlichten und unveröffentlichten Werken besteht, zu gewinnen. Ich
war dabei neben der Heranziehung der wenigen genannten Vorarbeiten
hauptsächlich auf eine mehr oder weniger systematische Durchforstung
von Nachschlagewerken aller Art, Bibliothekskatalogen, Verlagsverzeich-
nissen, Antiquariatskatalogen und zahlreichen Werkverzeichnissen einzelner Komponisten in Monographien und an anderen Stellen sowie auf Zu-
fallsfunde, etwa durch Radiosendungen, Zeitungsnotizen und unzählige persönliche Hinweise und Auskünfte, angewiesen.

Die große Anzahl der so ermittelten Werke macht es unmöglich, alle
vertonten Autoren und die mannigfachen Aspekte musikalischer Gestaltung
von antiken Texten in gleicher Ausführlichkeit zu behandeln. Ich habe
mich darauf beschränkt, zunächst nur einige allgemeine Gesichtspunkte
herauszuarbeiten, um einen ersten Überblick über die verwirrende Fülle
des Vorhandenen zu schaffen (Kap. I). Dabei wurden die verschiedenen
geistigen Strömungen und Impulse, die zur Vertonung antiker Texte den
Anstoß gegeben haben, kurz umrissen: gelehrtes Interesse und pädagogischer Eifer auf der einen Seite, spontane, oft unreflektierte Begeisterung
für die Antike im allgemeinen und für einige besonders markante Dichter-
persönlichkeiten (z. B. Sappho oder Sophokles) auf der anderen Seite.
Kuriose Entgleisungen stehen hier neben ernstem künstlerischen Ringen
um die adäquate musikalische Gestaltung eines kulturellen Erbes, dessen
lebendige Präsenz bis zum Ende des 18. Jahrhunderts noch als unproble-
matisch und natürlich empfunden wurde, das danach jedoch immer mehr
in seiner oft erschreckenden Andersartigkeit und Ferne begriffen wurde.
Dadurch trat an Stelle der naiven Aneignung und scheinbar bruchlosen
Transposition in die Sphäre der jeweiligen Kultur, die auch die Welt der
Musik miteinschloß, eine mehr distanzierte und reflektierte Auseinandersetzung, die auch bei einer Vertonung nicht selten eingehende gelehrte
Überlegungen und Untersuchungen mit sich brachte. Neben diesem Wandel lassen sich jedoch auch Konstanten beobachten, so z. B. der immer
wieder unternommene Versuch, "antike" Musik, von deren Wesen und
Klang wir ja so wenig wissen, mit Hilfe moderner Instrumente (z. B. Harfe) und Techniken als geeignete Folie für den antiken Text zu evozieren.

Diese Feststellungen lassen sich auch im II. und III. Kapitel, in denen
ein einzelner antiker Autor, nämlich der bei weitem am häufigsten vertonte Horaz, im Mittelpunkt steht, verfolgen. Im Kapitel II habe ich versucht, die Geschichte der Horaz-Vertonungen vom 16. Jahrhundert bis
auf unsere Tage zu skizzieren. Dabei lassen sich auf Grund der hier vorhandenen außerordentlichen Fülle des Materials einige Traditionszusammenhänge besonders deutlich verfolgen. Am Anfang steht hier die Verknüpfung mit der Welt der Gelehrsamkeit, mit Schule und Universität, in
der auch pädagogische Gesichtspunkte (Erlernung der Metrik) im Spiele
sind und die sich bis ins 20. Jahrhundert in Ausläufern erhalten hat; bald
rückte jedoch die ungehemmte Freude an der erlesenen Sprache und der
facettenreichen geistigen Welt dieses Dichters in den Mittelpunkt und
führte zu zahlreichen originellen, oft verblüffenden musikalischen Aus-
deutungen von etwa einem Drittel seiner Oden, einigen Epoden und klei-

neren Bruchstücken aus den übrigen Gedichten. Dies anhand von einigen
ausgewählten Horaz-Vertonungen aus 3 Jahrhunderten zu zeigen, ist auch
die Aufgabe von Kapitel III. Die mögliche Konvergenz von musikalischer
und philologischer Interpretation läßt sich hier des öfteren sehr deutlich
nachweisen.

Daß mit diesen Untersuchungen das Thema keineswegs erschöpft sein
dürfte, liegt auf der Hand. Ich hoffe aber, daß das von mir bereitgestellte
Material viele Anregungen gibt, sich weiter damit zu beschäftigen und
neben der immer möglichen Vervollständigung der Bibliographie neue
fruchtbare Versuche zu unternehmen, das faszinierende Gebiet der Vertonungen antiker Texte zu erforschen und seine vielfältigen Bezüge zur
allgemeinen Rezeptionsgeschichte der antiken Literatur zu erhellen.

Mein herzlicher Dank für ihr aufmunterndes Interesse und freundliche
Förderung durch Rat und Tat bei der Abfassung dieser Arbeit gilt meinen
verehrten Lehrern: an erster Stelle Herrn Professor Dr. Viktor Pöschl,
Heidelberg, dessen Interpretationen antiker Literatur, insbesondere von
Oden des Horaz, mir immer als Vorbilder und Leitsterne erschienen sind
und der mich dazu ermutigt hat, auch die Musik für die Deutung horazischer Poesie heranzuziehen; Herrn Professor Dr. Reinhold Hammerstein,
Heidelberg, für Anregungen und wertvolle Ratschläge, nicht zuletzt durch
sein im WS 1971/72 abgehaltenes Hauptseminar "Übungen zur Wirkungs-
geschichte der antiken Musik im Abendland"; Herrn Professor Dr. Herwig Görgemanns, Heidelberg, der diese Arbeit von den ersten Anfängen
an mit teilnehmender Aufmerksamkeit verfolgt und noch in der Endphase
mit seinem Rat geholfen hat; Herrn Professor Dr. Wilfried Stroh, München, für seine intensive und kritische Anteilnahme und manch hilfreichen
Hinweis; Frau Dr. Annemarie Neubecker, Heidelberg, die mir nicht nur
die Möglichkeit gab, die von mir ermittelten Werke in einem Notenarchiv
in der Bibliothek des Seminars für Klassische Philologie der Universität
Heidelberg zu sammeln (4), sondern auch dessen Aufbau förderte und
mich bei der Disposition der Bibliographie beraten hat.

Ganz besonderen Dank schulde ich aber nicht zuletzt Herrn Professor
Dr. Günther Wille, Tübingen, der die Aufnahme dieser Arbeit in die "Heuremata" ermöglicht und sie durch zahlreiche wertvolle Ergänzungen, Korrekturen und Anregungen entscheidend gefördert hat.

Die vorliegende Arbeit ist eine gründlich überarbeitete und in einigen
Teilen ergänzte Fassung meiner Dissertation, die im Jahre 1978 von der
Fakultät für Orientalistik und Altertumswissenschaften der Universität
Heidelberg zur Promotion angenommen wurde. Die mühevolle Arbeit, aus
dem umfangreichen und kompliziert strukturierten Manuskript eine Druck-
vorlage herzustellen, hat Frau Luise Belthle, Tübingen, mit bewunderns-
werter Geduld und Sorgfalt auf sich genommen. Hierfür danke ich ihr sehr
herzlich.

Mein Dank gilt auch dem Verleger, Herrn B.R. Grüner, Amsterdam,
der nicht nur die Veröffentlichung dieser Arbeit in den "Heuremata" ermöglicht, sondern auch zugestimmt hat, daß eine von Prof. Dr. Günther
Wille und dem Verfasser herausgegebene Anthologie "Horaz-Vertonungen
vom Mittelalter bis zur Gegenwart", in der die Ergebnisse meiner Forschungen gesammelt sind, als Band 7a der "Heuremata" erscheinen kann.

Karlsruhe, im September 1980   *Joachim Draheim*

---

4) Vgl. hierzu S. 106.

I.
Einführende Betrachtungen (5)

Ein erster Überblick über den umfangreichen und durchaus nicht einheitlichen und geschlossenen Komplex der Vertonungen antiker Texte seit
1700 muß sich notwendigerweise darauf beschränken, einige allgemeine
Beobachtungen anzustellen sowie Tendenzen und historische Entwicklun-
gen in groben Zügen abzustecken. Eine ins Einzelne gehende Untersuchung,
wie ich sie z. B. im 2. und 3. Kapitel meiner Arbeit für die Vertonungen
horazischer Gedichte unternommen habe, aber auch die immer mögliche
Entdeckung weiteren, noch nicht in meiner Bibliographie erfaßten Materials wird hier noch vieles präzisieren und korrigieren können. Ich behandle an dieser Stelle 5 Aspekte des Themas, die mir besonders wichtig
und für die Gesamtentwicklung aufschlußreich zu sein scheinen, eingehen-
der.

1.
Das Verhältnis zwischen den Vertonungen von Originaltexten und
übersetzten Texten der griechischen und lateinischen Literatur -
Die Vertonungen von griechischen Originaltexten vom 18. bis zum
20. Jahrhundert

Vergleicht man bei den griechischen und lateinischen Autoren das Verhältnis zwischen den Vertonungen von Originaltexten und von Übersetzungen in eine moderne Sprache, unter denen Deutsch, Englisch, Französisch
und Italienisch an der Spitze stehen, so fällt auf, daß von lateinischen
Texten zu allen Zeiten ebenso häufig, meist sogar weit öfter der Urtext
als eine Übersetzung vertont wurde, während bei den griechischen Texten,
zumindest im 18. und 19. Jahrhundert, Kompositionen auf den Urtext sel-
tene Ausnahmen bleiben. Diese Beobachtung ist leicht zu erklären. Das
Latein war bis zum Ende des 18. Jahrhunderts, ja selbst noch im 19. Jahrhundert, als Sprache der Wissenschaft, der Kirche und der Diplomatie so
weit verbreitet und zumindestens im Bewußtsein der gebildeten Welt verankert, daß auch eine musikalische Auseinandersetzung mit einem lateinischen (nicht-liturgischen) Text nicht als ungewöhnlich empfunden wurde.
Gerade die absolute Vorherrschaft der lateinischen Sprache in der katho-
lischen Kirchenmusik wirkte sich hier als Brücke des Verständnisses aus.
Darum konnte etwa die Vertonung einer horazischen Ode als legitime
Adaption eines zwar zeitlich entfernten, aber immer noch als mustergül-
tig anerkannten und hochgeschätzten literarischen Textes in die geistige
Sphäre der jeweiligen Epoche angesehen werden.
Anders dagegen stand es mit der griechischen Sprache. Obwohl diese,
vor allem durch das Neue Testament und durch die intensive Belebung
der griechischen Literatur seit der Renaissance, einen festen Platz im
abendländischen Denken eingenommen hatte, fehlte es ihr doch an der
ständigen lebendigen Praxis, durch die sich das Latein, z. T. sogar noch
als gesprochene Sprache, so lange halten konnte. Sie führte stattdessen
im Reservat der Gelehrten ein weitaus verborgeneres Dasein. Diese Tat-

---

5) Detaillierte Angaben zu allen im Text erwähnten oder besprochenen Vertonungen
   antiker Texte werden nicht in Form von Anmerkungen mitgeteilt, sondern sind
   der Bibliographie zu entnehmen.

sache spiegelt sich nun in sehr aufschlußreicher Weise in den wenigen
Vertonungen griechischer Originaltexte wider, die fast alle auf Grund
besonderer Umstände und Motivationen entstanden sind. Es erscheint
mir darum lohnend, diese Werke im einzelnen vorzuführen.
Für das 18. Jahrhundert habe ich bis jetzt überhaupt nur an 4 Stellen
solche Vertonungen aufspüren können, wenn man von einigen Rekonstruk-
tionsversuchen altgriechischer Musik, oder was man dafür zu halten ge-
willt war, absieht, bei denen natürlich auch ein griechischer Urtext in
Erscheinung treten mußte, die aber in unserem Zusammenhang nicht in
Betracht kommen können (6).
Das früheste Beispiel sind die zwischen 1742 und 1745 in London erschienenen "Six Select Odes of Anacreon in Greek and Six of Horace in
Latin" von Musgrave Heighington. 6 Gedichte aus den sog. "Carmina
Anacreontea", die sich gerade im 18. Jahrhundert dank zahlloser Übersetzungen, Nachdichtungen und Paraphrasen großer Beliebtheit erfreuten,
sind hier ausnahmsweise im Original in der Form von ziemlich kurzen
Solokantaten für eine mit bescheidenem Koloraturzierat ausgestattete Singstimme und wechselnde instrumentale Ensembles mit Basso continuo vertont. Warum der Komponist bei diesen Stücken (wie auch bei den sich anschließenden 3 Horaz-Oden) den Urtext gewählt hat, was bereits der Titel
ausdrücklich hervorhebt, wird sehr schnell klar, wenn man die Widmung
an den kurz zuvor zurückgetretenen Ministerpräsidenten Robert Lord
Walpole (1676-1745) liest, in der es u. a. heißt:

"As these Odes were chiefly compos'd for the private Entertainment, and some of
them by the particular Command of your Lordship's noble Father, under whose Pa-
tronage, had Fate permitted, they were design'd to appear in Publick, and who
amongst other virtuous Abilities (which let Annals declare) was a perfect Master of
the Classicks even to his latest Days, permitt me Hon. ble S. r to lay these Orphans
at your Lordship's Feet, for Protection ... "

Der Komponist hat sich bei dieser musikalischen Huldigung für einen
begeisterten Liebhaber der antiken Literatur einiges einfallen lassen: so
steht am Anfang, um dem Werk mehr Gewicht zu verleihen, sogar eine
"Overture to Anacreon's Odes", die nach Stil, Aufbau und Instrumentation auch eine Händelsche Opera seria einleiten könnte. Bei der Vertonung des Gedichts "θέλω λέγειν 'Ατρείδας" (Ode 1. st) hat er sehr
hübsch die auf das heroische Epos hinweisenden Beteuerungen des Anfangs durch den Einsatz einer mit der 1. Violine unisono blasenden Trompete, das folgende Eingeständnis "ά βάρβιτος δὲ χορδαῖς...", das
den bekannten Topos von der Ablehnung dieser Dichtungsart durch den
Lyriker in sinnfälliger Weise zum Ausdruck bringt, durch die Reduzie-
rung der Begleitung auf 2 Solo-Violinen im piano charakterisiert, was
noch durch den Wechsel vom 2/4- zum 3/8-Takt verdeutlicht wird. Übrigens befanden sich unter den Subskribenten dieser prächtig ausgestatteten Ausgabe neben zahlreichen Mitgliedern des englischen Hochadels, der
Familie des Widmungsträgers und etlichen Gelehrten auch Georg Friedrich Händel ("George Frederick Handel, Esq. ") und John Christopher
Pepusch ("Dr. Pepusch"), der Komponist der "Beggar's Opera".
Was den bekannten Musiktheoretiker Johann Philipp Kirnberger veranlaßte, in seinen 1773 erschienenen "Oden mit Melodien" als Nr. XXII
eine - übrigens recht uninspirierte - Vertonung der ersten 6 Verse von
Pindars 11.Olympischer Hymne zu veröffentlichen, ist schwer zu ergrün-

6) Vgl. Anhang I meiner Bibliographie, S. 251 ff.

den. War es ein Experiment wie die Musterbeispiele für die Komposition
verschiedener metrischer Schemata, die er, allerdings dort mit übersetzten Sappho- und Horaz-Texten, in seiner 9 Jahre später erschienenen
"Anleitung zur Singekomposition" vorgeführt hatte? Wollte er inmitten
von deutschen Texten, unter denen sich auch einige Fragmente von übersetzten Horaz-Oden befanden, und bezeichnenderweise direkt vor einer
Vertonung des 137. Psalms seine universale literarischer Bildung unter
Beweis stellen? Jedenfalls ist hier der Bezug zur Welt der Gelehrsamkeit durch die Person des Komponisten sehr deutlich.

Ähnlich verhält es sich mit dem nächsten Beispiel aus dem 18. Jahrhundert, das ich ermitteln konnte. 1798 erschien in Paris eine umfassende wissenschaftliche Ausgabe der "Carmina Anacreontea" unter dem Titel: "Odes d'Anacréon, traduites en français, avec le texte grec, la version latine, et deux dissertations par le citoyen Gail, ... Avec estampes,
odes grecques mises en musique par Gossec, Méhul, Le Sueur et Cherubini; et un discours sur la musique grecque." Wie daraus hervorgeht,
enthielt sie neben zwei Abhandlungen von dem bedeutenden französischen
Gräzisten Jean-Baptiste Gail (1755-1829) (7) als Beilagen nicht nur Kup-
ferstiche und einen Aufsatz über die griechische Musik, sondern auch
Vertonungen des Urtextes von 4 der zuvor edierten Gedichte für eine Singstimme und Klavier oder Harfe, die, obwohl in den Liedern dieser Zeit
häufiger als Begleitinstrument neben dem Klavier eingesetzt, hier wohl
so etwas wie ein als "antik" empfundenes Kolorit schaffen sollte. Bemerkenswert ist, daß die 4 genannten Komponisten alle zu den prominen-
testen Musikern des nachrevolutionären Paris gehören. Méhuls entzücken-
des "Ἡ γῆ μέλαινα πίνει" und Gossecs "L'Amour piqué par une
abeille" - letzteres trotz des französischen Titels auch im griechischen
Originaltext vertont - zeichnen sich durch Grazie und Witz aus, während
die übrigen beiden Lieder eine zähe Bemühtheit verraten oder sogar in
Langeweile und Plattheit verfallen. Die selbstverständliche Unbekümmertheit, mit der hier der Stil der französischen Salonromanze mit den griechischen Texten zusammenprallte, verhalf diesen Liedern sogar zu einer
gewissen, durch den Reiz des Ungewöhnlichen sicher noch gesteigerten
Beliebtheit, worauf eine nach der Restauration von 1815 erschienene Neuauflage ohne die zugehörige Textausgabe unter dem Titel "Neuf Odes
d'Anacréon mises en musique par M. ʳˢ Chérubini, Gossek(sic!), Le
Sueur et Méhul, avec accompagnement de Piano ou Harpe" schließen läßt.
Sie enthielt außer den 4 bereits genannten Liedern noch 2 von Cherubini
und Méhul in lateinischer und 3 von Le Sueur in französischer Übersot-
zung vertonte Gedichte, die leider alle von sehr dürftiger musikalischer
Substanz sind.

Auch der englische Komponist und Organist Samuel Wesley, der sich
als erster in England tatkräftig für die Verbreitung der Werke Bachs eingesetzt hat, muß eine auffällige Neigung zu den Carmina Anacreontea ge-

---

7) Er begegnet uns auch im 7. Kapitel des Romans "Les dieux ont soif" von Anatole
France. Dort heißt es: "... Immer wieder las ich diese Übersetzung [aus dem
"Orestes" des Euripides]. Mir war, als verhüllte ein Nebel mir die griechischen Formen, und ich konnte ihn nicht verscheuchen. Den Urtext hielt ich für nerviger und
von anderem Rhythmus. Ich wollte durchaus eine genaue Vorstellung davon haben
und bat Herrn Gail, der damals (es war 91) am Collège de France Griechisch lehr-
te, mir die Szene Wort für Wort zu übersetzen. Er tat es, und da merkte ich, daß
die alten Texte viel einfacher und familiärer sind, als man denkt." (Anatole France, Die Götter dürsten. Roman aus der französischen Revolution - Autorisierte
Verdeutschung von Friedrich von Oppeln-Bronikowski, München 1912, S. 92).

habt haben. Die Schlußverse "φέρε μοι κύπελλον, ὦ παῖ· | μεθύοντα γάρ με κεῖσθαι | πολὺ κρεῖσσον ἢ θανόντα" eines Gedichts hat er nicht weniger als dreimal im Urtext für eine Singstimme mit beziffertem Baß vertont (Autographen und Abschriften im Besitz der British Library, London). Die vermutlich erste Fassung trägt keine Überschrift, ist im Autograph auf den 11. Januar 1797 datiert und enthält als einzige den Text in griechischen Buchstaben geschrieben. In der, wie ich annehme, zweiten Fassung, die in einem undatierten Autograph mit der Überschrift "A Verse of Anacreon" und in einer Abschrift des bekannten Musikverlegers Vincent Novello (1781-1861) erhalten ist, sind die Notenwerte halbiert, Melodie und Baß zeigen einige kleinere Abweichungen, ohne daß sich die Gestalt dieses heiteren und anspruchslosen Trinklieds wesentlich verändert hätte. Der griechische Text ist diesmal in lateinischen Buchstaben geschrieben, was darauf hindeuten könnte, daß Wesley sein kurzes Lied jetzt auch in nicht humanistisch vorgebildeten Kreisen einführen und verbreiten wollte. Dies alles wäre keiner sonderlichen Beachtung wert, wenn der Komponist nicht 32 Jahre nach der ersten noch eine dritte Fassung hergestellt hätte, die sich eng an die zweite anlehnt. Sie ist nur in einer Abschrift erhalten und wurde nach einer Notiz auf dieser am 22. Oktober 1829 komponiert. Die Überschrift lautet "From Anacreon", der Text wurde hier gar nicht mehr eingetragen, sondern lediglich durch den eingeklammerten Hinweis "φέρε μοι κύπελλον" angezeigt. Man muß aus dieser dreimaligen Bemühung in einem so langen Zeitraum um eine doch im Grunde harmlose Miniatur auf eine besondere persönliche Beziehung des Komponisten zu diesen 3 griechischen Versen schließen, deren lapidare Aussage ihn offensichtlich beeindruckt hatte. Seine Beschäftigung mit den anakreontischen Gedichten beschränkte sich jedoch nicht auf dieses eine Beispiel, sondern erstreckte sich auch auf ein am 3. November 1800 komponiertes 3st. Glee auf den Urtext des Gedichts "Ἱλαροὶ πίωμεν" (nur die Verse 1-6 und 15-27 sind vertont), der wieder in lateinischen Buchstaben in die autographe Partitur eingetragen ist und eine heitere und schwungvolle musikalische Ausdeutung erfährt, die durch einige längere Koloraturen reizvoll aufgelockert ist. Dieser Text paßt hervorragend in das in England seit dem 17. Jahrhundert in den Gattungen Glee und Catch gepflegte Genre mehrstimmiger unbegleiteter Vokalmusik im Rahmen heiterer Geselligkeit. Es konnte auch in diesem Zusammenhang nicht ausbleiben, daß Wesley auf die seinerzeit sehr beliebten Nachdichtungen anakreontischer Gedichte (daneben auch einiger echter Anakreon-Fragmente) des irischen Salonpoeten Thomas Moore stieß, von denen er "When Bacchus, Jove's immortal boy" als 3st. Glee und "See the young, the rosy spring" als Duett mit Klavierbegleitung, letzteres ein besonders gelungenes Stück von schlichter Anmut, vertonte.

Damit haben wir bereits das 18. Jahrhundert verlassen. Am 20. Juli 1816 schrieb der damals 19jährige Karl Loewe an den Musikverlag Peters in Leipzig über seine "VI griechischen Lieder von Anakreon", die er neben einer Reihe anderer Werke dem renommierten Hause angeboten hatte:

"Ich glaube, dass dieses eine neue Idee und der erste Versuch dieser Art ist, wenigstens wüsste ich aus keiner litterarischen Notiz, dass jemals eine Ode von diesem bezaubernden Sänger des grauen klassischen Altertums im Originale komponiert wäre. Ich habe überdem gute Übersetzungen gewählt, von Stolberg (8) und anderen, in denen

---

8) Vermutlich Christian Graf zu Stolberg - Stolberg (1748-1821), Gedichte aus dem Griechischen, Hamburg 1782.

die muntere Laune und der Witz des Dichters ausserordentlich gut aufgefasst ist. Es möchte also dieser Versuch für Griechen und Nichtgriechen, und überhaupt für jeden Gebildeten, in der griechischen, an sich schon so wohllautenden Sprache zu setzen, eine sowohl überraschende als interessante Erscheinung sein."(9).

Aus diesen Äußerungen geht sehr deutlich hervor, daß die Vertonung griechischer Texte in der Originalsprache als ein durchaus ungewöhnlicher und der Erläuterung bedürftiger Vorgang angesehen wurde und daß die bisher auf diesem Gebiet unternommenen Versuche so weitgehend unbekannt geblieben waren, daß sogar ein musikalischer Fachmann wie der junge Loewe guten Gewissens annehmen durfte, hier auf unbetretenen Pfaden zu wandeln. Bezeichnend ist aber auch, daß selbst der auf ein größeres Publikum (die "Nichtgriechen", wie der Komponist es ausdrückt) abzielende Kompromiß, neben die ursprünglich vertonten griechischen Texte deutsche Übersetzungen, die dann wahlweise ebenfalls gesungen werden konnten, zu setzen, den Verleger offenbar nicht dazu veranlassen konnte, das Risiko einer Veröffentlichung eines so ausgefallenen Werkes auf sich zu nehmen. Hinzu kommt natürlich, daß Loewe damals noch eine vollkommen unbekannte Größe im Musikleben war. Von den in dem Brief genannten 6 Liedern sind nur 3 erhalten, die erst 1899 in Band I der von Max Runze betreuten "Gesamtausgabe der Balladen, Legenden, Lieder und Gesänge für eine Singstimme" (10) erschienen sind. Von diesen hier als "Drei Anakreontische Lieder" bezeichneten Stücken sind das erste und vor allem das dritte ("An die Leier" und "Auf sich selbst") musikalisch recht blaß, während das zweite sich durch Anmut und Laune auszeichnet, besonders was die mit großem Geschick zur Charakterisierung der spottenden Frauen eingesetzten Koloraturen und die mit knappen Strichen gezeichnete trockene Entgegnung des Dichters betrifft. Loewe hat auch später griechische Texte vertont, sowohl im Urtext wie in Übersetzungen. Anregung hierzu bot ihm nicht zuletzt sein Beruf: er hat am Marienstiftsgymnasium in Stettin, wo er von 1821 bis 1866 wirkte, nicht nur Musik-, sondern auch Griechisch-, Geschichts- und Mathematikunterricht erteilt (11). 1835 komponierte er das einzige vollständig erhaltene Gedicht der Sappho, den Hymnus an Aphrodite, sowohl im Urtext als auch in einer eigens für diese Vertonung hergestellten deutschen Übersetzung von Carl von Blankensee, die der Komponist dann noch überarbeitete, für eine Singstimme und Klavier. Dieses gibt sich hier - ein bei Loewe ungewöhnlicher Fall - mit rein begleitenden, nur im Mittelteil illustrierenden Aufgaben zufrieden und verzichtet vollkommen auf Vor-, Zwischen- und Nachspiele. Die Ökonomie der Mittel, die sich auch auf die sehr einfache, von Chromatik fast freie Harmonik erstreckt, soll dem Lied offenbar eine gewisse klassizistisch-antike Färbung verleihen, die jedoch niemals akademisch wirkt, sondern die hohe Sensibilität des Komponisten für die sprachlichen und atmosphärischen Gegebenheiten des Gedichts in eindrucksvoller Weise zur Entfaltung kommen läßt. Im gleichen Jahr vertonte Loewe noch ein weiteres anakreontisches Gedicht, wieder im Urtext und gleichzeitig in einer deutschen Fassung, und zwar das berühmte "Εἰς

9) Carl Loewes Werke, Gesamtausgabe der Balladen, Legenden, Lieder und Gesänge für eine Singstimme ..., hrsg. von M. Runze, Band I: Lieder aus der Jugendzeit und Kinderlieder, Leipzig 1899, S. VIII.
10) A. a. O., S. 6-11.
11) Vgl. M. Runze, Dr. Carl Loewes Tätigkeit am alten Stettiner (später Marienstifts-)Gymnasium, in: Neue Jahrbücher 28, 1911, S. 275-282, besonders S. 281, sowie Leopold Hirschberg, Carl Loewe und das klassische Altertum, in: Neue Jahrbücher 36, 1915, S. 190-212.

τέττιγα" ("An die Grille"), das auch Goethe übersetzt (12) und Mörike gerühmt hat (13). Dieses Lied ist ihm allerdings leider ziemlich mißraten. Die aufgesetzt wirkende lärmende Fröhlichkeit und eine für einen Meister des Klaviersatzes wie Loewe geradezu beklagenswert plumpe Klavierbegleitung lassen einen Anflug von Banalität aufkommen, wie sie das zwar nicht bedeutende, aber doch recht ansprechende Gedicht nicht verdient hat.

Die um 1820 entstandene Vertonung von "Θέλω λέγειν ᾿Ατρείδας" des englischen Komponisten John Lodge Ellerton blieb bezeichnenderweise bis heute ungedruckt. Das nicht allzu profilierte, stilistisch eher dem 18. Jahrhundert verpflichtete Lied trägt die Widmung "dedicated to the Honble Alfred Curzon"; vielleicht handelt es sich wie bei Heighington um eine musikalische Huldigung oder eine Auftragsarbeit für einen Verehrer der antiken Literatur.

Ein besonderes musikalisches Kuriosum stellt Franz Grillparzers erst 1908 (14) veröffentlichte Vertonung des Sirenengesangs aus der Odyssee (XII 184-191) dar. Daß die betörenden Stimmen dieser lebensgefährlichen Sängerinnen hier befremdlicherweise in tiefer Baßlage ertönen, erklärt sich allein daraus, daß Grillparzer dieses Lied, dem er übrigens auch keine Überschrift gab, ausschließlich für seinen privaten Gebrauch geschrieben hat; deswegen hat er sich auch nicht gescheut, auf den griechischen Urtext zurückzugreifen. Die Hintergründe dieses merkwürdigen Experiments vermag ein Bericht von Eduard Hanslick zu erhellen, der seine Informationen von Kathi Fröhlich erhalten haben dürfte. Er erfuhr über die schöpferischen musikalischen Ambitionen des Dichters:

"Auf seinem alten engbrüstigen Clavier (Firma: Ignaz Bösendorfer, vormals Brodmann, Wien, Josephstadt) pflegte Grillparzer in der Dämmerung zu phantasiren und, dazu singend, zu improvisiren, am liebsten Verse aus der Iliade oder von Horaz."(15).

Die vorliegende 31 Takte zählende Niederschrift einer solchen "Improvisation" verrät kaum mehr als den tiefen Dilettantismus ihres Schöpfers, der, obwohl er in seiner Jugend bei dem böhmischen Komponisten Johann Mederitsch, genannt Gallus,einigen Unterricht erhalten hatte, nur eine müde vor sich hin leiernde, äußerst unplastische Melodie mit stereotyper Alberti-Baß-Begleitung in mittelmäßiger Harmonisierung zusammenbrachte.

Bezeichnenderweise stammen die nächsten mir bekannt gewordenen Vertonungen griechischer Originaltexte, "Des Phrygers Botschaft" (Euri-

---

12) Johann Wolfgang Goethe, Gedenkausgabe der Werke, Briefe und Gespräche, hrsg. v. Ernst Beutler, Erster Band, Zürich 1950, ²1961, S. 340.

13) Anakreon und die sogenannten Anakreontischen Lieder. Revision der J. Fr. Degen'schen Übersetzung mit Erklärungen von Eduard Mörike, Stuttgart 1864, S. 155.

14) Richard Batka, Eine Komposition Franz Grillparzers, in: Neue Revue.I 1908, S. 584-585.

15) Eduard Hanslick, Musikalisches und Litterarisches. (Der "Modernen Oper" V. Theil). Kritiken und Schilderungen, Berlin 1889, S. 273 (S. 269 ff. : Grillparzer als Musiker (X.)), vgl. auch Eduard Hanslick, Musikalische Stationen, Berlin 1880, S. 334: "Grillparzer's würdige Freundin und Pflegerin, Fräulein Kathi Fröhlich, zeigte mir drei Stücke von Grillparzer's Composition,von ihm mit feiner, deutlicher Notenschrift aufgesetzt. Das erste die Horaz'sche Ode "Integer vitae, scelerisque purus", für eine tiefere Stimme mit Clavierbegleitung in D-dur, recht einfach und würdig durchcomponirt. Am Schlusse steht: "F. Grillparzer fecit". Er sang es oft für sich in der Dämmerung am Clavier." (S. 331 ff. : Grillparzer und die Musik (VI.)).

pides, Orestes V. 1453-1472) (erschienen 1891) von Robert Vorstman und "Olympian Ode III" (Pindar, Ol. III) (erschienen 1909) von Bruce Ottley, beide für Singstimme und Klavier, aus der Feder von Komponisten, die kein Musiklexikon nennt. Die Stücke haben denn auch, bei allem anerkennenswerten Streben nach Erfassung des Textes, einen mehr experimentellen, um nicht zu sagen, dilettantischen Anstrich, der sich im ersten Beispiel durch einen farb- und ziellosen Rezitativ-Stil, im zweiten durch breiiges Pathos manifestiert.

In die Zeit um die Jahrhundertwende fallen noch, vor allem in Deutschland, einige für Schulaufführungen, meist von den Musiklehrern der betreffenden humanistischen Gymnasien geschaffene Vertonungen griechischer Texte, sowohl im Original wie in Übersetzungen, hauptsächlich von Tragödien oder Teilen daraus. Sie fanden außerhalb ihres engen Entstehungskreises kaum Beachtung und nur selten Verbreitung durch den Druck, was wegen ihres meist stark epigonalen Charakters auch nicht zu erwarten war. Ich habe mir darum versagt, diesen Werken weiter nachzuspüren und sie in meine Bibliographie aufzunehmen. Als Kostprobe sei auf die im "Hilfsbuch für den Unterricht im Gesange auf den höheren Schulen, nach neuen Gesichtspunkten bearbeitet von Dr. Karl Schmidt" (Leipzig 1902) S. 162 ff. abgedruckten Sophokles-Vertonungen von Carl Lang und vom Herausgeber hingewiesen.

Das eben zitierte Schulgesangbuch enthält jedoch auf den Seiten 168 bis 170 eine Komposition, die sich zwar geradezu paradigmatisch in die zuvor geschilderte (bis in unsere Tage reichende) Schultradition einordnet, aber wegen der Person ihres Autors unsere besondere Aufmerksamkeit fordert. Im Sommer 1881 schrieb der damals 17-jährige Richard Strauss als Schüler des Ludwigsgymnasiums in München für eine Schlußfeier eine Vertonung des 3. Stasimons (V. 1384-1397) aus der "Elektra" des Sophokles für einstimmigen Männerchor mit Begleitung von Streichquintett, 2 Klarinetten, Pauken, Hörnern und Trompeten (AV. 74). Über die Umstände, unter denen dieses Werk entstand, liegen zwei einander widersprechende Berichte vor. Die Schwester des Komponisten, Johanna von Rauchenberger-Strauss, erinnert sich fast 80 Jahre später als 93-jährige in ihren "Jugenderinnerungen" auch an Einzelheiten aus der Schulzeit ihres Bruders. Sie schreibt, nachdem sie einen Brief Richards zitiert hatte, in dem er sich über den ihm nicht allzu sympathischen Mathematiklehrer beklagt:

"Dagegen war ihm der Professor für Griechisch, Laroche, sehr gewogen. Er förderte Richard, wo er nur konnte - dies hat mit den Grundstein gelegt für sein Verständnis für den griechischen Mythos, der ihm sein Leben lang ein Wegweiser in seiner Kunst war. Professor Laroche gab ihm einmal den Auftrag, zum Jahresschlußfest einen griechischen Chor aus der "Elektra" des Sophokles zu komponieren, was er mit Begeisterung tat."(16).

Ganz anders dagegen lautet die ausführliche Schilderung eines ehemaligen Klassenkameraden:

"Als Strauss in der III. Gymnasialklasse war (1881), las man "Elektra" von Sophokles. Das gab ihm Veranlassung, einen Chor aus diesem Drama zu komponieren, der dann auch mit Orchester ..., beim Maifest oder bei der Schlußfeier, zur Aufführung kam. Der damalige Ordinarius unserer Klasse war ein sehr gebildeter Herr, aber er verstand von Musik gar nichts. Strauss hatte aber alle seine Schulbücher in Notenpapier eingebunden und in manch einer Unterrichtsstunde entstand außen auf den Bü-

16) Richard Strauss Jahrbuch 1959/60, herausgegeben von Willi Schuh, Bonn 1960, S. 14/15.

chern etwas ganz anderes, als eigentlich auf dem Stundenplan stand. Diese.miß-
bräuchliche Verwendung des königlich bayerischen Gymnasialunterrichts veranlaßte
den Professor, Strauss ernstlich vorzustellen, er solle doch die ewige Musik aufgeben, mit der Musik bringe er es doch zu nichts! Diesem nämlichen Professor widmete er dann aus Dankbarkeit den obenerwähnten Chor aus 'Elektra'."(17).

Der Widerspruch zwischen beiden Berichten würde nur beseitigt, wenn
man davon ausgeht, daß Professor Laroche und der eben erwähnte Ordinarius nicht miteinander identisch sind, was ich aber nicht annehme. Ob
nun mit oder ohne Ermunterung seines Griechischlehrers geschaffen, so
bleibt diese Komposition des jungen Strauss, seine erste Auseinandersetzung mit dem Elektra-Stoff, den er 28 Jahre später gültig zu formen
wußte, ein erstaunliches Dokument künstlerischer Frühreife; der blut-
rünstige, so gar nicht zu einer friedlichen Schulfeier passende Text wird
mit sicherem Griff in eine äußerst konzentrierte, besonders rhythmisch
einprägsame musikalische Form (2 Takte Vorspiel, 2 Strophen und ein
instrumentales Nachspiel von 4 Takten, in dem das düstere c-Moll sich
zum C-Dur aufhellt und die fast ostinat durchgehaltene rhythmische Figur
♩.♫ ♩ 𝄽 im Baß verklingt) gebannt. Unglücklicherweise ist die autographe
Partitur dieses Werkes, die in der Bibliothek des Ludwigsgymnasiums
aufbewahrt wurde, 1943 bei einem Bombenangriff verbrannt, so daß der
Abdruck des Klavierauszugs in dem genannten Schulgesangbuch heute die
einzige Quelle für dieses Werk darstellt. Da er jedoch zum Glück einige
Hinweise auf die originale Instrumentation enthält, war es nicht allzu
schwer, eine Rekonstruktion zu versuchen, die dann am 8. Juni 1964, drei
Tage vor dem 100. Geburtstag des Komponisten,vom Chor und Orchester
des Ludwigsgymnasiums wieder aufgeführt wurde.

Im Rahmen eines freundlich-gediegenen Epigonentums bleiben zwei
Werke, deren Texte sich bereits bei Loewe und Grillparzer im Original
vertont fanden: "῾Ομήρου Σειρήνων ἀοιδή" für Singstimme, Flöte und
Klavier von Friedrich Rasenberger (erschienen 1918) und "Ode der Sappho", ein Melodram mit Klavierbegleitung von Botho Sigwart, dem Sohn
des skandalumwitterten Fürsten Philipp zu Eulenburg (1847-1921), des
Komponisten der einst vielgeliebten "Rosenlieder". Die Werke Sigwarts,
zu denen auch ein Melodram "Hektors Bestattung" op.15 mit Orchester-
oder Klavierbegleitung, dessen Text aus einer Unzahl kleiner Splitter
der teilweise etwas zurechtgestutzten Übersetzung des 14. Buches der
Ilias von Johann Heinrich Voß besteht und das unter dem Eindruck des
Kriegsausbruchs 1914 entstand, und eine Oper "Die Lieder des Euripides" gehören, die im Jahre 1915, in dem der Komponist an der Ostfront
fiel, uraufgeführt wurde, erheben weit höhere Ansprüche als der kitschi-
ge Lyrik-Verschnitt der "Rosenlieder". Sie kommen aber über eine etwas
steife und bisweilen pathetische spätromantische Pose nicht heraus. Sowohl Rasenberger als auch Sigwart haben, um die Verbreitung ihrer Werke nicht allzusehr zu beschränken, dem griechischen Text eine ebenfalls
singbare deutsche Übersetzung beigegeben, wobei Sigwart auf die auch
von anderen Komponisten (C. M. v. Weber, Hugo Kaun, Albert Moeschinger) benutzte Nachdichtung von Grillparzer zurückgriff, für die er allerdings eine musikalische Neufassung des Schlusses herstellen mußte.

Erst nach dem zweiten Weltkrieg haben dann Komponisten wieder griechische Texte in der Ursprache vertont. Neben Carl Orff (u. a. Fragmente

---

17) Richard Strauss - Dokumente seines Lebens und Schaffens. Auswahl und verbindender Text von Franz Trenner, München 1954, S. 20 (Carl Orff nach Aufzeichnungen von K. A., in: Bayerische Radiozeitung, 1933).

der Sappho und ein Chorlied aus dem "Hippolytos" des Euripides in
"Trionfo di Afrodite" und der vollständige "Prometheus" des Aischylos)
steht hier, was nicht verwunderlich ist, eine Reihe von griechischen
Komponisten der Avantgarde (Theodore Antoniou, Jani Christou, Arghyris
Kounadis, Nikos Mamangakis, Yorgo Sicilianos, Georges S.
Tsouyopou-
los, Iannis Xenakis). Auch Günther Becker, der von 1956 bis 1968 als
Musiklehrer in Athen wirkte, könnte hier eingeordnet werden. Ihnen allen
waren griechische Texte, hauptsächlich von Homer, Sappho, Aischylos
und Sophokles, willkommene Katalysatoren, um ihren Standort in der modernen Musik durch einen bewußten Rückgriff auf die klassische Literatur ihres Landes in eigenständiger Weise zu profilieren.

Aber auch von den nicht-griechischen Komponisten nach 1945 haben sich
nicht wenige griechischer Texte im originalen Wortlaut, der nicht zuletzt,
ungeachtet dessen, wie Altgriechisch dann im Einzelfall ausgesprochen
wurde, einen neuen, noch unverbrauchten Sprachklang in die Musik ein-
brachte, bedient, so z. B. Krzysztof Penderecki (18) und Cristobal Halffter. Dabei hat eine Tendenz der Neuen Musik, die auf Textverständlichkeit entweder keinen großen Wert mehr legt oder diese sogar bewußt verhindert, das bis dahin immer heikle Problem der Rezeption dieser für
den Großteil des Publikums nicht verständlichen Texte auf sehr einfache
Weise beseitigt. Nur bei Zuhilfenahme der Partitur wird man nämlich
feststellen können, daß der Chor in Pendereckis "Kosmogonia" (1970)
neben Texten von Lukrez, Ovid, Leonardo da Vinci, Giordano Bruno u. a.
(die man auch nur an ganz wenigen Stellen verstehen kann) die Verse 332
und 333 aus der "Antigone" des Sophokles ("Πολλὰ τὰ δεινὰ ...") zu
singen hat. Dies vermag jedoch keineswegs die Faszination dieses Werkes zu beeinträchtigen, wie auch die mit großem Gespür vorgenommene
Einflechtung gerade dieses berühmten Zitats in die Gesamtkonzeption zu
bewundern ist. Da es in "Kosmogonia" um das letztlich zum Scheitern
verurteilte Streben des Menschen nach der Eroberung und Beherrschung
des Kosmos geht, sind diese Worte, zumal wenn man den Fortgang des
Chorliedes im Geist miteinbezieht, an dieser Stelle von besonderer, dop-
peldeutiger Bildhaftigkeit. Die Problematik, die in einer so esoterisch
verschlüsselten Aussage liegt, hat sich also gegenüber früher im Grunde
noch weiter zuungunsten des unvorbereiteten Hörers verschärft, eine
Entwicklung, die zu denken gibt.

2.
Einige Aspekte der Vertonungen übersetzter antiker Texte

Ein erster Überblick über die Vertonungen übersetzter griechischer
und lateinischer Texte zeigt eine verwirrende Vielfalt der Erscheinungen,
gleichsam einen kaleidoskopartigen Querschnitt durch die europäische
Literaturgeschichte. Kaum eine der bedeutenderen modernen Sprachen
ist hier nicht vertreten. Es finden sich deutsche, englische, französische,
italienische, polnische, tschechische, russische, ungarische, dänische,
schwedische, finnische und holländische Übersetzungen, die wiederum
ihrerseits eine weite Skala von der mehr oder weniger wörtlichen, mit

---

18) Zu seiner Vorliebe für antike Texte (Aischylos, Sophokles, Lukrez, Vergil,
Ovid) äußert sich Penderecki in einem Interview (Opernwelt 1/1979, S. 16): "Es
sind die großen Themen unserer europäischen Kultur, die meine Phantasie an-
regen. Ich bin mit klassischer Literatur, mit Griechisch, Latein, mit der Bibel
aufgewachsen, sie liegen mir sehr nahe."

philologischer Akribie gefertigten Übertragung bis zur freien Nachdichtung oder Paraphrase, die selbst vor fremden Einschüben, Zusammen-
ziehungen oder Eingriffen in die grammatikalische Struktur nicht zurück-
scheuen, umfassen. Dabei stellt man fest, daß die Komponisten zwar
meistens zeitgenössische Übersetzungen herangezogen haben, jedoch
manchmal auch, vor allem im 20. Jahrhundert, auf teilweise wesentlich
ältere zurückgriffen. Ein extremes Beispiel hierfür bietet das Chorwerk
"The house of sleepe" des englischen Komponisten Richard Rodney Bennett, der im Jahre 1971 eine ziemlich freie Nachdichtung einiger Verse
aus Ovids Metamorphosen von John Gower (1330-1408) und Arthur Golding (1536?-1606) vertonte.

In einigen wenigen Fällen haben sich Komponisten selbst als Überset-
zer betätigt (Giovanni Salviucci, "Alcesti" nach Euripides, Josef Berg,
"Odysseus' Heimkehr" nach Homer), sehr oft dagegen bereits vorhandene
Übersetzungen für ihre Zwecke bearbeitet und vor allem gekürzt. Als
Beispiele seien genannt: Karl Loewe, "An Aphrodite" nach Sappho, Her-
mann Wunsch,"Chor der thebanischen Alten" nach Sophokles,Egon Wellesz,
"Ode an die Musik" nach Pindar. Besonders ungewöhnlich und in jeder
Hinsicht bisher ohne Gegenbeispiel ist die Genese des Textes zweier Sing-
spiele für Kinder von Werner Egk ("Der Löwe und die Maus" und "Der
Fuchs und der Rabe" nach Äsop-Fabeln). Der Komponist schrieb mir
darüber am 26. 5. 1975:

"Die Aesop-Fabeln wurden 12-14jährigen Kindern erzählt, von diesen mit verteilten Rollen improvisiert. Die endgültige Textfassung wurde aus den improvisierten
Texten der Kinder vom Komponisten zusammengestellt."

Diese Art der Textherstellung erscheint gerade bei Äsop-Fabeln sehr
passend, weil dabei der Prozeß der schriftlichen Kodifizierung eines
sehr lange mündlich tradierten Erzählgutes auf künstliche Weise wieder
rückgängig gemacht wird.

Bei der überwiegenden Zahl der Vertonungen haben sich die Komponisten jedoch, wenn auch nicht immer mit glücklicher Hand, bereits vor-
liegender Übersetzungen bedient, ohne deren Text wesentlich zu ändern.
Dabei lassen sich einige Rückschlüsse daraus ziehen, welche Übersetzungen sich einer so allgemeinen Beliebtheit erfreut haben, daß sich
auch ein Komponist, der wohl in den meisten Fällen keine spezielle philologische Ausbildung genossen hat, fast zwangsläufig mit ihnen konfron-
tiert sah, und welche trotz ihres offenkundigen literarischen oder dokumentarischen Wertes außerhalb der Welt der Literatur und Philologie sich
nicht durchsetzen konnten. Sicherlich waren und sind für Komponisten
andere Maßstäbe gültig als für literarische Betrachter und Benutzer von
Übersetzungen. So bringt z.B. die allzu behutsame Bewahrung der Strukturen des Originals oft Schwerfälligkeit und Umständlichkeit der Diktion
mit sich, was einer Vertonung immer im Wege stehen muß. Denn für
einen Komponisten sind natürlicher Sprachfluß, leichte Verständlichkeit
und Anschaulichkeit der Bilder meistens wichtiger als philologische Treue
zum Originaltext, ein Gesichtspunkt, den viele Komponisten wohl auch
aus Unkenntnis dieses Textes oder seiner Sprache gar nicht kompetent zu
beurteilen imstande gewesen wären.

Auf der anderen Seite läßt sich nicht übersehen, daß die Komponisten
in vielen Fällen offensichtlich viel weniger von dem antiken Text als von
seiner Übersetzung fasziniert waren. Zumal wenn es sich um Übersetzungen bedeutender Dichter wie Dryden, Schiller, Hölderlin, de Musset,
Mörike oder Salvatore Quasimodo handelt, dürfte der zugrunde liegende
griechische oder lateinische Text für die Komponisten oft nur von zweit-
rangigem Interesse gewesen sein. Ein besonders markantes Beispiel hier-

für ist die Vertonung der Verse 331 bis 361 aus dem 4. Buch von Vergils
Aeneis in der Übersetzung von Schiller durch Johann Friedrich Reichardt.
Auf dem Titelblatt dieses Werks steht: "Aeneas zu Dido von Schiller";
der Name Vergil wird überhaupt nicht erwähnt!
Auch die relativ zahlreichen Vertonungen antiker Texte in Übersetzungen von Friedrich Hölderlin verdanken ihre Entstehung wohl in erster
Linie der ganz persönlichen Begeisterung einiger Komponisten für diesen
Dichter, dessen eigenwillige und komplizierte Sprache, die gerade bei
seinen Pindar- und Sophokles-Übertragungen bis zur Unverständlichkeit
reicht, bei der Komposition manchmal erhebliche, nicht immer gemei-
sterte Schwierigkeiten, verursachte. Sehr deutlich wird das z. B. bei Josef Matthias Hauer, der für seine Vokalwerke fast ausschließlich Hölder-
lin-Texte benutzt hat und dabei in seinem Oratorium "Wandlungen" op. 53,
das zu seinen Hauptwerken zählt, und den "Hölderlin-Liedern" op. 21 auch
Fragmente aus Hölderlins Übersetzungen der "Antigone" und des "König
Ödipus" von Sophokles komponiert hat. Für seine "Chorlieder aus den
Tragödien des Sophokles" für Männerstimmen op. 7, die meiner Ansicht
nach zu den überzeugendsten Werken dieses rätselhaften Komponisten gehören, und sein op. 18 ("Der gefesselte Prometheus" (Schluß der Tragödie des Aischylos) für Klavier und Gesang), bei dem er mit einem neuen
Notensystem experimentierte, hat er zwar andere Übersetzer (Johann
Jakob Christian Donner, Carlo Philips) herangezogen, deren Diktion jedoch nicht allzuweit von der Hölderlins entfernt ist.
Von Goethes bekanntester Übersetzung eines antiken Textes, dem Gedicht "An die Cikade" (19), das auf das bereits erwähnte anakreontische
"Eἰς τέττιγα" zurückgeht, habe ich zwei Vertonungen entdecken
können: für Frauenchor und Klavier von Anton Urspruch (1893), eine an-
spruchslose und wohlklingende romantische Idylle, und für Koloraturso-
pran und Klavier von Lothar Windsperger (1920), eine beeindruckende,
mit überaus zarten Farben entworfene Vision von der sangestrunkenen
"Dichterfreundin", die an die Singstimme gewaltige technische Anforderungen (d''' im piano zu singen!) stellt.
Viel wichtiger als Goethes eine oder Lessings etwa halbes Dutzend
Übertragungen und Nachdichtungen waren für die Rezeption der "Carmina Anacreontea" die Übersetzungen Eduard Mörikes, die dieser, mit
umfangreichen und einfühlsamen Kommentaren versehen, 1864 unter dem
Titel "Anakreon und die sogenannten Anakreontischen Lieder" heraus-
gab (20). Wenn Mörike hier z. T. auch nur eine ältere Übersetzung von

---

19) Vgl. Anm. 12.
20) Vgl. Anm. 13. In einem Brief an Mörike vom 21. 9. 1864 äußert sich Moritz von
    Schwind zu der eben erschienenen Sammlung; sein Urteil ist ebenso aufschluß-
    reich für seine freundschaftliche Beziehung zu dem Dichter wie für das zwiespäl-
    tige Verhältnis mancher Künstler zur antiken Kultur in der Mitte des 19. Jahr-
    hunderts. Er schreibt: "Ich bin Ihnen von Herzen dankbar, daß Sie bei der Ver-
    sendung des Anacreon an mich gedacht haben; habe mich auch gleich daran ge-
    macht, ihn zu lesen, worin ich auch bis zu den Anacreonticis gelangt bin. Ich
    will Ihnen nur aufrichtig gestehen, daß mich Ihre Vorrede noch mehr angezogen
    hat, als die treffliche Übersetzung der Gedichte. Erstens staune ich, was Sie
    für ein gelehrter Herr sind. Zweitens dachte ich: an den Anacreonteen ist es so
    schön, wie Sie bemerken, daß Sie alles erlebt ist, die Lori und Sopherl und Mirl
    von Lesbos und Chios, nirgends wird eine vor tausend Jahren einbalsamierte
    Aegyptierin besungen, und schließlich dachte ich: es lebe Deutschland, das alte,
    gelehrte, versessene Deutschland, das nie zugreifen kann und wenn man ihm's
    um's Maul schmiert. Nehmen Sie mir's nicht übel, aber es wird Einem schlimm,
    wenn ein Mann wie Sie Zeit hat zu übersetzen, und vollends eine Übersetzung

J. Fr. Degen überarbeitet hatte, so fanden diese Gedichte jetzt unter den Komponisten von Wilhelm Kienzl bis Harald Genzmer wieder zahlreiche neue Liebhaber, und das zu einer Zeit, als die unmittelbare literarische Wirkung dieser Poesie, die ja vor allem im 18. Jahrhundert mächtig gewesen war (21), längst aufgehört hatte. Auch hier war der Name des von Schumann, Wolf und Othmar Schoeck (der neben zahlreichen Originalgedichten Mörikes auch 1915 die Übersetzung eines anakreontischen Liedes mit dem Titel "Ruheplatz" (op. 31, Nr. 4) vertonte) hochgeschätzten und kongenial vertonten Lyrikers in weit höherem Maße ausschlaggebend für die Textwahl als die zwar meist recht hübschen, aber im Grunde doch ziemlich harmlosen Gedichte, die auch durch Mörikes Sprachkunst nicht viel bedeutender werden konnten.

Daß bei den relativ wenigen Homer-Vertonungen die klassische deutsche Übersetzung von Johann Heinrich Voß eine gewichtige Rolle spielt, so bei Beethovens Skizzen zur Komposition einzelner Verse aus seinen Lieblingsbüchern Ilias und Odyssee (22), sei am Rande vermerkt.

Von Übersetzungen antiker Texte in andere moderne Sprachen, die auffallend oft vertont wurden, nenne ich:
1) Die Übertragungen frühgriechischer Lyrik (Sappho, Alkaios, Anakreon, Alkman, Ibykos, Ion von Chios, Likymnios, Simonides u. a.) von dem sizilianischen Dichter und Nobelpreisträger (1959) Salvatore Quasimodo (1901-1968), die vor allem Luigi Dallapiccola zu einer ganzen Reihe von sehr anregenden und von hoher Sensibilität für die Atmosphäre dieser Poesie getragenen Werken inspiriert haben. Es sind dies: "Liriche Greche" per soprano e diversi gruppi strumentali, mit den Teilen "Cinque frammenti di Saffo" (I.), "Due liriche di Anacreonte" (II.) und "Sex carmina Alcaei" (III., zum Gedächtnis von Anton von Webern), komponiert in den Jahren 1942 bis 1945, sowie die "Cinque canti" nach Texten von Alkman, Ion von Chios u. a. aus dem Jahre 1956. Dallapiccolas Vater war "Professor für Latein und Griechisch an dem einzigen italienischen humanistischen Gymnasium, das die österreichisch-ungarische Regierung im Zentrum von Istrien vorerst hatte bestehen lassen."(23). Daraus läßt sich die Neigung des Komponisten zu griechischen Texten - bereits 1932 vertonte er ein Fragment des Alkaios in der Übersetzung des bedeutenden italienischen Gräzisten Ettore Romagnoli (1871-1938) - und seine enge Beziehung zur antiken Kultur im allgemeinen, die sich z. B. auch in seiner Oper "Odysseus" (1968) manifestiert, leicht erklären. Aber auch andere italienische Komponisten haben sich der Übersetzungen

nebst Zubehör für den Druck herzurichten. Wenn uns diese Arbeit ein einziges Gedicht von Ihnen kostet, so ist der ganze Anacreon zu teuer bezahlt. Ich tröste mich damit, daß etwa die Beschäftigung mit den Alten Sie zu der unvergleichlichen "Erinna" veranlaßt hat. Sagen Sie selber, ob ein so schönes Gedicht im Anacreon steht? Ich glaube es nicht. Doch genug von Sachen, die ich vielleicht nicht verstehe, und bei denen ich von einer nicht geringen Wut beeinflußt bin, die ich nicht los werden kann, über den Schaden, den der ganz unberechtigte Vorzug der Antike mit allen seinen Folgen in unsrer Kunst angerichtet hat, und noch anrichtet. Es ist beiläufig eben so viel, als seiner Zeit die Unterdrückung der deutschen Sprache durch die lateinische." (Briefwechsel zwischen Eduard Mörike und Moriz v. Schwind, hrsg. von Hanns Wolfgang Rath, Stuttgart 1914, S. 23-24).

21) Vgl. S. 17 ff.
22) Vgl. hierzu den aufschlußreichen Aufsatz: Hans Boettcher, Beethovens Homer-Studien, in: Die Musik XIX 1927, Heft 7, S. 478-485.
23) Ursula Stürzbecher, Werkstattgespräche mit Komponisten, München 1973 (dtv), S. 253.

Quasimodos, die 1940 unter dem Titel "Lirici greci" in Mailand erschienen waren und die eine farbige und expressive Sprache mit einer weitgehend gewahrten Treue zur Vorlage zu verbinden wissen, bedient, so u. a. Bruno Maderna, Ennio Porrino, Luciano Chailly und Girolamo Arrigo.

2) Die Übersetzungen von Tragödien des Euripides, die der als Herausgeber dieses Autors bekannte englische Gräzist Gilbert Murray (1866-1957, Professor in Oxford von 1908 bis 1936) verfaßt hat. Mehrere namhafte englische Komponisten aus der ersten Hälfte des 20. Jahrhunderts wie z. B. Gustav Holst und Ralph Vaughan Williams haben Ausschnitte daraus vertont, andere schrieben vollständige Bühnenmusiken zu einzelnen Stücken. Selbst als Operntexte wurden Murrays Übertragungen verwendet (24). Dabei haben besonders die "Bakchen" mit der mitreißenden Bilderfülle der Chorlieder die Komponisten immer wieder angezogen; die Palette reicht hier von dem warmen spätromantischen Glanz in Ernest Walkers "A Hymn to Dionysos" (1906) bis zu der herben Prägnanz von Phyllis Tates "Choral Scene from the Bacchae" (um 1953).

Zum Abschluß dieser notgedrungenerweise sehr kursorischen Übersicht über die Vertonungen übersetzter antiker Texte seien noch als Kuriosa zwei Beispiele genannt, bei denen ein Komponist einen antiken Text komponiert hat, ohne es zu wissen. Als Textautor von Haydns 5st. Kanon "An den Marull" wird zwar zu Recht Lessing angegeben, doch hat dieser hier, wie auch noch öfter, lediglich eine etwas freie Übersetzung eines Epigramms von Martial (ep. I 9) geschaffen. Der Text des 4st. Kanons "So lange Schönheit wird bestehn" (op. 113, Nr. 6) für Frauenstimmen von Johannes Brahms stammt zwar von Heinrich Hoffmann von Fallersleben, der diesen programmatischen Satz einem Abschnitt seiner Gedichte voranstellte, er geht jedoch, worauf zuerst G. Ophüls (25) hingewiesen hat, auf die Schlußpassage des Proömions der "Hirtengeschichten von Daphnis und Chloe" des Longos zurück. Diese Beispiele von unbewußter Vertonung eines antiken Textes ließen sich sicher noch vermehren. Doch habe ich nicht nur wegen der Schwierigkeit, solche Fälle aufzuspüren, sondern vor allem, weil sie für die Betrachtung unseres Themas im Grunde gar nicht herangezogen werden können, darauf verzichtet, weitere Kompositionen dieser Art zu ermitteln und zu analysieren.

3.
Die Bedeutung und geschichtliche Entwicklung der einzelnen antiken Autoren und Literaturformen im Rahmen ihrer Vertonungen vom 18. bis zum 20. Jahrhundert

Nachdem ich unter 1. einige Beobachtungen zu den Vertonungen hauptsächlich von griechischen Originaltexten und unter 2. von übersetzten Texten angestellt habe, sollen im folgenden diese beiden Komplexe vereint untersucht werden. Dabei kann zunächst die Feststellung, welche Autoren und Werke in welcher Zeit und wie oft vertont worden sind, einigen Aufschluß über zwei Fragen geben, die mir bei der musikalischen Rezeption eines jeden, nicht nur eines antiken Textes, von grundlegender Bedeutung zu sein scheinen:
1) Welche Texte sind von ihrer sprachlichen Struktur überhaupt geeignet, in Musik gesetzt zu werden?

---

24) Vgl. Bibliographie S. 237 ff. (Euripides, Alkestis - Hippolytos - Die Troerinnen).
25) Georg Ophüls, Brahms-Texte, Berlin [2]1908, S. 390.

2) Welche Texte sind im kulturellen Bewußtsein der jeweiligen Zeit in so
weit verankert, daß sie weder dem Komponisten noch seinem Publikum
irgendwelche Verständnisschwierigkeiten bieten?
Ich glaube, daß auch der zweite Gesichtspunkt bei der Vertonung eines
Textes von nicht zu unterschätzender Wichtigkeit ist, wenn auch vielleicht
seit dem 20. Jahrhundert weniger, weil jetzt viele Komponisten es für
nicht nötig oder sogar für unerwünscht und mit ihrer Würde als Schöpfer
unvereinbar halten, daß das Publikum ihre Werke (und damit auch deren
Texte) versteht. So ist die ziemlich geringe Anzahl von Pindar-Vertonun-
gen sicherlich nicht zuletzt darauf zurückzuführen, daß seine Hymnen, die
von ihrer Form her als strophisch gegliederte Gebilde an sich zur Komposition einladen, die Aufnahmefähigkeit eines nicht philologisch vorgebildeten Zuhörers, selbst wenn sie übersetzt wurden, teilweise erheblich
überschreiten. Andererseits ist die häufige Vertonung anderer Autoren
(z. B. Horaz und Sappho) ein sicheres Indiz dafür, in welchem Maße sich
deren Werke auch außerhalb des engeren Kreises einer wissenschaftlichen
Beschäftigung mit der Literatur einer gewissen Bekanntschaft und Beliebtheit erfreut haben.
     Betrachten wir unter diesem Aspekt zunächst die griechische Literatur.
Bis ins 20. Jahrhundert hinein beherrschen hier 3 literarische Komplexe
das Feld der Vertonungen. Es sind dies die Fragmente der Sappho, die
bereits öfters erwähnten sog. Carmina Anacreontea und die Tragödien des
Aischylos, Sophokles und Euripides. Die Gründe für die Wertschätzung
dieser Autoren und Gattungen sind ebenso verschieden wie die Ausprägun-
gen, die sie in der Musikgeschichte hinterlassen haben.
     Die relativ kleine Anzahl von zusammenhängenden und damit vertonba-
ren Texten innerhalb des bis auf eine einzige Ausnahme (Fr. 1 in der Ausgabe: Poetarum Lesbiorum Fragmenta, ed. Lobel-Page, Oxford 1955,
Hymnus an Aphrodite) nur fragmentarisch überlieferten Werks der Sappho
hat nicht verhindert, daß ihr vom frühen 18. Jahrhundert an bis auf unsere Tage stetige, in den letzten 50 Jahren sogar eine immer intensivere
Aufmerksamkeit von Komponisten der verschiedensten Länder und Kultu-
ren zuteil wurde. Auch diese Tatsache muß zunächst als Ausfluß einer
allgemeinen lebhaften Anteilnahme an dieser wohl größten Dichterin aller
Zeiten angesehen werden. Dazu dürfte neben der unmittelbaren, kaum er-
klärungsbedürftigen Schönheit ihrer Poesie noch ein gewisses, bei anderen Autoren des Altertums nicht in diesem Maße zu beobachtendes Interesse an der Persönlichkeit und Biographie der Dichterin beigetragen haben. Eine schwer auflösbare Mischung von entzückter Bewunderung, wie
sich schon bei Platon in dem Beinamen "die zehnte Muse" (26) artikulier-
te, und moralischem Verdikt, in dem immer eine bisweilen wohlig genos-
sene sittliche Entrüstung über ihre bereits im Altertum kolportierte
skandalöse Lebensweise mitschwingt, haben die Gestalt der Sappho mit
einer nebelhaften, faszinierenden Aura umgeben, die der Verbreitung
ihres Werkes, soweit es der von Prüderie diktierten planmäßigen Ver-
nichtung im frühen Mittelalter entgangen war, durchaus förderlich war.
     Von besonderer Bedeutung aber für die Vertonung, ja zu einer solchen
geradezu herausfordernd, war die nie ganz aus dem Bewußtsein ent-
schwundene Vorstellung, daß Sapphos Gedichte ursprünglich Lieder waren, die von der Dichterin selbst komponiert und zur Begleitung der
Kithara gesungen wurden, wovon uns die Sappho-Darstellung auf einem
attisch-rotfigurigen Kalathos des Brygos-Malers (gegen 480 v. Chr.) in

---

26) Anthologia Graeca IX 506.

München ein anschauliches Bild gibt (27). Da nun die griechische Musik bekanntlich bis auf ganz spärliche Reste verlorengegangen ist, konnte die Vertonung eines Sappho-Textes, obwohl dies, soweit ich sehe, nirgends implizit ausgesprochen wurde, von ihrer Intention her immer den Anspruch erheben, so etwas wie die Wiederherstellung eines ursprünglichen Zustandes, der in einer untrennbaren Einheit von Dichtung und Musik bestand, zu sein (28). In diesem Zusammenhang ist die häufige Verwendung der Harfe, die als Nachfolgerin der antiken Kithara verstanden wurde (29), oder harfenartiger Spieltechniken auf anderen Instrumenten wie Klavier oder Cembalo in Sappho-Vertonungen, z. B. von C. M. v. Weber, N. Tscherepnin, L. Dallapiccola, G. Petrassi, H. Birtwistle, E. Pałłasz, A. Hundziak u. a. ein bewußt oder unbewußt verwendeter Reflex auf das tief verwurzelte Bild der leierspielenden Dichterin, wie sie uns auch im 6. Auftritt des 1. Aktes von Grillparzers Trauerspiel "Sappho" entgegentritt. Die Regieanweisung lautet dort:

"Sie legt, in Gedanken versunken, die Stirn in die Hand, dann setzt sie sich auf die Rasenbank und nimmt die Leier in den Arm, das Folgende mit einzelnen Akkorden begleitend."

Die nun folgende, sprachlich sehr eindrucksvolle und dabei dem Original verpflichtete Übertragung des Hymnus an Aphrodite hat C. M. von Weber, der für eine Aufführung des Stücks in Dresden 1818 die Bühnenmusik zu schreiben hatte, ganz den Intentionen des Dichters folgend, als Melodram mit einer nicht ununterbrochen fortlaufenden Harfenbegleitung ("mit einzelnen Akkorden begleitend") in schöner Einfühlung gestaltet. Hugo Kaun übernahm diese Szene mit einigen Kürzungen des Textes in seine Oper "Sappho" (1917), deren Libretto sich auf Grillparzer stützt, und machte eine hochpathetische Arie der Titelheldin daraus, während Albert Moeschingers unveröffentlichte Vertonung der vollständigen Grillparzer-Übersetzung (1946) für Alt-Solo, Frauenchor und Orchester gesetzt ist.

Es ist höchst aufschlußreich für die Entwicklung der Musik, in welcher Weise die Komponisten vom 18. bis zum 20. Jahrhundert mit dem Problem des fragmentarischen Zustandes der Gedichte der Sappho fertig geworden sind. Bis zum Ende des 19. Jahrhunderts gab es hierfür nur eine Lösung: da die musikalischen Formen mehr oder weniger zu einer planmäßig geordneten strikten Geschlossenheit tendierten, kamen die meisten Fragmente wegen ihrer zwangsläufig offenen Struktur oder wegen ihrer extremen Kürze für eine Vertonung nicht in Betracht. Im Vordergrund der musikalischen Beschäftigung mit Sappho standen demzufolge im 18. Jahrhundert ausschließlich und im 19. Jahrhundert weitgehend vor allem der vollständig erhaltene Hymnus an Aphrodite, zweifellos auch das berühmteste Gedicht der Dichterin, daneben aber auch das zwar nur unvollständig überlieferte, jedoch bis zu einem gewissen Abschluß (in V. 16) erhaltene "φαίνεται μοι" (Fr. 31, ed. Lobel-Page), das durch seine unerhört kühne, fast schmerzlich realistische Darstellung menschlicher Leidenschaft schon seit dem Altertum eine ebenso große Faszina-

---

27) Karl Schefold, Die Bildnisse der antiken Dichter, Redner und Denker, Basel 1943, S. 54/55.
28) Dies betrifft auch andere antike Dichter, vgl. meine Ausführungen zu den Horaz-Vertonungen, S. 41 ff.
29) Vgl. Arnfried Edler, Studien zur Auffassung antiker Musikmythen im 19. Jahrhundert, Kassel 1970, S. 334 ff.

tion ausstrahlte wie der festliche Glanz und die farbige Fülle der Bilder
und Visionen in der Anrufung der Liebesgöttin.
Doch schon in der zweiten Hälfte des 19. Jahrhunderts fanden, zunächst
noch ganz vereinzelt, im Laufe des 20. Jahrhunderts in immer stärkerem
Maße, neben diesen zwei Gedichten, deren Beliebtheit unvermindert an-
hielt, auch viele andere Fragmente Beachtung bei den Komponisten, darunter auch solche, die jetzt erst in Papyrushandschriften entdeckt worden
waren, sowie das 1937 auf einer Scherbe gefundene Fragment (Fr. 2, ed.
Lobel-Page), das zuvor nur aus unzusammenhängenden Bruchstücken bekannt gewesen war.
Hierbei werden zwei einander vollkommen entgegengesetzte Tendenzen
in der Behandlung dieser Fragmente deutlich. Auf der einen Seite stehen
die Komponisten, die den fragmentarischen Charakter der Gedichte zu
verwischen oder zu übertünchen versuchen. Sie greifen auf entweder bereits vorliegende oder von ihnen selbst oder ihren literarischen Mitarbeitern eigens zum Zwecke der Vertonung besorgte Zusammenstellungen
mehrerer kleinerer Fragmente zu größeren, meist nach thematischen
Gesichtspunkten (z. B. Hochzeitslieder, Nacht, Mond, die Macht des Eros
usw.) geordneten textlichen Einheiten zurück. Damit werden die Fragmente auf eine künstliche, manchmal recht überzeugende, bisweilen aber
auch ziemlich befremdliche Weise in den Zustand von "normalen", einigermaßen abgerundeten Gedichten versetzt, wie sie üblicherweise einem
Vokalwerk zugrundegelegt wurden. Die besten Beispiele für diese Technik bieten die Werke von Bantock, Kelterborn, Killmayer, Orff, Pałłasz,
Perkowski, Petrassi und Reutter, wobei die auch hier noch öfters auf-
tauchende Bezeichnung "Fragmente" (Bantock: "Sappho" Nine Fragments,
Pałłasz: "Fragmenty do tekstów Safony") etwas in die Irre führt, da es
sich z. B. im Falle von Bantocks "Sappho" nicht um 9, sondern letztlich
(ohne die mehrmals verwendeten) um mehr als 50 Fragmente handelt, die
die Frau des Komponisten, Helen F. Bantock, aus der Übersetzung von
Henry Thornton Wharton auswählte, teilweise bearbeitete und zu 9 größeren Texteinheiten zusammenfügte. Aber auch andere Bearbeiter der (mit
Ausnahme der Werke von Killmayer und Orff übersetzten) Fragmente haben sich nicht gescheut, entweder sehr frei zu übersetzen oder sogar etwas dazuzudichten, um die bei diesem Verfahren verständlicherweise
überall klaffenden Lücken zu schließen und die fehlenden Übergänge zu
schaffen. Ein hübsches Beispiel dafür ist der von Sappho stammende
Einschub "Fern herüber schwellende Harfenklänge", der in dem Chorlied
für 4 Männerstimmen "An Selene" von Adolph Bernhard Marx, dem bekannten Musiktheoretiker und Jugendfreund Mendelssohns, die deutsche
Übersetzung von Fr. 34 (ed. Lobel-Page) mit zwei Bruchstücken aus dem
damals noch sehr unvollständig bekannten Fr. 2 (dem Gedicht auf der
Scherbe) verbindet. Dieses Werk gehört übrigens zu den ganz wenigen
Sappho-Vertonungen, die nicht für eine solistische Frauenstimme ge-
schrieben sind. Darin zeigt sich deutlich, wie tief verwurzelt die Vorstellung von der Dichterin als Sängerin ihrer Lieder immer gewesen ist.
Aber auch einzelne Fragmente wurden bisweilen durch freie Ergänzungen
künstlich abgerundet, so z. B. in dem Lied "Liebespein" (nach Fr. 102, ed.
Lobel-Page, jenem erstaunlichen Vorläufer von Goethes "Gretchen am
Spinnrad" und einem der bekanntesten von den kleineren Fragmenten, das
auch Herder übersetzt hat) von Richard Barth.
Eine Strömung in der Musik des 20. Jahrhunderts, die auf äußerste
aphoristische Verknappung der musikalischen Mittel und der Form ab-
zielt, wie sie sich am eindrucksvollsten im Werk Anton von Weberns
manifestiert, hat es mit sich gebracht, daß auch die entgegengesetzte

Tendenz, nämlich den fragmentarischen Zustand der Gedichte nicht zu verschleiern und an der oft extremen Kürze der Bruchstücke keinen Anstoß zu nehmen, sondern diese Eigenschaften bewußt auszuspielen und künstlerisch zu verwerten, sich entfalten konnte. Auf diesem Wege konnten nun auch Fragmente, die kaum mehr als ein halbes Dutzend Worte enthielten, eine musikalische Gestalt finden. Solche knappen und konzentrierten, oft durch ein sparsam eingesetztes Kammerensemble gestützten Auseinandersetzungen finden sich vor allem in einigen nach dem 2. Weltkrieg entstandenen Werken von Luigi Dallapiccola, Günther Becker, Harrison Birtwistle und Arghyris Kounadis.

Die Geschichte der Sappho-Vertonungen, die einer detaillierten Untersuchung wert wäre, offenbart ein faszinierendes Bild von der elementaren und einzigartigen Wirkung dieser Dichterin auf die Musik, vergleichbar nur mit der Gestalt des mythischen Sängers Orpheus, der die Komponisten vom Ende des 16. Jahrhunderts bis ins 20. Jahrhundert, von Monteverdi über Gluck, Liszt und Offenbach bis Strawinsky immer wieder inspiriert hat (30). Man darf nicht übersehen, daß bei Sappho neben den zahlreichen Vertonungen ihrer Gedichte auch Opern (von Reicha, Pacini, Gounod, Massenet und Kaun) (31), Ballette (z. B. von J. N. Hummel: "Sappho von Mytilene", 1812) und Kantaten (von Donizetti: "Saffo", und Robert Volkmann: "Sappho" Dramatische Szene für Sopran-Solo und Orchester op. 49, 1865) stehen, in denen ihr Lebensschicksal, meist mit Einbeziehung der gesamten anekdotischen Überlieferung, bald sentimental, bald pathetisch, auf jeden Fall aber mit vielen Gelegenheiten, die Musik effektvoll ins Spiel zu bringen, behandelt wird. Selbst in reinen Instrumentalwerken begegnet uns ihr Name (C. Saint-Saëns, "Chant saphique" op. 91 für Violoncello und Klavier, G. Bantock, "Sapphic Poem" für Violoncello und Orchester), wo er wohl in einer Zeit der verzweifelten Suche nach neuen charakteristischen und noch unverbrauchten Titeln einen Hauch von Erlesenheit und reiner Schönheit verbreiten soll.

Was die große Beliebtheit der sog. Carmina Anacreontea bei den Komponisten seit der Mitte des 18. Jahrhunderts betrifft, so steht diese in merkwürdigem Gegensatz zu der Geringschätzung, die diesen bisweilen recht hübschen und einfallsreichen, meist aber mit bläßlicher Routine behafteten und manchmal fast geschmacklosen Erzeugnissen einer konfektionierten Anakreon-Nachahmung in der Spätantike von Fachkennern entgegengebracht wird. Auch Eduard Mörike, dessen Übersetzungen dieser Gedichte, wie bereits erwähnt, besondere Aufmerksamkeit zuteil wurde, bewahrte hier kritische Distanz und fand nicht allzu viel zu loben. In einer neuen Ausgabe von Mörikes sämtlichen Übertragungen griechischer Dichtungen (32) fällt der Herausgeber Uvo Hölscher im Nachwort (33) ein geradezu vernichtendes Urteil:

"Die anakreontischen Lieder, die so lange Zeit den echten Anakreon verdunkelten, bieten uns heute nicht viel mehr als einen historischen Ausblick auf das lange Sterben der griechischen Dichtung, aus der Geist und Seele entwichen: schablonenhafte Poesie nach dem Muster dessen, was sich in späthellenistischer und römischer Zeit unter Anakreon vorzustellen gewöhnt hatte."

30) Vgl. Edler a.a.O., S. 58 ff., 118 ff.
31) Anton Reicha, "Sapho" (1822), Giovanni Pacini, "Saffo" (1840), Charles Gounod, "Sapho" (1851), Jules Massenet, "Sapho" (1897), Hugo Kaun, "Sappho" Musik-Drama in 3 Akten nach Franz Grillparzers Trauerspiel (1917). Weitere Sappho-Opern und Ballette in: Franz Stieger, Opernlexikon, Teil I: Titelkatalog, 3. Band O-Z, Tutzing 1975, S. 1066, 1083.
32) Griechische Lyrik. Übertragen von Eduard Mörike (Exempla Classica 8), Frankfurt/Hamburg 1960.
33) Griechische Lyrik, a.a.O., S. 147.

Es war also sicher nicht die literarische Qualität wie etwa bei Sappho, die die Komponisten bis ins 20. Jahrhundert hinein so oft zu dieser Poesie aus zweiter Hand greifen ließ; hierfür waren andere Gründe maßgeblich: die Kürze und leichte Faßlichkeit der meisten dieser Gedichte, ihr flüssiges Metrum (iambische Trimeter), das oft auch in Übersetzungen noch durchschlug, die allgemein beliebten, hier fast bis zum Überdruß abgehandelten Themen Wein und Liebe, daneben manch heitere und amüsante quasi-szenische Episode, wie z. B. Nr. 33 ("Besuch des Eros"), Nr. 11 ("Der wächserne Eros"), Nr. 35 ("Der verwundete Eros") (zitiert nach: Carmina Anacreontea, ed. K. Preisendanz, Leipzig 1912; die Titel stammen von Mörike). Die Grundhaltung dieser Gedichte kommt im ganzen gesehen mit all ihrer stereotypen Formelhaftigkeit im Detail und in der Anlage ganzer Gedichte, ihren harmlosen Scherzen und der fast ständig etwas äußerlich zur Schau getragenen "carpe diem" - Philosophie dem Geist des 18. Jahrhunderts, besonders aber des Rokoko, sehr entgegen. In dieser Zeit war denn auch die literarische Wirkung der Carmina Anacreontea am größten. Sie gipfelte in den Poesien der sog. deutschen "Anakreontiker" Hagedorn, Uz, Gleim und Jacobi, hinterließ aber auch im Werk Lessings und des jungen Goethe, etwa in einem Gedicht wie "Mit einem gemalten Band", starke Spuren. Daher erklärt sich auch die unbefangene Vertrautheit der Komponisten mit anakreontischen Texten, die ihnen in der Literatur ihrer Zeit so oft begegneten und deswegen auch in den Fällen, wo in mehr oder weniger deutlicher Weise auf die griechischen Vorbilder zurückgegriffen wurde, nicht fremd oder mit dem Makel bildungsbefrachteter Unverständlichkeit behaftet waren. Daß bei allen diesen Vertonungen das weit verbreitete Mißverständnis, diese Carmina Anacreontea stammten tatsächlich von jenem frühgriechischen Lyriker Anakreon von Teos, dem schon im Altertum sagenhaften Sänger von Wein und Liebe, von dem doch nur ganz spärliche Fragmente erhalten sind, unkorrigiert übernommen wurde, darf nicht verwundern. Woher hätten ausgerechnet die Komponisten wissen sollen, daß Quellenangaben wie "from the Greek of Anacreon", "Lieder des Anakreon", "The Celebrated Odes of Anacreon", "A Verse of Anacreon", "Lied aus Anakreon", "Gezang uit Anakreon" u. a., die sie gewiß in gutem Glauben aus ihren literarischen Vorlagen übernommen hatten, unzutreffend sind, solange auch die Mehrzahl der Gelehrten diesem Irrtum anhing oder sich zumindest über Echtheit und Unechtheit der meisten dieser Gedichte nicht einig war? Andere drückten sich hier vorsichtiger aus und sprachen von "Anacreontic Ode" oder "Odes Anacréontiques", was man als Hinweis auf den Autor Anakreon oder als allgemeine Gattungsbezeichnung auffassen kann.

Aber auch nach ihrer Blütezeit im 18. Jahrhundert wurden die Carmina Anacreontea immer wieder dann vertont, wenn man z. B. Bedarf an Trinkliedertexten hatte, was vor allem die Literatur für Männerchor seit dem Anfang des 19. Jahrhunderts betrifft, und überall dort, wo ein Bedürfnis nach kleinformatiger, idyllischer Gebrauchspoesie mit dem Akzent auf harmloser, selbstgenügsamer und geselliger Lebensfreude vorlag, so auch auf dem Gebiet des für Salon und Haus bestimmten einstimmigen Liedes in der zweiten Hälfte des 19. Jahrhunderts (Lieder von Gade, Schillings, Zenger, Brandt-Caspari, Teichmüller, Cesek, Lacombe, Chausson, Reinthaler u. a.).

Daß vor diesem Hintergrund eine Menge musikalischer Dutzendware entstehen mußte, liegt auf der Hand; doch sind neben vielen Trivialitäten auch einige geistvolle Miniaturen zu verzeichnen, so z. B. Telemanns "Die durstige Natur" (aus den "Singe-, Spiel- und Generalbaß-Übungen"), Joseph Anton Steffans "Die schwarze Erde trinket", die beide auf Nr. 21

der Carmina Anacreontea zurückgehen, sowie Mehuls und Loewes bereits
erwähnte Vertonungen von anakreontischen Originaltexten. Größeres Format, ja ein Hauch von Dramatik, kennzeichnet Schuberts Lied "An die
Leyer" (1822, D 737) nach einer Übersetzung von Nr. 23 von Franz von
Bruchmann, der zum Freundeskreis des Komponisten gehörte. Dies ist
die wohl bekannteste Vertonung eines anakreontischen Gedichts, mit dem
effektvollen Wechsel zwischen den von erregtem Pathos gekennzeichneten
Rezitativen "Ich will von Atreus' Söhnen, von Kadmus will ich singen!" und
"Ich tauschte um die Saiten, die Leier möcht ich tauschen! Alcidens Sie-
gesschreiten sollt' ihrer Macht entrauschen!" und dem lyrischen Verströ-
men in der Antwort "Doch meine (beim zweiten Mal: doch auch die) Saiten
tönen nur Liebe im Erklingen ... " (34). Max von Schillings' "3 Lieder
des Anakreon" op. 14 (1902) verkörpern in idealer Weise den Typus des
spätromantischen, auch mit reißerischen Mitteln arbeitenden Konzert-
und Salonliedes, wie ihm zu dieser Zeit auch Richard Strauss so oft mit
Bravour gehuldigt hat. Im Laufe des 20. Jahrhunderts, das dem Geschmack
an so harmlos unproblematischer Poesie verloren hatte, erlahmte auch
die Neigung der Komponisten zu den Carmina Anacreontea sichtlich, ohne
jedoch völlig zu verschwinden. Als Beispiel aus jüngster Zeit sei auf
Harald Genzmers "Drei antike Gesänge" für gemischten Chor und fünf
Blechbläser oder Klavier zu vier Händen (1973) verwiesen, von denen
Nr. 2 und 3 ("Wechsellied beim Weine" und "Rechnung") originelle und
temperamentvolle Auseinandersetzungen mit den von Mörike übersetzten
Carmina Anacreontea Nr. 50 und 14 darstellen.

Der dritte Komplex von Vertonungen antiker Texte, der sich durch Umfang und Bedeutung besonders hervorhebt, soll hier nur in seinen Anfängen genauer beleuchtet werden, da eine gründliche Untersuchung des Ganzen den Rahmen dieser Arbeit sprengen würde. Die musikalischen Auseinandersetzungen mit antiken Dramen zerfallen in zwei scharf voneinander zu trennende Bereiche. Im Vordergrund stehen die Bühnen- und
Schauspielmusiken zu den Tragödien des Aischylos, Sophokles und Euripides und zu den Komödien des Aristophanes und Plautus (Menander, Terenz und Seneca der Jüngere spielen in diesem Zusammenhang eine geringe oder gar keine Rolle) sowie verschiedene andere musikdramatische
Adaptionen in Form von Opern, Balletten oder szenischen Oratorien. Daneben darf man aber die Vertonungen einzelner kürzerer Abschnitte (meist
von Chorliedern oder Teilen daraus), hauptsächlich aus den Werken der
drei klassischen griechischen Tragiker nicht übersehen, die aus dem dramatischen Zusammenhang des Stückes herausgenommen wurden und als
konzertant zu verwendende musikalische Formen vom einstimmigen, kla-
vierbegleiteten Sololied über Chöre mit und ohne Begleitung bis zu Kantaten und Oratorien ausgestaltet wurden.

Die Entwicklung auf diesem Gebiet hat einen Verlauf genommen, der
für die Rezeptionsgeschichte des antiken Dramas sehr aufschlußreich ist.
Bis zum Jahre 1841 sind nämlich so gut wie keine Schauspielmusiken zu
antiken Dramen zu verzeichnen; zu erwähnen wären hier neben einem Mo-
nodrama mit Chören "Herkules Tod" (nach den "Trachinierinnen" des Sophokles) von Johann Friedrich Reichardt (1802) nur drei Beispiele, die
alle aus Italien stammen: Andrea Gabrielis Chöre zum "König Ödipus"
des Sophokles (zur Eröffnung von Palladios Teatro Olimpico in Vicenza,

---

34) Vgl. dazu auch Otto Weinreich, Franz Schuberts Antikenlieder, in: Otto Weinreich, Ausgewählte Schriften II, unter Mitarbeit von Ulrich Klein hrsg. von
Günther Wille, Amsterdam 1973, S. 447-483, bes. S. 475.

1585), die auch als Markstein der Entwicklung der Gattung Oper angesehen werden, eine Musik zum "Trinummus" des Plautus vom Padre Martini (Parma 1780) und eine ziemlich umfangreiche Bühnenmusik zum "Ödipus auf Kolonos" des Sophokles von Rossini, die in den Jahren 1813 bis
1816 für eine private Liebhaberaufführung in Adelskreisen komponiert
und deren Partitur erst kürzlich wiederentdeckt wurde (35). Die
Musik zeigt in ihrem Wechsel von Arien, Rezitativen und (nur 3) Chören,
jedoch einer Sinfonia am Anfang eher Operncharakter und wurde von Rossini etwa 30 Jahre später für die ersten 2 seiner 3 geistlichen Frauenchöre "La Foi", "L'Espérance" und "La Charité" wieder verwendet, ein
seltener Fall von Kontrafaktur im 19. Jahrhundert. An Vertonungen einzelner Passagen aus antiken Dramen habe ich bis zur Mitte des 19. Jahrhunderts nur eine einzige entdeckt, Schuberts Lied "Fragment aus dem
Aeschylus" (D 450, 1816), das seine Entstehung aber durchaus nicht einer
besonderen Neigung des Komponisten zur antiken Tragödie, sondern wohl
allein der Tatsache verdankt, daß einer seiner engsten Freunde, der
Dichter Johann Mayrhofer (1787-1836), diese letzten 15 Verse aus einem
Chorlied der "Eumeniden" (V. 550-565) übersetzt hat (36).
     Man kann überhaupt feststellen, daß antike Dramen von der Renaissance
bis ins 19. Jahrhundert nur sehr selten oder zumindest selten mit Musik
aufgeführt wurden; doch dürften Aufführungen ohne Musik schon allein wegen der Chorlieder nur schwer zu realisieren gewesen sein, zumal man
ja nie ganz vergessen hatte, daß die griechische Tragödie einst eine un-
lösbare Einheit von Dichtung, Musik und Tanz darstellte. So wagte z. B.
Goethe am 30. Januar 1809 in Weimar eine Aufführung der "Antigone" des
Sophokles, bei der aber die Chöre zum größten Teil weggelassen oder einzelnen Sprechern zugeteilt waren (37). Auch die wenigen vorhandenen Übersetzungen in moderne Sprachen waren mehr für die wissenschaftliche Beschäftigung und zum Lesen als für das lebendige Theater bestimmt. Alle
Impulse des antiken Dramas und seine Stoffwelt, der griechische Mythos,
waren von der Oper seit Anfang des 17. Jahrhunderts vollkommen aufge-
sogen worden, so daß ihm in seiner Urgestalt nur noch sporadisch und
am Rande die Aufmerksamkeit gelehrter Kreise zuteil wurde. Als nun
nach den Bemühungen der Florentiner Camerata, die zur Entstehung der
Oper geführt hatten, im 19. Jahrhundert ein erneuter Anlauf genommen
wurde, zunächst die griechische Tragödie wieder auf die Bühne zu bringen, wurde auch das Problem wieder aktuell, welchen Stellenwert und
Platz die Musik dabei einnehmen sollte.
     Der erste Versuch auf diesem Gebiet, der von signalhafter Bedeutung
für die Zukunft werden sollte, war die Aufführung der "Antigone" des Sophokles mit der Musik von Felix Mendelssohn Bartholdy, die am 28. Oktober 1841 im Neuen Palais zu Potsdam auf Befehl des preußischen Königs Friedrich Wilhelm IV. zunächst vor einer geschlossenen Gesellschaft,
am 5. März 1842 in Leipzig und am 13. April 1842 in Berlin auch in öffent-
lichen Vorstellungen stattfand. Sie bildete den Auftakt zu einer sehr bald
einsetzenden Flut von Bühnenmusiken, die bis heute in unablässigem
Strömen zunächst nur in Deutschland, Frankreich und England, dann auch

---

35) Vgl. H. Weinstock, Rossini-A Biography, New York 1968, S. 231-233, 460-461,
    sowie N. Gallini, Importante inedito rossiniano: La Musica di scena dell' "Edipo
    a Colono" di Sofocle ritrovata nella sua integrità, in: La Scala: Rivista dell' Ope-
    ra 31, Mailand 1952, S. 19-26.
36) Vgl. dazu auch Otto Weinreich, Franz Schuberts Antikenlieder, a. a. O. , S. 470.
37) Vgl. Eduard Devrient, Geschichte der deutschen Schauspielkunst, hrsg. von Rolf
    Kabel und Christoph Trilse, Bd. II, Berlin 1967, S. 60.

in Italien, Russland, Griechenland und den Vereinigten Staaten, fast alle
antiken Dramen mit Ausnahme der Komödien des Terenz und der Tragödien des jüngeren Seneca erfaßt hat, daneben aber auch zahlreiche Vertonungen von einzelnen Partien, meist nur aus Tragödien, hervorrief.
Mendelssohns Musik, die sich auf die 1839 erschienene Übersetzung von
Johann Jakob Christian Donner (38), die von August Boeckh überarbeitet
wurde (39), stützt und bei der die Chorlieder durchweg für doppelchöri-
gen 8st. Männerchor und Orchester gesetzt sind, während alle übrigen
Texte nicht komponiert und nur an wenigen Stellen melodramatisch behandelt wurden, und die Inszenierung von Ludwig Tieck (40) erregten damals beträchtliches Aufsehen und riefen eine Welle von modisch über-
steigerter Antikenbegeisterung hervor, die in Adolf Glasbrenners Parodie "Antigone in Berlin" (41) und Lortzings komischer Oper "Der Wildschütz" (42) einen geistreich-spöttischen Widerhall fand. Sie entfachten
jedoch auch einen heftigen Streit unter den Gelehrten über die Berechtigung einer solchen scheinbar unbekümmert um "historische" Treue im
Zeichen romantischen Geistes unternommene Adaption der antiken Tragödie für die moderne Bühne. Johann Gustav Droysen, der von 1827 an
einige Zeit Hauslehrer des nur eindreiviertel Jahr jüngeren Mendelssohn
gewesen und seit damals freundschaftlich mit ihm verbunden war, ver-
teidigte in einem längeren engagierten Aufsatz in der Spenerschen Zeitung vom 25. April 1842 ("Die Aufführung der Antigone in Berlin") den
Komponisten gegen den unsinnigen Vorwurf, daß seine Musik "nicht griechisch genug" (43) gewesen sei, mit dem Hinweis, daß es sich ja hier
keineswegs um einen historischen Rekonstruktionsversuch handele.

38) Sophokles. Von J. J. C. Donner, Heidelberg 1839.
39) Vgl. hierzu Max Hoffmann, August Böckh. Lebensbeschreibung und Auswahl aus
    seinem wissenschaftlichen Briefwechsel, Leipzig 1901, S. 96-97.
40) Heinrich Heine spottet in seinem Gedicht "Verkehrte Welt" aus den 1844 erschie-
    nenen "Neuen Gedichten" (Nr. 21, 3. Strophe):
            "Der Häring wird ein Sanskülott'   (= Willibald Alexis)
            Die Wahrheit sagt uns Bettine,   (= Bettina von Arnim)
            Und ein gestiefelter Kater bringt
            Den Sophokles auf die Bühne."
    (Heinrich Heine, Sämtliche Werke in zwölf Teilen, hrsg. von P. Beyer, K. Quen-
    zel und K. H. Wegener, Zweiter Teil, Leipzig 1921, S. 290).
41) "Antigone in Berlin" Frei nach Sophokles von Ad. Brennglas, Leipzig ²1843.
    Hier eine Probe (a. a. O. , S. 27):
                            Chor
            "Deutsches, griechischer Sprache Vor- und Nachwelt be-
            Siegende Schönheit nicht verstehendes Publikum,
            Wir sind gleich des Kyllenegeborenen Hermes
            Jüngestes stillmeckernd menschenwollbekleidendes Schaf
                                          schuldlos,
            Daß erschienen nun sind vor euch wir. -
            Denn nicht für der Staatssysteme stachliches Häkelwort,
            Nicht für der Zeiten kluge Vorgerücktheit,
            Gab der bienensüßberedete Sophokles,
            Halons Priester, das Wort uns!"
    Vgl. auch S. 27 ff. in Glasbrenners Parodie.
42) Vgl. hierzu S. 37 ff.
43) Berühmt wurde in diesem Zusammenhang eine Formulierung Friedrich Hebbels,
    der nach einer Pariser Aufführung der "Antigone" am 31. März 1844 in seinem
    Tagebuch zu Mendelssohns Musik vermerkte: "Paßt zum Sophocles, wie ein Wal-
    zer zur Predigt." (Friedrich Hebbel, Tagebücher, Historisch-kritische Ausgabe
    von R. M. Werner, Zweiter Band: 1840-44, Berlin-Steglitz o. J. , S. 390).
    Kritisch äußert sich auch, obwohl sonst zu den unbedingten Verehrern Mendels-

"Nicht die abgestorbenen Vergangenheiten sollen uns wiederkehren; aber was in
ihnen Großes und Unvergängliches, das soll mit dem frischesten und lebendigsten
Geist der Gegenwart erfaßt, von ihm durchdrungen zu neuer,unberechenbarer Wirkung in die Wirklichkeit geführt werden."

Über die Rolle und Bedeutung von Mendelssohns Musik, die er weit po-
sitiver beurteilte als etwa die Inszenierung Tiecks und die schauspieleri-
schen Leistungen (44), schreibt er:

"Auch die Griechen haben die Chöre gesungen. Aber es galt nicht etwa den Versuch
griechische Musik zu componieren; wer sollte es? weder der Componist, noch sonst
jemand weiß, wie sie gewesen, wenn nicht etwa gewisse Kritiker, welche seine Composition nicht griechisch genug gefunden haben. Seine Aufgabe war eine ungleich idea-
lere; es galt mit allen Kunstmitteln, die ihm in so reichem Maße zu Gebote stehen,
das alte, gleichsam verstummte Werk wieder zu beleben und ertönen zu lassen. Wer
tadelt Raphael, daß er die heiligen Geschichten malte und hatte doch das Jesuskind
und die Jungfrau nie mit Augen gesehen? aber er hatte sie gesehen mit den Augen
des Geistes, in den heiligen Schriften lesend, sah er ihr Bild in heller Klarheit vor
sich; wie er hingeschaut, so wiedererstanden erkannte seine Zeit sie in seinen Bildern. So auch las der Componist das Drama des Sophokles, mit seinem Ohr erlausch-
te er die Klänge jener Rhythmen, das Tönen und Hallen jener großen Geschehnisse;
und sein Hören selbst war sofort ein neues lebendiges Verstehen, ein Übertragen in
unsere Empfindungsweise, "aus dem Schönen in das Schöne". Denn so schien uns
seine Musik zu wirken; es sind fremdartige und doch verständliche Klänge, mit denen
er zu uns spricht; nicht antike Musik, aber der Eindruck antiker Musik, wie sie ihm
sich erschlossen" (45).

Mendelssohn selbst schildert in einem Brief an Droysen vom 2. Dezember 1841 in launiger Weise, unter welch merkwürdigen Umständen die Musik zur "Antigone" entstand und seine eigene, höchst eigenwillige Haltung
zu diesem Projekt (46):

sohns zählend, Robert Schumann in einem Brief an seine Frau Clara vom 24. 3.
1842: "Die Antigone hörte ich. Könnte ich sagen, daß ich mich sehr erbaut. Die
eigentliche Tragödie ist dadurch gänzlich unkenntlich geworden. Viel zu viel
Musik und doch nicht tief und bedeutend genug. Freilich war's auch eine schwie-
rige Aufgabe. Ich denke sie mir aber z. B. von Beethoven ganz anders gelöst. -
Die Ouvertüre ist schön, zart und leidenschaftlich durcheinander. Das Ganze
gibt aber wie gesagt keinen reinen Kunstgenuß, 's ist halb Oper, halb Tragödie
..." (Wolfgang Boetticher, Robert Schumann. Einführung in Persönlichkeit und
Werk, Berlin 1941, S. 259). Ähnliche Einwände finden sich in: Julius Becker,
Ueber die Bearbeitung der antiken Dramen: Antigone und Medea, für unsere
Bühnen, in: Neue Zeitschrift für Musik (hrsg. von Robert Schumann!), 20. Bd. ,
Nr. 3, 8. 1. 1844, S. 9-10; Nr. 4, 11. 1. 1844, S. 14-15.

44) Mendelssohn selbst und sein Jugendfreund Eduard Devrient, mit dem er 1829
die bahnbrechende Wiederaufführung von Bachs Matthäuspassion in die Wege ge-
leitet hatte und der jetzt die Rolle des Haimon übernommen hatte, waren schon
während der Proben mit Tiecks Konzeption und Arbeitsweise höchst unzufrieden,
wie aus Devrients Tagebüchern hervorgeht (Eduard Devrient, Aus seinen Tagebüchern, [1.] Berlin-Dresden 1836-1852, hrsg. von Rolf Kabel, Weimar 1964,
S. 121-130, 143-144). Vgl. hierzu auch Eduard Devrient, Meine Erinnerungen
an Felix Mendelssohn-Bartholdy und Seine Briefe an mich, Leipzig 1869, S. 218-
226. Eine detaillierte Auseinandersetzung mit den Problemen einer Wiederaufführung der "Antigone" bietet das Buch "Über die Antigone des Sophokles und
ihre Darstellung auf dem Königl. Schloßtheater im neuen Palais bei Sanssouci."
Drei Abhandlungen von A. Böckh. (III. Über die Darstellung der Antigone, S. 75-
97), E.H. Toelken. (II. Über die Eingänge zu dem Proscenium und der Orchestra des alten griechischen Theaters, S. 49-71), F. Förster. (I. Über die Antigone des Sophokles, S. 3-45), Vorwort von F. Förster (S. III-XVII), Berlin 1842.

45) Johann Gustav Droysen, Kleine Schriften zur alten Geschichte, Zweiter Band,
Leipzig 1894, S. 148.

46) Ein tief gegründet Herz - Der Briefwechsel Felix Mendelssohn-Bartholdys mit
Johann Gustav Droysen, hrsg. von Carl Wehmer, Heidelberg 1959, S. 71/72.

"Von der Antigone soll ich Dir erzählen? Ja, wärst Du nur dabei gewesen! Die Sache war eigentlich ein Privatspaß, den ich mir machte und der so herrlich ausfiel, daß ich fürs erste zu keinem ähnlichen Lust habe. (Du kennst wohl noch in solchen Dingen meinen esprit de contradiction). An Euripides ist gar nicht zu denken, obwohl Herr von Raumer das alles schon in seiner Phantasie (lucus a non lucendo) fertig sieht. Diesen Herrn von Raumer hast Du also ebensogut gekannt als genannt: den Generaladjudanten (47). Auch Tieck hatte eigentlich im Seelengrunde keine rechte Lust zu der Sache, und nun gar Graf Redern (48) und die Schauspieler! Dabei sprechen sie alle so viel davon, weil's der König "gewünscht" habe, und sie wünschten nun wieder ihrerseits nur, daß ich die Musik für ein Ding der Unmöglichkeit erklären möchte, wie sie. Da las ich aber eines schönen Morgens die wundervollen drei Stücke (49) und dachte den Henker an all das dumme Zeug und war außer mir über den Gedanken, es (gut oder schlecht) vor den Augen zu sehen, und war vor allem entzückt über die Lebendigkeit, die noch heute drin wohnt, und daß die Chöre wirklich, was wir heute musikalisch nennen, noch heut sind; und da wurden sie alle zusammen geladen, und ich machte mich anheischig, es zu komponieren, wenn sie sich anheischig machten, es aufzuführen. Und da glaubten sie es noch nicht, und als ich nach vierzehn Tagen zum Grafen Redern schickte, um mir einen Notenschreiber kommen zu lassen, da war auf einmal der Teufel los, da wurden die Rollen verteilt, die Proben angesetzt, nun konnte keiner mehr zurück, und nun machte das wundervolle, natürliche Gedicht einen tieferen, gewaltigeren Eindruck, als sich je einer hätte träumen lassen. Ich hatte eine unbändige Freude daran, die ich nie vergessen werde. Mit den ziemlich holprigen Worten hat man freilich seine Not; aber die Stimmung und die Versrhythmen sind überall so echt musikalisch, daß man an die einzelnen Worte nicht zu denken und nur jene Stimmungen und Rhythmen zu komponieren braucht, dann ist der Chor fertig. Man kann sich ja noch heut keine reichere Aufgabe wünschen, wie die der mannigfaltigen Chorstimmungen: Sieg und Tagesanbruch, ruhige Betrachtung, Melancholie, Liebe, Totenklage, Bacchuslied, und ernsthafte Warnung zum Schluß - was will unsereins da mehr! Zu den beiden Ödipus hatte ich auch die größte Lust, und dieser Tage will ich mich einmal an Deine Äschyleische Trilogie machen und mir allerlei Musik dazu denken; aber, wie gesagt, an die Ausführung einer ähnlichen Arbeit denke ich so bald nicht zu gehen, wegen des oben erwähnten esprit de contradiction."

Der Wunsch des in allen Künsten gleichermaßen beheimateten Königs, die antike Tragödie mit Hilfe der Musik seiner Zeit wiederzubeleben, gab sich jedoch nicht mit diesem einen Versuch, der so viel Aufsehen, Kritik, aber auch Zustimmung erregt hatte, zufrieden. Am 7. August 1843 wurde im Neuen Palais zu Potsdam die "Medea" des Euripides mit der Musik von Mendelssohns Freund Wilhelm Taubert aufgeführt und an gleicher Stelle schließlich noch am 1. November 1845 der "Ödipus auf Kolonos" des Sophokles, zu dem Mendelssohn, schon nicht mehr so begeistert, eine Musik geschrieben hatte, die, obwohl sie in einigen Stücken der "Antigone"-Musik ebenbürtig, wenn nicht sogar überlegen war, weitaus geringere Resonanz fand und bald vergessen wurde. Der Reiz des Neuen war nun nicht mehr vorhanden, und das Werk wurde auch erst als op. 93 aus dem Nachlaß herausgegeben. Von der Musik zum "König Ödipus" des Sophokles, die er nach dem zitierten Brief an Droysen außerdem noch ins Auge gefaßt hatte und die er nach einem Brief an den Geh. Kabinettsrat Müller vom 12. März 1845 sogar im Entwurf vollendet hatte (50), sind

47) Droysen hatte am 1. November 1841 an Mendelssohn geschrieben: "Nur eins möchte ich nicht, daß ihr euch nämlich von dem einzigen Tieck und seinem Genieadjudanten Raumer betören ließet, einen euripideischen Schwank auf die Bühne zu bringen." Der Historiker Friedrich von Raumer (1781-1873) war von 1819-1859 Professor der Staatswissenschaften und der Geschichte in Berlin. (Ein tief gegründet Herz ... a. a. O., S. 67).

48) Wilhelm Friedrich Graf von Redern (1802-1883), 1832-1842 Generalintendant der Kgl. Schauspiele in Berlin.

49) Gemeint sind "Antigone", "König Ödipus" und "Ödipus auf Kolonos" von Sophokles

50) Briefe aus den Jahren 1830 bis 1847 von Felix Mendelssohn Bartholdy, hrsg. von

bis jetzt keine Spuren entdeckt worden. Wahrscheinlich hatte er dieses Werk nur im Kopfe konzipiert, ohne etwas davon niedergeschrieben zu haben, wie einst seine Kantate "Die erste Walpurgisnacht" op. 60 (51). Die wiederholten Bemühungen des Königs, ihn dazu zu veranlassen, auch die Chöre zu den "Eumeniden" des Aischylos zu komponieren, scheiterten jedoch. In zwei ausführlichen Briefen an zwei preußische Hofbeamte (an den Wirklichen Geheimen Rat Bunsen vom 4. Mai 1844 (52) und an den Geh. Kabinettsrat Müller vom 12. März 1845) (53) begründet er mit großem Geschick die ihm sichtlich unangenehme Ablehnung. Bunsen hatte am 28. April 1844 u. a. an Mendelssohn geschrieben (54):

"Sie haben den König sehr betrübt durch Ihre Weigerung, die Eumeniden zu setzen. Ich war bei ihm, als Graf Redern ihm das Buch zurückgab mit diesem Bescheide. Da ich sah, daß dieses den König sehr nah berührte, - obwohl er nicht im Geringsten heftig wurde, - so bemerkte ich: vielleicht hielten Sie dafür, man müsse die ganze Trilogie setzen. Seine Majestät erwiederte: "Das wäre desto besser, allein das konnte Mendelssohn nicht hindern, die Eumeniden zu componieren, die einen so herrlichen Abschluß für sich haben." "

Mendelssohn versucht darauf in seiner Antwort an Bunsen seinen guten Willen unter Beweis zu stellen und weist zugleich mit Nachdruck auf die ungeahnten Schwierigkeiten dieses Projekts hin (55):

"Allen, die mit mir über die Aufführung der Eumeniden des Aeschylos näher gesprochen haben, dem König, dem Grafen Redern, namentlich aber dem Geheimen Rat Tieck habe ich erklärt, daß ich diese Aufführung, und vor allem die musikalische Composition der Chöre für eine sehr schwere, vielleicht unausführbare Aufgabe hielte, daß ich die Lösung derselben jedoch versuchen wolle ... Was mir nun Ew. Excellenz über diese Angelegenheit schreiben, kam mir um so unerwarteter und betrübender, als Herr Geheimer Rat Tieck in den Gesprächen, welche ich mit ihm darüber hatte, durchaus meiner Ansicht von den Schwierigkeiten der Aufführung beipflichtete, - sie seinerseits als fast unübersteiglich anerkannte und dennoch auf seine ausdrückliche Frage: ob er in seinem Briefe an den König vielleicht sagen solle, daß ich die Composition der Chöre nicht übernehmen könne, von mir in Übereinstimmung mit den obenerwähnten vorläufigen Erklärungen, die Antwort erhielt: ich sei, im Gegenteil, bereit, einen Versuch damit zu machen, und ich wolle durchaus nicht das Hindernis in dieser Sache sein; ja, ich schlug ihm sogar damals als Erleichterung die Idee vor, einige der Chöre, die mir geradezu unmöglich schienen, abzukürzen, worauf er denn auch, wie Sie mir schreiben, eingegangen ist. - Daß ich immer nur von Versuchen sprach und auch jetzt nur sprechen kann, - daß ich die Aufgabe nicht wie einen andern Auftrag bestimmt übernehmen und zusagen konnte, - das liegt einesteils in der Neuheit und unerhörten Schwierigkeit der Sache selbst (ich kann mich darin wohl auf das Urteil eines jeden Musikers berufen), andernteils in der hohen Meinung, die ich von dem feinen Kunstgefühl des Königs habe, dem man nicht, ohne Unterschied, Gelungenes wie Mißlungenes bieten sollte, - und endlich in einer gewissen Verpflichtung gegen mich selbst, - welcher zufolge ich nicht gern mit einer Musik vortrete, an deren Gelingen ich nicht, wenigstens teilweise, fest glaube. Ich dachte hoffen zu dürfen, daß man deshalb nicht gleich an meinem guten Willen zweifeln würde, welchen ich erst im Laufe dieses Jahres durch Lösung verschiedener, sehr schwieriger Aufgaben, die in kürzester Zeit gefordert wurden, bewiesen habe."

Paul Mendelssohn Bartholdy und Prof. Dr. Carl Mendelssohn Bartholdy in Freiburg im Br., Zweite billige Ausgabe in einem Bande, Leipzig 1870, S. 545. Vgl. S. 26.

51) Vgl. hierzu den Brief vom 22. Februar 1831 aus Rom an seine Familie (Briefe aus den Jahren 1830 bis 1847 ... a.a.O., S.93).

52) Briefe aus den Jahren 1830 bis 1847 ... a.a.O., S. 524-527.

53) Ebd., S. 544-545.

54) Ebd., S. 522.

55) Ebd., S. 524, 525-526.

Bei einem erneuten Briefwechsel wurde das Unternehmen endgültig begraben, nachdem sich Mendelssohn zu einer definitiven Absage durchgerungen hatte. Der Geheime Kabinettsrat Müller versucht zunächst einen etwas plumpen Überrumpelungsversuch und schreibt am 5. März 1845 an Mendelssohn (56):

"Es handelt sich jetzt davon, die Chöre der Trilogie des Agamemnon, der Choëphoren und der Eumeniden, welche verkürzt zu einer Darstellung zusammengezogen worden sind, zu componieren. Nach einer Anzeige Tieck's haben Sie auch die Composition in dieser Gestalt abgelehnt. Seine Majestät können dieser Nachricht keinen Glauben beilegen, da Seine Majestät sich bestimmt erinnern, daß Ew. Hochwohlgeboren sich mündlich bereitwillig erklärt haben, die Composition zu übernehmen. Ich bin daher vom König beauftragt worden, Sie zu fragen, ob es nicht bei der mündlichen Zusage sein Verbleiben behalten soll und Ew. Hochwohlgeboren sich fortgesetzt geneigt erklären wollen, die gedachte Composition gefälligst zu übernehmen, welches Seiner Majestät viel Freude machen und Ihrem Versprechen, Aufträge Seiner Majestät willig übernehmen zu wollen, entsprechen würde."

Nun mußte auch Mendelssohn sich entschließen, Farbe zu bekennen, zumal er sich schon längere Zeit in einer unglückseligen Lage gegenüber dem von ihm persönlich sehr geschätzten König befand. Dessen Wunsch, den von vielen als führenden Komponisten seiner Zeit anerkannten Mendelssohn auf Dauer nach Berlin zu ziehen, war bereits gescheitert. Mendelssohn wurde zum preußischen Generalmusikdirektor ernannt, war aber nur verpflichtet, von Zeit zu Zeit Auftragsarbeiten wie Schauspielmusiken oder Kirchenmusik zu übernehmen, ohne seinen Wohnsitz nach Berlin zu verlegen. Er hatte dort, obwohl es ihn schon seiner Familie wegen in die Stadt, in der er seine glanzvolle Jugend verlebt hatte, zog, keinen geistigen Nährboden für seine Pläne als Musiker und für die von ihm erhoffte Belebung und völlige Reorganisation des Musiklebens gefunden, wie er andererseits in Leipzig für ihn so reichlich vorhanden war. In dieser heiklen Situation ist sein Brief vom 12. März 1845 an den Geheimen Kabinettsrat Müller ein diplomatisches Meisterstück, zugleich aber auch höchst aufschlußreich für das von ihm hellsichtig erkannte Problem einer Verbindung von griechischer Tragödie mit der Musik seiner Zeit (57):

"Von der Composition der Chöre in der zusammengezogenen und verkürzten Trilogie des Agamemnon, der Choëphoren und der Eumeniden haben Seine Majestät der König mir niemals gesprochen. Wohl aber geruhten Seine Majestät mir vergangenen Winter die Aufgabe zu stellen, die Chöre der Eumeniden des Aeschylus in Musik zu setzen. Das Versprechen, diese Composition zu liefern, konnte ich nicht geben, weil es mir sogleich schien, als übersteige diese Aufgabe meine Kräfte; jedoch versprach ich Seiner Majestät, einen Versuch damit zu machen, und verhehlte zugleich die sehr großen, ja, wie mir schien, unübersteiglichen Schwierigkeiten nicht, die mich am Gelingen dieses Versuches zweifeln machten. - Seitdem habe ich mich geraume Zeit auf's Ernsteste mit der Tragödie beschäftigt; ich habe den Chören derselben auf alle Weise eine musikalische Seite abzugewinnen gesucht, die mir zur Composition zugänglich wäre; aber es ist mir nicht gelungen, auch nur bei einem dieser Chöre die Aufgabe so zu lösen, wie es die Hoheit des Gegenstandes und der feine Kunstsinn Seiner Majestät verlangen. Denn natürlich konnte es sich nicht darum handeln, irgend passende Musik zu den Chören hinzuzuschreiben, wie es jeder Componist, der der äußeren Formen mächtig ist, fast zu allen Worten können soll, sondern die Aufgabe war, aus Aeschyleischen Chören Musikstücke im heutigen (guten) Sinne zu bilden, die die Bedeutung dieser Chöre mit unseren Tonmitteln ausdrückten und belebten. Dies habe ich bei meiner Musik zur Antigone mit den Sophokleischen Chören versuchen wollen; - bei den Chören des Aeschylus ist es mir aber, aller Anstrengung

56) Ebd., S. 543-544.
57) Siehe Anm. 53.

ungeachtet, bis jetzt nicht, auch nicht einmal bei einem einzelnen Versuch geglückt. -
Die Zusammenziehung in ein Stück vermehrt diese Schwierigkeit ganz außerordentlich, und ich wage zu behaupten, daß kein jetzt lebender Musiker im Stande sei, diese
Riesenaufgabe gewissenhaft zu lösen, - geschweige denn, daß ich es könnte. - Indem
ich Ew. Excellenz bitte, dies Seiner Majestät mitzuteilen, bitte ich Sie zugleich, der
drei Compositionen von mir Erwähnung zu tun, die auf Befehl Seiner Majestät zu ähnlichen Aufführungen bereit liegen, nämlich des Oedipus zu Kolonos des Sophokles,
die Racine'sche Athalia und der König Oedipus des Sophokles. - Beide ersteren liegen in vollständig fertiger Partitur vor, so daß es zu deren Darstellung nur der Verteilung an die Sänger und Schauspieler bedarf. Auch die letztere (der König Oedipus)
ist im Entwurf fertig. Ich erwähne dieser Compositionen in der Hoffnung, daß sie den
Beweis führen mögen, wie die Erfüllung der Aufträge Seiner Majestät mir immer
eine Pflicht und eine Freude sein wird, sobald ich irgend hoffen kann, die Aufgabe
nur einigermaßen genügend zu lösen, und wie es daher Mangel an Fähigkeit, niemals
Mangel an gutem Willen ist, wenn ich eine dieser Aufgaben unerfüllt lassen muß."

Daraufhin gab man es in Berlin auf, Mendelssohn in dieser Angelegenheit noch weiter zu bedrängen. Müller antwortete am 19. März (58):

"Gleich nach dem Empfang Ihres geehrten Schreibens vom zwölften d. M. habe ich
Veranlassung genommen, Seiner Majestät Kenntnis von dem Inhalt desselben zu geben. Seine Majestät bedauern, daß Allerhöchstdieselben auf die Freude, die Aeschyleischen Chöre von Ihnen componiert zu sehen, Verzicht leisten müssen, freuen sich
aber der vollendeten Sophokleischen Trilogie, sowie auf die Chöre der Athalia, und
sehen Allerhöchstdieselben Ihrer hiesigen Anwesenheit im bevorstehenden Sommer
entgegen, da Sie die Bekanntschaft dieser neuen Compositionen nur unter Ihrer Direc-
tion machen wollen."

Auch nach diesem Fehlschlag verfolgte der König seinen Lieblings-
plan einer Aufführung der "Eumeniden" weiter. Offenbar hatte er bereits
1844 Giacomo Meyerbeer, der seit 1842 als preußischer Generalmusikdirektor in seinen Diensten stand, daraufhin angesprochen und eine Absage erhalten, wie aus einem Brief Meyerbeers an Auguste Morel vom
30. 7. 1844 (59) hervorgeht, wo es u. a. heißt:

"Mais ce n'est pas moi qui fera la musique des "Euménides". Je n'ai pas pu m'en
charger, car outre l'opéra que je compose pour l'ouverture de la nouvelle salle de
l'opéra, le Roi m'a encor chargé d'un autre grand travail de façon que cela m'aurait
fait trop de besogne à la fois. Je ne sais pas à qui le Roi confiera maintenant la composition des "Euménides", mais cela sera probablement ou Mr Mendelssohn ou M^r
Taubert. Du reste cela ... ne pourra avoir lieu que vers la fin de l'hiver, puis-
que la nouvelle salle de l'opéra n'ouvre qu'à la fin de l'année, & ... que "Les
Euménides" doivent être jouées dans la nouvelle salle. Le tout est encor en projet. -"

Anläßlich eines Festessens für die Ritter des von ihm geschaffenen
Ordens "Pour le merite" für Wissenschaften und Künste versuchte er
Meyerbeer erneut zur Komposition dieser Tragödie zu überreden, was
ihm jedoch wieder nicht gelang, ebensowenig bei einem dritten Versuch
im Juni 1852, als man dem Komponisten eine neue, angeblich besonders
zur Vertonung geeignete Übersetzung von August Kopisch vorlegte. Über
die Gründe, die den gefeierten Meister der "Grand Opera" zur Ablehnung des königlichen Wunsches veranlaßten, äußert er sich sehr ausführlich in einem Brief vom 12. Dezember 1852 an seinen Biographen Dr.
Schucht. Man vergleiche die gänzlich andere Argumentation im folgenden
Zitat mit den vorher zitierten Mendelssohn-Briefen, aus der der im Um-
gang mit dem Publikum erfahrene Opernpraktiker spricht. Der schroffe

58) Briefe aus den Jahren 1830 bis 1847 ... a. a. O. , S. 545- 546.
59) Giacomo Meyerbeer, Briefwechsel und Tagebücher, hrsg. von Heinz Becker und
    Gudrun Becker, Band 3. 1837-1845, Berlin 1975, S. 520.

Gegensatz zwischen Mendelssohn, der für Schumann die ideale Verkörperung des Komponisten seiner Zeit war, und Meyerbeer, den dieser geradezu als musikalischen Antichrist anzuprangern liebte, kommt auch in
ihren Stellungnahmen zum Ausdruck, die sie durch eine seltsame Fügung
zu dem selben Thema abzugeben gezwungen waren: die von hohem künstlerischen Ernst getragene Ablehnung Mendelssohns, der keinen zwingenden
Zugang zu dem ihm fremden Stoff fand, und Meyerbeers höchst realistische Bedenken, das Publikum mit der ihm unverständlichen Welt der Tragödie und des Mythos zu konfrontieren, spiegeln zugleich zwei Aspekte,
die in der Diskussion um die Möglichkeiten der Vertonung antiker Texte
und Themen seit damals immer wieder eine Rolle gespielt haben. Meyerbeer schreibt (60):

"Sie fragen mich, ob ich nicht auch Neigung gehabt wie Mendelssohn, antike Tragödien z. B. des Sophokles in Musik zu setzen. - Ich sage einfach: nein; dergleichen
Werke und Sujets liegen unserm Zeitgeiste zu fern und eignen sich nicht für unsere
heutige Musik. Ob Mendelssohn die "Antigone" aus Neigung, mit Lust und Liebe komponiert hat, weiß ich nicht, möchte es bezweifeln. Soviel steht fest, er hat auf Wunsch
des Königs die Musik dazu geschrieben. - Der König, ein Verehrer der antiken und
modernen Kunst, liebt die klassischen Werke aller Völker aus allen Zeiten und möchte gerne die griechische Tragödie rehabilitieren. Als er mich 1842 zum General-Mu-
sikdirektor ernannte und ich dadurch in ein näheres Verhältnis zum Hofe kam, sprach
er sehr oft von der Rehabilitierung des antiken Dramas, und welche großartige Wirkung eine Tragödie des Äschylos oder des Sophokles mit moderner Musik hervorbringen würde, wie z. B. Mendelssohns "Antigone". - Ich ahnte wohl, daß er in mir
die Neigung hervorrufen wollte, eine solche zu komponieren und aufführen zu lassen.
Ich bemerkte, daß sich die Verse und das Metrum des Sophokles nicht gut in Musik
setzen lassen, daß sie nicht sangbar seien und sich nicht einmal gut für unsere heutige Rezitativform eigneten. Auch würden sie dem großen Publikum, das weder in
der Geschichte noch in der Literatur hinreichend bewandert ist, keinen Genuß gewäh-
ren; es würde sich langweilen, denn das von den griechischen Tragikern behandelte Sagengebiet und der hellenische Götterkultus lägen zu fern und hätten für die große Menge, deren Beifall man doch auch achten müsse, kein Interesse mehr, wie es
die Aufnahme der Mendelssohnschen "Antigone" bewiesen. Der König erwiderte, daß
man dergleichen Werke für das gebildete Publikum, für die Verehrer der Klassiker
schreiben müsse, und daß einige Umgestaltungen der Verse das Komponieren derselben erleichtern würden, ohne die Tragödie selbst zu beeinträchtigen. Diese Möglichkeit gab ich zu, erbot mich aber nicht, eine in Musik zu setzen. Er brach ab und
lenkte das Gespräch auf ein ander Thema. - Bald darauf ward ich zur königlichen
Tafel befohlen. Zu meinem Erstaunen fand ich, daß ich der einzige Gast war. Der
König erwies mir die höchste Ehre, wie er sie nur Monarchen zu teil werden läßt.
Er befand sich in heiterer Stimmung und erschloß sein reiches Wissen auf allen Gebieten der Literatur und Kunst. Sein attischer Witz und sarkastischer Spott über
manch unerfreuliche Erscheinung in Kunst und Wissenschaft war höchst amüsant. Und
so kam das Thema wieder auf die alten Griechen und seinen Lieblingsdichter Sophokles. Denn von keinem hellenischen Dichter spricht er soviel und mit solcher Begeisterung wie von Sophokles. Das Komponieren der Chöre würde eine erhabene Wirkung hervorbringen, und die vielen tiefergreifenden lyrischen Stellen böten hinreichend Gelegenheit zu schöner Melodik. - So redete er zu mir und frug dann, ob ich
nicht durch diese klassischen Werke zum Komponieren derselben animiert würde; es
seien doch die erhabensten, würdigsten Texte, wie sie kein Dichter der Gegenwart
zu schreiben vermöge. Hätten sie damals in Griechenland durch die noch sehr unvoll-
kommene Musik die großartigsten Wirkungen erzeugt, so müßten sie heute durch unsere vollendetere Tonkunst noch tief ergreifender auf das Publikum wirken. - Ich
machte meine wiederholt ausgesprochenen Bedenken abermals geltend; die griechische
Sagenwelt mit ihrem ganzen Götterstaat liege dem großen Publikum zu fern, gewähre
nicht mehr das hohe Interesse wie damals, wo dergleichen Schicksalstragödien den

60) Wilhelm Altmann, Meyerbeer im Dienste des preußischen Königshauses, in:
ZfMw II 1919/20, S. 101-102.

Lebensnerv des Volkes berührten, und, was die Hauptsache, ohne totale Umgestaltung - wodurch aber deren klassische Form zerstört würde - könnte man gar keine Musik dazu schreiben. - Darauf entgegnete er mir nichts, schien aber sichtlich verstimmt zu sein und lenkte das Gespräch auf andere Gegenstände. Ich glaube, er hat es mir nie wieder vergessen, daß ich mich nicht zum Komponieren einer antiken Tragödie bewogen fühlen konnte" (61).

Ich habe die Anfangsphase der Vertonungen antiker Dramen anhand von dokumentarischen Aussagen etwas genauer geschildert, weil dadurch deutlich werden kann, wie intensiv man sich damals mit der vollkommen neuen und ungewohnten Konfrontation von antiken Texten mit moderner Musik auseinandergesetzt hat. Die hier aufgeworfenen Fragen, z. B. ob man diese Texte trotz eines zeitlichen Abstandes von 2000 Jahren mit der jeweils modernen Tonsprache und ihren hoch entwickelten musikalischen Mitteln in Verbindung bringen dürfe, solle oder müsse, haben nicht nur für die griechische Tragödie, sondern auch für jede Auseinandersetzung mit der übrigen antiken Literatur Gültigkeit.

Mendelssohns Versuche auf diesem Gebiet gaben nicht nur den Anstoß zu zahlreichen weiteren Bühnenmusiken zu griechischen Tragödien und bald auch zu den Komödien des Aristophanes, sondern sie dienten zugleich, nicht zuletzt wegen ihrer unbezweifelbaren musikalischen Qualität, als stilbildende Muster. Bald gab es kaum noch ein antikes Drama, zu dem nicht irgendwann einmal wenigstens eine Musik geschrieben worden war. Selbst der fälschlich dem Euripides zugeschriebene "Rhesus" oder das erst im 20. Jahrhundert aus Papyrusfunden bekannt gewordene Satyrspiel des Sophokles, die "Spürhunde", wurden musikalisch ausgestaltet. Bemerkenswert bleibt vor allem die Tatsache, daß hier nicht etwa nur Komponisten minderen Ranges oder gar einige wenige spezialisierte Bühnenmusikproduzenten ein willkommenes neues Betätigungsfeld fanden, sondern daß viele Meister, die ihren festen Platz in der Musikgeschichte haben, sich, manchmal sogar mehrmals, der gewiß nicht immer dankbaren Aufgabe unterzogen haben, ihre Kunst in den Dienst einer erneuten szenischen Realisierung eines antiken Dramas zu stellen. Zu nennen wären hier z. B. die Namen Saint-Saëns, Chausson, Humperdinck, Schillings, Weingartner, Franz Lachner, Lassen, Bantock, Stanford, Zandonai, Pizzetti, Auric, Honegger, Milhaud, Antheil, Křenek, Fortner und Henze.

Neben den Bühnen- und Schauspielmusiken, bei denen der Anteil der Musik sehr verschieden sein konnte - z. B. können neben die in fast allen Fällen vertonten Chorlieder noch instrumentale Vor- und Zwischenspiele oder melodramatisch behandelte Passagen treten - dürfen andere szenische Werke wie Opern, Ballette oder szenische Oratorien nicht übersehen werden. Bei diesen blieb ein antikes Drama nicht wie im 17. und 18. Jahrhundert ein blasses und fernes Schemen, das nur den Stoff zu liefern hatte, sondern es bot nicht selten die weitgehend bewahrte Vorlage

---

61) Mit einem ähnlichen Argument riet Stefan Zweig in einem Brief an Richard Strauss vom 17. 6. 1934 diesem von antiken Stoffen für seine nächsten Bühnenwerke ab: "Wegen des Achilles Stoffes bin ich leider sceptisch - schon an der "Aegyptischen Helena" mußten Sie ja fühlen, daß die antiken Gestalten, die uns selbstverständlich sind, für die heutige unhumanistische Bildungsform gar nicht mehr existieren. All der Glanz, der für uns von jenen Namen ausgeht, ist für jene Menschen stumpf und sie schämen sich nicht einmal ihrer Unwissenheit. " (Richard Strauss-Stefan Zweig, Briefwechsel, hrsg. von Willi Schuh, Frankfurt am Main 1957, S. 67, vgl. hierzu den Brief von Strauss an Zweig vom 24. 5. 1934, a. a. O. , S. 64).

für das Handlungsgerüst, teilweise auch für den mehr oder weniger wörtlich übernommenen Text, wobei auf die bewußte und gezielte Anlehnung
oder Übernahme meist sogar im Titel ausdrücklich hingewiesen wurde.
Honeggers "Antigone", die 1927 in Brüssel uraufgeführt wurde - bereits
1922 hatte Honegger für eine Pariser Aufführung der sophokleischen Tragödie eine Bühnenmusik geschrieben - wird folgendermaßen charakterisiert: "Tragédie Musicale en 3 actes, Paroles de Jean Cocteau, Adaption
libre d'après Sophocle", Orffs "Antigonae" wird "Ein Trauerspiel des
Sophokles von Friedrich Hölderlin" genannt, Strawinskys "Oedipus Rex"
trägt den Titel "Opéra-oratorio en deux actes d'après Sophocle par Igor
Strawinsky et Jean Cocteau, Texte de J. Cocteau, mis en latin par J.
Danielou", um nur drei besonders bekannte Beispiele aufzuzählen.

Nach diesem Überblick über die drei literarischen Komplexe, die bei
den Vertonungen griechischer Texte bis etwa 1900 das Feld beherrschten,
soll die Entwicklung im 20. Jahrhundert kurz umrissen werden. Von den
drei besprochenen Gebieten verlieren nur die Carmina Anacreontea etwas an Bedeutung, während gleichzeitig eine Fülle von bisher überhaupt
nicht oder nur sehr spärlich beachteten Autoren und Texten Bedeutung
gewinnt. Besonders in den letzten 30 Jahren scheute man sich nicht,
auch Entlegenstes und kaum den Fachleuten Bekanntes zu vertonen, wobei ein gewisser bildungsbeflissener Snobismus, aber auch das Bedürfnis nach unverbrauchten, noch nicht durch häufige Vertonung abgenutzten
Texten nicht zu übersehen sind.

Neben den Fragmenten der Sappho finden jetzt auch die spärlichen Reste
anderer frühgriechischer Lyriker eine erstaunliche Resonanz, so vor
allem von Alkaios, Alkman, Simonides und Anakreon, der nun die an seiner Stelle so oft vertonten Surrogate etwas verdrängen konnte, daneben
aber auch so unbekannter Autoren wie Ibykos, Ion von Chios, Melanippides oder Likymnios.

Einige englische und amerikanische Komponisten (Elgar, Bantock, Warlock, Stanford, Bliss, Berkeley, Sessions) zeigen ein auffälliges Interesse
für Epigramme der Anthologia Graeca und für die bukolische Dichtung
(Theokrit, Bion), das ganz offensichtlich die hohe Wertschätzung dieser
hellenistischen und spätantiken Literaturgattungen in der angelsächsischen
Welt widerspiegelt.

Selbst Prosaautoren, unter ihnen an erster Stelle Platon, der Erik
Satie zu seinem Meisterwerk "Socrate" (1918) inspirierte, aber auch die
Redner Lysias und Isokrates, die Philosophen Heraklit, Demokrit und
Epikur, ja selbst Zitate aus Herodot und Xenophon sowie die Selbstbe-
kenntnisse des Mark Aurel haben, wenn auch nur in Einzelfällen und
manchmal unter recht kuriosen Umständen, Berücksichtigung gefunden.
Der gesellschaftskritische und satirische Aspekt der Äsopischen Fabeln
wird, nach einem ersten noch ziemlich harmlosen Versuch eines anonymen Komponisten (erschienen in London um 1850), erkannt und mit musikalischen Mitteln zum Teil recht plastisch ausgeschöpft (Werke von Egk,
Henze, Poser, der sich auf Luthers Übertragungen stützt, Hurník, Persichetti, Asriel, Rosenfeld und Vogt).

Insgesamt gesehen ergibt sich ein Bild von verwirrender Vielgestaltig-
keit; dabei ist der Strom der Vertonungen in den letzten Jahren keineswegs abgerissen. Gerade die Neigung vieler moderner Komponisten zu
Textcollagen bringt immer wieder auch neues Material aus der griechischen Literatur zu Tage, darunter selbst so Überraschendes wie die Oracula Sibyllina oder Orphische Hymnen (in Orffs "De Temporum Fine Comoedia" und in Werken von Bialas, Genzmer u. a.), was in einer Zeit des
stetigen Abbaus humanistischer Traditionen als ein eindrucksvolles und

ermutigendes Zeugnis von der andauernden lebendigen Faszination der antiken Kultur gewertet werden darf.

Wenden wir uns nun den Vertonungen lateinischer Texte zu. Hier ist die überragende Stellung, die Horaz, vor allem mit seinen Oden, bis heute in einer fast ununterbrochenen Tradition seit dem Mittelalter einnimmt, unübersehbar. Die Gründe dafür sowie einige historische Entwicklungslinien auf diesem Gebiet werde ich in Kapitel II ausführlicher darzulegen versuchen. Neben Horaz führen alle anderen lateinischen Autoren zumindest bis zum Anfang des 20. Jahrhunderts fast ein Schattendasein. So gut wie keine Beachtung gefunden haben die Elegiker Properz, der meines Wissens nie komponiert wurde, und Tibull, von dem ich nur 3 Vertonungen nachweisen konnte. Hier dürfte vor allem der große Umfang und die komplizierte Struktur dieser Gedichte ein kaum zu überwindendes Hindernis für die Komponisten gewesen sein. Ovid hat, obwohl er, vor allem durch seine Metamorphosen, als Stofflieferant für die Operngeschichte vom 17. bis zum 20. Jahrhundert nicht wegzudenken ist, wohl weniger durch die Geringschätzung der Philologen, besonders im 19. Jahrhundert, als durch seine virtuose und geistreich pointierte Diktion, die einer musikalischen Ausgestaltung keinen rechten Raum und Ansatzpunkt zu bieten vermag, nur wenige Freunde unter den Komponisten gefunden. Erst in den letzten 30 Jahren entdeckten sie diesen Autor, wobei verblüffenderweise zwei großangelegte Auseinandersetzungen mit der "Ars amatoria" von Alois Piños und Gerhard Wimberger, beide aus dem Jahre 1967 und beide sich auf den Originaltext stützend, besondere Beachtung verdienen. Zwischen diesen Werken und einigen Beispielen aus dem Bereich der Humanistenoden (62) des 16. Jahrhunderts stehen nur 2 Kanons aus dem 18. Jahrhundert von Antonio Salieri und John Travers, die schon wegen ihres geringen Umfangs kaum ins Gewicht fallen. Der von Salieri, später auch von Philippine Schick und vermutlich noch öfter vertonte Vers "Gutta cavat lapidem, non vi, sed saepe cadendo" (Ep. ex Ponto IV 10, 5) hat sich im übrigen durch den nicht von Ovid stammenden Zusatz "non vi .." als geflügeltes Wort bereits so sehr von seiner Quelle emanzipiert, daß man hier schwerlich von einer Ovid-Vertonung sprechen kann.

Nicht viel besser steht es mit den Vergil-Vertonungen. Nach einer Hochblüte im 16. Jahrhundert mit Ausläufern im 17. Jahrhundert (63) finden sich bis zur Mitte des 20. Jahrhunderts kaum noch Beispiele. Außer einer Vertonung des Anfangs der Aeneis in einer Szene der Oper "Der Widerspänstigen Zähmung" von Hermann Goetz, die ich unter I. 4. genauer analysieren werde, und einem zarten impressionistischen Stimmungsbild von Roger-Ducasse mit dem Titel "Sur quelques vers de Virgile" (1910), in dem ein etwas wirres Pasticcio aus Versen der 1. Ekloge mit Anklängen an einzelne Worte aus dem 1. Buch der Georgika und dem 5. Buch der Aeneis in freier französischer Paraphrase für Frauenchor und Orchester oder Klavier komponiert wurde, sind nur noch zwei Werke bekannt geworden, sieht man einmal von Mozarts Rätselkanon "Incipe Menalios" KV 73r, 1. ab, bei dem Vergil nur mittelbar als Übersetzer

---

62) Vgl. S. 42 ff.
63) Vgl. hierzu Helmuth Osthoff, Vergils Aeneis in der Musik von Josquin des Prez bis Orlando di Lasso, in: Archiv für Musikwissenschaft 11, 1954, S. 85-102; ders., Domenico Mazzochis Vergil-Kompositionen, in: Festschrift Karl Gustav Fellerer zum sechzigsten Geburtstag, Regensburg 1962, S. 407-416; Hans Joachim Moser, Didonis novissima verba in der Musik, in: Gymnasium 58, 1951, S. 322-326.

eines Theokrit-Verses in Erscheinung tritt. Bezeichnenderweise stammen
diese zwei Werke - beide sind Lieder für eine tiefe Männerstimme und
Klavier - aus dem Umkreis der Weimarer Klassik. Bekanntlich hatte
Schiller eine gewisse, wenn auch nicht mit der Griechenbegeisterung zu
vergleichende Neigung zu Vergil, die sich in Aeneis-Übertragungen (64)
niederschlug. Es lag darum nahe, daß Johann Friedrich Reichardt, der
zu Goethe und Schiller ein besonderes Verhältnis hatte, auf eine Schiller-
Übersetzung zurückgriff, als er die Rede des Aeneas aus dem 4. Buch
der Aeneis (V. 331-361), in der dieser versucht, seine Abreise von Kar-
thago gegenüber Dido zu rechtfertigen, als ausgedehntes, nur bisweilen
von ariosen Partien unterbrochenes, dramatisch akzentuiertes Rezitativ
vertonte. Dieses Werk, das unter dem Titel "Aeneas zu Dido von Schiller" an einer obskuren Stelle erschien und deswegen vollkommen unbekannt blieb, gehört zusammen mit ähnlichen Versuchen von Zumsteeg
und dem jungen Schubert zu jener frühen Form der Liedballade um 1800
und hinterläßt einen etwas zwiespältigen Eindruck, da die oft packende,
manchmal harmonisch kühne und dramatische Gestaltung von einzelnen
Stellen den Mangel an organischer Geschlossenheit im ganzen nicht völlig
auszugleichen vermag.

Karl Friedrich Zelter, Goethes Duzfreund und musikalischer Ratgeber,
der wie Reichardt unzählige Lieder und Chöre nach Texten von Goethe
und Schiller schrieb, komponierte, nach Angabe von G. R. Kruse (65)
1817 den Anfang des Originaltextes von Didos Abschiedsworten auf dem
Scheiterhaufen (Aen. IV 651-654) in der Form eines kurzen und eindringlichen Arioso, das sich durch kühne, leicht archaisch gefärbte harmonische Wendungen (z. B. den Wechsel g-Moll/f-Moll in T. 1/2) sowie zahlreiche Koloraturen in der Singstimme, die ebenfalls "alten" Stil sugge-
rieren sollen, auffällig von Zelters übrigen Liedern unterscheidet. Diese
stilistischen Eigentümlichkeiten und auch die zunächst befremdliche Tatsache, daß Didos Worte für eine tiefe Männerstimme gesetzt sind, erklären sich leicht aus dem Titel des Werks, das mit "Vespera Lutheri"
überschrieben ist. Die Erstausgabe im "Berliner Musen-Almanach" von
1830 liefert auch eine Erklärung hierzu. Dort ist im Anschluß an das als
Faltblatt eingeheftete Lied auf S. 281 dessen Text nochmals abgedruckt;
darauf folgt ein achtzeiliges Gedicht von H. Stieglitz, das sich mit Luthers Tod und seinen angeblich letzten Worten, die eine freie Paraphrase
der Verse 653/54 der Dido-Rede darstellen, befaßt, und daran schließt
sich als Anmerkung zu dem auf dieser Seite oben abgedruckten lateinischen Text folgende aufschlußreiche Erläuterung an:

"Es geht eine Sage, die beiden letzten dieser Virgilischen Verse (Aeneis IV, 653
sq.) seyen Luthers letzte Worte vor seinem Hintritt aus der Welt gewesen. Unsern
Zelter hat sie zu der unter dem Namen "Vespera Lutheri" im musikalischen Anhange
dieses Büchleins befindlichen Composition veranlaßt. Obgleich nichts Authentisches
darüber hat ermittelt werden können, ist doch die Sage zu schön und bedeutungsvoll,
als daß sich das Herz erwehren könnte, ihr Glauben beizumessen."

In diesem Zusammenhang muß erwähnt werden, daß Karl Loewe sogar
der Meinung war, Luther habe auch die letzten Worte der Dido selbst

---

64) Diese Übersetzungen sind zusammen mit dem Urtext gesammelt in: Goethes und
   Schillers Übertragungen antiker Dichtungen, hrsg. von Horst Rüdiger, München
   1944, S. 270-411.
65) Georg Richard Kruse, Zelter (Musiker-Biographien, 34. Band), Leipzig ^{2}1930,
   S. 66.

komponiert, was jedoch ein Irrtum ist (66). Dies wird bereits aus einem
Bericht seines ersten Biographen Mathesius deutlich, der den Reforma-
tor wieder unter einem anderen Aspekt mit jener Vergil-Stelle in Verbindung brachte (67):

"Wenn nun Doctor sich müde und hellig gearbeit, war er am Tische frölich, ließ
bisweilen eine Cantorey anrichten. Auff ein zeit, in beysein guter leut, sungen wir
Didonis letzte wort, ausm Virgilio: Dulces exuviae. Herr Philippus [Melanchthon]
dönet auch mit ein ... "

Es ist jedenfalls recht bezeichnend für die schwache Rezeption Vergils
in der Musik, daß Reichardt und Zelter nur durch die Vermittlung Schillers bzw. mit Hilfe jener etwas nebelhaften Luther-Legende Zugang zu
diesem Dichter gefunden haben. Eine Komposition des "Dulces exuviae"
für gemischten Chor von Karl Loewe, für eine Schulfeier geschrieben und
wahrscheinlich ebenfalls durch die Assoziation mit Luther angeregt, ist
leider verlorengegangen.

Erst im 20. Jahrhundert werden die Vergil-Vertonungen etwas zahlreicher. Dabei hat sich besonders der italienische Neoklassizist Gian
Francesco Malipiero hervorgetan, der sich nacheinander mit der Aeneis
(in ziemlich freier italienischer Paraphrase, unter dem Titel "Vergilii
Aeneis" Sinfonia eroica per orchestra, coro e voci sole, 1944), dem ersten Buch der Georgica (im Urtext, "La terra" per coro a 4 voci e piccola orchestra, 1946-48) und einigen Versen aus der 8. und 10. Ekloge
("Ave Phoebe, dum queror" per piccolo coro e 20 istrumenti, 1964) in
wenig überzeugender Weise auseinandergesetzt hat.

Sehr anregend dagegen sind die zahlreichen Vertonungen vergilischer
Verse von dem Tschechen Jan Novák, einem Schüler von Bohuslav Martinů und Aaron Copland, der fast nur lateinische Texte komponiert hat
und auch selbst als neulateinischer Schriftsteller hervorgetreten ist. Neben den klanglich aparten "IV Fugae Vergilianae" für gemischten Chor
von 1974 und dem groß angelegten "Dido"narratio, cantica, lamenta" für
Mezzosopran, Rezitator, Männerchor und Orchester von 1967, die beide
bisher unveröffentlicht sind, stehen zwei Werke für Sopran mit reizvoller kammermusikalischer Begleitung: "Mimus Magicus" (mit Klarinette
und Klavier, 1969, ecl. 8, 64-109) und "Orpheus et Euridice" (mit Viola
d'amore und Klavier, 1970, Georg. IV 458-527), die 1971 bzw. 1977
auch im Druck erschienen sind. Nováks "O crudelis Alexi" für Singstimme und Klavier (1968, ecl. 2, 6-13), eine mit zarten Farben gemalte bukolische Miniatur von zauberhafter Prägnanz, blieb dagegen ebenfalls unveröffentlicht.

Gänzlich verfehlt in seiner undifferenzierten hämmernden Brutalität
erscheint mir der Versuch von Hans Werner Henze in seinen "Musen
Siziliens" (Konzert für Chor, zwei Klaviere, Bläser und Pauken, 1966)
bei der Vertonung von Bruchstücken aus der 6., 9. und 10. Ekloge Elemente der Pop-Musik einzubringen (68), wobei die Vergil-Verse in pene-
trantem Vitalismus zu ersticken drohen.

Die Beschäftigung der Komponisten mit den Gedichten des Catull setzte nach einigen spärlichen Versuchen im Umkreis der Humanisten-Oden
im 16. Jahrhundert fast 400 Jahre lang vollkommen aus. Nach einem ein-
samen Vorläufer im 19. Jahrhundert ("Luctus in morte passeris" für

---

66) Hans Joachim Moser, Didonis novissima verba in der Musik, in: Gymnasium 58,
    1951, S. 324.
67) Moser a. a. O., S. 324.
68) Vgl. Klaus Geitel, Hans Werner Henze, Berlin 1968, S. 148/49.

Singstimme und Klavier von dem englischen Pianisten Charles Kensington Salaman, einem hübschen Salonlied) begegnen uns erst wieder zu Beginn der zwanziger Jahre dieses Jahrhunderts Vertonungen, dann jedoch in erstaunlicher Vielzahl, die auf eine ziemlich plötzlich aufkommende allgemeine Wertschätzung der catullischen Lyrik schließen lassen. Vielleicht haben auch die Erfahrungen mit der modernen Lyrik dazu beigetragen, daß man die Eigenart und Qualität dieser Gedichte, die bisher nur als virtuose Nachahmungen griechischer Muster oder als brillante Stilübungen angesehen wurden, zu würdigen lernte.

Am Anfang der musikalischen Rezeption stehen, gleichsam noch etwas zögernd das neue Terrain prüfend, 3 Versuche mit Catull-Übersetzungen. Milhauds "Quatre poèmes de Catulle" in der höchst originellen und seltenen Besetzung für eine Singstimme und Violine (ohne Klavierbegleitung!) aus dem Jahre 1923 sind geistvolle und sensible Studien, die den artifiziellen Charakter der Gedichte durch den bewußten Einsatz virtuoser geigerischer und vokaler Mittel herausarbeiten. 1926 erschienen in Wien die "Liebeslieder des Catull" (Vertonungen dreier Übersetzungen von c. 2, 5 und 7) von Max von Oberleithner (im Verlag Doblinger) und das Lied "Die Liebe" (aus den "Fünf Liedern" op. 4, die deutsche Übersetzung von c. 85 stammt von Max Brod!) von Hans Krása (im Verlag Universal Edition). Dieses zufällige zeitliche und örtliche Zusammentreffen mag einen Vergleich der beiden Werke herausfordern, bei dem nicht nur die großen stilistischen Unterschiede in der Musik der Zwanziger Jahre deutlich werden, sondern auch eine diametral entgegengesetzte Einstellung dem Catull-Text gegenüber. Während Oberleithner tief in der Tradition des 19. Jahrhunderts verwurzelte, vollkommen tonale, teils etwas neckisch ein imaginäres Rokoko heraufbeschwörende, teils in die Nähe des Kitsches gerückte reißerische Konzertlieder geschaffen hat, schrieb der 1944 in einem Konzentrationslager ermordete tschechische Komponist Hans Krása eine mit sparsamsten Mitteln arbeitende aphoristische Miniatur von äußerster Konzentration, die in ihrer kompromißlosen Haltung einer freien Atonalität an die Klavierstücke op. 19 von Schönberg anknüpft. Damit versucht der Komponist der ebenfalls aufs äußerste komprimierten Diktion gerade dieses Gedichts mit musikalischen Mitteln gerecht zu werden, während Oberleithners gefühlsbetontes spätromantisches Epigonentum, das sich auch in einer pastosen Klavierbegleitung manifestiert, trotz einzelner gelungener Episoden die Intentionen Catulls vollkommen verfehlt. Allerdings muß man auch berücksichtigen, daß die von ihm herangezogene deutsche Übersetzung, deren Verfasser nicht genannt ist, bereits die Originale in befremdlicher Weise verfälscht hat, in dem sie die Gedichte zu harmlos-süßlichen Reimereien herabwürdigt und damit letztlich den Komponisten zu seiner Fehldeutung verführte.

Danach setzt, beginnend mit Carl Orffs "Catulli Carmina" (für gemischten Chor a cappella, 1930), der Vorstufe zu der späteren berühmten szenischen Fassung (1943), eine Fülle von Vertonungen der Originaltexte von Catulls Gedichten ein, die bis heute fast unvermindert angehalten hat. Es ist hier nicht der Ort, auf Einzelheiten einzugehen (69), doch sei noch festgehalten, daß die Passer-Gedichte (c. 2 und 3), die Hochzeitsgedichte (c. 61 und 62) sowie c. 5, 8, 51 und 85, teils wegen ihrer

---

69) Vgl. Günther Wille, Alte und neue Musik zu Catull, in: Catull, Sämtliche Gedichte. Lateinisch und deutsch, herausgegeben, eingeleitet und übersetzt von Otto Weinreich, Zürich/Stuttgart 1969, S. 77-93.

allgemeinen Beliebtheit, teils wegen den in ihnen präformierten musikalischen Strukturen (Wechselgesang in c. 62!) besonders häufig komponiert
wurden.

Von den übrigen lateinischen Autoren ist zu sagen, daß sie mit ganz wenigen Ausnahmen alle erst im 20. Jahrhundert, meist erst nach dem zweiten Weltkrieg, von den Komponisten berücksichtigt wurden. Auch hier ist,
wie bei der griechischen Literatur, eine Tendenz zu beobachten, sich mit
dezidiertem Engagement ganz entlegener Texte wie z. B. der Kochrezepte
des Apicius, anonymer römischer Weinsprüche, wie man sie auf Schalen,
Krügen und Bechern eingeritzt fand, Sentenzen des Publilius Syrus oder
Gedichten der Anthologia Latina anzunehmen. Dabei entdeckte man auch
ein Juwel wie Kaiser Hadrians "Animula vagula, blandula", dem der griechische Komponist Arghyris Kounadis eine sensible und eindringliche
Komposition widmete, die er später auch in seine Revue "Teiresias"
übernahm. Von den bekannteren Autoren haben vor allem Lukrez, Martial, Iuvenal und Lukan einige Beachtung gefunden.

Insgesamt gesehen zeigt sich auf diesem Gebiet neben der unübersehbaren Tatsache, daß fast immer auf den lateinischen Urtext zurückgegriffen wurde, eine Neigung zum Pluralismus bei der Textauswahl und eine
Suche nach noch unverbrauchtem Textmaterial, die nicht immer ganz frei
von geschmäcklerischer Extravaganz ist. Im Vergleich zu der griechischen Literatur muß die Wirkung der lateinischen auf die Musik im 20.
Jahrhundert als etwas schwächer eingeschätzt werden.

4.
Vertonungen antiker Texte als Zitate

Eine Sonderstellung unter den Vertonungen antiker Texte nehmen die
wenigen Beispiele ein, in denen ein meist sehr kurzer Text durch seine
besonders gekennzeichnete Plazierung innerhalb eines größeren musikalischen Zusammenhangs den Charakter eines Zitats im engeren oder weiteren Sinne bekommt. Dies ist natürlich fast nur in Bühnenwerken oder
zumindestens von ihrer Anlage her dramatisch konzipierten Werken möglich. Die Funktion, die ein solches Zitat eines antiken Textes inmitten
eines vollkommen anders gearteten, nicht von der Antike geprägten Um-
feldes haben kann, ist in den mir bekannt gewordenen Fällen sehr verschieden und soll im folgenden an einigen Beispielen näher untersucht
werden.

Wenn der Philosoph Colline im 2. Bild von Puccinis "La Bohème" mit-
ten im Getümmel des Weihnachtsabends im Quartier Latin unwillig "Odio
il profano volgo al par d'Orazio" vor sich hinbrummt, so muß man dies
als ein mehr zufälliges, in diesem Rahmen kaum bemerkbares Hinstreuen
einer allgemein gebräuchlichen Sentenz ansehen, jedoch kaum als eine bewußte musikalische Auseinandersetzung mit einem Horaz-Text. Immerhin wird hier der Name des Autors ausdrücklich genannt und damit das
Zitat als solches eindeutig gekennzeichnet. Auch an dieser kleinen Episode zeigt sich, mit welch liebevoller und treffender Präzision Puccini
selbst die kleinen Rollen in seinen Opern zu charakterisieren und profilieren wußte.

Ein weitaus höherer Stellenwert kommt vier anderen Beispielen aus
Opern zu, in denen uns unvermutet Zitate aus der antiken Literatur, z. T.
sogar im Urtext, begegnen.

In der 1. Szene des 3. Aktes von Shakespeares "The Taming of the
Shrew" nähert sich der junge Lucentio als Lateinlehrer verkleidet seiner
verehrten Bianca und macht ihr, indem er vorgibt, einige lateinische

Worte zu übersetzen, eine Liebeserklärung, worauf ihm Bianca, indem sie nach außen hin scheinbar diese Übersetzungen wiederholt, auf dem gleichen Wege ihr Wohlwollen, wenn auch unter der Maske leicht abwehrender Koketterie verborgen, zu erkennen gibt. Diese köstliche Szene haben Hermann Goetz und sein Librettist, der Schweizer Schriftsteller Joseph Viktor Widmann, in ihren Grundzügen in die komische Oper "Der Widerspänstigen Zähmung" übernommen (3. Akt, Anfang der 2. Szene), dabei aber den lateinischen Text ausgewechselt. Während es bei Shakespeare die Verse 33 und 34 ("Hic ibat Simois, hic est Sigeia tellus, / hic steterat Priami regia celsa senis.") aus Ovids erstem Heroiden-Brief (Penelope an Odysseus) sind, die zu dem den ungebetenen Zuhörer (in Gestalt des als Musiklehrer verkleideten Rivalen Hortensio) täuschenden Wortgeplänkel herhalten müssen, erfüllen bei Goetz die ersten beiden und der Anfang des 3. Verses der Aeneis diese Aufgabe. Der Grund für den Austausch der Zitate mag wohl darin liegen, daß Goetz und Widmann, die das Textbuch gemeinsam erarbeitet haben, damit rechneten, daß das Publikum eher mit den berühmten Vergil-Versen als mit der relativ unbekannten Passage aus Ovids Heroidenbrief vertraut sein dürfte. Da der Witz dieser Szene jedoch nur dann genossen werden kann, wenn der Zuhörer die Diskrepanz zwischen dem lateinischen Text und seiner angeblichen "Übersetzung" versteht, kann man diese Abweichung von der Shakespeareschen Vorlage nur gutheißen, zumal gerade auch auf musikalischem Gebiet der Kontrast zwischen dem straff-punktierten, ein künstliches martialisches Pathos heuchelnden "Arma virumque cano ..." und den im pp dazwischengehauchten Liebesworten besonders hübsch herausgearbeitet ist (70).

Wie sich zeigt, ist der antike Text in diesem Fall nicht als bloßes Zitat im engeren Sinne, sondern als bestimmendes Bauelement für einen längeren Abschnitt dieser Opernszene anzusehen. Formal handelt es sich hier nämlich um ein Strophenlied, dessen erste Strophe Lucentio und dessen zweite Strophe Bianca singt, wobei der lateinische Text, der in vier Kola (=Vershälften) zerteilt wird, konstant bleibt, während die auf jedes Kolon folgenden deutschen Zwischentexte der beiden Personen wechseln. Besonders reizvoll aber ist ein zusätzlicher sprachlicher Effekt, der sich noch nicht bei Shakespeare, sondern erst in der Oper findet: das lateinische "litora", das erste Wort des 3. Aeneis-Verses, bei dem, durchaus sinnvoll, der "Lehrer" Francesco alias Lucentio abbricht, reimt sich zweimal mit der deutschen "Übersetzung", bei Lucentio mit "selbst ist er nun da", bei Bianca mit "drum verschweigt es ihm ja!". Unter den ganz wenigen Vergil-Vertonungen, die zwischen Renaissance und 20. Jahrhundert entstanden sind, ist die eben beschriebene jedenfalls die ungewöhnlichste, aber vielleicht auch die ansprechendste; sie fügt sich zudem vollkommen zwanglos und organisch in eine Oper ein, die durch ihren geistvollen Humor und romantischen Zauber zu den schönsten komischen Opern überhaupt zu zählen ist.

---

70) Vgl. hierzu Annegret Staufer, Fremdsprachen bei Shakespeare - Das Vokabular und seine dramatische Funktion, Frankfurt am Main 1974, S. 150: "Die Tatsache, daß es sich bei dem Lehrstoff um Verse aus einem lateinischen Gedicht handelt, spielt an sich keine besondere Rolle. Die Technik, den Lehrstoff als Deckmantel zu benutzen, wird jedoch viel wirkungsvoller durch den ständigen Wechsel zwischen Latein und Englisch. Denkt man einmal an den Theaterbesucher, der kein Latein versteht und dem diese Verse nichts sagen, so wird deutlich, wie neben den unverständlichen lateinischen Worten die englischen Einschübe besonderes Gewicht erhalten."

In überaus origineller Weise hat Leoš Janáček in seine Märchenoper
"Das schlaue Füchslein" (uraufgeführt am 6. 11. 1924 in Brünn) ein Zitat
aus der "Anabasis" des Xenophon, einem Autor, den man schwerlich
sonst mit Musik in Verbindung bringen dürfte, eingeführt. In einer Szene
des 2. Aktes begibt sich der Pfarrer nach einem Besuch des Wirtshauses,
wo er mit dem Schulmeister und dem Förster einen ebenso feuchten wie
melancholischen Abend verbracht hat, leicht angesäuselt auf den Heim-
weg. In der warmen Sommernacht kommen ihm allerlei trübe Gedanken
über seine Existenz, die ihren Ausgang von einer Sentenz nehmen, die
ihm plötzlich eingefallen ist: "Gedenk' ein tugendsamer Mann zu bleiben! Herrgott, welcher Klassiker sagt das denn? Einerlei! Denn der
gute Herr hat Unrecht!" (die deutsche Übersetzung des tschechischen
Originaltextes stammt von Max Brod). Der gute Ruf des ehrbaren Pfar-
rers ist nämlich mittlerweile arg strapaziert worden, nachdem er dem
schönen Zigeunermädchen Terynka, dessen märchenhafte Verkörperung
in der Oper das Füchslein ist, christliche Unterweisung zuteil werden
ließ, diese aber dann gemeinerweise das Gerücht ausstreute, er sei der
Vater ihres von dem Landstreicher Harašta empfangenen Kindes. "Hätt'
ich doch ein einzigesmal nur ihre Hand berührt - aber gar nichts geschah ja! - Ja, so endet einer, der die Tugend ernst nahm." Nachdem
er sich zu dieser traurigen Selbsterkenntnis durchgerungen hat, fällt ihm
zu seiner Überraschung auf einmal die Quelle der zitierten Maxime, diesmal sogar im Urtext, ein: "Memnestho aner agathos einai.""Aus der Anabasis von Xenophon." ruft er freudig aus und verschwindet danach im Hintergrund. Damit schließt sich der Kreis: die kurze Soloszene des Pfar-
rers endet, wie sie begonnen hatte, mit Xenophons Worten.
    Der Komponist hat durch dieses so ungemein realistisch geschilderte
Spiel mit einem Zitat, dessen Quelle dem Zitierenden entfallen ist, die
Persönlichkeit des biederen mährischen Landpfarrers und sein tragiko-
misches Schicksal mit verstehendem Humor zu charakterisieren gewußt.
Wie dieser die letzten Reste einer wohl kaum weiter als bis zu dem typischen Anfänger-Autor Xenophon reichenden humanistischen Bildung, die
er sich wohl bei seinem lange zurückliegenden Theologie-Studium erwor-
ben haben dürfte, mit Mühe zusammenkratzt, um sein erschüttertes mo-
ralisches Bewußtsein wenigstens für den Augenblick wieder etwas ins Lot
zu bringen, hat Janáček in dieser Szene mit dem ihm eigenen psychologi-
schen Gespür dargestellt.
    Während in dem zuvor geschilderten Beispiel das Zitat zunächst in ei-
ner Übersetzung und dann im Original erscheint, verhält es sich im IV.
Bild von Henzes "Boulevard Solitude" ("Lyrisches Drama in sieben Bildern", eine moderne Version des schon von Massenet und Puccini ver-
operten Manon-Lescaut-Stoffes nach dem Roman des Abbé Prevost, uraufgeführt am 17. 2. 1952 in Hannover) genau umgekehrt. Die Szene spielt,
ein wohl einmaliger Fall in der Operngeschichte, im Lesesaal einer Universitätsbibliothek. Im Vordergrund sitzen zwei Studenten, der junge
schwärmerische Armand des Grieux und sein Freund Francis, der sich
mit ganzer Seele den Wissenschaften ergeben hat. Während Armand auch
an diesem Ort nur an Manon denken muß, die den mittellosen Studenten
auf Geheiß ihres kupplerischen Bruders zugunsten des reichen alten Lilaque père verlassen mußte, erzählt ihm Francis mit wenigen nüchternen
Worten den Inhalt des III. Bildes, in dem Manon und ihr Bruder von eben
jenem Lilaque davongejagt wurden, nachdem sie ihn dreist bestohlen hatten, und außerdem, daß er sie inzwischen mit einem neuen Liebhaber gesehen hat. Gleichzeitig werden im Hintergrund des Saales, wo Studenten
und Studentinnen an den Bücherschränken stehen, von einem Männerchor

zwei Catull-Gedichte ("Lesbia mi dicit", c. 92 und "Iucundum, mea vita", c. 109) teils leise gesungen, teils nur rhythmisch akzentuiert geflüstert. Die Texte dieser zwei Lesbia-Gedichte, die sich im ersten Fall in witziger, im zweiten in ernster Weise mit den Problemen Liebe und Treue auseinandersetzen, stehen in einer unübersehbaren deutlichen Beziehung zu der momentanen Situation des von seiner Geliebten verlassenen Armand. Sie umreißen aber gleichzeitig die Atmosphäre eines Ortes, an dem die Schätze klassischer Autoren bewahrt werden, deren tote schriftliche Präsenz durch die Übertragung in den Bereich des Akustischen auf geradezu verblüffende Weise lebendig und fühlbar gemacht wird. Unerwartet und zunächst unbemerkt tritt Manon selbst auf, setzt sich neben Armand und liest in seinem Buch mit. Beide übernehmen nun, während ihre vokalen Linien immer mehr in ariosen Bögen auszuschwingen beginnen, die beiden Catull-Gedichte in deutscher Übersetzung, wobei die Texte derart modifiziert werden, daß die beiden mit ihrer Hilfe ganz ohne die Heranziehung fremden Materials einen Dialog führen können, in dem sich zunächst ihr bisheriges Verhältnis (c. 92) und, nachdem sie einander erkannt haben, ihre Hoffnungen auf eine glückliche und dauerhafte gemeinsame Zukunft (c. 109), die sich freilich als trügerisch erweisen werden, spiegeln. Davon unbeirrt singt der Chor im Hintergrund bis zum Schluß dieses Bildes weiterhin die lateinischen Originaltexte, wobei die Verteilung der beiden Gedichte innerhalb der ganzen Szene von überlegter Disposition zeugt. Bis zum Auftritt der Manon, solange nämlich Armands Gedanken vor allem darum kreisen, ob sie ihn noch liebt oder nicht, wird folgerichtig c. 92, z. T. auch in einzelne Phrasen zerlegt, mit geradezu bohrender Intensität mehrmals wiederholt, direkt vor und gleich nach ihrem Erscheinen klingen die ersten beiden Verse von c. 109 kurz an, worauf dann der deutsche Dialog in der oben beschriebenen Reihenfolge jeweils von dem zugehörigen lateinischen Text kontrapunktiert wird. Damit wird die doppelte Funktion dieser nicht nur durch ihre Ausdehnung ungewöhnlichen Zitate ganz deutlich: einmal als gleichsam objektivierender Kommentar zur psychischen Verfassung und zu den Denkprozessen des Armand und der Manon, die der Chor, fast wie in einer antiken Tragödie, abgibt, danach als Objekt der Identifikation der beiden Protagonisten, die in radikaler Umkehrung dieser ersten Funktion gerade ihre ganz persönlichen Gedanken und Gefühle mit Hilfe der Catull-Verse zu artikulieren versuchen.

Daß Zitate aus der antiken Literatur auch zum Zwecke der Parodie eingesetzt werden können, zeigt uns in äußerst witziger Weise Lortzings komische Oper "Der Wildschütz" (1842) in der die gerade zur Mode gewordene Antikenbegeisterung, welche durch die Aufführungen von Sophokles' "Antigone" in Potsdam (1841) und Berlin (1842) mit der Musik von Mendelssohn (op. 55) hervorgerufen worden war, verulkt wurde. Lortzings Spott, der vielleicht durch die köstliche Satire "Antigone in Berlin" (71) seines Freundes Adolf Glasbrenner angeregt wurde, richtete sich durchaus nicht gegen Mendelssohns Musik, die Lortzing immer geschätzt hat (72), sondern gegen die sprachlich anfechtbare, gestelzte und teilwei-

---

71) Vgl. hierzu S. 21 und Anm. 41.
72) Ein schönes Zeugnis für Lortzings Verehrung, die sich auch auf die Musik zur "Antigone" erstreckte, ist der Brief vom 10. November 1847, 6 Tage nach Mendelssohns Tod, an Heinrich Schmidt in Dresden: "Vielleicht schreibe ich sonst auch nicht viel Gescheites, heute aber würde es mir gar nicht möglich sein, denn die Nachricht von Mendelssohns Tod hat mich völlig konsterniert. Es ist

se ziemlich unverständliche Übersetzung von J.J.Chr. Donner, die auch
in der recht schonenden Bearbeitung durch August Boeckh nicht viel besser geworden ist. "Die Frau Gräfin liest vortrefflich, unnachahmlich,
wunderschön - Tränen möchte man vergießen, - schade, daß wir's nicht
verstehn!" lautet der trockene Kommentar der geplagten Dienerschaft
(2. Akt, 1. Szene), die sich die endlosen Rezitationen sophokleischer
Verse der angesichts ihres etwas zu lebenslustigen Gatten leicht fru-
strierten Gräfin anhören muß.

Im weiteren Verlauf der Oper wird auch der biedere Dorfschulmeister
Baculus mit "Sophoklex" vertraut gemacht, so daß er neben der unver-
drossen weiterzitierenden, auch mit den Problemen der altgriechischen
Bühne ringenden Gräfin (2. Akt, 6. Szene) zu den passendsten und unpas-
sendsten Gelegenheiten mit Brocken aus der "Antigone", manchmal auch
in witzig verunstalteter Form ("dann lernt er noch weise zu werden, der
Alte", 2. Akt, 6. Szene), aufzuwarten weiß. Das alles spielt sich jedoch
ohne Musik in einigen zum Teil weit ausgesponnenen Dialogszenen ab
(vor allem 2. Akt, 3., 5., 6. Szene, 3. Akt, 4., 11. Szene). Erst zu
Beginn des Finales (3. Akt, 14. Szene) erscheint auch ein gesungenes
Zitat im Munde der Gräfin, welche die Baronin, die von ihr nicht erkannte
Schwester des Grafen, nachdem diese ihren scheinbar untreuen Gatten soeben
"brüderlich" geküßt hat, wutentbrannt mit Kreons drohenden Worten zu
Antigone (V. 441-442) andonnert: "Du! die zur Erde neigt das Haupt, ich frage dich, bekennest oder leugnest du die Missetat?" Nachdem sich das
Mißverständnis jedoch aufgelöst hat, fällt sie ihr mit den berühmten Anfangsworten der Tragödie "Ismene, traute Schwester, vielgeliebtes
Haupt" und dem ziemlich prosaischen Zusatz "Wie hast du uns vexiert!"
ebenso stilvoll wie enthusiastisch um den Hals. Schließlich muß sie auch
noch in dem Baron, an dessen vermeintlicher stiller Verehrung für ihre
Person sie sich bereits berauscht hatte, ihren eigenen Bruder erkennen
und quittiert diese peinliche Enthüllung mit einer feurigen Umarmung
und den Worten "Hämon geliebter Bruder, o wie selig fühl ich mich!"
Dieser Satz findet sich jedoch nicht wie die beiden vorherigen in Donners
Antigone-Übersetzung, sondern ist offensichtlich, vielleicht in Anlehnung
an V. 572 (bei Donner V. 570: "Geliebter Hämon, wie verhöhnt der Vater
dich!") von Lortzing passend erfunden worden. Seine geistreiche Ver-
spottung der unreflektierten Verehrung eines im Grunde längst nicht mehr
von lebendiger Aneignung getragenen Kulturgutes weiß das Zitieren als
Mittel der Parodie in glänzender Weise einzusetzen. Auch auf der musikalischen Ebene unterstreicht er die drei gesungenen Zitate jeweils mit
einem pathetischen Streichertremolo im Orchester und hebt sie damit un-
mißverständlich von dem übrigen Text ab.

---

entsetzlich! Es ist unbegreiflich - ich meine nämlich - unbegreiflich, was die
Vorsehung damit bezwecken will. Ich habe mich selten mehr mit Mendelssohn
beschäftigt als eben jetzt, wo ich seine Chöre zur "Antigone" diesem Volke ein-
studiere; das ist eine Pferdearbeit; nicht etwa in musikalischer Beziehung, denn
darin sind sie alle tüchtig, aber der Text will ihnen nicht ins Maul und noch weniger ins Gedächtnis. Wir wollten nämlich Mendelssohn bei der Gelegenheit (er
wurde hier in diesen Tagen erwartet, um seinen "Elias" aufzuführen) durch die
Darstellung der "Antigone" ehren und hofften, er würde selber dirigieren, was
er auch gewiß getan hätte. Nun müssen wir das Werk ohne ihn geben! Er wird
sich's von oben anhören, aber wie es ihm gefallen, werden wir nicht erfahren!
Ich hätte die Tage in Leipzig sein mögen: es muß eine erhebende Feier gewesen
sein, sein Begräbnis! - Wer wird nun dran kommen??" (Albert Lortzing, Gesammelte Briefe, hrsg. von Georg Richard Kruse - Neue, um 82 Briefe vermehrte Ausgabe, Regensburg 1913, S. 186/87).

5.
Vertonungen antiker Texte als politische Demonstrationen

Ich möchte zuletzt noch einige Beispiele vorführen, bei denen die Vertonung eines antiken Textes als politische Demonstration verstanden werden muß. Dies geschah meistens durch eine bewußte Wahl des Komponisten, aber auch der Zufall hat bisweilen ein Zusammentreffen von scheinbar längst von der Geschichte überholten und vergessenen Texten mit po-
litischer Tagesaktualität eben durch Vermittlung der Musik mit sich gebracht. Die wenigen Vertonungen von Fragmenten des Tyrtaios und der
7. Epode des Horaz liefern hierfür das beste Anschauungsmaterial. So
ließen sich die propagandistischen Kampfgesänge des Tyrtaios, in denen
die Spartaner zum Durchhalten im Kampf mit den aufständischen Mes-
seniern aufgerufen werden, ungeachtet ihrer geringen literarischen Qualität und ihres heute eher peinlich anmutenden platten Militarismus im 19.
Jahrhundert bei passender Gelegenheit sehr gut auf ähnlich geartete mili-
tärische bzw. politische Konstellationen ummünzen.
Im Revolutionsjahr 1848 veröffentlichte Friedrich Silcher als op. 52 seine "Sechs vierstimmigen Lieder für die deutschen Wehrmänner",von denen
nur Nr. 6 "Schön ist's dem Tod im Feld für's Vaterland als Held entgegen gehn" ohne Nennung eines Textautors blieb. Doch läßt sich unschwer
erkennen, daß hier zunächst eine, wenn auch ziemlich freie Übersetzung
der ersten beiden Verse von Fr. 1 (das berühmte "τεθνάμεναι γὰρ
καλὸν") vorliegt, die dann in einen Text übergeht, der zwar nicht mehr
als direkte Tyrtaios-Übertragung gelten kann, jedoch noch einige deut-
liche Reminiszenzen an Fr. 6 und 7 enthält. Da Silcher mit größter Wahr-
scheinlichkeit über diese literarischen Hintergründe nicht informiert war,
muß dieses an sich unbedeutende Gelegenheitswerk, das wie so vieles aus
der Feder dieses Komponisten einer Gebrauchsmusik ohne höhere Ansprüche zuzurechnen ist, auch als Beispiel für die unter 2. besprochenen
"unbewußten" Vertonungen antiker Texte gelten. Bemerkenswert ist hier
aber die Tatsache, daß dieses kurze Auftauchen eines Tyrtaios-Textes
gerade zu einem Zeitpunkt geschah, als es in Deutschland zu einer Zer-
reißprobe gekommen war, die Töne von so vehement militantem Patriotismus selbst bei einem so unkriegerischen Menschen wie dem damaligen
Tübinger Universitätsmusikdirektor hervorrufen konnte.
42 Jahre später war Deutschland längst geeint und zeigte sich bereits in zu-
nehmendem Maße ein bedrohlich um sich greifendes imperialistisches
Streben. Es war das Jahr 1890, in dem Bismarck als Kanzler entlassen
wurde, in dem Max Bruch seine "Zwei Männerchöre mit Orchester" op.
53 veröffentlichte, von denen der erste "Auf die bei Thermopylae Gefallenen" auf Fr. 26 des Simonides, der zweite, "Schlachtgesang des Tyrtaios" auf Ausschnitte aus den Fragmenten 6, 8 und 9 des Tyrtaios zurückgeht. Bezeichnenderweise stammen die Übersetzungen beider Text-
gruppen von Emanuel Geibel, der sich damals als rühriger Propagandist
des deutschen Nationalismus profiliert hatte. Sein "Klassisches Liederbuch" (73), dem diese Übersetzungen entnommen sind, hat, obwohl weit
verbreitet, bei den Komponisten sonst erstaunlicherweise wenig Resonanz
gefunden. In diesem Falle aber waren die Gedichte des Simonides und
Tyrtaios, in denen opferbereites Heldentum auf eine heute nicht mehr
nachvollziehbare Weise gefeiert werden, ein willkommener Anlaß, um

---

73) Emanuel Geibel, Klassisches Liederbuch - Griechen und Römer in deutscher
    Nachbildung, Berlin 1875, ⁵1888, ⁶1906; Neuausgabe Leipzig 1959.

das pathetische Selbstgefühl des wilhelminischen Zeitalters in einem groß-
angelegten Chorwerk demonstrativ zur Schau zu stellen. Auch die Widmung an den "Universitäts-Sängerverein zu St. Pauli in Leipzig" weist in
dieselbe Richtung: bekanntlich hatten sich gerade die Männergesangver-
eine in dieser Zeit zu Gralshütern patriotischer Gesinnung entwickelt. Die
gediegene und einfallsreiche Arbeit des Komponisten, der sich auf monu-
mentale Chorwerke mit Orchester, z.T. auch nach antiken Stoffen ("Achilleus" op. 50, "Odysseus" op. 41, "Salamis" Siegesgesang der Griechen
op. 25) geradezu spezialisiert hatte, läßt das Ganze von der musikalischen
Seite her wenigstens erträglich erscheinen. Man sollte dabei nicht vergessen, daß die Entstehung des deutschen Reiches und die ihr folgenden
"Gründerjahre" mit ihrem Hang zur Hypertrophie selbst einen Komponisten vom Range eines Brahms zu so monströsen Entgleisungen wie dem
"Triumphlied" op. 55 und der "Akademischen Festouvertüre" op. 80 ver-
leitet haben.
     Aus der gleichen Zeit stammt auch die dritte und letzte Tyrtaios-Ver-
tonung, die mir bisher bekannt geworden ist. Jean Sibelius schrieb 1899
den "Gesang der Athener" op. 31, Nr. 3 für einstimmigen Männer- und
Knabenchor, Hornseptett und Schlagzeug nach einem schwedischen Text
von Viktor Rydberg. Das Werk erschien 1904 auch mit finnischer und
deutscher Übersetzung bei Breitkopf und Härtel in Leipzig. Aus letzterer
geht hervor, daß es sich hier um eine ziemlich getreue Übertragung einiger Passagen aus Fr. 6 und 7 des Tyrtaios handelt. Jedoch wird die griechische Vorlage nirgends erwähnt, so daß mich nur der ebenso rätselhafte
wie unsinnige Titel "Gesang der Athener" (warum wurden aus den Spar-
tanern des Tyrtaios ausgerechnet Athener?) auf diese Spur führen konnte.
In diesem Fall ist aber die politische Absicht, die mit der Komposition
dieses Textes verbunden war, ganz unübersehbar. Der leidenschaftliche
Patriot Sibelius wollte mit diesem Werk ein Fanal im Kampf seiner Heimat gegen die russische Besatzungsmacht setzen. Dieser Kampf war im
letzten Jahrzehnt des 19. Jahrhunderts, als auch im finnischen Volk ein
Nationalgefühl erwachte, das nicht zuletzt seine künstlerische Verkörperung in der Musik von Sibelius fand, mit ungewöhnlicher Härte entbrannt,
die ihren Höhepunkt in der Ermordung des russischen Generalgouverneurs
Bobrikow im Jahre 1904 fand. In einer solchen Situation mußten Sätze wie
die folgenden von geradezu explosiver Aktualität sein: "Herrlich zu sterben, wenn mutig im Vordertreffen du fielest im Kampf für dein Land,
stürbst für dein Heim und den Herd. Darum mit Kampfbrunst auf zum
Schutz der heimischen Erde" (Beginn der 1. Strophe). Die Musik von
Sibelius dürfte mit ihrer schlichten, aber eindringlichen Monumentalität
nicht wenig dazu beigetragen haben, daß seine Landsleute in diesem
scheinbar in einer fernen Vergangenheit angesiedelten "Gesang der Athener" eine unschwer zu deutende Chiffre für ihr eigenes kämpferisches Bewußtsein erkennen konnten (74).
     Eine ganz andere politische Stoßrichtung haben die beiden einzigen Ver-
tonungen der 7. Epode ("Quo, quo scelesti ruitis") des Horaz, die ich ermitteln konnte. Während Alois Melichar diesen Text in der Übersetzung
von Geibel als VIII. Teil in seine 1940-42 (!) entstandene, aber erst 1960
gedruckte Kantate "In Tyrannos" neben Texte von Herwegh, Hasenclever,
Werfel u. a. einreihte und schon dadurch zu verstehen gab, wie er die
Mahnungen des Horaz interpretiert haben wollte, hat der polnische Komponist Zbigniew Wiszniewski (geb. 1922), der auch Klassische Philologie

---

74) Vgl. hierzu auch Ernst Tanzberger, Jean Sibelius, Wiesbaden 1962, S. 33/34.

studiert hat, dieses Gedicht in noch deutlicherer Weise für einen flammenden Protest gegen den Krieg benutzt. Sein Werk "Die VII. Epode des Quintus Horatius Flaccus" - "Quo, quo scelesti ruitis ... " für Sprecher, Männerchor und Orchester, als Auftragswerk für das Staatstheater Kassel 1971 entstanden und dort am 9.4.1971 uraufgeführt, verwendet den Urtext. Der Komponist schreibt darüber im Programmheft zur Uraufführung:

"Ein Text, der dem Krieg den Krieg erklärt, der vor dem Krieg warnt und die Stimmungsmache bekämpft, mit der ein Volk für den Krieg bereitgemacht wird. Horaz nennt die 'Helden', 'Heroen', 'Kämpfer' beim richtigen Namen: Verbrecher (scelesti). Damals ging es um einen Bürgerkrieg. Horaz empört sich gegen den brudermörderischen Kampf. Wir wissen heute: Es gibt nur e i n e Menschheit, und wer versucht, sie in Freunde und Feinde aufzuteilen, macht sich der Aufhetzung zum Bruderkrieg, zum Bürgerkrieg schuldig. Deshalb sind die leidenschaftlichen Verse des römischen Dichters ein noch immer gültiger Protest gegen alle, die auch nur mit dem Gedanken an einen Krieg spielen. Zwar scheinen die beiden letzten Distichen beim ersten Anhören fatalistisch zu sein. Aber das ist eine Täuschung. Auf das 'sic est ...' kann es nur eine Antwort geben: Den Protestruf 'Nein! Nicht länger sollen Brudermord und der Tod unschuldiger Menschen Motive für des Handeln der Menschen sein.' So habe ich die Epode verstanden, und so versuche ich ihren Inhalt in Musik auszudrücken."

II.
Geschichte der Horaz-Vertonungen

1.
Vorbemerkungen

In der Ode IV 3,23 nennt sich Horaz "Romanae fidicen lyrae", an anderer Stelle (c. IV 9,4) beschreibt er seine schöpferische Tätigkeit mit den Worten "verba loquor socianda chordis". Diese wie auch viele weitere Äußerungen des Dichters, die von der engen Verknüpfung von Poesie und Musik in seinem Werk Zeugnis geben, haben schon immer zu der Frage geführt, ob und in welchem Umfang seine Gedichte, in erster Linie die Oden, schon im Altertum vertont waren und gesungen wurden. Der Mozartbiograph Otto Jahn hat dieses Problem 1867 in seinem Aufsatz "Wie wurden die Oden des Horatius vorgetragen?" (75) ausführlich behandelt und kommt zu folgendem Ergebnis (76):

"Mithin wird man daran festhalten dürfen, daß die lyrischen Gedichte des Horatius bestimmt waren, mit Instrumentalbegleitung gesungen zu werden. Ob jede einzelne Ode wirklich in dieser Art ausgeführt sei, lässt sich natürlich nicht ermitteln, ist auch gleichgültig, da es nur auf die Sitte ankommt, welche Auffassung und Technik bestimmt. Auch heutzutage wird nicht jedes Lied componirt und gesungen, welches der Dichter dafür bestimmt hat."

Inwieweit die anfangs zitierten Äußerungen des Dichters nur topische Funktion haben und als Reflexe auf die Lyrik der Sappho und des Alkaios, in deren Nachfolge sich Horaz sah, aufzufassen sind, oder ob man sie wörtlich nehmen soll, wird man aber trotz Jahns eindeutiger und durchaus plausibler Entscheidung mangels ganz klarer Beweise nicht mit letzter Sicherheit mehr feststellen können. Daß aber überhaupt die Vorstel-

---

75) Hermes 2, 1967, S. 418-433.
76) Jahn a.a.O., S. 433.

lung aufkommen konnte, daß die horazischen Gedichte ursprünglich Lieder waren, deren Musik nur verlorenging, ist für die Geschichte der Horaz-Vertonungen von richtungsweisender Bedeutung. Diese konnten nun unter dieser Voraussetzung immer wieder den Anspruch erheben, sozusagen den Urzustand der horazischen Poesie wiederherzustellen, wobei man sich meist weniger um Rekonstruktionen im eigentlichen Sinne bemühte als vielmehr bewußte Neuschöpfungen mit allen Mitteln und Möglichkeiten der jeweils gültigen Tonsprache anstrebte und sich dabei auf eine Tradition zu stützen glaubte, die ihre Wurzeln in der Antike hatte. Diese steht denn auch einzig da in ihrer Länge und fast lückenlosen Kontinuität vom frühen Mittelalter bis auf unsere Tage. Kein anderer Autor der Weltliteratur hat eine solche Tradition in der Musikgeschichte aufzuweisen, wenn man von der Bibel und der christlichen Liturgie absieht, für deren ununterbrochene Präsenz in der Musik aber außerliterarische und außermusikalische Gründe verantwortlich sind.

Die frühesten erhaltenen Zeugnisse von Horaz-Vertonungen (77) finden sich, fast immer in der Form von Interlinearneumen, in einigen Horaz-Codices des 9. bis 13. Jahrhunderts und bezeugen uns eindringlich, daß seine Gedichte in den Klöstern des Mittelalters nicht nur abgeschrieben, studiert und kommentiert, sondern auch gesungen wurden. Überliefert sind Neumen für c. I 1-3. 5. 8. 15. 25. 33, II 2, III 9. 12. 13, IV 11 und epo. 2. Wille vermutet wohl zu Recht, daß die Lücke zwischen den letzten Neumen und den ersten vom Humanismus geprägten musikalischen Auseinandersetzungen im 15. Jahrhundert "mehr in der Bezeugung als in der Praxis begründet zu liegen" (78) scheint.

In der Renaissance, besonders in der ersten Hälfte des 16. Jahrhunderts, setzte dann eine erneute und noch lebendigere Beschäftigung mit dem Dichter ein, die sich nicht nur in literarischer Forschung, sondern auch in der Musik niederschlug. Von dieser Zeit an kann man zwei Traditionen von Horaz-Vertonungen deutlich unterscheiden, die sich fast ununterbrochen bis ins 20. Jahrhundert fortsetzen, bisweilen durchdringen und überlagern, aber doch immer so klar erkennbar bleiben, daß man ihren verschlungenen Weg durch die Musikgeschichte verfolgen kann. Die eine möchte ich die "gelehrte" oder Schul- und Universitäts-Tradition nennen, die andere, weniger scharf ausgeprägte als "freie" Tradition bezeichnen. Was sich im einzelnen unter diesen Begriffen verbirgt, wird vielleicht am besten klar werden, wenn wir die beiden Traditionsstränge in chronologischer Folge, aber, soweit möglich, isoliert voneinander betrachten.

2.
Die "gelehrte" Tradition

Beginnen wir mit der sog. "gelehrten" Tradition (79). Bezeichnenderweise war ihr Begründer kein Musiker, sondern ein Gelehrter des Humanismus: Konrad Celtis, als neulateinischer Dichter zum "poeta laureatus" gekrönt und als "deutscher Horaz" gefeiert. Er veranlaßte als Professor in Ingolstadt einen seiner Schüler, den Komponisten Petrus Tritonius,

---

77) Vgl. zum folgenden: Günther Wille, Musica Romana - Die Bedeutung der Musik im Leben der Römer, Amsterdam 1967, S. 253 ff.
78) Wille a. a. O. , S. 260.
79) Vgl. hierzu Wille a. a. O. , S. 260 ff. , dort auch nähere Angaben zu den einzelnen Werken und weitere Literatur.

horazische Oden als vierstimmige, vollkommen homophone und isorhythmische Sätze zu vertonen, und zwar dergestalt, daß die langen Silben des
Textes auf doppelt so lange Notenwerte (Breves) wie die kurzen (Semibre-
ves) fielen. Diese immer strophisch gegliederten Kompositionen wurden
zu Beginn und am Ende der Vorlesungen von Celtis von den versammel-
ten Studenten gesungen, die auf diese angenehme und unorthodoxe Weise
leichter mit den verschiedenen metrischen Systemen, die Horaz verwendet hatte, vertraut werden sollten. Die Auswahl der Gedichte folgte denn
auch nicht inhaltlichen Erwägungen, sondern man konzentrierte sich zunächst auf die ersten 9 Oden des ersten Odenbuches, weil hier bereits Horaz selbst in programmatischer Absicht die wichtigsten der von ihm später verwendeten Versmaße mit je einem besonders charakteristischen
Beispiel vorgeführt hatte, sowie auf alle Oden, bei denen zum ersten Mal
ein vorher nicht verwendetes Versmaß begegnete. Die Anordnung nach
dem Metrum der Musteroden hat sich im 16. Jahrhundert lange gehalten,
schimmert aber auch noch in einem Werk von Jan Novák aus dem Jahre
1972, "Servato pede et pollicis ictu" 9 odi oraziane (für gemischten Chor
a cappella), durch, in dem, wie der Titel bereits andeutet, Beispiele gegeben werden, wie man Horaz im 20. Jahrhundert unter Wahrung der
Quantitäten auch auf musikalischem Sektor vertonen sollte. Die ausgewählten Oden sind c. I 4. 5. 7. 8. 9. 11. 17. 22 und c. III 21; der Titel spielt
auf c. IV 6, 35-36 an.

Die von Tritonius komponierten und 1507 zum ersten Mal erschienenen
Oden fanden bald zahlreiche Nachahmer. Zwei der bedeutendsten deutschen Komponisten der ersten Hälfte des 16. Jahrhunderts nahmen sich
dieser Aufgabe an: Ludwig Senfl bearbeitete unter Beibehaltung der Te-
nores die Sätze des Tritonius, Paul Hofhaimer schuf gänzlich neue Oden-
Vertonungen, bezog aber außerdem noch für die nicht bei Horaz vorkommenden Versmaße u. a. Catulls c. 13 und den Anfang von Vergils
Aeneis mit ein (80). Daneben entstanden weitere Beispiele dieser Gattung
der später sog. "Humanisten-Oden" von recht unbekannten Komponisten,
einige davon auch als Einlagen in den damals beliebten "Schulkomödien",
wobei wieder der pädagogische Grundzug dieser Werke deutlich zu Tage
tritt. So interessant diese Kompositionen vom Standpunkt der Philologie,
speziell der Metrik, aber auch der allgemeinen Kulturgeschichte sein
mögen: ihre musikalische Substanz und künstlerische Bedeutung ist äußerst gering (81), da die konsequente Anwendung des strophischen Prin-
zips wie auch der starre homophone Satz keine wirkliche musikalische
Auseinandersetzung mit dem Text erlaubten. Hierin spiegelt sich aber
auch ein Hauptaspekt humanistischer Musikanschauung, daß nämlich die
Musik dem Wort untergeordnet werden müsse. Auch die Kritik des bekannten Theoretikers Henricus Glareanus an den Humanisten-Oden konnte ihre Beliebtheit, die in Ausläufern bis in die erste Hälfte des 17. Jahrhunderts reichte, nicht mindern; sein berühmtes "Dodekachordon" von
1547 enthält einige Vertonungen von Oden und Epoden als unbegleitete Mo-
nodien im Stil der Gregorianik, die jedoch keine Nachahmer fanden.

---

80) Diese Kompositionen sind abgedruckt in: Hans Joachim Moser, Paul Hofhaimer.
    Ein Lied- und Orgelmeister des deutschen Humanismus, Stuttgart/Berlin 1929;
    Reprint: Hildesheim 1966, S. 112-128.
81) Vgl. hierzu Jacques Handschin, Musikgeschichte im Überblick, Luzern/Stuttgart
    ²1964, S. 240/41: "... ein Unternehmen, das freilich künstlerisch unfruchtbar
    blieb, obgleich sich daran Komponisten wie Senfl, Hofhaymer und Goudimel be-
    teiligten."

Im 17. Jahrhundert, als auf der Opernbühne die Welt der Antike ihren 200 Jahre andauernden Siegeszug antrat, wurden merkwürdigerweise nur sehr wenige antike Texte im Original vertont. Offensichtlich hat gerade die totale Durchdringung der gesamten Kultur durch das antike Erbe einen direkten, ungefilterten Rückgriff auf die Quellen verhindert. Neben ersten Versuchen, auch übersetzte Horaz-Oden zu vertonen, sind wenigstens an einer Stelle einige Beispiele für die ungebrochene Tradition, sich im Bereich von Schule und Universität auch musikalisch mit Horaz, hier natürlich nur im Urtext, auseinander zu setzen, zu verzeichnen. John Wilson, Professor der Musik an der Universität Oxford von 1656 bis 1661, vertonte die Oden I 34, III 3.22.26. Die Bodleian Library besitzt außer dieser Handschrift zwei weitere anonymen Horaz-Vertonungen, die um 1670 (c. II 20) und um 1700 (c. III 28) in Oxford aufgeführt wurden (82). Bei dem zuletzt genannten Werk handelt es sich um eine groß angelegte Kantate für 4 Solostimmen, 5st. Chor und Orchester (mit einer französischen Ouvertüre und Tanzsätzen als instrumentalen Zwischenspielen).

Im 18. Jahrhundert werden die Vertonungen antiker Texte wieder zahlreicher, wobei neben den Originalen jetzt auch in verstärktem Maße Übersetzungen herangezogen werden. Erich Schenk hat die aufschlußreiche Beobachtung gemacht, daß die Musiktheoretiker dieses Jahrhunderts mit besonderer Vorliebe Horaz zu zitieren pflegen (83). Es lag also nahe, daß einer der berühmtesten von ihnen, Friedrich Wilhelm Marpurg, in den "Geistlichen, moralischen und weltlichen Oden, von verschiedenen Dichtern und Componisten" (Berlin 1758) auch zwei für Singstimme und Klavier gesetzte Horaz-Oden (c. I 27, 1-4 und c. I 30, im Urtext) veröffentlichte. Bei seinem nicht minder illustren Kollegen Johann Philipp Kirnberger tritt auch die lehrhafte Tendenz innerhalb der "gelehrten" Tradition wieder ganz unverhüllt zutage. Nachdem er in seinen "Oden mit Melodien" (Danzig 1773) bereits kurze Bruchstücke aus c. IV 5, III 13 und III 11 (in deutscher Übersetzung) und c. II 19 (im Urtext mit unterlegter deutscher Übersetzung) vertont hatte, demonstrierte er 9 Jahre später in seiner "Anleitung zur Singekomposition mit Oden in verschiedenen Sylbenmaassen begleitet" (Berlin 1782) anhand von Kompositionen von c. IV 5, 37-40 (dieses sogar in zwei Versionen!), c. IV 3, 13-24 und c. III 13, 1-4, jeweils in der deutschen Übersetzung des damaligen Literaturpapstes Karl Wilhelm Ramler, wie man die seit Klopstock auch in der deutschen Dichtung heimischen horazischen Versmaße seiner Meinung nach musikalisch rhythmisieren sollte. Auf Seite 83 dieses Bandes sind deshalb auch die zu den musikalischen Beispielen gehörigen metrischen Schemata noch gesondert aufgezeichnet. Wenn man von Marpurgs frischer

82) Henry Thomas, Musical Settings of Horace's Lyric Poems, in: Proceedings of the Musical Association, 46. Session, London 1919/20, S. 89.

83) Erich Schenk, Giuseppe Antonio Paganelli, Salzburg 1928, S. 46. Ein hübsches Beispiel bietet der Schluß der Vorrede zu Leopold Mozarts "Gründlicher Violinschule" (1756), Dritte vermehrte Auflage, Augsburg 1787 (Reprint: Leipzig 1956), die durch alle Auflagen beibehalten wurde und wo es heißt:
"Endlich muß ich frey gestehen, daß ich diese Violinschule nicht nur zum Nutzen der Schüler, und zum Behufe der Lehrmeister geschrieben habe: sondern daß ich sehr wünsche alle diejenigen zu bekehren, die durch ihre schlechte Unterweisung ihre Lehrlinge unglücklich machen; weil sie selbst solche Fehler an sich haben, die sie, wenn sie nur ihrer Eigenliebe auf eine kurze Zeit entsagen wollten, gar bald erkennen würden."
Decipit Exemplar Vitiis imitabile: Horat. Lib. I. Epist. XIX [V. 17].

und anmutiger Komposition der Ode "O Venus regina" (c.I 30) absieht,
ist das musikalische Ergebnis aller dieser Bemühungen ziemlich mager.
In den Umkreis einer etwas verstaubten Gelehrsamkeit gehören auch noch
die 1816 in Leiden erschienenen "Q. Horatii Flacci odae IV et alia ode in
laudem musicae descriptae modis musicis vocis et instrumenti dicti piano-forte consecratae curatoribus amplissimis Academiae Lugduno-Bata-
vae artium ingenuarum fautoribus a Christiano Frederico Ruppe musicae
in hac Academia directore." Schon aus dem Titel darf man schließen, daß
dieses Werk wohl weniger aus einer spontanen Begeisterung des Komponisten für die horazische Lyrik entstanden ist, sondern eher als eine be-
ziehungsvoll verschnörkelte Huldigung des Musikdirektors an die gelehrten Herren der Akademie gedacht ist, für die Horaz nur als geeignetes
Objekt herhalten mußte. Entsprechend ledern ist auch die Musik geraten,
die in ihrer zopfigen Antiquiertheit etwa 30 Jahre hinter der musikalischen
Entwicklung herhinkt.
    Die "gelehrte" bzw. "pädagogische" Tradition tritt im 19. Jahrhundert
weiterhin nur selten hervor, hat aber einen nicht unerheblichen Einfluß
auf eine besondere Gattung der Horaz-Vertonungen ausgeübt, die zu Beginn des Jahrhunderts entstand. Es sind dies die Vertonungen horazischer
Oden für Männerchor, meist zu 4 Stimmen a cappella. Die Verquickung
der beiden Traditionsstränge gerade auf diesem Gebiet zeigt sich sehr
schön an dem Titel einer Sammlung von dem gänzlich unbekannten Johann
Friedrich Stallbaum, die auch eine Vertonung von "Integer vitae" (c.I 22)
enthält: Sechs Chorgesänge für Gymnasial-Chöre, Oberklassen höherer
Schulanstalten sowie für Gesangvereine op. 6 (Magdeburg 1880). Da die
Horaz-Vertonungen für Männerchor im ganzen gesehen doch mehr der
"freien" Tradition zuzurechnen sind, werde ich sie in diesem Zusammenhang später noch eingehend besprechen (84).
    Im Rahmen der ständig neues Terrain erobernden modernen Musikwis-
senschaft setzte gegen Ende des 19. Jahrhunderts eine erneute Beschäftigung mit den Humanisten-Oden ein, die ihren wichtigsten Niederschlag in
den Forschungen von Rochus von Liliencron fand (85). Neben der Auseinandersetzung mit metrischen Problemen und dem mißglückten Versuch,
die Kompositionen des 16. Jahrhunderts in ein modernes Taktsystem hin-
einzupressen, stand auch hier wieder ein pädagogischer Aspekt: Liliencron hoffte, daß gerade durch seine "Übertragung in moderne Notenschrift" diese Kompositionen wieder im Latein-Unterricht an den Gymnasien als willkommene Bereicherung und Auflockerung eine Heimstätte erhalten könnten, was sich indessen als Illusion erwiesen haben dürfte.
    Gänzlich unbeeinflußt von diesen Bemühungen veröffentlichte der Pianist
Rudolf Zwintscher 1913 eine Sammlung mit dem Titel "Die Oden des Horaz mit genauer Übertragung der alten Metren in musikalische Rhythmen
als einfache Singweisen für eine Singstimme und Pianoforte". Hier ist das
Prinzip der Humanisten-Oden sozusagen für den Hausgebrauch eines einzelnen, um die Erlernung der Metrik bemühten Adepten am heimischen
Klavier umfunktioniert. Über die Entstehung dieses musikalisch recht unbedeutenden und profillosen Werkes berichtet der Autor in einem amüsan-
ten Vorwort, das in seiner wissenschaftlichen Unbekümmertheit und nai-

---

84) Vgl. S. 56 ff.
85) Rochus von Liliencron, Die Horazischen Metren in deutschen Kompositionen des
    16. Jahrhunderts, in: Vierteljahresschrift für Musikwissenschaft III 1887, S. 26-
    91; dass. zusammen mit einer Übertragung der Originalpartituren in moderne
    Notenschrift, Leipzig 1887.

ven Begeisterung sehr bezeichnend für den Stand der musikalischen Auseinandersetzung mit antiken Texten in dieser Zeit ist. Zwintscher schreibt:

"Der metrisch-musikalische Versuch, Horazische Versmaße in musikalischen
Rhythmen darzustellen, verdankt seine Entstehung einem Zufall. - Ich wanderte mit
einem befreundeten Primaner der Thomasschule durch den Böhmer Wald und erwähnte im Gespräch das "Integer vitae" in der mir von einem Commerslied (86) her geläufigen Betonung: íntěgěr vítǎē scělěrísquě púrūs. Mein Freund beeilte sich, mich
zu belehren, und da mir das richtige Versmaß seiner schwungvollen Rhythmik wegen
außerordentlich gefiel, sagte ich es, um es mir recht einzuprägen, immer und immer
wieder laut her, wobei ich unwillkürlich die Stimme bis zur Mitte des Verses hob und
gegen Schluß wieder fallen ließ und so ganz von selbst in die melodische Folge hineingeriet: 𝄞 ♫ Als adonius aber stellte sich mir sofort das rhythmisch
völlig gleiche Motiv aus Beethoven's Pastoral Symphonie ein: 𝄞 ♪ , und so
war als ein Spiel froher Laune die Vertonung des Sapphischen Versmaßes entstanden. -
Monate waren vergangen, aber immer, wenn ich an das "Integer vitae" dachte, fiel
mir auch die Melodie wieder ein, und ich war jederzeit imstande, mit Hilfe derselben
mir das Sapphicum prius ins Gedächtnis zurückzurufen. Das brachte mich auf den Gedanken, ob man nicht auch andere Versmaße auf solche Weise dem Gedächtnis einverleiben könnte, und ich bearbeitete zunächst die Asclepiadeen, und als hier derselbe
Erfolg eintrat, im Laufe der Jahre alle Horazischen Versmaße. - Freunde, denen ich
die Versuche mitteilte, wünschten sehr, sie einem größeren Kreise zugänglich gemacht zu sehen, und da ich selbst der Ansicht bin, daß man mit Hilfe der Musik sich
die Versmaße schneller klarmachen und sicherer einprägen kann, beschloß ich die
Veröffentlichung. Ich glaubte dafür keinen besseren Zeitpunkt wählen zu können, als
den Sept. 1912, in dem die Thomasschule zu Leipzig das Fest ihres 700 jähr. Bestehens feiert. - Denn auf ihr und durch sie ward ich in den Geist des klassischen Altertums eingeführt und von ihr empfing ich einen unveräußerlichen Schatz unvergänglicher Schönheit. So widme ich dies Werk meiner altehrwürdigen Alma mater als ein
kleines Zeichen der innigen Verehrung und Dankbarkeit, die ich ihr für all das Schöne
und Gute, das sie mir für's ganze Leben in so reichem Maße mitgegeben hat, allzeit
bewahrt habe und bewahren werde" (87).

Außer seinem bereits genannten Zyklus "Servato pede et pollicis ictu",
bei dem die pädagogische Absicht hinter der künstlerischen Gestaltung
zurücktritt, hat Jan Novák, der unermüdliche Matador für eine erneute
intensive Durchdringung von Latein und Musik, ein Werk geschaffen, das
auf unkonventionelle und geistreiche Art die Idee der Humanisten-Oden
aufgreift: seine für den Lateinunterricht bestimmte Sammlung "Schola
cantans" (Padua 1974), in der Texte verschiedener lateinischer Autoren
(Horaz, Catull, Martial, Phaedrus, Caesar, aus der Anthologia Latina)
für Singstimme (chorisch oder solistisch) und Klavier als einfache, meist
strophische Lieder unter unbekümmerter, aber stets geschmackvoller Benützung moderner Tanztypen komponiert sind, so z.B. das berühmte "Integer vitae" (Horaz, c.I 22) als schwungvoller Foxtrott (von Novák launig
mit "Passu vulpino velociori" überschrieben), was dem Gedicht weit eher
ansteht als der bekannte rührselig-betuliche Satz von Friedrich Ferdinand
Flemming, der sehr lange auch in der Schule Verwendung gefunden hat,
worüber sich schon Wilamowitz und Eduard Fraenkel zu Recht mokiert
haben (88).

1964 komponierte Engelbert Berg, Musiklehrer am Regino-Gymnasium
in Prüm, für eine Schulaufführung die Ode I 34 für gemischten Chor und
Klavier. Diese Komposition, die in der Zeitschrift "Der altsprachliche
Unterricht" (Reihe VIII 1965, Beilage zu Heft 1) erschienen ist und nur

---

86) Gemeint ist die Vertonung von Friedrich Ferdinand Flemming, vgl. dazu S. 57/58.
87) In ähnlicher Absicht wie Zwintschers Sammlung entstanden die "Tunes for Horatian Metres for Use of Schools" von Robert P. Brereton.
88) Vgl. hierzu S. 57/58.

auf diese Weise einer breiteren Öffentlichkeit bekannt wurde, möge hier
stellvertretend stehen für zahlreiche weitere Werke, die, zu ähnlichen
Anlässen geschrieben, nicht über den Rahmen der jeweiligen Schule Resonanz fanden, was wohl auch in den meisten Fällen weder beabsichtigt
noch berechtigt sein dürfte. So vertonte Engelbert Berg, wie mir das Regino-Gymnasium freundlicherweise mitteilte, 1974 eine weitere Horaz-
Ode (c.I 32) für Chor, Soloinstrumente und Orchester, die bis jetzt nicht
veröffentlicht wurde. Diese zwei Beispiele zeigen jedenfalls bereits sehr
deutlich, daß die Tradition der Horaz-Vertonungen an den Schulen auch
heute noch nicht ganz abgerissen ist.

Daß dies auch für den Bereich der Universität gilt, dafür gibt es ein
schönes Beispiel, das eine geradezu verblüffende Parallele zu dem Ursprung der Tradition bei Konrad Celtis aufweist. Als der Latinist Otto
Weinreich 1966 seinen 80. Geburtstag feierte, veranlaßte sein Schüler
Günther Wille den Stuttgarter Komponisten Karl Marx, 3 Oden des Horaz
(c.IV 11, auf den Geburtstag des Maecenas, c.III 9 und c.III 30) und den
Diana-Hymnus des Catull (c.34) für gemischten Chor, z.T. mit Klavierbegleitung zu vertonen. Diese Werke, die unter dem Titel "Quattuor Carmina Latina" 1967 erschienen sind, wurden bei der Geburtstagsfeier für
Weinreich von Mitgliedern des Philologischen Seminars der Universität
Tübingen uraufgeführt (89).

3.
Die "freie" Tradition

Nach diesem Überblick über das musikalische Nachleben der horazischen Lyrik im Umkreis von Universitäten, Schulen und gelehrter Welt
wollen wir uns dem anderen Traditionsstrang zuwenden, den ich den
"freien" genannt habe und der natürlicherweise viel weniger geschlossen
und einheitlich, dafür aber weitaus farbiger und umfangreicher ist. Hier
kann kaum eine einzige einheitliche Spur verfolgt werden, vielmehr entdeckt man mehrere einzelne Traditionszusammenhänge. Gemeinsam ist
allen diesen Kompositionen nur, daß sie nicht oder nur in sehr beschränk-
tem Ausmaß von pädagogischen oder gelehrten Ambitionen bestimmt sind.
Die spontane Begeisterung mancher Komponisten für den Dichter Horaz
hat nicht nach für die Erlernung von Versmaßen nützlichen metrischen
Ordnungsprinzipien gefragt und sich auch nicht gescheut, zur Vertonung
besonders geeignete Passagen aus einer Ode herauszubrechen. Statt des
Urtextes werden auch mehr oder weniger freie Übersetzungen herangezogen, was für die "gelehrte" Tradition wohl eher ein Sakrileg gewesen
wäre und nur äußerst selten vorkam. Erstaunlicherweise ist aber selbst
hier die Anzahl der Vertonungen des Urtextes, wohl auch wegen des Mangels an wirklich gelungenen Übersetzungen, sehr hoch.

Aus der Anzahl der Vertonungen lassen sich aber auch recht gut Rückschlüsse auf die allgemeine Beliebtheit und den Grad der Bekanntheit eines bestimmten Gedichts außerhalb des engen Kreises der wissenschaftlich vorgebildeten Literaturkenner, zu denen man die Komponisten nur in
seltenen Fällen zählen darf, machen. Dabei darf nicht übersehen werden,
daß natürlich die Gedichte, in denen eine musikalische Form oder Be-
setzungsmöglichkeit bereits immanent angelegt ist, ungeachtet ihrer literarischen Qualitäten besonders häufig zur Komposition gereizt haben.
Wir wollen nun den Weg zweier Gedichte durch die Musik der letzten 250
Jahre im einzelnen verfolgen.

89) Wille, Alte und neue Musik zu Catull ..., a.a.O., S.91/92.

a. Das "Carmen saeculare" in der Musik. An erster Stelle
behandle ich das "Carmen saeculare", das einzige Gedicht des Horaz,
von dem unbezweifelbar feststeht, daß es schon bei seiner Entstehung anläßlich der "ludi saeculares" des Jahres 17 v. Chr. untrennbar mit Musik
verbunden war und bei seiner Uraufführung als Wechselgesang von je 27
Knaben und Mädchen, die aus den vornehmsten Geschlechtern Roms ausgewählt worden waren und von Horaz selbst auf diese Aufgabe vorbereitet
wurden, vorgetragen wurde. In den sog. "Acta", einem offiziellen Bericht
über die Säkularspiele, der auf einem Marmorblock eingemeißelt ist, dessen Reste erst 1890 entdeckt wurden, heißt es dazu u. a.: "carmen composuit Q. Horatius Flaccus" sowie an anderer Stelle: "Sacrificio perfecto
pueri XXVII ... et puellae totidem carmen cecinerunt; eodem modo in
Capitolio"(90). Horaz selbst spricht in c. IV 6 von diesem Ereignis, erwähnt auch die "virginum primae puerique claris patribus orti" (V. 31/32)
und wendet sich am Schluß der Ode an eines dieser Mädchen mit den Worten:

> "nupta iam dices'ego dis amicum,
> saeculo festas referente luces,
> reddidi carmen docilis modorum
> vatis Horati'." (V. 41-44).

Daß gerade dieses Werk zwischen 1779 und 1968 ganz oder teilweise zu
- soweit von mir ermittelt - 8 meist groß angelegten Kompositionen für gemischten Chor Anlaß geboten hat, oft unter geschickter Ausnützung der
Möglichkeiten des Wechselgesangs, darf darum nicht erstaunen. Dem fest-
lichen, repräsentativen Charakter des Gedichts entspricht auch die Tatsache, daß nur 2 dieser Werke für Chor a cappella, die übrigen alle mit
einer den Glanz und die Wirkung erhöhenden Orchesterbegleitung geschrieben sind. Einige von ihnen sollen im folgenden etwas näher betrachtet werden.

François André Danican, genannt Philidor, prominentestes Mitglied
einer berühmten Musikerfamilie und einer der Schöpfer der "opéra comi-
que" (z. B. mit "Tom Jones" nach Fielding, Paris 1765), brachte am 26.
Februar 1779 in London und am 19. Januar 1780 in den Tuilerien in Paris
seine Vertonung des "Carmen saeculare" zu erfolgreicher Aufführung.
Die 237 Seiten starke Partitur des Werks erschien 1788 bei Lawalle l'
Ecuyer in Paris im Druck, eine Ehre, die damals nur wenigen Werken
von solchem Umfang zuteil wurde. Sie ist der russischen Kaiserin Katharina II. (der Großen) gewidmet, wobei die ihr in durchaus zeitüblicher
Weise beigelegten, auf ihre Erfolge über die Türken und ihre Förderung
der Künste anspielenden rühmenden Beinamen ("Katarinae Aug. Piae.
Felici. Ottomanicae. Tauricae. Musagetae") eine dezente Anspielung auf
die Huldigungen des Horaz an Augustus darstellen, was die hochgebildete
Kaiserin als besonders feine Schmeichelei sicher zu schätzen wußte. Das
prächtige Titelblatt ist mit Portraits von Horaz, der Kaiserin und des
Komponisten geschmückt (91). Philidors Werk ist nicht nur die früheste
mir bekannte Vertonung des "Carmen saeculare", die übrigens im Titel
("Q. Horatii. Flacci Carmen. Saeculare Lyricis. Concentibus. Restitutum") auf die bereits erwähnte Fiktion einer Wiederherstellung des ursprünglich mit Musik verbundenen Zustands dieses Textes einmal mit
fast programmatischer Deutlichkeit hinweist, sondern auch die einzige,
in der in äußerst geschickter und kenntnisreicher Weise einige andere

---

90) Eduard Fraenkel, Horaz, Darmstadt 1971, S. 430 und 444.
91) Abbildung in MGG 7, Sp. 1041/42.

Horaz-Gedichte in die groß angelegte Konzeption miteinbezogen sind, die dann im "Carmen saeculare" ihren krönenden Abschluß findet. Als "Prologus" mit der Funktion eines überschriftartigen Mottos für die folgenden 4 Hauptteile singt der Solo-Tenor, gleichsam als Horaz in eigener Sache sprechend, die erste Strophe der ersten Römer-Ode (c. III 1 "Odi profanum volgus ... "); die nun folgenden "carmina non prius audita" (c. III 1, 2-3) sind c. IV 6, 29-44 (=Prima Pars), c. IV 6, 1-28 (=Secunda Pars) - c. IV 6 steht in engstem Zusammenhang mit dem "Carmen saeculare" und ist wohl während der Proben zu dessen Aufführung entstanden -, c. I 21, 1-16 (=Tertia Pars), die Aufforderung des Dichters an die "virgines" und "pueri", einen Hymnus auf Diana und Apollon anzustimmen, was in diesem Falle unter Ausschaltung der tatsächlichen Chronologie mit raffinierter Selbstverständlichkeit auf das nun als "Pars Quarta" folgende, zunächst ebenfalls an das göttliche Zwillingspaar gerichtete "Carmen saeculare" bezogen wird. Man könnte annehmen, daß an diesem ebenso einleuchtenden wie wirkungsvollen Aufbauplan, der durch die prächtige und farbige Instrumentation wie auch durch den geschickten Wechsel von Arien, Rezitativen und Chören zu schöner Entfaltung kommt, der italienische Dichter und Literat Giuseppe Baretti beteiligt war, auf dessen Anregung das Werk entstand, der aber keineswegs, wie behauptet wurde (92), der Verfasser einer von Philidor vertonten italienische Übersetzung war. Dieser hat vielmehr den Originaltext bei durchweg guter Deklamation und mit sicherer musikalischer Erfassung des Inhalts und der Atmosphäre der einzelnen Teile komponiert. Bei der Wiederaufführung des Werks zum 200. Geburtstag des Komponisten im Jahre 1927 in Paris fand es sicher zu Recht starke Beachtung.

An Großzügigkeit der Anlage kommt unter den Vertonungen des "Carmen saeculare" diesem, wenn man so will, ersten weltlichen Oratorium der Musikgeschichte, nur noch die Komposition des Abbé Vogler gleich, die 1809 entstand, jedoch bis heute unveröffentlicht blieb. Eine Abschrift der Partitur und ein vollständiger Stimmensatz (Sign. Mus. ms. 1062 bzw. 1062 a) befinden sich unter den wenigen Beständen der Hessischen Landes- und Hochschulbibliothek, die den Bomben des 2. Weltkrieges entgangen sind. Georg Joseph Vogler, bekannt als "Abbé Vogler", schon zu Lebzeiten eine äußerst umstrittene Persönlichkeit (93), als Genie gepriesen und als Scharlatan verschrieen, gefeierter und geschmähter Improvisator an der Orgel, als Lehrer, u. a. von Franz Danzi, Carl Maria von Weber und Giacomo Meyerbeer, hoch angesehen, ja verehrt, war zum Zeitpunkt seiner Auseinandersetzung mit Horaz Hofkapellmeister in Darmstadt. Er vertonte im Gegensatz zu Philidor nur den vollständigen Originaltext des "Carmen saeculare", daneben aber noch zusätzlich eine im ganzen ziemlich wörtliche und sprachlich einigermaßen gelungene deutsche Übersetzung, die auf Grund der sehr zahlreichen deklamationsbedingten rhythmischen Abweichungen in 4 getrennten Notensystemen direkt unter den 4 Systemen mit der lateinischen Fassung notiert ist. Wie Philidor verwendet auch Vogler 4 Solostimmen, die jedoch nirgends einzeln mit Soloarien, sondern nur als geschlossener Block im Wechsel mit dem 4st. gemischten Chor auftreten, übertrifft jenen aber noch durch den Umfang der Orchesterbesetzung (mit 4 Hörnern, 2 Trompeten und 3 Posaunen!), womit er sogar Beethovens 5 Jahre zuvor entstandene "Eroica" (mit "nur" 3 Hörnern und 2 Trompeten) an instrumentaler Fülle übertrumpft. Dazu

---

92) Wille, Musica Romana ..., a. a. O., S. 272.
93) Vgl. MGG 13, Sp. 1901/1902.

kommt eine äußerst farbige und originelle Instrumentation, die mit zahlreichen damals ungewöhnlichen Kombinationen von Instrumenten aufwartet und die Voglers legendären Ruf auf diesem Gebiet voll bestätigt. Auch
die formale Gestaltung zeugt von großer Sorgfalt und vermag durch den
oftmaligen Wechsel der Tonart, der Taktart, der Instrumentation und der
Disposition der solistischen und chorischen Singstimmen die einzelnen
Strophen sehr abwechslungsreich zu charakterisieren.

1845 schrieb Karl Loewe in seiner Eigenschaft als Musiklehrer am
Marienstifts-Gymnasium in Stettin, wohl für eine Schulfeier, eine Vertonung des Urtextes des "Carmen saeculare", wobei er der Uraufführung
des Jahres 17 v. Chr. in der Weise nacheiferte, daß ein Teil der 19 Strophen im Wechsel von Männerchor (Str. 3.9, 1. Hälfte, 14.16.17) und
Frauenchor (Str. 4.9, 2. Hälfte, 15.18) gesungen wird, während für alle
übrigen Strophen die 2 jeweils 3st. Blöcke der "pueri" und "virgines" zu
einem 4st. a-cappella-Satz für gemischten Chor vereinigt sind. Loewe,
der sich besonders in seiner zweiten Lebenshälfte auch wissenschaftlich
sehr eingehend mit der antiken Metrik und Musik beschäftigt hat und über
diese Themen Vorlesungen hielt, wollte mit diesem Werk, das nach einer
Angabe des heute verschollenen Manuskripts "nach der Originalmelodie",
über deren Herkunft er uns allerdings wohl nicht ganz zufällig im dunkeln
läßt, komponiert wurde, ein lebendiges Beispiel für seine theoretischen
Ausführungen geben. In ähnlicher Absicht hat er z. B. auch Pindars 1. Pythische Ode nach der von Athanasius Kircher gefälschten, damals jedoch
als echt angesehenen antiken Melodie für Tenor-Solo und Chor gesetzt,
ebenso eine der Hymnen des Mesomedes mit der für das ganze 19. Jahrhundert typischen stilistischen Skrupellosigkeit harmonisiert und für
Singstimme und Klavier bearbeitet (94). Mit Horaz hatte er sich bereits 1836 auseinandergesetzt, als er seine "Fünf Oden des Horaz" op. 57
für 4st. Männerchor a cappella schuf, auf die ich später noch zurückkom-
men werde (95). Alle diese Werke sind auch wieder mehr oder weniger
deutlich von der "gelehrten" Tradition geprägt. Die Komposition des "Carmen saeculare" ist schlicht und würdig, harmonisch und rhythmisch sehr
einfach, aber nicht ohne satztechnische Feinheit, zeigt jedoch im Gegensatz
zu op. 57 sehr wenig eigenes Profil und wirkt auch durch die strophischen
Wiederholungen der 3 Grundmuster (für den ganzen Chor, für Männerchor
und für Frauenchor; letztere unterscheiden sich lediglich durch die um
eine Oktave versetzte Lage), von denen nur das erste eine hauptsächlich
die Harmonisierung betreffende Variante (für Str. 2. 7. 8. 11. 19) erhält, etwas monoton. Loewe hat dieses Gelegenheitswerk auch nie veröffentlicht;
das Manuskript blieb bis 1915 unbeachtet in der Kgl. Bibliothek in Berlin
liegen und wurde erst damals von dem verdienstvollen Weber- und Loewe-
Forscher Leopold Hirschberg als Anhang zu seinem aufschlußreichen Aufsatz "Carl Loewe und das klassische Altertum" herausgegeben (96).

Ebenfalls lange nach ihrer Entstehung in den Jahren 1899/1900, nämlich
erst 1975 im Band 36 (Supplemente I) der "Sämtlichen Werke", wurde
Max Regers Vertonung des "Carmen saeculare", die sich allerdings auf
die Verse 1-12, 35-36 und 45-76 beschränkt, veröffentlicht. Sie entstand
als Teil eines Festspiels mit dem Titel "Castra vetera", in dem die Dichterin Johanna Baltz die Geschichte des so genannten römischen Heerlagers,
des heutigen Xanten am Rhein, behandelte. Aufgeführt wurde das Werk im

---

94) Vgl. hierzu Runze und Hirschberg a. a. O. (Anm. 11 und Bibliographie, Anhang I).
95) Vgl. S. 61 ff.
96) Hirschberg a. a. O., S. 205-212.

Rahmen eines Niederrheinischen Festspiels, das bereits seit 1891 jeweils im Frühling in Wesel veranstaltet wurde. Unklarheiten herrschen über die Reihenfolge der von Reger für das Festspiel komponierten Stücke - es besteht außer dem "Carmen saeculare" für 4st. gemischten Chor und Orchester noch aus drei Orchestersätzen (Vorspiel (In der Mainacht), Tanz (In der Mainacht), Zum V. Bild (Waldgegend an der Lippe)), einem Blechbläsersatz ("Fanfaren") und einem Chorwerk mit deutschem Text ("Weihelied") - sowie darüber, welche Teile damals überhaupt aufgeführt worden sind. Dies steht allerdings für das "Carmen saeculare" fest, denn in einer Kritik in der "Weseler Zeitung" vom 8. Mai 1900 heißt es u. a.:

"Das von Herrn Max Reger eigens für das Festspiel componirte "Carmen saeculare", eine im großen Style entworfene Musik für Chor und Orchester, deren schwieriger, vokaler Theil von Herrn Musikdirektor Straube vorzüglich eingeübt worden war, wurde alsdann, vom selbigen Herrn dirigirt, vorzüglich zu Gehör gebracht; mit Meisterschaft überwand auch das Orchester die großen Schwierigkeiten der Komposition und ordnete sich den Singstimmen in zarter Weise unter" (97).

Die letzte Bemerkung über das Orchester ist sehr aufschlußreich und weist bereits auf eine Hauptschwäche dieses mit Regerscher Opulenz konzipierten Werkes hin: ein überaus dick instrumentiertes Riesenorchester (mit 4 Hörnern, 2 Trompeten, 3 Posaunen, Kontrafagott und Pauken) droht den Chorsatz mit einem Übermaß von zähflüssiger instrumentaler Masse trotz seines kunstvollen polyphonen Gewebes, das sich fast durch das ganze Stück zunächst in Sechzehnteln, ab T. 137 in Sechzehnteltriolen hinzieht, vollkommen zu ersticken. Der Chorsatz ist wesentlich einfacher gehalten, streckenweise sogar von lapidarer Prägnanz und meist in Achteln und Vierteln gegen die erregten Klangwogen des oft leider auch dynamisch überbezeichneten (sempre fff, marcatissimo usw.) Orchesters gesetzt. Diese klangliche Fehlkalkulation und Hypertrophie ist umso bedauerlicher, als Reger an sich eine originelle und ansprechende Komposition geschaffen hat. Trotz ständigen Modulierens und der für ihn so typischen unruhigen Chromatik entfernt sich das Werk nur selten allzuweit von der vom Anfang bis zum Ende der 50seitigen Partitur durchgehaltenen Grundtonart Es-Dur, etwa in dem kurzen Einbruch von es-Moll in T. 74, wo die Worte "iam mari terraque manus potentis Medus Albanasque timet securis" (V. 53/54) im fff und dem Zusatz "mit aller Kraft" sehr eindringlich illustriert werden, und erreicht dadurch eine dem Gedicht angemessene Geschlossenheit und Kraft der musikalischen Struktur. Diese wird noch gesteigert durch die Disposition des Chores, bei der sich Reger wie vor ihm Loewe die Möglichkeiten des Wechselgesanges zwischen Männer- und Frauenstimmen, wenn auch nicht mit gleicher Konsequenz, zunutze macht. Nur die 1., 2., 12., 13. und letzte (=19.) Strophe ist dem ganzen Chor anvertraut, während der Männerchor allein die 3., 14., 16. und 17., der Frauenchor allein die 2. Hälfte der 9., die 15. und 18. Strophe singt, was z. T. (z. B. für Str. 9 oder 14) auch durch die Aussagen des Textes bestimmt oder gerechtfertigt wird. Auf diese Weise ist außerdem eine fast symmetrische Anlage entstanden, bei der Anfang, Mitte und Schluß vom ganzen Chor bestimmt werden, während es dazwischen zu einem regelmäßigen Wechsel von Männer- und Frauenchor kommt. Dadurch wird wenigstens in dieser Hinsicht etwas für eine klangliche Auffächerung gesorgt.

---

97) Max Reger, Sämtliche Werke, Band 36: Supplemente I: Vokalwerke mit Orchester, revidiert von Ulrich Haverkampf, Wiesbaden 1975, S. IX; das "Carmen saeculare" ist auf den Seiten 1-50 abgedruckt.

Von den 5 mir bekannt gewordenen Vertonungen des "Carmen saecu-
lare" aus dem 20. Jahrhundert habe ich bis jetzt erst 2 einsehen können.
Die am 24. November 1935 im Teatro San Carlo in Neapel uraufgeführte
Komposition des italienischen Komponisten Carlo Jachino mit dem Titel
"Il "Carme Secolare" di Orazio" für 1st. Kinderchor(!) und Orchester
verdankt ihre Entstehung wohl vor allem dem Wunsch des faschistischen
Regimes, durch einen dezidierten Rückgriff auf das römische Erbe dem
eigenen kulturellen Image das gewünschte "stilvolle" und repräsentative
Profil zu verleihen. Das kann man jedenfalls bereits aus dem Untertitel
"Primo inno nazionale del Popolo Italiano: a 17 av. Christo" deutlich erkennen. Auch durch die Besetzung versucht der Komponist ganz offensichtlich in geradezu peinlich-penetranter Weise dem Original nachzuei-
fern. Wie meist in solchen Fällen, ist das musikalische Ergebnis von
außerordentlicher Dürftigkeit und manifestiert sich in einem stilistisch
undefinierbaren, vollkommen undifferenzierten Monumentalstil von bleier-
ner Langeweile. Neben dem lateinischen Text kann auch eine italienische
Übersetzung verwendet werden, und, um das Stück für alle Gelegenheiten
handlich herzurichten, bietet der Komponist sowohl eine längere Fassung
(mit den Strophen 1-18) und eine verkürzte Version (mit den Strophen 1-3,
7-12 und 15-17) an, was gewiß in der Geschichte der Horaz-Vertonungen
einmalig sein dürfte. Horaz im Dienste faschistischer Ideologie und Pro-
paganda - wohl das betrüblichste und beschämendste Kapitel in der Rezeptionsgeschichte des Dichters hat so leider auch in der Musik einen
Niederschlag gefunden.

Frei von solchem Ballast dagegen ist die meiner Übersicht nach jüngste Vertonung des Gedichts von dem Holländer Hendrik Andriessen aus
dem Jahre 1968, in der das apart zusammengesetzte Begleitorchester
(Holzbläser, Blechbläser, Pauken, Cembalo und Kontrabaß) für ein fremd-
artiges, "antikes" Kolorit sorgen soll, während das wieder für gemischten
Chor gesetzte Werk im ganzen auf der Basis einer erweiterten Tonalität
steht.

b. Die Ode "Donec gratus eram" (c. III 9) in der Musik.
Ein weiteres Gedicht des Horaz, das freilich einer gänzlich anderen Sphäre angehörende "Donec gratus eram tibi"(c. III 9) hat durch seine Struktur,
aber wohl auch durch seine allgemeine Beliebtheit, besonders oft Anreiz
zu einer musikalischen Gestaltung gegeben. Bietet sich hier doch eine
geradezu ideale Vorlage für ein Duett zwischen einer Frauen- und einer
Männerstimme, bei dem nach anfänglichem Wechselgesang (Str. 1: Männerstimme = Horaz, Str. 2: Frauenstimme = Lydia usw.) sich beide Stimmen spätestens beim letzten Vers des Gedichts (V. 24) "tecum vivere
amem, tecum obeam lubens" in schöner Eintracht zu einem wirklichen
Zwiegesang vereinigen können. Diese Chance ist denn auch vom 18. bis
zum 20. Jahrhundert so oft genutzt worden, daß diese Ode eines der
am häufigsten komponierte Gedichte des Horaz geworden ist. Dabei sind
noch nicht die recht zahlreichen Vertonungen von Parodien, Travestien
und Paraphrasen mitgezählt, in denen sich die große Beliebtheit dieser
Ode spiegelt; manche ihrer Adaptionen haben fast schon den Charakter
von Volksliedern. Da ich diese Kompositionen, hauptsächlich aus dem 18.
Jahrhundert, nicht in meine Bibliographie aufgenommen habe, weil sich
ihre Texte zu weit von dem horazischen Original entfernt haben, so daß
man sie kaum noch als Übersetzungen gelten lassen kann, möchte ich doch
an dieser Stelle wenigstens einige besonders hübsche Beispiele, die mir
bekannt geworden sind, nennen. Um 1725 erschien eine solche vertonte

Parodie unter dem Titel "Ah my fickle Jenny. A Scotch Dialogue in Imitation of an Ode of Horace", deren erste Strophe so lautet:

> "Ah my fickle Jenny,
> While there was not any
> In au the Nearth had pow'r to win ye,
> But Jockey only to his Arms,
> Ne're a Laird in au the Nation
> Was in so happy a Station,
> As Jockey when in possession
> Of Jenny in her early Charms" (98).

Eine anonyme Komposition wie diese ist auch "Strephon and Phyllis: A Pastoral Dialogue", erschienen um 1730, nach dem Titel zu schließen eine englische Adaption nach der Art der damals beliebten bukolischen Poesie (99).

Friedrich von Hagedorn, der gefeierte deutsche "Anakreontiker", transponierte die Ode, einer anderen Modeströmung der Zeit folgend, aus der römischen in die arabische Sphäre und gab ihr den Titel "Zemes und Zulima". In der zweiten Strophe beklagt sich Zulima nun:

> "Eh' Zulima (du solltest noch erröthen!)
> In deiner Wahl zuletzt Aminen wich,
> Da hielte sie die Tochter des Propheten,
> Fatimen selbst, nicht halb so groß als sich."

Dieses Gedicht wurde von Johann Gottfried Müthel (Auserlesene Oden und Lieder von verschiedenen Dichtern ..., Hamburg 1759, Sechs und zwanzigstes Lied, S. 36) für 2 Singstimmen und Klavier und von Johann Valentin Görner (Sammlung Neuer Oden und Lieder. Zweyter Theil., Hamburg 1744, Nr. 24) (100) für 2 Singstimmen und Basso continuo vertont. Bei der letztgenannten Sammlung handelt es sich im Grunde in erster Linie um die Erstausgabe neuer Gedichte von Hagedorn. In einem "Vorbericht", der mit seinen geistreichen Schnörkeln und seiner dezent aufgetragenen Gelehrsamkeit sehr bezeichnend für den Autor und sein Publikum ist, spielt er sogar besonders auf seine Horaz-Imitation an:

"... Es würde zwar, meines Erachtens, wo nicht Dank verdienen, doch wohl keiner Entschuldigung bedürfen, wenn man, durch freye Nachahmungen, unsere Dichter auf die anmuthigen Spuren des lyrischen Schönen weiter zu bringen versuchte, das uns in den angenehmsten Oden der Alten oder in den gefälligsten Liedern der Neuern oder der Ausländer rühret, welche den Deutschen gleichsam vorgesungen haben. Gleichwohl habe ich in den fünf und zwanzig Liedern dieser Sammlung beyden nicht verhaftet seyn, sondern meinem Geschmack oder Eigensinn gänzlich folgen und nur in einem einzigen nachahmen wollen, das die Kenner des Horaz sogleich von allen übrigen unterscheiden werden."

Die früheste Vertonung nach den recht zahlreichen Versuchen des Mittelalters und des 16. Jahrhunderts ist in dem bereits erwähnten Sammelwerk "Six Select Odes of Anacreon in Greek And Six of Horace in Latin ... " von Musgrave Heighington enthalten und hat die Form einer italienischen Solokantate, ebenso die beiden, auch in der Zusammensetzung des begleitenden Instrumentalensembles voneinander abweichenden, sehr ansprechenden Kompositionen auf eine italienische Übersetzung von Thomas Augustin Arne, dem Verfasser des berühmten Liedes "Rule Britannia", die 1757 in London in dem prächtig ausgestatteten Sammelband "Del Canzoniere d' Orazio di Giovan Gualberto Bottarelli Ode XII. Messe in Mu-

---

98) Thomas a. a. O., S. 89/90.
99) Thomas a. a. O., S. 90.
100) DDT, Erste Folge, Band LVII, Leipzig 1917, S. 88.

sica da più rinomati Professori Inglesi" erschienen. 1790 wurde, vermutlich auch in London, in einer Sammlung ("Collection of English Ballads from the beginning of the present Century when they were first engraved & published. Singly with Music", Vol. VIII, auf den Seiten 284/85) die anonyme Vertonung einer englischen Übersetzung der Ode ("The Reconciliation - A Dialogue, translated from the 9. th Ode of the 3. rd Book of Horace. by the late John Green Esq. ^{r}") veröffentlicht. Der Zusatz "Sung by Miss Cosandra Fredrick and a Gentleman" wie auch der Erscheinungsort im Rahmen der "English Ballads" weisen mit aller Deutlichkeit darauf hin, wie leicht und selbstverständlich die Transposition einer horazischen Ode aus der Welt hoher Gelehrsamkeit und Bildung in die Sphäre des damals gerade in London aufblühenden populären Konzertbetriebs moderner Prägung möglich war. Die Komposition selbst ist ebenso anmutig wie unkompliziert; die 2 Singstimmen werden von 2 Violinen und Basso continuo, einer um 1790 fast schon etwas antiquiert wirkenden Besetzung, unauffällig begleitet.

Die in den bereits besprochenen "Q. Horatii Flacci odae IV et alia ode ... " von Christian Friedrich Ruppe (Leiden 1816) als 2. Stück auf den Seiten 4-9 abgedruckte Vertonung von "Donec gratus eram tibi" hebt sich durch einzelne gelungene Stellen ("Me nunc Thressa Chloe regit" ff., S. 5) von den anderen Nummern ab. Sie vermag aber auch durch das vom Text her durchaus plausible Einschalten rezitativischer Partien für die Verse 17 ff. ("Quid, si prisca redit Venus ... ", S. 6-7), die schon wegen des unbeholfenen Klavierparts, der mit untauglichen Mitteln ein von erregtem Pathos erfülltes "Recitativo accompagnato" zu simulieren versucht, nicht ganz organisch wirken, keine wesentliche Profilierung zu erzielen.

Wie sehr die Verbreitung eines antiken Gedichts durch die Übersetzung oder Nachdichtung von der Hand eines Autors, der durch eigene Werke bereits einen berühmten Namen hat, gefördert wird, habe ich schon versucht darzustellen. Alfred de Musset hat sich im Jahre 1837 sogar zweimal mit der Ode III 9 auseinandergesetzt: er schuf neben einer als Übersetzung gekennzeichneten Fassung ("Traduit d'Horace") noch eine weiter vom Original entfernte "Imitation", beide unter dem Titel "À Lydie" und 1850 in den "Poésies nouvelles" erschienen (101). Augusta Holmès, eine französische Komponistin irischer Abstammung und glühende Verehrerin der Kunst Richard Wagners, komponierte die Übersetzung Mussets als Duett für Sopran und Tenor (oder Bariton) mit einer harmonisch-farbigen, vollgriffigen und orchestral empfundenen Klavierbegleitung. Bei den Worten "L'ancien amour se rallumait" hat sie im Klavier - ob bewußt oder unbewußt, sei dahingestellt - eine unüberhörbare Reminiszenz an eine markante Stelle aus dem "Tristan", der nur 4 Jahre vor Erscheinen des Duetts (Paris 1869) uraufgeführt worden war, angebracht: Isoldes "Mild und leise, wie er lächelt" aus der Schlußszene des 3. Akts. Daß dieser freilich durch die Atmosphäre eines eleganten französischen Salons gemilderte Anflug von "Liebestod" nicht, wie man vielleicht erwarten könnte, mit der Schlußzeile der Horaz-Ode, die bei Musset "Volontiers j'irai vivre, et volontiers mourir" lautet, zusammenfällt, zeugt vom Verständnis der Komponistin. Sie hat den Unterschied zwischen der spielerischen Ironie des Dichters und romantischer Liebes- und Todessehnsucht erkannt und das Gedicht denn auch nicht allzusehr mit den differenzierten Mitteln

---

101) Alfred de Musset, Poésies complètes, Texte établi et annoté par Maurice Allen (Bibliothèque de la Pléiade), Paris 1957, S. 380-382.

der Wagnerschen Tonsprache, die sie an anderen Orten sklavisch nachge-
ahmt hatte (102), überfrachtet.

An Feinheit und Raffinesse der Konzeption und der Mittel wird diese in
vieler Hinsicht sehr ansprechende Komposition noch durch ein Duett für
Sopran, Tenor und Klavier übertroffen, das Jules Massenet unter dem
Titel "Horace et Lydie" 1893 veröffentlichte und bei dem Mussets "Imitation" als Textgrundlage herangezogen wurde. Seine reichen Erfahrungen
als Meister der "opera lyrique" hat Massenet, dessen Werke sich besonders auf der Schallplatte seit neuestem wieder steigender Beliebtheit erfreuen, hier miteingebracht und dabei, ohne das Genre charmanter Salon-
musik von höchstem Niveau zu verlassen, gerade die szenischen Momente
dieses zärtlichen Dialogs mit unvergleichlicher Noblesse und Grazie herausgearbeitet. Die Singstimmen bewegen sich zumeist in einem geschmei-
digen und eleganten Konversations-Parlando, das erst am Schluß, bei der
Versöhnung der beiden Liebenden, für kurze Zeit zu melodischer Intensität gesteigert wird, und zwar in dem Augenblick, in dem sich die 2 Stimmen zum ersten Mal zu einem wirklichen Duett vereinigen (im letzten System von S. 6). In der überaus durchsichtig gesetzten, sehr stimmungs-
vollen Klavierbegleitung fallen zwei häufig wiederkehrende Sechzehntel-
figuren in der rechten Hand auf, die das für das ganze Gedicht zentrale
Motiv der Unbeständigkeit des Liebhabers reizvoll illustrieren, am deut-
lichsten bei der Stelle "plus inconstant que le zephir" (im 2. System von
S. 6).

Einige Jahre vor Massenets Komposition dürfte das Duett (für Sopran,
Tenor und Klavier) des englischen Pianisten Charles Kensington Salaman,
der zu seiner Zeit als Liederkomponist sich großer Beliebtheit erfreute,
entstanden sein. Er vertonte zunächst den Urtext von c. III 9, daneben
aber noch eine englische Übersetzung von seinem Sohn Malcolm Charles,
die wegen der vielen deklamationsbedingten Abweichungen in einem separaten System notiert ist. Salaman nutzt die Möglichkeiten zum wirklichen
zweistimmigen Singen sehr geschickt, indem er bereits die Strophen 3
("me nunc Thressa Chloe regit") und 4 ("me torret face mutua"), dann
auch beim zweiten Mal die Strophen 5 und 6 und am Schluß sogar noch die
Strophen 1 und 2 gleichzeitig und nicht wie in fast allen anderen Vertonungen nacheinander singen läßt. Das Klavier begnügt sich mit rein begleitenden Aufgaben, während die Singstimmen den Komponisten als ebenso liebenswürdigen wie erfindungsreichen Melodiker, jedoch ohne besondere Originalität, ausweisen. Das Werk reiht sich jedenfalls würdig in
die in England tief verwurzelte Tradition der Horaz-Vertonungen ein, die
allerdings im 20. Jahrhundert nur noch sehr wenig Fortsetzer fand.

Ella von Schultz-Adaïewskys "Horazische Ode" (für Sopran, Bariton
und Klavier) aus dem Jahre 1915 ist musikalisch so ungewöhnlich dürftig,
ja dilettantisch, daß sich weitere Ausführungen erübrigen. Die bis jetzt
jüngste Vertonung von "Donec gratus eram" stammt von Karl Marx (1966)
und ist ebenfalls recht dünnblütig; bei dieser Komposition werden als ein-
ziger in der langen Traditionsreihe der Vertonungen nicht zwei Solostimmen, sondern ein gemischter Chor (mit Klavierbegleitung) eingesetzt, wodurch der Dialog- bzw. Duett-Charakter des Gedichts nur schlecht zur
Entfaltung kommt.

Da es nicht meine Aufgabe ist, den Weg jedes einzelnen Horaz-Gedichts
durch die Musik der letzten 250 Jahre zu verfolgen, sei nach diesem Überblick über die Vertonungen von zwei besonders oft komponierten Gedichten,

der als beispielhaft auch für andere Fälle gelten kann, nur noch auf die
Übersicht der Horaz-Vertonungen seit 1700 hingewiesen, aus der hervorgeht, welche anderen Gedichte (z. B. c. I 22, c. I 30, c. III 13) noch besonders oft vertont wurden, aber auch, wie wenig Beachtung andererseits
die meisten Epoden, Satiren und Episteln gefunden haben, die ja auch
kaum Ansatzpunkte für eine musikalische Gestaltung bieten.

4.
Vertonungen horazischer Oden für Männerchor

An dieser Stelle soll stattdessen aber einer anderen Entwicklung auf
dem Gebiet der Horaz-Vertonungen einige Aufmerksamkeit geschenkt werden. Es läßt sich nämlich feststellen, daß im 19. Jahrhundert ungewöhnlich häufig horazische Oden für 4st. Männerchor, meist a cappella, in
einigen wenigen Fällen aber auch mit größerer Instrumentalbegleitung
komponiert wurden. Im folgenden soll nun gezeigt werden, wo die Wurzeln dieses zwar nicht allzu umfangreichen, aber doch deutlich erkenn-
baren Traditionskomplexes liegen, der zu Beginn des Jahrhunderts entstand und nach einer Blütezeit in der ersten Jahrhunderthälfte langsam
wieder verging. Der Einfluß der "gelehrten" Tradition der Horaz-Vertonungen spielt hier bisweilen noch mit hinein (103).
Im Jahre 1809 gründete Karl Friedrich Zelter zusammen mit einigen
Mitgliedern der von ihm seit 1800 geleiteten "Singakademie" in Berlin
die sog. "Liedertafel", den ersten institutionalisierten Männerchor in
Deutschland, der zum Vorbild für die zahllosen im Laufe des 19. Jahrhunderts entstandenen Männerchorvereinigungen wurde. Diese mächtige
Bewegung, der bald nicht nur musikalische, sondern durch die in ihr immer deutlicher hervorbrechenden nationalistischen Antriebe auch politische Bedeutung zukam, hatte sich aus sehr bescheidenen und gänzlich
anders orientierten Anfängen entwickelt. Der kleine Kreis von hochge-
bildeten Männern, unter denen sich neben Musikern auch Schriftsteller,
Ärzte und Staatsbeamte befanden, pflegte eine heitere und geistreiche
Geselligkeit, noch ganz ohne die später in diesem Zusammenhang so un-
angenehm hervortretende Mischung von überschwappendem Patriotismus
und trivialer Sauf-Ideologie. Man bemühte sich bei den Liedern, die aus
Mangel an geeigneter Literatur erst von den Mitgliedern der Liedertafel
geschaffen werden mußten, ernsthaft um Niveau. So wurde der Text z. T.
von Teilnehmern der abendlichen Zusammenkünfte selbst verfaßt oder
improvisiert. Er stammt manchmal aber auch von Autoren wie Goethe,
Schiller, Lessing oder Claudius, während meist Zelter selbst und sein
Schüler Karl Friedrich Rungenhagen, der auch sein Nachfolger als Lei-
ter der Singakademie wurde, die Musik schrieben. Auch Goethe nahm
von Weimar aus lebhaften Anteil an dem Unternehmen seines Duzfreun-
des und musikalischen Ratgebers Zelter, indem er zur Verwendung bei
der Liedertafel geeignete Gedichte sandte. Zelter berichtet in einem
Brief vom 4./5. April 1810 in launiger Weise dem Autor über den Empfang und die Vertonung seines "Ergo bibamus" und schreibt dazu u.a.(104):

"Ihr Interesse an der Liedertafel wird unausbleibliche Früchte tragen. Die kräftigen Deutschen Gesänge thun immer mehr erwünschte Wirkung. Statt des hängenden
matten Lebens tritt ein munterer gestärkter Sinn hervor, den keiner vorher zu zeigen wagte."

---

103) Vgl. S.45 "Integer vitae" von Stallbaum.
104) Briefwechsel zwischen Goethe und Zelter in den Jahren 1799 bis 1832, hrsg.
     von Ludwig Geiger, Erster Band, Leipzig 1902, S.271.

Vor diesem geistigen Hintergrund kann es nicht erstaunen, daß man bei der intensiven Suche nach literarisch qualifizierten, aber auch für die Bedürfnisse der Liedertafel geeigneten Texten, die zugleich auch noch musikalische Anregungen bieten mußten, nicht bei der deutschen Literatur stehen blieb, sondern auch auf die lateinische zurückgriff, die den meisten Mitgliedern der Vereinigung von ihrer sozialen Herkunft her am ehesten wenigstens in Umrissen vertraut gewesen sein dürfte. So vertonte Zelter schon 1810 das Spottlied der Soldaten bei Cäsars Einzug in Rom, das im 8. Kapitel von Suetons "Divus Iulius" überliefert ist, unter dem Titel "Cantus martialis romanus" für 2 zunächst im Wechsel, dann zusammen singende 4st. Männerchöre a cappella. 3 Jahre später wählte er für einen anmutigen 2st. Kanon den Refrain "Cras amet qui nunqu' amavit, quique nunqu' amavit, cras amet" aus dem anonymen "Pervigilium Veneris" als Textgrundlage. Der Kanon blieb bis 1980 unveröffentlicht, während der "Cantus martialis romanus" wohl nur wenig später als Nr. 2 des Heft VII der "Tafel-Lieder für Maennerstimmen. Für die Liedertafel zu Berlin in Musik gesetzt von Carl Fried: Zelter" erschienen ist. Dieses frische und unkomplizierte Stück hat den Sängern damals offenbar besondere Freude gemacht, denn Zelter berichtet Goethe darüber voller Stolz am 24./30. April 1810, nachdem er einige der am häufigsten gesungenen Chöre aufgezählt und den Sueton-Text zitiert hat (105):

"Dies letzte Stück wird, in zwey Chören, trefflich gesungen, und Geh. Rath Wolf, der das Gedicht gab, scheint mit der metrischen Behandlung zufrieden. Es wird mehrentheils sechs bis acht Mal wiederholt, weil alle ihre Lust dabey haben, wie das Metrum gar wundersam einschlägt."

Noch 20 Jahre später wurde dieser Chor bei einer Berliner Aufführung von Shakespeares "Julius Caesar" als Teil der Bühnenmusik verwendet, was Zelter im März 1830 Goethe mitteilt, nicht ohne dabei in seiner gewohnten, manchmal geradezu sarkastischen Offenheit eine gehörige Portion Hohn und Spott über die seiner Meinung nach ansonsten ziemlich unzulängliche Inszenierung und Darstellung der Tragödie auszugießen (106).

Aus den ersten Jahren der Liedertafel stammt auch jenes Werk, das nicht nur den Anstoß dazu gab, daß auch Horaz in den Kreis der vertonten Autoren einbezogen wurde, sondern dem es durch eine seltsame Laune der Musikgeschichte bestimmt war, unter den Horaz-Vertonungen aller Zeiten den bei weitem größten Bekanntheitsgrad und die weiteste Verbreitung zu finden. Der aus Neuhausen in Sachsen stammende Berliner Arzt Friedrich Ferdinand Flemming, ein Gründungsmitglied der Liedertafel, schrieb jene Vertonung der Ode "Integer vitae" (c. I 22) in einem ganz einfachen 4st. Satz für Männerchor a cappella, die mit ihrer schlichten und eingängigen Melodie und ihrem geradezu rührend naiven Kirchenliedtonfall zwar vollkommen an der Aussage des Textes vorbeigeht, dabei jedoch dem Bedürfnis weitester Kreise nach pseudo-religiöser Feierstundenmusik sehr entgegenkommt. Die Phantasie des Komponisten ist hier offenbar bei den vollkommen isoliert gesehenen Anfangsworten "Integer vitae scelerisque purus" hängengeblieben und hat den Fortgang des Gedichts und seine heiter-ironische Grundtendenz dabei gänzlich mißachtet. Das Werk erschien zunächst im Rahmen der "Tafellieder für Männerstimmen von F. F. Flemming" (Berlin o. J.), fand aber später sogar Eingang in das "Allgemeine Deutsche Kommersbuch", aber auch in das

---

105) Briefwechsel ... a. a. O. , S. 275.
106) Briefwechsel ..., Dritter Band, Leipzig 1902, S. 263/64.

"Scottish Students' Song-book" (107). Es wurde umtextiert (108) auch als Grablied (!) verwendet, was übrigens bereits Zelter selbst getan hat, nachdem Flemming am 27. Mai 1813 im Alter von erst 35 Jahren gestorben war. Mit eigener Hand trug er den Text der 1. Strophe des von dem Liedertafelmitglied Bornemann eigens verfaßten Trauergedichts ("An Flemming") in eine vollkommen unveränderte Partitur des ursprünglichen "Integer vitae" ein und zeichnete im Anschluß daran auch die übrigen 5 Strophen auf, wobei er noch genau anmerkte, welche vom ganzen Chor und welche von 4 mit Namen genannten Solisten auszuführen seien (109). Der Text der 1. Strophe lautet:

> "Hörst du des Bechers feierliche Klänge,
> die zum Gedächtnis treue Liebe weihte?
> Dringt über Wolken irdischen Gesanges
> Wehmuth und Trauer."

und paßt hervorragend zu der Musik, womit überdeutlich wird, wie sehr der Komponist den Ton und die Aussage der Horaz-Ode verfehlt hat. Das hat aber lange Zeit kaum jemanden gestört, wie auch aus Eduard Fraenkels mokanten Bemerkungen zu diesem Thema hervorgeht:

"1, 22, Integer vitae, ist eine der bekanntesten Horazoden. Vor nicht allzu langer Zeit war es noch an vielen deutschen Schulen Brauch, bei Begräbnissen die erste Strophe in der Aula zu singen, nach einer Melodie, die von einem gewöhnlichen Kirchenlied nicht zu unterscheiden war; das Tempo war, man braucht es nicht erst zu erwähnen, molto adagio, mit einem sostenuto auf dem Adoneus."

Fraenkel zitiert dann noch eine sehr treffende Äußerung von Wilamowitz hierzu:

"Integer vitae kann an einem Grabe nur singen, wer es nicht versteht" (110).

Immerhin könnte es Flemmings Komposition gewesen sein, die Zelter anregte, sich ebenfalls mit Horaz auseinanderzusetzen. Denn er ehrte das Gedächtnis des Frühverstorbenen nicht nur mit der beschriebenen Adaption von dessen "Integer vitae", sondern auch noch mit einer eigenen Vertonung des Trostgedichts des Horaz für Vergil "Quis desiderio" (c. I 24) für 4 Solostimmen und gemischten Chor, die 1823 zum zehnjährigen Todestag Flemmings von der Singakademie aufgeführt wurde. Leider ist dieses Werk heute verschollen. Über die Probleme bei seiner Entstehung schreibt Zelter am 9. März 1814 an Goethe (111):

"Nun lege ich noch die Musik einer Horazischen Ode bey, worüber ich beynahe mit Wolf auseinandergerathen wäre. Das Stück ist zunächst auf den Tod des Doctor med. Flemming entstanden, der ein liebenswürdiges Mitglied der Singakademie und Liedertafel gewesen ist; seinen Tod als Augenarzt betrauert ganz Berlin. - Unsere Sänger tragen dies Stück sanft zu Ende, und die über den Noten verzeichneten Appoggiaturen sind kleine Hebungen welche den strengen Tact überarbeiten, wie etwa im Gemälde die Farbe den Contour. Es muß daher fort und fort hebend und schwebend erhalten werden und ist in diesem Stücke nicht eben'leicht; wir haben uns oft daran versuchen müssen. - Und hierin liegt meines Bedünkens das was einige Metristen für Tactlosigkeit halten, welches man füglich Tactfreyheit nennen könnte: denn Abwesenheit des Tacts ist durchaus unphilosophisch. - Nun will ich

---

107) Vgl. R. G. M. Nisbet und M. Hubbard, A Commentary on Horace: Odes Book 1, Oxford 1970, S. 262.

108) Z. B. "Eintracht und Liebe" nach einem Gedicht von Christian Schulz (1773-1813).

109) Mus. ms. autogr. Zelter 11/2: V, Nr. 16, S. 64-66, im Besitz der Musikabteilung der Staatsbibliothek Preußischer Kulturbesitz in Berlin. Vermerk auf S. 64: "Nicht gedruckt".

110) Fraenkel a. a. O. , S. 219.

111) Briefwechsel ... Erster Band, a. a. O. , S. 374.

nur heraus damit daß auch ich Dir ins Handwerk gefallen bin: ich habe nämlich eine Nachbildung des Lateinischen versucht, um denen von der Singakademie die noch weniger Latein verstehen als ich, es aber doch singen müssen, eine Anleitung für den Ausdruck zu geben. Kann unser Freund Riemer (112) daran etwas, ohne viel Mühe nachhelfen, so ist mir's lieb. Ich hätte das Lateinische nicht componiren können, ohne mir es Deutsch zu denken. Auch für das Wort Chorule, welches ich in der dritten Strofe statt Vergili gesetzt habe, möchte mir Riemer wohl ein besseres geben."

Aus zwei weiteren Briefen an Goethe geht hervor, mit welch kritischer Aufmerksamkeit Zelter literarische und philologische Bemühungen um Horaz verfolgte. Am 25. Oktober 1811 schreibt er (113):

"Eben zerquäle ich mich mit Vossens Horaz (114). Ich verstehe unendlich wenig Latein, aber begreifen kann ich wie eine solche Sprache einen jeden zum Dichter macht, der sie so kann wie Horaz. Es müßte eine Lust seyn, wenn man (wie Lessing den Anfang des Messias) Vossens Horaz ins Lateinische übersetzen und ihn so seinem Autor wieder insinuiren könnte. Für welche Deutsche solche Nachbildungen seyn mögen, mag Gott wissen. Man müßte so geschwind als möglich Lateinisch lernen um Vossens Deutsch zu verstehn. Schöne Grüße dem Freunde Riemer.",

und am 10. November 1816 berichtet er (115):

"Gestern habe ich in Geh. Rath Wolfs (116) Collegium hospitirt und habe zum ersten Male klug über die erste Horazische Ode des ersten Buches reden hören. Es ist ein ander Ding zu vernehmen, wie ein tüchtiger Verstand untertaucht und aus dem Innern Sinn und Licht heraufzieht, als wenn die abgehungerten Commentatoren für ein tüchtiges Lateinisches Wort ein Deutsches mit der Laterne suchen."

Der kompositorische Niederschlag dieses Interesses besteht denn auch nicht nur in der bereits erwähnten verlorenen Vertonung von c. I 24, sondern umfaßt noch einige weitere Werke, die z. T. für die Liedertafel bestimmt waren, jedoch bis heute unveröffentlicht blieben oder ebenfalls verloren gingen. Bei dem Bedarf an qualifizierten Trinklied-Texten, der natürlicherweise auch in Zelters fröhlicher Sangesrunde schon ziemlich groß war, mußte er fast zwangsläufig auf "Nunc est bibendum" (c. I 37) stoßen, das er (mit allen 8 Strophen!) 1817 oder 1818 als straffrhythmisierten 3st. Kanon für 2 Tenore und Baß vertonte, wobei die ungewöhnlich großen Intervallsprünge (Oktave und Dezime) am Anfang sehr geschickt klangliche Weiträumigkeit und einen Hauch von dionysischem Überschwang vermitteln. Ein Bruchstück aus den von den Komponisten sonst so gut wie nie berücksichtigten Episteln regte den Kriegsrat Schulz, einen engen Freund Zelters und Gründungsmitglied der Liedertafel, zu einem kurzen 4st. Satz an: "Hic murus aheneus esto: nil conscire sibi, nulla pallescere culpa. " (epi. I 1, 60-61). Sehr hübsch ist dabei die Disposition dieser nur 13 Takte umfassenden Komposition: Schulz gibt nämlich die Anweisung "wird zweimal, das erste mal Solo, das zweite mal tutti gesungen", wodurch dieser stolzen Devise, die den wackeren Männern der Liedertafel sicher aus der Seele gesprochen war, in ebenso einfacher wie plastischer Weise der gehörige Nachdruck verliehen wird.

Bei dem von Kruse (117) (unter der Rubrik "Geistliche Musik"!) aufgeführten Chor "Divis orte bonis optime prussicae" dürfte es sich um eine

112) Friedrich Wilhelm Riemer (1774-1845), Philologe, Berater Goethes.
113) Briefwechsel ... Erster Band, a. a. O. , S. 309/10.
114) Johann Heinrich Voß (1751-1826), Des Horatius Werke, 2 Bde. , Heidelberg 1806.
115) Briefwechsel ... Erster Band, a. a. O. , S. 520.
116) Friedrich August Wolf (1759-1824), Homerforscher, seit 1810 Professor in Berlin.
117) G. R. Kruse, Zelter, Leipzig [2]1930, S. 76.

auf den preußischen König Friedrich Wilhelm III. umgemünzte Adaption
von c. IV 5 ("Divis orte bonis, optume Romulae custos gentis") gehandelt
haben, was sich jedoch nicht mit letzter Sicherheit feststellen läßt, da
das Werk verloren ist. Bei einer anderen, ebenfalls verschollenen Komposition eines Horaz-Textes ist jedenfalls tatsächlich an eine Huldigung
für den König zu seinem Geburtstag gedacht worden, wie man aus einem
Brief Zelters an Goethe vom 27. Juni 1831 erfährt (118):

> "Du weißt wer ich bin und wirst mich für keinen Horatier halten, dem jedes Wort
> dieses Dichters zu Gebot steht, nur bin ich eben jetzt im Begriff mit meinen Univer-
> sitätsstudiosen eine musikalische Feyer des 3. Augusts zu bestellen. Da darf man
> das schönste Latein öffentlich gelten lassen. Horaz und Claudian leihen uns die Wor-
> te und die Musik machen wir uns dazu. Die Feyer im großen Universitätssaale fängt
> mit Gesang an. Horaz Ode XIV, III. Buch.
>
> > Hic dies vere mihi festus atras
> > Eximet curas: ego nec tumultum
> > Nec mori per vim metuam, tenente
> >   Caesare (Principe) terras. [c. III 14, 13-16]
>
> Hierauf folgt die Lateinische Rede des Rectors Boeckh (119), mit welcher obiger
> Vers in Beziehung steht. Nach der Rede wieder gesungen, nach Claudian:
>
> > Non sic excubiae, non circumstantia pila,
> > Quam tutatur amor: non extorquebis amari,
> > Hoc alterna fides, hoc simplex gratia donat (120).
>
> Den Schluß macht das Lateinische Te Deum. Und dann hätte ich wohl Lust meine
> guten Studiosi zu Ehren des Tages mit einem Cardinal zu bewirthen."

Einer dieser "guten Studiosi" hatte im Jahr zuvor seinen Lehrer in eine Art komischer Verzweiflung gestürzt, als er seinerseits bei einer
Kompositionsübung ausgerechnet gleich eine horazische Ode vertonen
wollte. Zelter berichtet darüber an Goethe am 13. August 1830 (121):

> "Ich habe mir eine Ruthe geflochten und wenn ich gestrichen werde, kann mir's
> nicht schaden. Indem ich meine Studiosen ermuntern wollen sich in Versen und de-
> ren Melodisirung zu versuchen, fahren sie aus wie Gergesener (122). Gleich der
> erste hat sich an eine Horazische Ode gemacht, womit er uns andere zur Verzweif-
> lung bringt. Da ist nun kein ander Mittel, ich muß mich selber daran machen und,
> wenn er die Seinige gehört und satis genossen hat, mit der Meinigen dazu rücken
> und als Partey erscheinen; wo denn Vergleichung und Urtheil sich ergeben mag."

Mit den bisher genannten Werken, zu denen noch eine Vertonung der
Ode "Rectius vives" (c. II 10) von Gustav Reichardt (in: "Sechs Lieder
für die Liedertafel zu Berlin für Männerstimmen" op. 8, Nr. 6, Leipzig
1828), deren ich bis jetzt noch nicht habhaft werden konnte, hinzukommt,
war bereits eine Art von Tradition begründet, deren auch für die Zukunft
gültiges Hauptmerkmal eine gewisse Hinneigung zu den Horaz-Gedichten
ist, in denen vor allem ethische und philosophische Fragen in grundsätzlicher Weise, oft auch zu Maximen zugespitzt, behandelt werden ("Integer vitae", "Rectius vives", "Iustum et tenacem" c. III 1). Diese durchaus nicht vollständige und konsequente, aber doch deutlich erkennbare
Abkehr von den mehr persönlich geprägten Gedichten (z. B. den Liebes-
gedichten) hängt wohl sehr eng mit der chorischen Besetzung zusammen,
deren "objektiverer" Kollektivklang besonders gut zu Texten mit mehr
allgemeingültigem Inhalt paßt, während Solostimmen besser subjektive
Empfindungen zu verkörpern vermögen.

---

118) Briefwechsel ... Dritter Band, a.a.O., S. 427.
119) August Boeckh (1785-1867), 1807 in Heidelberg, 1811 in Berlin Professor für
     klassische Philologie; vgl. auch S. 21.
120) Claudianus, Panegyricus de quarto consulatu Honorii Augusti VIII 281-283.
121) Briefwechsel ... Dritter Band, a.a.O., S. 292.
122) Gergesener = Gadarener (Matth. 9, 28).

Deutlich wird diese Tendenz auch in den "Fünf Oden des Horaz auf den lateinischen Text mit deutscher Uebersetzung von Voß für Männerstimmen" op. 57 von Karl Loewe, die 1836 entstanden und im gleichen Jahr mit einer Widmung an den bekannten Musiktheoretiker Gottfried Weber (1779-1839) erschienen sind (123). Von diesen zeichnen sich Nr. 2 und 4 ("Miserarum est" c. III 12 und "O fons Bandusiae" c. III 13) durch Anmut und Heiterkeit aus, während Nr. 1, 3 und 5 ("Iustum et tenacem" c. III 3, "Prudens futuri" c. III 29, 29-56 und "Otium divos" c. II 16) einen mehr ernsten Typus verkörpern, der sich jedoch von der Larmoyanz von Flemmings "Integer vitae" wohltuend abhebt.

In Nr. 2 wird durch ein in T. 20 einsetzendes "poco a poco crescendo, ed in tempo accelerando" das anfangs piano im "Andantino grazioso" einsetzende scheinheilige Bedauern mit der verliebten Neobule bruchlos bis in einen furiosen Ausbruch der Leidenschaft in der Schlußstrophe gesteigert, ohne daß dabei das sich im Rhythmus der Musik spiegelnde, bewußt eintönig leiernde ionische Versmaß auch nur an einer einzigen Stelle unterlaufen oder variiert würde. Damit hat der Komponist eine Vielfalt von wechselnden Bildern mit einer dem Dichter kongenialen Meisterschaft zu einem einheitlichen Ganzen verschmolzen. Bei Horaz korrespondiert die innere Erregung des Mädchens in der ersten Gedichthälfte, wo beschrieben wird, wie es wegen des gestrengen Onkels nicht zu dem geliebten Hebrus kommen kann, aber auch seinen Kummer nicht im Wein ertränken darf (Str. 1), sich schließlich aber auch nicht auf seine Arbeit zu konzentrieren vermag (Str. 2), mit der äußeren Bewegtheit der in der zweiten Gedichthälfte geschilderten lebhaften Szenen. Dort erscheint Hebrus als in allen Disziplinen ungeschlagener Sportler (Str. 3) und als kühner Jäger (Str. 4), wie ihn sich die Phantasie der verliebten Neobule ausmalt. Loewe setzt genau in der Mitte des Gedichts, wo der Blick sich von Neobule auf Hebrus wendet, mit dem erwähnten crescendo und accelerando ein und markiert durch dieses ebenso einfache wie wirkungsvolle Mittel den offenen Ausbruch der Leidenschaft, die der Onkel in Str. 1 zwar unterdrücken, aber nicht auslöschen konnte und die sich nun an dem strahlenden Bild des Geliebten ("nitor Hebri" V. 8) entzündet. Die Schlußstrophe mit den sehr anschaulich, fast dramatisch geschilderten Jagdszenen muß als erotische Metapher gedeutet werden: auch Neobule gehört zu dem Wild, das Hebrus zu erlegen weiß. Selbst diesem Umstand trägt Loewes Konzeption Rechnung. Er steigert hier die Intensität außer durch das Anwachsen der Lautstärke (vom f bis zum ff) und des Tempos noch zusätzlich durch einen Eingriff in die melodische und harmonische Struktur, die in den ersten 3 Strophen unverändert geblieben war. Statt einer Modulation von Es-Dur über c-moll und F-Dur zur Dominante B-Dur, die jeweils zum Es-Dur-Beginn der nächsten Strophe übergeleitet hatte, wird in den letzten 7 Takten des Stücks über einer im 2. Baß von G bis C chromatisch aufsteigenden Linie schon im drittletzten Takt wieder Es-Dur erreicht, das lediglich in einer einfachen Kadenz nochmals bestätigt wird. Durch diese Variation des Strophenschemas, die er zwangsläufig vornehmen mußte, da er sonst nicht die Grundtonart Es-Dur, sondern die zuvor immer sehr wirkungsvoll zur nächsten Strophe weiterdrängende Dominante B-Dur erreicht hätte, hat Loewe ein Höchstmaß von Plastizität und effektvoller Schlußwirkung erzielt.

---

123) Vgl. Leopold Hirschberg, Carl Loewes Chorgesänge weltlichen Inhalts, in: "Die Musik" VII, Heft 23, 1908, S. 269-272.

Die 4. Nummer des Werks, eine Vertonung der sehr beliebten Ode "O
fons Bandusiae" (c. III 13), ist als freundliches pastorales Stimmungsbild
in hellem A-Dur gestaltet, das, wenn man von dem geschickt zu den beiden letzten Strophen überleitenden 16. Takt absieht, vollkommen strophisch angelegt ist. Ein besonderer Reiz dieser Komposition liegt auch
in dem Gegensatz zwischen den ersten 8 Takten, die im einfachsten homophonen und isorhythmischen 4st. Satz gehalten sind, und den darauffolgen-
den 8 Takten, die durch etliche, teilweise sogar recht ausgedehnte Sech-
zehntel-Fioriuren in allen 4 Stimmen sehr hübsch aufgelockert sind. Damit wird die Vorstellung des rauschenden Wassers ("loquaces lymphae"
V. 15/16) und des umherschweifenden Viehs ("pecori vago" V. 12) in zarter Weise angedeutet, während die Bordun-Quinten in den beiden Unterstimmen (in T. 2, 3, 5 usw.) die pastorale Stimmung charakterisieren.
Loewe zeigt hier eine Kunst der dezenten, nie naturalistisch-plumpen
musikalischen Illustration, wie sie uns aus vielen seiner Balladen bekannt
ist. Diese aber fand den besonderen Beifall des damaligen preußischen
Kronprinzen, des späteren Königs Friedrich Wilhelm IV., dessen Nei-
gungen für Musik und antike Literatur bereits ausführlich behandelt wurden (124). Er schrieb dem von ihm auch sonst hochgeschätzten Loewe am
1. März 1838 (125):

"Unter Ihren horazischen Liedern entzückt mich ganz vorzüglich der bandusische
Quell."

Von den anderen 3 Oden-Vertonungen zeichnen sich Nr. 1 und Nr. 5
durch schlichte Würde aus, die in dem Schlußstück ("Otium divos" c. II
16) den Tonfall eines ruhigen, leisen Gebets annimmt, was dem Text zumindest in der von Loewe getroffenen Auswahl (Str. 1, 2, 4 und 7) durchaus gerecht wird.

Bei der Vertonung der großen Maecenas-Ode (c. III 29) beschränkt sich
der Komponist auf einen klug gewählten, in sich geschlossenen längeren
Abschnitt (V. 29-56), der mit den Worten "prudens futuri temporis exi-
tum caliginosa nocte premit deus" beginnt und in dem Horaz seine Vorstellungen von der Bewältigung des Lebens nach epikureischem Vorbild
entwickelt. Diese längste und vielgestaltigste der 5 Kompositionen offenbart auch die komplizierteste Struktur, bei der das strophische Prinzip
nur für die erste und die letzten 3 Strophen des Abschnitts gilt, während
die 3 Strophen dazwischen in enger Anlehnung an die Aussagen des Textes
durchkomponiert sind und z. B. bei den Worten "nunc medio alveo" (V.
34 ff.) sehr passend zu dem Bild des Flusses ein kurzes Fugato einschlie-
ßen. Sie mag als das Herzstück des Zyklus angesehen werden und ist den
zwei heiteren Nummern 2 und 4 gegenübergestellt, während das Ganze
von den zwei ernsten und getragenen, jedoch als einfache Strophenlieder
konzipierten Nummern 1 und 5 umrahmt wird. Die Ausnahmestellung dieses Stücks zeigt sich auch daran, daß Loewe hier einigen zentralen philo-
sophischen Aussagen des Dichters seine besondere liebevolle Aufmerksamkeit geschenkt hat. Die Mahnung "quod adest memento conponere aequos" (V.
32/33), die genau in der Mitte der 64 Verse zählenden Ode steht, läßt er
zunächst von den Bässen in Oktaven im pp auf einen Ton singen und dann
zu dem liegenden G/g der Unterstimmen von den Tenören, immer noch
im pp, in Terzen wiederholen. Diese ziemlich außergewöhnliche Satz-
struktur weist darauf hin, daß der Komponist die Absicht hatte, gerade

124) Vgl. S. 20 ff.
125) Hirschberg a. a. O. , S. 271; Dr. Carl Loewe's Selbstbiographie, für die Öffentlichkeit bearbeitet von C. H. Bitter, Berlin 1870, S. 274.

diese Worte aus dem Kontext herauszuheben. Daß er dies nicht mit pathetischer Geste, sondern in der beschriebenen zurückhaltenden, fast scheuen Weise tat, zeigt sein tiefes Verständnis für die Eigenart horazischen Dichtens und Philosophierens, dem erklärterweise jedes selbstgefällige Auftrumpfen fremd und ein Greuel ist. Ebenso feinfühlig hat Loewe das epikureische Credo des Dichters "ille potens sui laetusque deget, cui licet in diem dixisse 'vixi' " (V. 41-43) in schlichtem 4st. Satz (mf, tranquillo) wiedergegeben und nur das entscheidende Wort "vixi" am Schluß durch ein f hervorgehoben, das jedoch bei der zweimaligen Wiederholung über mf zum p zurückgenommen und damit gleichsam verinnerlicht wird (126).

Die Höhe von Loewes Einfühlung in Horaz hat unter den Vertonungen für Männerchor nur Peter Cornelius übertroffen, dessen Komposition der Ode "O Venus regina" (c. I 30) ich in einem eigenen Kapitel detailliert analysieren werde (127). Neben einigen eher unbedeutenden, im Fahrwasser der "Liedertafelei" (wie also leider inzwischen zu einem pejorativen Begriff geworden war) segelnden a-cappella-Werken von Hermann Küster ("Vier Oden des Horaz", 1850), Ludwig Stark ("Trinkspruch", nach c. I 37,1-2) und Johann Friedrich Stallbaum treten nun auch Werke auf den Plan, die dem Männerchor eine Begleitung hinzufügen und damit das noch in Zelters Liedertafel strikt aufrecht erhaltene a-cappella-Ideal aufgeben. In Arnold Krugs "Altrömischem Frühlingslied" op. 30, einer Vertonung von c. IV 7,1-18 in der deutschen Übersetzung des Philologen Wilhelm Binder, ist hierfür wahlweise ein ziemlich stark besetztes Orchester (u.a. mit "Harfe (ad libitum.)", was dem Werk, wie schon öfter beobachtet, ein wenig "antikes" Kolorit verleihen soll oder Klavier zu verwenden, was damals sehr häufig so gehandhabt wurde. Damit wurde das Stück nämlich sowohl für größere Chorvereinigungen, die sich ein teures Begleitorchester leisten konnten, als auch für kleinere Vereine, die sich aus Geldmangel mit Klavier begnügen mußten, attraktiv. Krugs Komposition ist frisch und schwungvoll erfunden und steht, obwohl um 1885 erschienen, noch ganz auf dem Boden der Tradition Mendelssohn-Schumann. Es ist im übrigen das einzige Werk aus der Reihe der Vertonungen horazischer Gedichte für Männerchor, das ausschließlich auf eine deutsche Übersetzung komponiert wurde, die in anderen Fällen (z. B. bei Loewe) nur als Alternativfassung angeboten wird.

Zu den Werken mit Begleitung gehört auch eine Anzahl von Vertonungen für Männerchor und Blasinstrumente (oder Klavier), die der Berliner Hofkapellmeister Wilhelm Taubert, der auch zu Mendelssohns und Schumanns Bekannten zählte, unter den Opuszahlen 62 ("Vier Oden des Horaz") und 126 ("Vier Oden des Horaz", 2. Heft) veröffentlichte. Von diesen Druckausgaben ist z. Zt. kein einziges Exemplar, zumindest in Deutschland, nachzuweisen, weil die in der Preußischen Staatsbibliothek in Berlin vorhandenen Belegstücke im 2. Weltkrieg bei der Auslagerung der Bestände verloren gingen. Dagegen haben sich in dem an gleicher Stelle (heute in der Deutschen Staatsbibliothek Berlin) aufbewahrten Nachlaß Tauberts wenigstens Autographen und Abschriften von op. 126 erhalten. Leider ist von op. 62 nur noch eine Chorpartitur der Nr. 3 (in der gedruckten Ausgabe als Nr. 2) vorhanden, dafür aber noch eine vollständige autographe Partitur einer Vertonung der Ode I 10 unter dem Titel "Hymnus ad Mercurium", die zusammen mit den Oden op. 62 entstand und mit ihnen bei einer Aufführung der "Captivi" des Plautus als musikalische

---

126) Vgl. S. 66-70.
127) Vgl. S. 72-79.

Einlage verwendet wurde, jedoch damals nicht veröffentlicht worden ist. Das schöne Werk wirkt durch die Besetzung für 2 Männerchöre, einen 4st. und einen nur aus Bässen bestehenden 1st., besonders reizvoll. Diese ungewöhnliche Disposition der Singstimmen mag aber auch seine Aufnahme in das für den üblichen 4st. Männerchor konzipierte op. 62 verhindert haben. Die Blasinstrumente (2 Klarinetten, 2 Fagotte, 2 Hörner und Trompete) haben hier wie in op. 126 auch nur begleitende, den Chorsatz stützende Funktion, etwa wie in Schumanns "Beim Abschied zu singen" op. 84, das nur wenige Jahre später entstand, sind aber mit feinem Gespür für klangliche Wirkungen eingesetzt, indem sie auch streckenweise pausieren und nur einzelne farbliche Akzente beisteuern. Der Chorsatz ist weitgehend homophon, gewinnt aber durch die rhythmisch versetzten kontrastierenden Einwürfe des 2. Chores im Baß sehr an Lebendigkeit und zeichnet sich bei schlichter Harmonik durch Wohlklang und melodischen Fluß aus.

Unsere besondere Aufmerksamkeit verdient noch eine besonders originelle Auseinandersetzung mit einer horazischen Ode aus der Feder des langjährigen badischen Hofkapellmeisters Vinzenz Lachner, der auch der Lehrer des ersten Parsifal-Dirigenten Hermann Levi war, die 1873 oder 1874 unter dem Titel "Des Quintus Horatius Flaccus Ode "Ad Thaliarchum" in der Verdeutschung fahrender Schüler von Joseph Victor v. Scheffel für Männerchor und eine Choralstimme (oder Soloquartett) op. 46" bei Schott in Mainz erschien. Lachner, ein Spezialist auf dem Gebiet der Männerchorliteratur, ist gerade durch seine zahlreichen Vertonungen Scheffelscher Gedichte zu seiner Zeit sehr bekannt geworden. In dieser Komposition tritt der erst in unseren Tagen in einem Werk von Hans Vogt wiederholte Fall ein, daß ein Horaz-Text zuerst im Original und anschließend (nicht, wie in vielen Beispielen, gleichzeitig!) in einer (hier sogar noch parodierenden) Übersetzung vertont wurde. Lachner hat mit einer solchen Konzeption ein kleines Glanzstück musikalischen und literarischen Witzes geliefert. Dabei kam ihm Scheffels Text sehr zu Hilfe, der zum Glück ausnahmsweise fast vollkommen von jenem gequält humoristischen Kommersliedertonfall frei ist, der so viele Schöpfungen des einst hoch gefeierten Verfassers des "Trompeter von Säckingen" heute ungenießbar macht. Der Komponist arbeitet durch eine recht ungewöhnliche musikalische Struktur, für die man schwerlich ein genaues Vorbild finden dürfte, die Spannung zwischen dem horazischen Urtext und seiner Parodie in plastischer Weise heraus. Nach einem kurzen Prolog mit den Worten:

> "Dies Lied sang einst Horatius,
> der Lehrer, wie man minnt und zecht;
> ein fahrender Scholasticus
> aus Salzburg schuf es mundgerecht.",

der auf sehr alte volkstümliche Vorstellungen von dem Dichter anspielt und von einer Solostimme ohne Begleitung gesungen wird, folgt zunächst eine Vertonung der 1. Strophe von c. I 9 ("Vides ut alta stet nive candidum Soracte"). Der Text wird ebenfalls von einer Solostimme (in Baritonlage) vorgetragen, und zwar in der Weise, daß zu wenigen in der Art eines Basso continuo bezifferten Baßnoten die Worte zum einen Teil ("Soracte", "laborantes", "acuto") auf einige längere Notenwerte bzw. ein kleines Melisma am Schluß gesungen werden, zum größeren Teil aber nur auf einer Note, einer Brevis auf a, rezitiert werden sollen. Dieses an sehr alte Praxis (Responsion beim gregorianischen Choral) angelehnte Verfahren darf jedoch nicht als Stilkopie verstanden werden, denn sonst müßte die Begleitung wegfallen. Es sollte vielmehr als der Versuch einer phantasievollen Evokation von "alter" Musik, und damit als atmosphärischer Hin-

weis sowohl auf den mittelalterlichen "fahrenden Scholasticus" wie auch
auf Horaz selbst gedeutet werden. Danach erfolgt mit Eintritt der Parodie der ersten Strophe als Überraschungseffekt ein vollkommener stili-
stischer Umbruch. Die von Italien ins Berchtesgadener Land transponierte Ode, in der z. B. der Berg Soracte zum "Wazmann" wird, erklingt
jetzt als 4st. Männerchor a cappella ganz im Stile der Zeit, dazu noch
nach dem als phrygisch deutbaren, altertümlich düsteren d-Moll des Anfangs in strahlendem D-Dur. In diesem Wechsel zwischen vom Vorsänger
(von Lachner als "Choralstimme" bezeichnet) rezitierten und gesungenen
horazischen Urtext und der vom Chor gesungenen Parodie werden alle 6
Strophen der Ode behandelt. Für Abwechslung sorgt eine sehr sinnvoll
bei den Worten "repetantur hora" (V. 20) angebrachte 6 Takte lange Koloratur, die vom Klavier, das für die Ausführung des oben erwähnten Basso continuo vorgesehen sein dürfte, ausnahmsweise sogar obligat begleitet wird und für einen Moment lang mit leicht ironischem Augenzwinkern
den Stil einer barocken Solokantate heraufzubeschwören scheint. Was die
deutschen Texte angeht, so hat Lachner jede Strophe mit bewundernswer-
ter satztechnischer Kunst und nie erlahmendem bildkräftigem Einfalls-
reichtum neu gestaltet, was einen reizvollen Kontrast zu der mit der einen Ausnahme immer gleichbleibenden musikalischen Struktur der Strophen des Urtextes bildet. Dadurch wird aber zugleich in geschickter Weise die Einheit der immerhin 19 Seiten umfassenden Komposition gewahrt.
Am Schluß steht ein Postskriptum, das von 3 Solostimmen ohne Begleitung eingeleitet wird. Auf ihre Frage: "Wist ihr nun? begreift ihr nun?
versteht ihr das Kapitel von der Nunn? und was dies Lied will sagen
thun?" antwortet der hier als "Choralist" bezeichnete Vorsänger mit den
Worten und der Melodie des Anfangs, denen diesmal allerdings durch eine schwergewichtige Klavierbegleitung und im f nicht ohne Ironie ein gewisser pathetischer Nachdruck verliehen wird. Unter den Horaz-Vertonungen aller Zeiten ist diese sicherlich eine der hübschesten, in der auch
einmal Witz und Humor, die sonst auf diesem Gebiet eher dünn gesät sind,
zum Zuge kommen können.

Als letzte Ausläufer der in der zweiten Hälfte des 19. Jahrhunderts
wieder abgestorbenen Tradition der Horaz-Vertonungen für Männerchor
mögen noch zwei Werke aus dem 20. Jahrhundert genannt werden: die
"Ode d'Horace" (1905) von Charles-Camille Saint-Saëns und "Iustum et
tenacem" (1935) von Zoltán Kodály. In beiden Werke fällt noch einmal die
Neigung dieser Tradition zu Texten mit allgemeingültigen Aussagen auf.
Saint-Saëns hat sicher nicht ohne Absicht die ersten beiden Strophen des
Propemptikons an Vergil "Sic te diva potens" (c. I 3), in denen der persönliche Segenswunsch des Dichters für seinen Freund enthalten ist, ausgelassen und erst mit V. 9 begonnen, wo die allgemeine Erörterung über
die Gefahren der Seefahrt und den frevelnd mit den übermächtigen Natur-
gewalten ringenden Menschen einsetzt. Der Komponist zeigt auch in diesem Werk, das, nicht ganz zwingend, mit einem Fugato beginnt, seine
satztechnische und formale Meisterschaft, vermag aber nicht durch wirkliche Inspiration zu überzeugen, so daß der Eindruck einer bemühten akademischen Zähigkeit aufkommt.

Kodály knüpft in seiner lapidaren, von herbem Ernst getragenen Vertonung der ersten 8 Verse der 3. Römerode (c. III 3) durchaus an die Tradition der Gattung an, ohne dabei durch kühne harmonische Fortschrei-
tungen und eigenwillige Stimmführung seine Persönlichkeit zu verleugnen.

Damit sei der Überblick über Tendenzen und Traditionszusammenhänge auf dem Gebiet der Horaz-Vertonungen beendet. Es muß davor gewarnt
werden, die aufgezeigten Entwicklungstendenzen überzubewerten und ihre

Geschlossenheit zu überschätzen. Die Entdeckung neuen Materials und die sorgfältige Analyse weiterer Werke wird hier noch manche neue Erkenntnis bringen und einen noch intensiveren Einblick in ein zwar begrenztes, aber doch faszinierendes Kapitel der Rezeptionsgeschichte der horazischen Dichtung vermitteln.

III.
Analysen ausgewählter Horaz-Vertonungen

1.
Joseph Haydn, "Vixi" 3st. Kanon

"Ille potens sui laetusque deget, cui licet in diem dixisse: vixi". Diesen bedeutungsvollen Satz, der im Zentrum der großen Maecenas-Ode des Horaz steht (c. III 29, 41-43), hat Joseph Haydn als Textvorlage für einen 3st. Kanon benutzt. Daß auf diese Weise auch einer der Wiener Klassiker einen, wenn auch bescheidenen, Beitrag zur Geschichte der Horaz-Vertonungen geleistet hat, ist der Forschung bisher völlig entgangen, was um so bedauerlicher ist, als Haydn neben Orlando di Lasso wohl der einzige Komponist von wirklich unbestrittenem Rang ist, der Horaz-Verse vertont hat. Aus diesem Grund soll dieser Kanon einer näheren Betrachtung unterzogen werden.

Er stammt aus Haydns letzten Schaffensjahren und gehörte zu jenen Kanons, deren Handschriften an den Wänden seines Arbeitszimmers in Wien hingen, wie zeitgenössische Besucher übereinstimmend berichten (128). Daraus kann man schließen, daß der Meister für diese Arbeiten eine gewisse freundliche Neigung gehegt haben muß, sie also nicht als bloße Spielereien oder Kompositionsübungen ansah. Dafür spricht auch die Tatsache, daß unter seinen 56 Kanons sich ein Zyklus befindet, der die "Zehn Gebote" als Textvorlage hat (Hob. XXVII a: Nr. 1-10, 1791).

In diesem Zusammenhang dürfte ein kurzer Blick auf die von den Wiener Klassikern benützten Kanontexte aufschlußreich sein. Untersucht man das in den Gesamtausgaben bequem zugängliche reiche Material, so kann man drei Gruppen unterscheiden, wobei die Übergänge freilich fließend sind. Da findet sich einerseits Ethisch- oder Ästhetisch-Programmatisches und Lebensweisheit, oft Verse großer Dichter, wie Goethes "Edel sei der Mensch" (Beethoven) oder "Wir irren allesamt, nur jeder irret anders" (Beethoven), eine Erkenntnis, die sich fast wörtlich so bei Lichtenberg (129) findet, ihren Ursprung jedoch in den 2 Schlußversen von Catulls c. 22 (130) hat. Andererseits Witziges, Ironisches, ja Unflätiges, vor allem bei Mozart, wo man sich in späteren Ausgaben seiner Kanons genötigt fühlte, "gereinigte" Textfassungen zu bieten. Die dritte und zahlenmäßig bei Mozart und Beethoven, weniger bei Haydn stärkste Gruppe enthält Persönliches, meist in witziger, manchmal (bei Beethoven) verletzender Form, wie Album- und Erinnerungsblätter, Huldigungen, Ein-

---

128) Vgl. Joseph Haydn, Werke, Reihe XXXI: Kanons, hrsg. von Otto Erich Deutsch, München/Duisburg 1959, S. VII.
129) Georg Christoph Lichtenberg, 2 x 2 = 3 oder vom fruchtbaren Zweifel - Ein Brevier, Wiesbaden 1952, S. 36.
130) "... suus cuique attributus est error;
sed non videmus manticae quod in tergo est." (Catull, c. 22, 20-21).

ladungen, scherzhafte Neckereien und vieles andere, wobei der Kanon als eine altehrwürdige und kunstvolle musikalische Gattung gleichsam die Funktion eines "Standesausweises der Musiker" (131) erfüllte. Alle diese Eigenschaften der Kanontexte zeigen eine gewisse Verwandtschaft mit der literarischen Form des Epigramms, und so ist es nicht erstaunlich, daß wir bei Haydn eine ganze Anzahl von Lessing-Epigrammen finden, die er als Kanons gestaltet hat, darunter auch eines, welches eine freie Übersetzung eines Martial-Epigramms (132) darstellt, was der Komponist sicherlich nicht gewußt hat. Aber auch dort, wo der Text sich nicht als Epigramm im eigentlichen Sinne präsentiert, finden wir die typischen Eigenschaften eines solchen: Knappheit des Ausdrucks, Schärfe des Gedankens, Witz, persönlicher Angriff, aber auch Lebensweisheit, Ratschläge, Aufforderungen und Maximen, die ethische und ästhetische Probleme in grundsätzlicher Weise behandeln. Deswegen kann man mit der gebotenen Vorsicht behaupten, daß die Texte, die einem Kanon zugrundegelegt werden, gleichgültig, ob es sich nun um Bruchstücke aus lyrischen Gedichten, aus Bühnenwerken oder um Prosa handelt, oft epigrammatischen Charakter haben (133). Und welche musikalische Gattung könnte geeigneter sein, das Wesen des Epigramms in der Musik widerzuspiegeln als der Kanon? Kürze und gedrungene Gestalt haben hier ebenso ihr musikalisches Äquivalent wie Witz und Heiterkeit, die mit dem spielerisch-artistischen Moment der polyphonen Verflechtung korrespondieren. Aber auch der Ernst einer Maxime findet in der Kanontechnik, welche eine "faszinierende Kraft der strengen Ordnung in sich birgt" (134), gültigen Ausdruck.

Betrachten wir von diesem Standpunkt aus Haydns "opusculum", einen dreistimmigen Kanon in der Prim (Andante, B-Dur). Er ist so angelegt, daß der Text im Guida ganz abläuft, bevor der Conseguente jeweils genau mit der Wiederholung des Textes einsetzt, wodurch erreicht ist, daß durch den ganzen Kanon hindurch in allen Stimmen stets der gleiche Text gesungen wird. Dieser ebenso einfache wie klare und übersichtliche, auch für die Textverständlichkeit sehr förderliche Aufbau, der, wie ein Blick auf die anderen Kanons lehrt, durchaus nicht die Regel ist, enthält jedoch in rhythmischer Hinsicht eine bemerkenswerte Raffinesse. Während die Worte "Ille potens" bis "dixisse" in ruhigen Halben und Vierteln gehalten sind, wobei lediglich das Wort "deget" durch zwei ganze Noten hervorgehoben ist, hat sich Haydn für die zentrale Aussage "vixi" (wenn man so will, die Pointe des "Epigramms") etwas Besonderes einfallen lassen. Er setzt wiederum zwei ganze Notenwerte, verlangsamt das Tempo aber noch zusätzlich durch die Vorschrift "Adagio" und hebt die prägnante Aussage "ich habe gelebt" d. h. "ich habe ein erfülltes Leben gelebt" damit deutlich von dem übrigen Text ab (135), ein Effekt, der mit musikalischen Mitteln dasselbe bewirkt, wie ein gesperrt gedrucktes Wort für das Auge. Jetzt wird auch klar, warum er eine so klare Absetzung

---

131) Klaus-Jürgen Sachs in: Riemann Musiklexikon, Sachteil, Mainz [12]1967, S. 438.
132) "Groß willst du und auch artig sein?
    Marull, was artig ist, ist klein." (Martial, ep. I 9).
133) Die in Haydns "Studierkabinett" aufgehängten Kanons tragen in dem von Johann Elßler verfaßten "Thematischen Verzeichnis" seiner Werke bezeichnenderweise den Titel "Vierzig Sinngedichte als Canons bearbeitet." (Joseph Haydn, Werke ... a. a. O., S. VII).
134) Klaus-Jürgen Sachs a. a. O., S. 438.
135) In der horazischen Strophe steht "vixi" ebenfalls an hervorgehobener Stelle, nämlich fast genau in der Mitte des Neunsilblers.

zwischen Guida und Conseguente vornehmen mußte. Wäre er anders verfahren, d. h. hätte er den Conseguente eingesetzt, bevor der Text im
Guida als Ganzes abgelaufen war, wäre es einerseits zu rhythmischen
Komplikationen gekommen, andererseits wäre die schlußpunktartige,
gleichsam das Fazit ziehende Wirkung des "vixi" nicht möglich gewesen.
Die Melodik des Kanons ist von großer Einfachheit und Klarheit; die
Harmonik greift nicht weiter als bis zur Wechseldominante der Grundtonart B-Dur aus. Die weitgehend isorhythmische Struktur des Kanons
wird bezeichnenderweise nur an einer Stelle verlassen: am Wendepunkt
des Satzes zwischen "deget" und "cui" (T. 7, 19, 31) setzt der 1. Conseguente eine halbe Note früher als der Guida bzw. 2. Conseguente ein. Dadurch wird die leichte Spannung, wie sie auch im Text bereits angelegt
ist ("Ille" - "cui"), musikalisch reizvoll gespiegelt.

Bemerkenswert ist auch die geschickte Ausnützung des zur Verfügung
stehenden relativ begrenzten Tonraums. Während die ersten 12 Takte
von einem schön abgerundeten Melodiebogen von b über f' und wieder zurück zum b in ziemlich tiefer Lage ausgefüllt sind, bewegen sich die folgenden 12, nach dem Einsatz des 1. Conseguente zunächst ohne melodisches Profil in der Mittellage, streben aber nach 6 Takten nach oben und
erreichen in T. 22 mit dem g" den höchsten Ton des Kanons. Die letzten
12 Takte verharren zunächst in hoher Lage, um dann bis zum Schluß wieder die Mittellage einzunehmen. Durch diesen Aufbau wird auf einfache,
aber um so wirkungsvollere Weise eine stufenweise Aufhellung und Intensivierung des Klanges erreicht, was der Aussage des Textes eine immer
stärker hervortretende Plastizität verleiht (136).

Wir dürfen uns aber jetzt nicht vorstellen, Haydn habe die Ode "Tyr-
rhena regum" gründlich durchstudiert und danach diese zentrale Aussage
des Gedichts mit sicherem Griff als Kanontext ausgewählt. Zur Lösung
eines solchen philologischen Problems fehlten ihm doch die Vorausset-
zungen. Er hat diese Worte vielmehr bereits als Zitat vorgefunden, nämlich in einer Anmerkung in Hagedorns "Moralischen Gedichten", welche
eine freie Übertragung der Ode enthielten (137). Daß Haydn wirklich Hagedorn als den "Textdichter" angesehen hat, wie im "Kritischen Bericht"
der neuen Haydn-Gesamtausgabe (138) vermerkt wird, möchte ich nicht
annehmen. Haydn wollte damit vermutlich nur die Quelle bezeichnen,
der er das Zitat entnommen hat. Daß der Name Horaz für Haydn durchaus ein Begriff war, dafür gibt es nämlich ein interessantes Zeugnis. In
dem sog. "Dritten Londoner Notizbuch", welches aus den Jahren 1794
und 1795 stammt, als Haydn zum zweitenmal in England weilte, finden
sich unter Notizen der verschiedensten Art wie z. B. "Ferlendis. oboist.
blast mittelmäßig" auch auf S. 43 die Worte "Excitat, mulcet, ut Magus"

---

136) Eine Besetzung dieses Kanons mit 3 solistischen Tenören hat sich nach den
    Erfahrungen des Verfassers als zweckmäßig erwiesen.
137) Des Herrn Friedrichs von Hagedorn, sämmtliche Poetische Werke. Erster
    Theil., Wien 1780, S. 157. - Die Anmerkung bezieht sich auf den drittletzten
    Vers eines "Horaz" betitelten sehr langen Gedichts (a. a. O., S. 133-157), das
    ständig durch originale Horaz-Zitate kommentiert wird. Der Schluß lautet:
          "Mit eignem Werth, als einem Schirm, umgeben,
          Heißt jeder Tag dich, sonder Aufschub leben.
          Wann werd ich einst, in unbelauschter Ruh,
          Nicht so berühmt; nur so vergnügt, wie du?"
138) Kritischer Bericht zu Joseph Haydn, Werke, Reihe XXXI: Kanons, hrsg. von
    O. E. Deutsch, München/Duisburg 1965, S. 24.

Hor. (139). Ich möchte allerdings annehmen, daß Haydn auch dieses ziemlich verstümmelte Zitat aus der Epistel II 1 - vollständig und richtig muß es heißen "inritat, mulcet, falsis terroribus inplet, ut magus" (V. 212-13) - nicht aus eigener Lektüre gewonnen, sondern irgendwo bereits zitiert gefunden hat (140). Ich vermute aber, daß Haydn durch seine Quelle darüber informiert war, daß sich diese Worte auf den dramatischen Dichter beziehen, denn ohne diesen Zusammenhang sind sie ja nicht recht verständlich. Das wird vielleicht dadurch erhärtet, daß sich der Komponist in seinen Notizbüchern zahlreiche Dichterworte in deutscher, italienischer und englischer Sprache aufgeschrieben hat, und zwar bestimmt nicht nur, um sie gegebenenfalls zu vertonen, sondern offensichtlich auch aus reiner Freude an der Poesie. So findet sich direkt vor dem Horaz-Zitat ein längeres englisches Gedicht mit dem Titel "Love".

Nun wird zwar allgemein bedauert, daß sich Haydn für seine Vokalkompositionen unbedeutender Texte bedient hat, was dann wohlwollend mit seiner geringen literarischen Bildung entschuldigt wird. Abgesehen davon, daß er u. a. Texte von Shakespeare, Lessing, Gellert, und wie wir sahen, Horaz vertont hat, scheint mir dieser Vorwurf aber auch sonst unberechtigt. Haydn war, wie die Notizbücher deutlich zeigen, sehr wohl aufgeschlossen für Literatur. Daß ihn bei der Auswahl seiner Texte jedoch in erster Linie nicht ein kritisches literarisches Bewußtsein lenkte, sondern er nach Aussagen suchte, die bei ihm verwandte Saiten anschlugen oder ihn menschlich ergriffen, wer will es ihm verübeln? So hat er wohl in Gedanken an seine eigene unglückliche Ehe (141) Lessings bittere Verse "Ein einzig böses Weib lebt höchstens in der Welt. Nur schlimm, daß jeder seins für dieses einz' ge hält" vertont, und so mögen ihn auch die Worte des römischen Dichters vom Wert der erfüllten Gegenwart beeindruckt haben.

So zufällig diese Begegnung zwischen Haydn und Horaz auch erscheinen mag, es besteht doch eine geheime Verwandtschaft zwischen beiden. Heitere Gelassenheit, Lebensklugheit, Weltoffenheit, epikureisches Genießen, aber auch der Stolz auf ihr Werk, das Bewußtsein, Neues und Vorbildliches geschaffen zu haben, sind ihnen gemeinsam. Ja, auch ihre Lebenswege zeigen eine merkwürdige Übereinstimmung. Haydn, der Sohn eines armen Wagners, dann im Alter der berühmteste und gefeierteste Komponist Europas, Ehrendoktor in Oxford, konnte wie Horaz von sich sagen, er sei "ex humili potens". Auch er hat einen Maecenas gefunden, den Fürsten Nikolaus von Esterházy, demgegenüber er trotz seiner subalternen Bedienstetenstelle seine Unabhängigkeit wahren konnte und mit dem ihm wohl nicht Freundschaft, aber doch eine gewisse gegenseitige Achtung und Zuneigung verband. Und selbst noch im Tode kommt es zu einem seltsamen Zusammentreffen von Dichter und Komponist. Auf

139) Joseph Haydn, Gesammelte Briefe und Aufzeichnungen, unter Benutzung der Quellensammlung von H. C. Robbins Landon hrsg. und erläutert von Dénes Bartha, Kassel 1965, S. 547.

140) Dieses Zitat befindet sich, in der richtigen und vollständigen Lesart, z. B. als Unterschrift zu einem von Moreau le Jeune gestochenen Portrait von Grétry (Abbildung in: Alfred Bruneau, Geschichte der französischen Musik (übertragen von Max Graf) ("Die Musik", hrsg. von Richard Strauss, Band IV), Berlin o.J., nach S. 16).

141) Vgl. Haydns Brief an Luigia Polzelli vom 14. Januar 1792, in dem er seine Frau "quella Bestia infernale" nennt. (Joseph Haydn, Gesammelte Briefe ..., a. a. O., S. 273).

Haydns erstem Grabstein war ein fünfstimmiger Rätselkanon eingemeißelt, den sein Lieblingsschüler Sigismund von Neukomm, der es als
Komponist später noch zu einiger Berühmtheit brachte, verfaßt hatte.
Der Text bestand nur aus drei Worten, die aber den Nachruhm des großen Künstlers und die Unsterblichkeit seiner Musik erschöpfender und
schöner zum Ausdruck bringen, als es lange Grabinschriften vermögen:
"Non omnis moriar" (142).

2.
Antonio Salieri, "Integer vitae" 2st. Kanon (c. I 22) und "Parturiunt
montes" (Ars poetica 139) für 4 Singstimmen a cappella

Neben seinen 39 Opern hat Antonio Salieri, seit 1788 kaiserlicher Hofkapellmeister in Wien, eine fast unübersehbare Menge kleiner und klein-
ster Vokalkompositionen geschaffen: 2-4st. Kanons, Duette, Terzette,
Quartette und Quintette mit und ohne Begleitung, Arien, Lieder und Chöre. Den überwiegenden Teil davon muß man als Gelegenheitswerke ansehen; es sind Albumblätter, Improvisationen für gesellschaftliche Anlässe und kompositorische Handgelenksübungen. Einige mögen auch als
Muster für seine zahlreichen Schüler gedient haben, die er in der Kunst
der Komposition italienischer Texte unterwiesen hat, und zu denen auch
Beethoven, Schubert und Liszt gehören. So vielfältig wie die Anlässe,
so bunt gemischt sind auch die Texte. Da findet sich Geistliches neben
Scherzgedichten, Fragmente aus bekannten Opernlibretti, Sprichwörter,
Wortspiele und Huldigungsadressen für hochgestellte Persönlichkeiten,
überwiegend in italienischer, einiges in lateinischer, weniges in deutscher Sprache.
    Unter den lateinischen Texten, die natürlich überwiegend geistlich
sind, habe ich neben einer Anzahl bekannter Sprichwörter wie "Gutta
cavat lapidem, non vi, sed saepe cadendo", "Varietas delectat" und
"Ars longa, vita brevis" (143) auch zwei Horaz-Stellen entdecken können. Dies wurde dadurch möglich, daß das umfangreiche Material, dessen größter Teil zu Lebzeiten Salieris und auch später ungedruckt blieb
und jetzt im Archiv der Gesellschaft der Musikfreunde in Wien liegt,
durch Rudolph Angermüller (144) unter Angabe der Incipits katalogisiert
wurde. Bei den zwei Horaz-Vertonungen handelt es sich um einen zweistimmigen Kanon, dem als Text die erste Strophe von c. I 22 "Integer
vitae" zugrunde liegt, und einen siebentaktigen 4st. Satz, der in überaus
witziger Weise das vielleicht berühmteste Zitat aus der "Ars poetica",
"Parturiunt montes" (V. 139) musikalisch illustriert (145). Beide Kom-

---

142) Einzelheiten hierzu siehe Bibliographie, S. 198. "Non omnis moriar" steht
     auch auf dem Grabstein des Malers Arnold Böcklin (Eduard Stemplinger, Das
     Fortleben der horazischen Lyrik seit der Renaissance, Leipzig 1906, S. 369).
143) Vgl. Bibliographie S. 213, 216, 146.
144) Rudolf Angermüller, Antonio Salieri, Sein Leben und seine weltlichen Werke
     unter besonderer Berücksichtigung seiner "großen" Opern. Teil I: Werk- und
     Quellenverzeichnis, München 1971, S. 220 und 236. Inzwischen sind die Auto-
     graphen und Abschriften auch mit Signaturen, die Angermüller noch nicht an-
     geben konnte, versehen.
145) Angermüller (a. a. O., S. 236) gibt das Incipit fälschlich mit "Parturirunt mor-
     tes" an und ordnet das Werk versehentlich unter "Terzetti " ein. Salieri hat die
     Lesart "parturiunt" statt dem heute allgemein akzeptierten "parturient" ge-
     wählt; vgl. hierzu Q. Horati Flacci opera, tertium recognovit F. Klingner,
     Leipzig 1959, S. 299.

positionen liegen als Autograph vor und sind bisher unveröffentlicht; die Entstehungszeit ist unbekannt (146). Betrachten wir zunächst den Kanon "Integer vitae". Die 22 Takte umfassende, vom Autor etwas flüchtig (147) notierte Komposition trägt als Überschrift lediglich die Bezeichnung "Canone a 2"; eine Tempoangabe fehlt, doch dürfte ein "Andantino" oder "Allegretto" angebracht sein. Salieri hat sich nun, obwohl er nur die 1. Strophe, die in ihrer fast gnomischen Form als Kanontext besonders geeignet ist, komponiert hat, nicht zu einem ernsten und getragenen, gleichsam die Moral der Aussage unterstreichenden Ton verleiten lassen. Er hat vielmehr ein heiter-belebtes, rhythmisch-federndes melodisches Gebilde geschaffen und damit instinktiv oder aus Kenntnis der ganzen Ode heraus die richtige musikalische Atmosphäre getroffen. Der flüssige Wechsel von Vierteln und Achteln wird im 5. Takt durch eine halbe Note plötzlich für kurze Zeit unterbrochen, so daß Einförmigkeit im rhythmischen Ablauf vermieden wird. Umso hübscher wirkt ein kleiner Kunstgriff, den der Komponist auch in dem engen Rahmen eines Kanons anzubringen wußte: bei den Worten "nec venenatis gravida sagitis" (148) hat er durch eine ununterbrochene Folge von 9 Achteln offenbar versucht, dem engen Beieinanderliegen der vielen Pfeile im Köcher ein musikalisches Korrelat zu geben. Ist über die melodische Linie, die sehr prägnant und lebendig ist, was auch zu dem für einen Kanon recht großen Umfang einer Duodezime führt, nichts Nachteiliges zu sagen, so ist der kanonische Aufbau des Ganzen etwas zu primitiv geraten. Dadurch daß Guida und Conseguente sowohl in ihrer rhythmischen Struktur als auch im Text vollkommen übereinstimmen, ist dem Kanon etwas die Spannung genommen. Zwar wird dadurch ein hoher Grad von Textverständlichkeit gewonnen, jedoch kann der Reiz eines Kanons ja gerade in der simultanen Präsenz verschiedener Teile des gleichen Textes bestehen. So haben wir hier nach dem Einsatz der zweiten Stimme mehr den Eindruck eines unbegleiteten Duetts als eines Kanons. Störend wirkt dabei auch noch, daß die Kongruenz der beiden Stimmen nur dadurch erreicht werden konnte, daß vor Einsatz des Conseguente noch drei Achtel mit dem Wort "integer" eingeflickt werden mußten, so daß es zu einer unschönen Wortwiederholung an diesem Angelpunkt des Kanons kommt, die auch die Symmetrie des Textes beeinträchtigt. Im ganzen gesehen haben wir es jedoch mit einer wohlgelungenen kleinen Improvisation zu tun, deren Bedeutung wir nicht überschätzen wollen; schließlich hat Salieri derlei musikalische Aphorismen zu Hunderten komponiert, ganz gewiß ohne die Absicht, ein "monumentum aere perennius" zu schaffen.

Dennoch kann ich es mir nicht versagen, auch die zweite Horaz-Vertonung aus seiner Feder, das "Picciolo (sic!) scherzo a 4 voci" näher zu betrachten. Diese Miniatur verdient schon wegen der Wahl des Textes besonderes Interesse. Neben der Fülle von Vertonungen horazischer Oden fallen die wenigen Stellen aus den übrigen Werken des Dichters, die im

---

146) "Integer vitae" müßte 1814 entstanden sein, da ein Kanon auf dem gleichen Blatt so datiert ist; auch "Parturiunt montes" dürfte der Schrift nach aus dieser Zeit stammen.

147) Daß es sich nicht um eine Reinschrift, sondern wohl um die erste Niederschrift handelt, zeigen die in den Takten 9, 20 und 21 angebrachten Durchstreichungen und Verbesserungen.

148) "sagitis" vielleicht Schreibfehler Salieris; diese archaische Nebenform von "sagittis" ist an dieser Stelle nicht belegt.

Laufe der Jahrhunderte komponiert wurden, kaum ins Gewicht. Hier aber
haben wir eine Vertonung aus der "Ars poetica" vor uns, neben einem humoristischen Männerchor von Anselm Hüttenbrenner ("Omne tulit punctum ... ") die einzige, die mir bisher bekannt wurde. Daß man jedoch gerade mit diesem Vers musikalisch etwas machen kann, hat Salieri sehr
überzeugend demonstriert. "Picciolo scherzo" nennt er diese sieben Takte für Sopran, Alt, Tenor und Baß ohne Begleitung, die Frucht einer heiteren Eingebung, was man der schwungvoll-flüchtigen und dennoch klaren
Niederschrift entnehmen kann.

Salieri huldigt damit dem Genre des "musikalischen Scherzes", dem
sich auch Bach, Mozart, Beethoven und andere bedeutende Komponisten
immer wieder mit sichtlichem Vergnügen gewidmet haben. Bereits die
Vielzahl der Vortragsanweisungen (Andante maestoso, f, crescendo, con
la più gran forza usw.) steht im grotesken Gegensatz zu der Kürze des
Werkes. Sodann kostet er die Pointe des Verses voll aus. Zweimal setzen
die vier Stimmen im feierlichen "Andante maestoso" an zu "parturiunt
montes", wobei "parturiunt" nur den Anlauf zu dem über einen ganzen
Takt gedehnten, dazu noch mit einem crescendo versehenen "montes" bildet. Danach vereinigen sich die bis dahin vierstimmig gesetzten Singstimmen zu einem Unisono auf das Wort "nascetur". Die melodische Linie
strebt gleich einer Frage in einer punktierten Figur nach oben und treibt
damit die Spannung bis auf den Höhepunkt, was noch durch die überdeut-
liche Anweisung "con la più gran forza" unterstrichen wird. Nachdem den
Sängern eine Sechzehntelpause zum Atemholen gegönnt wurde, stürzt das
ganze kühn errichtete Gebäude in einer nonchalant hingewischten, piano
gesungenen Acheltriole (mit einem Sechzehntelauftakt, immer noch im
Unisono) wie in nichts zusammen: besser kann man das "lächerliche Mäus-
lein" wohl kaum in Musik setzen. Die Kümmerlichkeit des Ergebnisses
wird durch die nochmalige Bestätigung der Tonika, die doch bereits bei
"nascetur", nur eine Oktave höher, erreicht war, besonders hervorgehoben. Zugleich ist der Schlußton der Oberstimme auf das Wort "mus"
auch ihr tiefster, wodurch der Absturz von der "montes", welche vorher
den zwei höchsten Tönen (fis" und g") zugeordnet waren, um so deutlicher
wird. Schließlich hat der Komponist, um seine Absicht ganz deutlich zu
machen, den Schluß mit der sehr ungewöhnlichen Vortragsanweisung
"derisoriamente" versehen. Salieri hat so die verborgenen musikalischen
Möglichkeiten eines der berühmtesten Zitate der Weltliteratur ans Licht
geholt und dabei eine ebenso anmutige wie geistreiche Miniatur geschaffen.

3.
Peter Cornelius, "O Venus regina" für 4st. Männerchor a cappella

Unter den Horaz-Vertonungen des 19. Jahrhunderts nimmt die Komposition der Ode "O Venus regina" (c. I 30) für 4st. Männerchor a cappella
von Peter Cornelius in mancher Hinsicht eine besondere Stellung ein.
Zwar steht das Werk von der Besetzung her in der Tradition der Horaz-
Vertonungen für Männerchor, die ich in Kap. II beschrieben habe, doch
fällt es durch seinen hohen künstlerischen Anspruch und seine außerordentlichen technischen Schwierigkeiten wieder aus dem Rahmen dieser
Tradition heraus. Das könnte vielleicht auch einer der Gründe gewesen
sein, warum Cornelius den im September 1872 komponierten Chor nicht
bis zur Druckreife ausgearbeitet, sondern nur als mehr oder weniger genau ausgeführte Skizze hinterlassen hat; veröffentlicht wurde er erst 30

Jahre nach dem Tode des Komponisten 1904 im Band II der von Max Hasse herausgegebenen Gesamtausgabe seiner musikalischen Werke (149).

Es ist ein Glücksfall, aber wohl kein Zufall, daß Cornelius, der Schöpfer des "Barbier von Bagdad", der, wenn man die "Meistersinger" einmal ausklammert, sicherlich schönsten und geistreichsten komischen Oper des 19. Jahrhunderts in Deutschland, eine Ode des Horaz im Urtext vertont hat. Diese Auseinandersetzung mit dem römischen Dichter zwei Jahre vor dem Tode des Komponisten kommt durchaus nicht unerwartet im Schaffen von Cornelius. Wie Schumann, Lortzing und die mit ihm befreundeten Wagner und Berlioz gehört Cornelius zu den im 19. Jahrhundert so häufigen Doppelbegabungen auf den Gebieten Musik und Literatur. Als Sohn eines Schauspielers, auch selbst für kurze Zeit in diesem Beruf tätig, war er schon von frühester Jugend an mit Literatur in Berührung gekommen und zu eigenem dichterischen Schaffen angeregt worden, das zu mancher Zeit seine musikalische Arbeit fast in den Hintergrund gedrängt hat. Er schrieb zahlreiche Gedichte, die zum Teil von ihm selbst (so z. B. die berühmten "Weihnachtslieder" op. 8), zum Teil von anderen Komponisten (Franz Liszt, Alexander Ritter, Leo Blech u. a.) vertont wurden, und die Texte seiner 3 Opern ("Der Barbier von Bagdad", "Der Cid" und "Gunlöd"). Daneben übersetzte er fremdsprachige Opernlibretti (Glucks "Alceste", Pergolesis "La serva padrona") sowie die Texte einiger Vokalwerke von Berlioz, der ihm diesen Freundschaftsdienst hoch anrechnete. Für seinen verehrten Mentor und Gönner Franz Liszt arbeitete er ebenfalls unermüdlich als Übersetzer und Propagandist in zahlreichen engagierten, aber nie einseitigen musikalischen Essays und Rezensionen, ebenso auch für Richard Wagner. Dessen besitzergreifende Freundschaft und übermächtiger künstlerischer Einfluß beunruhigten ihn jedoch eher als daß sie ihn anregten und warfen zuletzt einen lähmenden Schatten auf sein eigenes Schaffen, dem er sich nur unter schmerzlichen Anstrengungen entziehen konnte. Vom Ernst und der Vielseitigkeit seiner literarischen Tätigkeiten zeugt auch die Tatsache, daß er im Alter von 35 Jahren noch Polnisch lernte, um die Sonette von Adam Mickiewicz übersetzen zu können. Sein Sohn Carl Maria Cornelius, der auch sein Biograph wurde, hat eine vierbändige Ausgabe seiner Briefe und literarischen Werke herausgegeben (150). In ihr finden sich neben Abgeblaßtem und Zeitgebundenen (vor allem in zahlreichen Huldigungs-, Fest- und anderen Gelegenheitsdichtungen, wie sie z. B. im Liszt-Kreis auf der Altenburg bei Weimar entstanden) oft Töne von großer Zartheit und Tiefe der Empfindung, daneben aber auch Witz und geistreiche, ja virtuose Reim- und Sprachspielereien, die einen Vergleich mit Rückert nicht zu scheuen brauchen. Ein Blick in das Libretto des "Barbier von Bagdad" macht die Verwandtschaft der beiden Autoren im Geiste eines idealisierten Märchen-Orients deutlich.

Daß Cornelius nicht nur ein Dichter und Essayist von einigem Rang, sondern auch ein hervorragender Literaturkenner war, beweist sein sicherer Geschmack bei der Auswahl fremder Dichtungen zur Vertonung. Hier gehören Hebbel, mit dem er eine Zeit lang freundschaftlich verkehrte, Hölty, Eichendorff, Droste-Hülshoff und Hölderlin zu seinen bevorzugten Autoren.

---

149) Peter Cornelius, Musikalische Werke, Erste Gesamtausgabe im Auftrage seiner Familie hrsg. von Max Hasse, Bd. II: Mehrstimmige Lieder und Gesänge, Leipzig 1904, S. 81-85.
150) Peter Cornelius, Literarische Werke, 4 Bde. , Leipzig 1904/05.

Bei einer so umfassenden literarischen Bildung und einer nie erlah-
menden Bereitschaft, auch immer wieder Neues kennenzulernen, konnte
auch eine intensive Beschäftigung mit der antiken Literatur nicht aus-
bleiben. Daß sie in einer liebevollen Neigung zu Horaz ihren Höhepunkt
fand, zeigen neben der schöpferischen Auseinandersetzung mit der Ode
"O Venus regina" einige Briefe an seinen Freund, den Literaturhistori-
ker Reinhard Köhler, der dem Komponisten in Fragen der Literatur, etwa bei der Suche nach einem geeigneten Opernstoff, als Ratgeber zur
Seite stand.

Im September 1863 schreibt der 39jährige aus Wien (151):

"... so wird es Dich interessieren zu hören, daß ich mit Vergnügen mein Latein
nicht so miserabel gefunden, wie ich argwöhnte, sondern die Fabeln des Phädrus
ziemlich verstanden habe und nun den Nepos wirklich wie Wasser genieße ... Ich
will mit 50 Jahren noch Homer und David in ihren Zungen aufsuchen und dann erst
recht schwelgen."

Drei Jahre später sind seine Studien offensichtlich schon etwas weiter
fortgeschritten, so daß er sich an schwierigere Lektüre wagen kann.
Wir lesen in einem Brief aus München vom 25. Mai 1866 (152):

"Doch will auch Semper, ein Sohn des genialen Baumeisters, ein höchst solider,
unschuldiger, biedrer Philolog, das Tusculanum von Cicero mit mir lesen, um
vielleicht in einem glücklichen Anlauf meinem Latein auf die Beine zu helfen."

Am 9. März 1872 schreibt er, wohl auf eine Frage von Köhler, ob er
nun auch Horaz lese (153):

"Horaz? Allerdings, und mit ganzer Seele und großem Ernst. Im vorigen Winter
begann ich und las ihn zuerst mit Hilfe einer französischen Prosaübersetzung, die
ich mir von Paris mitgebracht hatte. Sie ist von etwa 20 Autoren, der anmutigste
darunter Léon Halévy (154). Daneben las ich auch den Virgil, aber, aufrichtig ge-
standen, nur bis zum achten Gesang. Wenn ich einmal recht gründlich zu den Episteln
komme, so freue ich mich auf Wieland. Ja, ja, so geht es mir, ich komme nach
allen Romantikern erst an die Klassiker. Ich ruhe nicht eher, bis ich auch noch zu
den Griechen vordringe. Doch erst kommt noch Catull und die anderen Lateiner,
auch Virgil, obgleich ich ihn nie so werde lieben können, wie diesen einzigen Horaz. Wenn wir wieder einmal unter den Bäumen liegen, will ich Dir ebensoviel von
Horaz vorsagen als damals deutsche Gedichte. Nur der Goethe wird gleichen Schritt
mit ihm durch die Jahrhunderte wandeln, eine überragende Gestalt!"

Nicht weniger enthusiastisch klingen seine Worte in einem Brief vom
4. Mai 1873 (155):

"Ich muß Dir auch noch von meinen klassischen Studien erzählen. In meinen letz-
ten Ferien habe ich die vier ersten Gesänge der Metamorphosen in der Ausgabe von
Haupt (156), mit einem speziellen sehr schönen Wörterbuch von Curtius (157) gelesen.
Zugleich las ich zum erstenmal Catull in der reizenden Doppelausgabe von Theodor
Heyse (158). Bülow hat sie mir dediziert. Wie freute ich mich, daß dies liebliche

---

151) Peter Cornelius, Literarische Werke, Bd. I, a. a. O., S. 701.
152) Ebd., Bd. II, a. a. O., S. 375.
153) Ebd., Bd. II, a. a. O., S. 682.
154) Léon Halévy (1802-1883), französischer Schriftsteller, Bruder des Komponi-
    sten Jacques Fromental Halévy.
155) Peter Cornelius, Literarische Werke, Bd. II, a. a. O., S. 719/20.
156) Moriz Haupt (1808-1874), Ovid. Metamorphosen erkl. Bd. 1, Berlin 1853,
    ^{5}1871 (1. Bd.; 2. Bd. bearbeitet von Otto Kern).
157) Dieses Wörterbuch konnte ich bibliographisch nicht nachweisen.
158) Catull's Buch der Lieder in deutscher Nachbildung von Theodor Heyse (Neffe
    des Dichters Paul Heyse), Berlin 1855.

Buch einem Ahnen meiner Familie, dem Cornelius Nepos, gewidmet ist. Leider habe ich ihn jetzt an einen Langbehalter verliehen, doch denk' ich mir ihn demnächst zurückzuholen. Unterdessen werde ich aber jedes Jahr vertrauter mit dem Horaz, und wie manche langweilige Eisenbahntour habe ich mir schon mit dem Rekapitulieren der Oden, die ich auswendig weiß, verkürzt. Denke an mich, wenn Du den Schluß der schönen Ode "Otium" liesest: -mihi parva rura et spiritum Graiae tenuem Camenae Parca non mendax dedit et malignum spernere volgus (159). Ach, wie mir aus der Seele gesprochen, teurer Flaccus. Solltest Du auf Deiner Bibliothek zufällig das Büchelchen von Alexander Dumas finden: 'Horace et ses amis' (160), so mache doch einmal den kleinen Unterschleif, es mir auf ein paar Monate lang zu senden. Oder Du kannst mir selbst einen dortigen Rekognitionsschein mitschicken, den ich Dir dorthin sende mit meiner Unterschrift. Das soll ganz allerliebst sein, in Form eines Tagebuches von Horaz selbst."

In das sog. "braune Buch", eine Sammlung von Gedichten und Kompositionen, die Cornelius dem mit ihm befreundeten Ehepaar Josef und Minna Standhartner schenkte, schrieb er, ebenfalls 1873, die 3. Strophe von c. II 9 ("Tu semper urges flebilibus modis . . . ") ein. Mit diesen Versen, die bereits Eduard Mörike seinem Gedicht "An eine Äolsharfe" vorangestellt hatte, kondolierte er zum Tode des Sohnes seines Freundes, dem er außerdem noch ein eigenes Trostgedicht ("Du hast den Sohn verloren, Es traf Dich schwerster Schmerz") widmete (161).

Die Komposition von "O Venus regina" liegt zeitlich fast genau in der Mitte zwischen den beiden zuletzt zitierten Briefen, die sozusagen den Rahmen zu einer musikalischen Interpretation des verehrten Dichters bilden, in der die begeisterten Äußerungen schöpferische Gestalt von einer Intensität angenommen haben, wie sie für die Horaz-Vertonungen gerade des 19. Jahrhunderts eher untypisch ist. Wo sonst eine gewisse in Hochachtung vor dem klassischen Autor erstarrte Bildungsbeflissenheit vielen dieser Werke den Charakter gediegener Solidität aufgeprägt hat, ist bei Cornelius ein ganz persönliches, fast leidenschaftliches Engagement spürbar. Das verraten nicht zuletzt die erhaltenen zahlreichen, von verbissener Arbeit zeugenden Skizzen und Entwürfe, die sich nach den eingetragenen Daten (9., 11. und 16. September 1872) über eine längere Zeit erstreckten. Die fortlaufende, immer noch ziemlich skizzenhafte erste Niederschrift der Partitur ist in Takt 31/32 auf "23.9.72" datiert. Damit habe ich auch bereits das Hauptproblem berührt, das sich bei einer Betrachtung dieses Werkes zunächst stellt: die Herstellung einer definitiven Fassung nach der von Cornelius nicht ausgearbeiteten Skizze, bei der die Intentionen des Komponisten richtig erkannt und das Fehlende so behutsam wie möglich ergänzt werden sollte. Auf diesem Gebiet hat der erste Herausgeber Max Hasse Großartiges geleistet, indem er nicht nur einen durch zahlreiche Verbesserungen, Streichungen und Verweise zum Teil manchmal wirklich unleserlichen Notentext, bei dem außerdem noch unzählige Akzidentien fehlten, in eine sinnvolle Form gebracht, sondern auch den Horaz-Text, der meist nur einer Stimme unterlegt war, auf die anderen Stimmen verteilt und dabei einige notwendige rhythmische Modifikationen vorgenommen hat. Cornelius hatte nämlich an vielen Stellen nur die für das harmonische Gerüst unbedingt notwendigen längeren Notenwerte fixiert, jedoch die genaue rhythmische Unterteilung noch nicht ausgeführt. Ohne diese Arbeit von Hasse wäre mir eine Beschäftigung mit

---

159) Horaz c. II 16, 37-40.
160) Vermutlich "Mémoires d'Horace" (1850) von Alexandre Dumas père.
161) Peter Cornelius, Literarische Werke, Bd. II, a. a. O., S. 722.

diesem Werk nicht oder nur unter größten Schwierigkeiten möglich gewesen. Dennoch bin ich bei einem überprüfenden Vergleich der autographen Skizze (bei Erscheinen der Gesamtausgabe noch im Besitz der Familie Cornelius, heute zusammen mit den bereits erwähnten Entwürfen in der Stadtbibliothek Mainz) mit der Fassung von Hasse an vielen Stellen zu anderen Ergebnissen gekommen, vor allem was die Verteilung des Textes auf die Stimmen, z. B. in den Takten 45 bis 47, betrifft. Auch haben sich in seiner Ausgabe noch zusätzlich etliche Druckfehler eingeschlichen, was die Akzidentien und die Numerierung der Takte betrifft, so daß ich es für nötig hielt, zunächst einmal eine revidierte Fassung zu erstellen, die auf der Basis des von Hasse erarbeiteten Notentextes in vielen Fällen zu anderen Lösungen kommt, die sich zum Teil auch aus von Hasse übersehenen Bezügen zu Parallelstellen ergeben. Andererseits habe ich mich ebensooft, gerade bei den besonders unleserlichen Passagen, wo sich der Wille des Komponisten kaum noch erkennen ließ, den von Hasse mit großem Einfühlungsvermögen vorgelegten Deutungs- und Ergänzungsversuchen dankbar angeschlossen. Die folgende Analyse stützt sich auf die revidierte Fassung, die zusammen mit dem dazugehörigen Revisionsbericht in der von Günther Wille und mir herausgegebenen Anthologie "Horaz-Vertonungen vom Mittelalter bis zur Gegenwart" (Heuremata, Band 7a) abgedruckt werden wird.

"Der Chor, einer der kunstvollsten der ganzen Chorliteratur, ist vom Komponisten a cappella gedacht; da sich einer tonreinen Ausführung der Ode immer viel Schwierigkeiten entgegenstellen dürften, glaubte der Herausgeber mit der von ihm hinzugesetzten Klavier- und Harmoniumbegleitung den Dirigenten und Sängern vielleicht einen kleinen Dienst zu erweisen."

schreibt Hasse im Revisionsbericht seiner Gesamtausgabe (162). So stilistisch anfechtbar diese Begleitung auch ist, so richtig ist die Beobachtung des Herausgebers, was die aufführungstechnischen Schwierigkeiten des Chores betrifft, die ihn zu diesem im Rahmen einer kritischen Gesamtausgabe ungewöhnlichen Schritt veranlaßt haben. Eine überaus differenzierte, ständig fluktuierende Harmonik, die durch eine Häufung von Sept- und Nonakkorden und die nur sparsame Verwendung einfacher Kadenzformen gekennzeichnet ist und den Einfluß der Wagnerschen Tonsprache nicht verleugnet, stellt in der Tat ungewöhnliche Anforderungen an das Intonationsvermögen der Sänger. Dieser Reichtum an von subtiler Chromatik getragenen Modulationen, die einen dreimaligen Wechsel der Vorzeichen (T. 11/12, 24/25 und 30/31) nötig machen und bis zu so weit von der Grundtonart As-Dur entfernten Tonarten wie H-Dur oder F-Dur führen, ist hier, wenn auch charakteristisch für das Spätwerk des Komponisten, kein Selbstzweck. Es spiegelt sich darin ein Grundzug der horazischen Ode wider. Denn auch hier drängt sich auf dem engen Raum von nur 8 Versen eine Fülle von farbigen Bildern und Assoziationen zusammen: in der ersten Strophe die Kultorte der Aphrodite, in der zweiten das Gefolge der Göttin. Der Zauber, der von diesen Orten ausstrahlt und durch den erlesenen Glanz der drei griechischen Namen noch verstärkt wird, und der festliche Klang der göttlichen Epiphanie finden so in der farbigen Harmonik ihre musikalische Entsprechung.

Die formale Disposition der horazischen Ode zeigt zwei deutlich voneinander abgesetzte Strophen: die erste enthält die Anrufung an die Göttin Venus mit der Bitte, in das Haus der opfernden ("vocantis ture te multo") Glycera zu kommen, die zweite schließt sich formal an diese

162) Peter Cornelius, Musikalische Werke ..., a.a.O., S. VII.

Bitte an, indem sie das Gefolge der Göttin mit einbezieht ("properentque" V. 6); dabei gewinnt jedoch die herbeigewünschte Epiphanie eine gewisse Selbständigkeit als Bild und wird so fast schon zur Realität. Doch wird die Göttin selbst nun gar nicht mehr ausdrücklich erwähnt, sondern nur ihre Begleiter ("fervidus puer" = Cupido, Gratiae, Nymphae, Mercurius, Iuventas), deren Schönheit und Anmut ein Widerschein des göttlichen Glanzes der Venus ist, der sich einer näheren Beschreibung aus menschlicher Sicht entzieht.

Cornelius hat diesen zweiteiligen Aufbau zunächst übernommen, aber danach zu einer dreiteiligen Form erweitert. Bei der ersten Strophe (in As-Dur beginnend, T. 1-17) betont er durch einen ruhig-feierlichen homophonen Satz den Charakter des Gebets, während die zweite Strophe (im scharf vom Anfang abgesetzten H-Dur einsetzend, T. 18-30/31) von ihm als bewegte Szene aufgefaßt wird. Das kommt vor allem durch den scharf punktierten Rhythmus und den um 3 Viertel verzögerten, imitatorischen Einsatz des 1. Tenors zum Ausdruck (163). Erst in T. 24 hat dieser die 3 Unterstimmen eingeholt, so daß in allen 4 Stimmen wieder der gleiche Text gesungen wird. In T. 30 moduliert Cornelius abschließend nach Es-Dur, welches in T. 31 eintritt. An dieser Stelle hätte die Komposition enden können, sieht man einmal von dem im Widerspruch zum As-Dur des Anfangs stehenden Es-Dur ab, das hier jedoch als Dominante der Grundtonart sehr passend eine zugleich abrundende wie eröffnende Funktion erfüllt.

Der nun folgende dritte Teil des Werks offenbart die ganz einmalige Kühnheit einer Konzeption, bei der übrigens, so weit das aus den Entwürfen ersichtlich ist, eine einfache strophische Gestaltung, wie sie bei der Vertonung von Horaz-Oden ja immer nahe liegt, niemals in Betracht gezogen wurde. Tenor II, Baß I und II wiederholen, lediglich im 3st. statt im 4st. Satz und in Es-Dur statt in As-Dur, den Anfang der 1. Strophe, wobei auch die vom 2. Tenor übernommene Melodie in den ersten 7 Takten vollkommen mit der des 1. Tenors zu Beginn des Werks identisch ist. Doch bereits im 3. Takt (= T. 33) setzt der 1. Tenor nach einem Takt Pause (= T. 32) mit der Melodie und dem Text der 2. Strophe ein, wie sie in T. 18 im 2. Tenor begonnen hatten, allerdings hier in B-Dur statt in H-Dur wie beim ersten Mal und dazu ab T. 34 mit einigen durch das neue Satzbild bedingten Modifikationen. Damit erklingen an dieser Stelle zwei verschiedene Strophen ein und desselben Gedichts gleichzeitig, eine in der Geschichte der Horaz-Vertonungen einmalige Erscheinung. Doch handelt es sich hier durchaus nicht um eine artistische Spielerei, mit der Cornelius seine satztechnischen Künste unter Beweis stellen wollte. Daß er auf diesem Gebiet, gerade was den a-cappella-Chorsatz betrifft, ein Meister war, zeigen auch seine anderen Chöre (z. B. "Der alte Soldat" op. 12, Nr. 1 und "Reiterlied" op. 12, Nr. 2 nach Texten von Eichendorff, die kurz nach der Komposition von "O Venus regina" entstanden sind (164)) bereits zu Genüge. Er hat durch dieses kompositionstechnische Kunststück der Horaz-Ode eine ganz neue Dimension gegeben. Mit den Mitteln der Musik suggeriert uns der Komponist nämlich die Vorstellung, als ob die bloße Anrufung "O Venus", wie sie in T. 31/32 von den 3 Unterstimmen angestimmt wird, schon ausreichen würde, um das gött-

---

163) Diese Stelle erinnert sehr stark an Elisabeths "Ich fleh' für ihn, ich flehe für sein Leben" aus dem 2. Akt von Tannhäuser und zeigt, in welchem Ausmaß Cornelius noch immer von Wagner geprägt war.
164) Peter Cornelius, Musikalische Werke ..., a.a.O., S. 86-93.

liche Gefolge der Venus in all seiner Pracht erscheinen zu lassen. Bezeichnenderweise tauchen der "fervidus puer" und die anderen himm-
lischen Gestalten in der obersten Stimme auf, sie "schweben" sozusagen
über den Menschen, die durch die 3 Unterstimmen verkörpert werden
und dort ruhig ihre Gebetsbitte vom Anfang bis zum Ende wiederholen.
Doch die Kunst des Komponisten vermag mit fast naiver Anschaulichkeit
noch eine zweite Idee zu verdeutlichen. Der 1. Tenor gleicht sich in den
Takten 36 bis 38 rhythmisch und melodisch zusehends der melodischen
Linie des 2. Tenors an, der ja immer noch die Melodie der 1. Strophe
trägt, bis er in den Takten 39 und 40 in ein vollkommen isorhythmisches
Verhältnis zu den 3 Unterstimmen tritt. Damit wird zugleich die in T. 41
erfolgende Übernahme der melodischen Führung durch den 1. Tenor, der
sich die drei anderen Stimmen wie vorher unterordnen, vorbereitet. Mit
Hilfe eines leicht variierenden Rückgriffs auf T. 12 setzt sich dann in T.
41 zugleich die musikalische Struktur der 1. Strophe wieder durch, wobei der 1. Tenor jedoch weiterhin den Text der 2. Strophe zu singen hat.
Die damit eintretende raffiniert vorbereitete Verschmelzung der beiden
Strophen der horazischen Ode könnte man mit der gebotenen Vorsicht
vielleicht auch aus dem Text heraus erklären: die sich allmählich voll-
ziehende Epiphanie der Venus spiegelt sich in der stufenweisen Annähe-
rung und endlichen Vereinigung von 1. Tenor, der die göttliche, und dem
Terzett der Unterstimmen, das die menschliche Sphäre verkörpert.
      Während der 1. Tenor dann in sehr hoher Lage (bis zum a'') und in
weitgespannten melodischen Bögen ausschwingt, setzen Tenor II, Baß I
und Baß II unbeirrt das Gebet fort. Dabei werden diese 3 Stimmen noch
einmal untereinander differenziert. Tenor II und Baß II singen in den
Takten 41-47 zweimal in längeren Notenwerten "transfer in aedem",
während der 1. Baß diese Aufforderung in der gleichen Zeitspanne, gleichsam wie atemlos, viermal, davon allerdings das dritte Mal auf "transfer"
verkürzt, hervorstößt, wodurch dieser Imperativ sehr lebendig und eindringlich wird. In T. 45 bahnt sich wieder eine Angleichung der 3 Stimmen
an, und von T. 47 bis T. 52, kurz vor dem Schluß, sind sie isorhythmisch
aufeinander abgestimmt. Der 1. Tenor beschließt dagegen seine melodische Linie in T. 49 bis 51 mit einem dreimaligen "Mercuriusque" im
Rhythmus ♫ ♩ ♩ und in einer melodischen Gestalt, die in T. 49 und 50
identisch ist und sich in T. 51 noch einmal leicht variierend bis zum as''
emporschwingt, um dann auf as' herabzusinken. Diese Schlußwendungen
wirken wie liebevoll gesetzte kunstvolle Schnörkel am Ende eines schön
geschriebenen Textes. Mit dem Erreichen der Dominante in T. 49 und der
Tonika in T. 51 findet auch der unruhige harmonische Verlauf zu einem
beruhigenden Schluß in As-Dur, das in dem ganzen Stück sonst nur zweimal, in T. 1 und ganz kurz in T. 3, vorgekommen war.
      Verrät die formale Disposition des ganzen Werks schon unübersehbar
die überlegene Hand eines Meisters, so fehlt es doch auch nicht an ein-
fühlsamer Ausgestaltung von Details. Hingewiesen sei auf die kleinen melodischen Auszierungen, die besonders in den Takten 5 bis 15 den homophonen Satz reizvoll auflockern, wobei meist Worte, die bereits eine gewisse Ausstrahlung haben ("dilectam" T. 5, "vocantis" T. 6 und 14), besonders herausgehoben werden, bei "vocantis" wohl auch in lautmaleri-
scher Absicht. Besondere Aufmerksamkeit hat der Komponist dem Wort
"decoram" (V. 3) geschenkt, das ja auch in der horazischen Ode als letz-
tes Wort des dritten sapphischen Elfsilblers an exponierter Stelle steht.
Der Begriff "Schönheit", der hier einem eher untergeordneten Objekt,
dem Haus der Glycera ("decoram ... aedem" V. 3/4), zugeordnet ist,
aber doch eine, wenn auch verborgene, Schlüsselfunktion für das ganze

Gedicht hat, muß die Phantasie des Komponisten in besonderem Maße entzündet haben. Wie wäre es sonst zu erklären, daß in T. 8 und 16 die Melodie bei diesem Wort jeweils den höchsten Punkt (g'' bzw. gis'') erreicht,
daß zudem an diesen Stellen auf die zweite Silbe (-co-) jeweils ein Nonakkord als bewährtes Mittel zur Steigerung der Emphase eingesetzt ist?
Es fällt auch auf, daß in T. 8, 11 und 16 die beiden letzten Silben jeweils
durch zwei Viertelnoten deutlich von dem übrigen locker fließenden Satzbild, das sonst hauptsächlich durch punktierte und unpunktierte Achtel sowie Achteltriolen bestimmt ist, abgehoben sind. Den gleichen Effekt erreicht der Komponist auch in den Takten 1-2 und 31-32, in denen die Anrufung der Göttin "O Venus" durch besonders lange Notenwerte (Halbe und
Viertel) sowie vollkommen isorhythmische Ausprägung aller 4 Stimmen
eine geradezu beschwörende Intensität bekommt. Erst in T. 3 bzw. 33 löst
sich diese bannende Starrheit zugunsten eines heiter-bewegten Strömens
der nun auch untereinander leicht differenzierten Stimmen.
    Cornelius hat durch seine Vertonung der Ode "O Venus regina" den
besten Beweis für seine tief verwurzelte Liebe zu dem Dichter Horaz geliefert. So sehr es zu bedauern ist, daß er dieses Werk nicht mehr hat
ausarbeiten können, so sind doch auch aus der fragmentarischen Form,
in der er z.B. zu Tempo- und Vortragsbezeichnungen überhaupt keine
Hinweise hinterlassen hat, seine Intentionen im großen und ganzen immerhin so deutlich erkennbar, daß man sich einen lebendigen Eindruck von
seiner höchst eigenwilligen und einfallsreichen Konzeption und Ausgestaltung verschaffen kann. Diese Komposition ist zugleich ein besonders schönes und repräsentatives Beispiel für den Spätstil des Meisters, der das
Feuer der Wagnerschen Tonsprache durchschritten und zu einem geläu-
terten Lyrismus von hoher Originalität gefunden hat. Dieser prägte auch
das letzte große Werk des Komponisten, die Oper "Gunlöd", an der er
seit 1866 mit dem Einsatz aller seiner Kräfte arbeitete und die er doch
bei seinem Tode im Jahre 1874 unvollendet hinterlassen mußte. Auch im
September 1872, als "O Venus regina" entstand, beschäftigte er sich intensiv mit seiner Oper, deren Stoff aus der "Edda" ihn ganz in seinen
Bann geschlagen hatte. Damals schrieb er u.a. "Suttungs Hochzeitslied"
(13.-15. September) und "Suttungs Giftblumenlied" (September 1872), deren differenzierte Chromatik die Nähe zu der Horaz-Vertonung verrät.
Jedoch auch im Thematischen ergeben sich Berührungspunkte: in der Oper
geht es um die Erlösung des Gottes Odin durch die Liebe des Mädchens
Gunlöd, ein offenkundig aus der Ideenwelt der Wagnerschen Musikdramen
stammendes Motiv, in der vertonten Horaz-Ode um ein Gebet zur Göttin
der Liebe, deren allesbeherrschende Macht auch hier im Mittelpunkt steht.
Es zeugt von der Weite von Cornelius' geistigem Horizont, daß er sich
zur gleichen Zeit und mit gleicher Hingabe mit zwei so grundverschiedenen Deutungen der Liebe, einer ausgeprägt nordisch-germanischen und
einer typisch mittelmeerisch-antiken, auseinandersetzte. Max Hasses etwas pathetisch anmutende Worte über "O Venus regina" sind von dieser
Überlegung her nicht ohne Berechtigung. Er schreibt in seiner grundlegenden Cornelius-Biographie:

"Dieses Werk wurde ihm zu einer letzten Hymne an die Gewalt der Liebe, wie sie
durch sein Leben gegangen war" (165).

165) Max Hasse, Der Dichtermusiker Peter Cornelius, Zweiter Band, Leipzig 1923,
     S. 144.

4.

Reynaldo Hahn, "O Fons Bandusiae" Fragment d'une Ode d'Horace
pour Soprano Solo et Choeur de Voix de Femmes

Die Vertonung von 5 Versen aus der Ode "O fons Bandusiae" (c. III 13),
die der französische, 1875 in Venezuela geborene Komponist Reynaldo
Hahn geschaffen und bei seinem Hauptverleger Heugel in Paris unter
dem oben genannten Titel veröffentlich hat, verdient in mehrfacher Hinsicht unsere besondere Aufmerksamkeit. Bereits die ungewöhnliche, in
der Geschichte der Horaz-Vertonungen sogar einmalige Besetzung mit
einem Solo-Sopran, der nur textlose Vokalisen zu singen hat, einem 2st.
Frauenchor, in dem Sopran und Alt selten zusammen, sondern meist im
Wechsel nacheinander oder aber im Unisono geführt sind, und einer sub-
til gesetzten Klavierbegleitung, verrät eine Neigung des Komponisten zu
raffinierten Klangeffekten und verleiht dem Stück eine gewisse erlesen-
artistische Note. Hinzu kommt aber noch ein rein literarischer Kunstgriff,
der mit der Vertonung gar nichts zu tun hat, sondern bereits vor dieser
erfolgt ist: die bewußte Konstituierung eines textlichen Fragments, wie es
von der Quelle her an sich nicht gegeben ist. Nur ein in so hohem Maße
von der Literatur geprägter Komponist wie Reynaldo Hahn konnte auf eine solche Idee verfallen und sie mit Geschmack realisieren. Er, der
Liebling der Pariser Salons um 1900, mit Sarah Bernhardt und Marcel
Proust befreundet, hat seine literarische Kompetenz nicht nur als Kritiker und erfolgreicher Musikschriftsteller bewiesen, sondern auch durch
die Wahl der Texte für seine Vokalwerke. Die Namen Paul Verlaine und
Catulle Mendès mögen hier stellvertretend für viele stehen. Daß ihn dazu eine besondere Neigung mit der Welt der Antike verband, zeigen nicht
nur Titel wie "Nausicaa" (komische Oper, 1919) und "Prométhée" (Kantate, 1911), sondern vor allem seine "Études Latines", die er im Jahre
1900 in Rom komponierte. In diesem Zyklus hat der Komponist 10 Gedichte aus den "Poèmes antiques" des "Parnassien" Charles Leconte de
Lisle, die sehr freie, aber äußerst geistvolle und feinfühlige Nachdichtungen von horazischen Oden darstellen, in kongenialer Weise für verschiedene Solostimmen, z. T. auch mit Chor, und Klavier vertont. Der hohe
Rang, den der damals erst 25-jährige Komponist bereits im Musikleben
eingenommen hatte, spiegelt sich auch in der Tatsache, daß Nr. I "Lydie"
dieses Werks seinem Lehrer Jules Massenet und Nr. IV "Thaliarque" dem
Altmeister Gabriel Fauré gewidmet sind. Nr. IX "Phidylé" trägt die Widmung "à mon ami Marcel Proust".

Aus dem Geist dieses Zyklus, in dem die Antike als eine artifizielle
Idylle gesehen wird, ist auch die vorliegende Vertonung horazischer Verse im Urtext geschaffen worden. Dabei hat der Komponist auf eines der
bekanntesten Gedichte des Horaz zurückgegriffen, dieses dabei aber in
durchaus ungewöhnlicher Weise für seine Zwecke hergerichtet. Er vertont nämlich nur den 1. Vers und die Verse 9-12, läßt also mehr als zwei
Drittel der insgesamt 16 Verse unberücksichtigt. Nun kommt es zwar wegen des großen Umfangs der meisten Horaz-Oden sehr häufig vor, daß
Komponisten nur Teile davon in Musik setzen. Dabei werden aber meistens Strophen als Ganzes weggelassen bzw. herausgegriffen, und die
ganz überwiegende Zahl der Komponisten ist sehr darum bemüht, ihren
Kompositionen möglichst in sich geschlossene Texteinheiten zu Grunde zu
legen. Gerade das sucht Hahn zu vermeiden, in dem er schon nach dem
ersten Vers abbricht, so daß die Anrufung der Quelle "O fons Bandusiae
splendidior vitro" zunächst in der Luft hängen bleibt, d. h. der angefan-
gene Satz, der erst in V. 5 endet, nicht zu Ende geführt wird. Allerdings

schließt sich die vollständige 3. Strophe, die der Komponist dann noch herausgegriffen hat, grammatikalisch ausgezeichnet an. Damit hat Hahn die Einheit der vierstrophigen horazischen Ode einerseits bewußt zerschlagen, andererseits aber ein neues, sinnvoll geformtes Gebilde geschaffen, das aus einer Anrede mit zugehörigem Attribut (V. 1), einer ersten Aussage über die Quelle (V. 9-10 "te flagrantis. . . "), und einer zweiten Aussage (V. 10-12 "tu . . . . . . praebes . . . ") besteht. Was mag nun der Grund für dieses ungewöhnliche Textausleseverfahren sein? Zunächst einmal wohl ein gewisses ästhetisches Vergnügen am Phänomen des fragmentarischen Kunstwerks überhaupt. Der Reiz der Gedichte einer Sappho und eines Alkaios beruht nämlich zum Teil auch auf der an sich so betrüblichen Tatsache, daß uns von diesen Dichtern nur zerstückelte Reste erhalten sind. Darauf weist z. B. Emil Staiger in seiner zweisprachigen Sappho-Ausgabe hin, in der er schreibt (166):

"Wir vertrauen lieber darauf, daß auch Fragmente als solche ihren eigentümlichen Reiz besitzen."

Ein wenig von dieser Faszination geht auch von einem so künstlich geschaffenen und bewußt disponierten Fragment aus. Daß der Komponist auf diesen Aspekt offensichtlich Wert gelegt hat, zeigt bereits der Titel des Werks.

Ein zweiter und wichtigerer Grund kommt jedoch hinzu. Ein großes Problem bei der Vertonung horazischer Gedichte besteht nämlich in der unaufhörlichen, schnellen Fluktuation der Gedanken und Bilder, die es der Musik, will sie sich nicht in andauernde platte Illustration von Details verlieren, so schwer macht, einen Ansatzpunkt für die Schaffung einer einheitlichen musikalischen Atmosphäre zu finden. Dies ist jedoch Reynaldo Hahn durch die wohlüberlegte Beschränkung auf einige wenige Verse gelungen. Er eliminiert dabei durch seine Auswahl den musikalisch weniger ergiebigen Gedanken des "Opfers", der schon in V. 2 angedeutet, dann in V. 3-8 breit ausgeführt wird. Ebenso beiseite läßt er die Schlußstrophe, die, obwohl sie das geradezu nach Musik verlangende Bild der "loquaces lymphae" enthält, nicht in seine Konzeption paßt. Diese zielt nämlich auf ein mehr statisches Bild ab. Nicht das Plätschern der Wellen (V. 15/16), nicht das dazu vom Dichter in Beziehung gesetzte mutwillige Umherspringen des Böckleins ("lascivi suboles gregis" V. 8) steht für ihn im Mittelpunkt, sondern die Quelle in ihrer Funktion als eine Erquickung und Kühlung spendende Macht gegen die Hitze des Sommers ("frigus amabile" V. 10). Auch die Formulierung "splendidior vitro" im 1. Vers weist ja noch eher auf Ruhe, auf die gläserne Starre der Wasseroberfläche, als auf Bewegung hin. Zusammenfassend könnte man sagen, daß der Komponist durch seine Auswahl der Verse ein einheitliches, in sich geschlossenes Bild geschaffen hat, das durch drei klassische Elemente eines Pastorale, nämlich "Quelle", "Mittagshitze" und "weidendes Vieh" gekennzeichnet ist.

Dieser Anlage des Textes folgt nun auch die musikalische Realisierung. Nicht ein einziges Mal während des ganzen Stückes wird der Versuch unternommen, das Motiv des Quellenrauschens musikalisch auszuformen. Stattdessen setzt nach 6 präludierenden Akkorden des Klaviers eine fast ohne Unterbrechung durchlaufende, sehr ruhige Achtelbewegung ein (das Tempo ist mit "Très lent", 6/8-Takt bezeichnet), zu der sich in der rechten Hand des Klaviers bisweilen eine pentatonisch gefärbte, flöten-

166) Sappho. Griechisch und deutsch, hrsg. und übertragen von Emil Staiger, Zürich 1957, S. 47.

artige Melodie gesellt, gleichsam das stilisierte Echo einer Hirtenweise, von der zwar bei Horaz nichts zu finden ist, die aber in ihrer zarten Melancholie dieser Szene ein unverwechselbares Gepräge gibt. Auch die bordunartige Begleitung in der linken Hand des Klaviers, die nur im Mittelteil und im viertletzten Takt den Orgelpunkt As verläßt, verstärkt noch die pastorale Atmosphäre.

Höchst ungewöhnlich und kunstvoll ist aber auch die Disposition der Singstimmen. Reynaldo Hahn setzt nur Frauenstimmen ein, wodurch das Werk eine sehr charakteristische, helle Klangfarbe erhält. Das "splendidior vitro" im 1. Vers mag dafür den Ausschlag gegeben haben. Während der Text des Gedichts ausschließlich dem Sopran und Alt des Chores anvertraut ist, singt ein Solo-Sopran dazu einige ziemlich virtuose textlose Vokalisen auf die Silbe "ah", die wie duftige Girlanden über den in der unteren Mittellage singenden Chorstimmen schweben und dem Stück einen schwer beschreibbaren artifiziellen Zauber verleihen. Die erste dieser Vokalisen setzt erst ein, nachdem der Chor die Worte von "O fons" bis "nescit tangere" gesungen hat, und nimmt zunächst das Flötenmotiv der Klavierbegleitung auf, um es sogleich virtuos zu variieren; die späteren verlieren sich in immer kunstvolleren Koloraturen und verklingen am Schluß in lang ausgehaltenen Tönen im pianissimo.

Nicht weniger raffiniert hat Hahn den Chor behandelt. Auch dieser singt textlose Vokalisen, allerdings immer nur auf wenigen Tönen und in tiefer Lage. Alle diese Vokalisen sind jedoch nicht nur als Mittel der Stimmungsmalerei, sondern auch zur Gliederung der einzelnen Abschnitte der Komposition eingesetzt. Das geschieht folgendermaßen: Bevor der Sopran des Chores mit "O fons Bandusiae" anhebt und der Alt fast mit den gleichen Noten mit "splendidior vitro" antwortet, summen beide Stimmen nacheinander mit geschlossenem Mund den Anfangston ihres nachfolgenden Einsatzes, so daß der Eindruck entsteht, als löse sich die Melodie wie von ungefähr aus einem tönenden Urgrund. Hier wird der Übergang von Sprachlosigkeit zu Sprache in einer Weise fühl- und hörbar gemacht, die uns sonst eher bei Komponisten der Avantgarde des 20. Jahrhunderts begegnet.

Nach Ende des ersten Abschnitts, der die Anrufung der Quelle und eine erste Aussage zu ihrem Preis ("te flagrantis ... " (167)) enthält, folgt wieder eine Vokalise des Chors, diesmal aber auf die Silbe "ah" gesungen, während gleichzeitig der Solo-Sopran mit seinen Koloraturen einsetzt. Darauf eröffnet der Chor den Mittelteil des Stücks mit der zweiten Aussage über die Quelle "tu frigus amabile ... praebes ... ", die zunächst im Unisono von Sopran und Alt erscheint, während die Worte "fessis vomere ... " nur vom Sopran auf sehr kurze Notenwerte im pianissimo fast wie hingeflüstert werden. Vielleicht soll durch diese plötzliche Intensivierung der Bewegung auf die Vorstellung des umherschweifenden Viehs ("pecori vago") hingedeutet werden. Bei dem Wort "vago" setzt, was die letzte Beobachtung noch erhärten könnte, der Solo-Sopran mit einer sehr schnellen Koloratur ein, während Sopran und Alt des Chores kurz darauf wieder den ersten Vers des Gedichts anstimmen, jedoch mit charakteristischen Änderungen gegenüber dem Anfang. Der Sopran nimmt den Rhythmus des Anfangs auf, bleibt aber auf einem Ton (es') mit der Dominante als harmonischer Grundlage; der Alt folgt schon nach einem halben Takt mit 5 gleichen Achteln (es' und f') auf die Worte "splendidior vitro", währenddessen der Solo-Sopran zu seiner letzten und ausgedehn-

---

167) Das im Text dreimal auftretende "fragrantis" ist ein Druckfehler.

testen Koloratur ansetzt, an deren Ende der Sopran des Chores noch einmal mit "O fons Bandusiae", diesmal aber in der melodischen Ausprägung des Anfangs, einsetzt. Dieser verzögerte, erst im zweiten Anlauf bewältigte Beginn, der zum dritten, abschließenden Teil einer in Umrissen durchschimmernden dreiteiligen Liedform überleitet, ist besonders reizvoll. Offensichtlich wollte der Komponist damit ein gewisses scheues Stammeln und Stocken des Gebetsanrufes stilisieren, der erst nach einem Moment der Verwirrung wieder feste Konturen annimmt. Im Gegensatz zum Anfang ist der erste Vers der Horaz-Ode diesmal ganz dem Sopran anvertraut, während die melodische und rhythmische Struktur weitgehend gleich geblieben ist. Auch die Begleitung entspricht der des Anfangs, mit einer charakteristischen Ausnahme: die as-moll-Akkorde in der ersten Takthälfte bei "O fons" und "splendidior" sind durch As-Dur-Akkorde ersetzt. Dieses spannungsvolle Schweben zwischen Dur und Moll, das auch die letzten Takte des Stückes bestimmt, könnte man sich auch als Ausdruck für den Wechsel von Licht und Schatten in der von der Musik heraufbeschworenen imaginären pastoralen Szene vorstellen.

Die nun folgenden Worte von "te flagrantis" bis "caniculae nescit tangere" werden diesmal vom Alt in tiefster Lage gesungen, aber fast genau auf die selben Noten wie beim Anfang im Sopran, womit der Bezug zum ersten Teil verdeutlicht wird, zugleich aber eine kaum noch für möglich gehaltene weitere Zurücknahme der klanglichen Intensität erreicht wird. Deswegen geben der Solo-Sopran und der Sopran des Chores auch nur einen ganz leisen Hintergrund mit langen Noten auf die Silbe "ah" dazu. Noch einmal erklingt ein Stück jener Hirtenweise im Klavier, dann ertönen wieder die Summtöne des Anfangs, womit sich der Kreis geschlossen hat. Zu ihnen gesellt sich das gesungene "ah" des Solo-Soprans, während das Klavier für einen halben Takt den sonst fast durchgehend beibehaltenen Orgelpunkt auf As verläßt, um über einen emphatischen Nonakkord hinweg die Flötenmelodie, in Triolen leicht variiert, zu Ende zu führen, und zwar zunächst nach As-Dur, bis sich im letzten Akkord wieder das as-moll des Anfangs durchsetzt.

Auf eine klangliche Feinheit besonderer Art muß noch hingewiesen werden: es handelt sich um eine arpeggierte Oktave es'' - es''' im Diskant des Klaviers, die insgesamt viermal vorkommt. Bereits im dritten Takt tritt sie zu den präludierenden Akkorden der Einleitung, in der Mitte taucht sie zweimal kurz hintereinander bei den Worten "pecori vago" und dem zum zweiten Mal einsetzenden "O fons" auf, am Schluß erklingt sie noch einmal, durch ein es'''' verstärkt, vor dem abschließenden as-moll Akkord. Man könnte sich vorstellen, der Komponist habe damit die sonst völlig ausgesparte Vorstellung von "Wasser" und "Quelle" doch noch ganz behutsam andeuten wollen. Man glaubt zu hören, wie sich ein einzelner silberner Tropfen aus dem Gestein löst und herabfällt. Da Reynaldo Hahn ja überhaupt den Akzent mehr auf die sommerliche Mittagshitze gelegt hat, ist die Vorstellung von einer spärlich tropfenden Quelle vielleicht gar nicht so abwegig.

Im ganzen gesehen gehört seine Komposition, ein typisches Erzeugnis des Fin de siècle, zu den originellsten und wertvollsten musikalischen Auseinandersetzungen mit einer horazischen Ode. Der Komponist hat mit sicherem Blick einen Text gewählt, an dem er seine spezifische Sensibilität und sein Gestaltungsvermögen in besonders eindrucksvoller Weise erproben konnte.

5.

Mario Castelnuovo-Tedesco, "Sei odi di Orazio"

Im Jahre 1930 erschienen im Verlag Ricordi, Mailand, die "Sei odi di
Orazio" für eine Singstimme und Klavier von Mario Castelnuovo-Tedesco.
Der Komponist, 1895 in Florenz geboren, Schüler von Ildebrando Pizzetti,
mußte, da er Jude war, 1939 nach Amerika auswandern. Er starb 1968
in Beverly Hills als amerikanischer Staatsbürger. In seiner neuen Heimat haben sich vor allem Toscanini und Heifetz für ihn eingesetzt.

Das vorliegende Werk, heute leider wie so vieles Wertvolle vergriffen
und auch in deutschen Bibliotheken nicht vorhanden, gehört ohne Zweifel
zu den profiliertesten Horaz-Vertonungen des 20. Jahrhunderts. Außerdem dürfte es der einzige gelungene Versuch sein, horazische Lyrik in
der Ursprache zu einem Liederzyklus mit Klavier zu gestalten. Auch unter den relativ wenigen Horaz-Vertonungen für eine Singstimme und Klavier gebührt diesen 6 Liedern der erste Platz. Einige in Sammelwerken
des 18. Jahrhunderts verstreute Vertonungen, manchmal nur von Teilen
Horazischer Oden, für eine Singstimme und Basso continuo bzw. Klavier,
z.B. von den bekannten Musiktheoretikern Marpurg und Kirnberger, fallen ebensowenig ins Gewicht wie die spärlichen Beispiele aus dem 19.
Jahrhundert, etwa von Samuel Wesley, Adalbert von Goldschmidt oder
Charles Salaman, dessen gefällige Komposition der Ode I 23 "Vitas
inuleo" noch am ehesten anzusprechen weiß. 1816 veröffentlichte Christian Friedrich Ruppe "Q. Horatii Flacci odae IV et alia ode in laudem
musicae descriptae modis musicis vocis et instrumenti dicti piano-forte",
darunter 3 ziemlich farblose Vertonungen der Oden I 32, III 13 und III 21 für
eine Singstimme und ein kaum weniger langweiliges Duett auf den Text der
Ode III 9, die alle noch ganz einem vertrockneten Rokoko verpflichtet
sind und keinerlei Ansatz zu einer zyklischen Gestaltung zeigen.

Diese ist jedoch bei den "Sei odi di Orazio" ganz offensichtlich, obwohl der Titel keinen Hinweis darauf gibt. Jedoch sind nicht 6, sondern
5 Teile einander zugeordnet, da die Vertonungen der Oden I 38 ("Al servo") und III 13 ("Alla fonte Bandusia") durch die Vorschrift "attacca" und
durch die gemeinsame Tonart G-Dur zu einem Gebilde verschmolzen
sind. Der Komponist, offenbar ein guter Kenner der horazischen Lyrik,
hat die von ihm sorgsam ausgewählten Oden sehr überlegt disponiert.
Zwei Aussagen des Dichters über sich selbst und sein Werk stehen am
Anfang und am Schluß des Zyklus. Die Ode I 38 "Persicos odi" bildet dabei in ihrer ganz zurückgenommenen Haltung erlesener Intimität und ge-
nießerischer Selbstgenügsamkeit, der Abwehr gegen übertriebenen Luxus
im Leben und falsches Pathos in der Kunst einen spannungsvollen Gegensatz zu dem expansiven Stolz und dem Ewigkeitsanspruch des römischen
Dichters in dem berühmten "Exegi monumentum", dessen Vertonung den
glanzvollen Abschluß des Zyklus sichert. Davon umschlossen werden 4
Anrufungen bzw. Gebete zu Göttern oder göttlichen Gewalten, von denen
die Komposition des ersten, der Ode an den "fons Bandusiae", sich, wie
bereits erwähnt, in Duktus und Tonfall eng an das vorhergehende Lied
anschließt. Dadurch übernimmt sie die Funktion eines Bindeglieds zum
Rahmen und eines Prologs zu den 3 nun folgenden großen hymnischen
Oden-Vertonungen, die den Göttern Bacchus ("A Bacco", c. II 19), Diana
und Apollo ("A Diana ed Apollo", c. I 21) und Venus ("A Venere", c. I 30)
gewidmet sind. Der Komponist gab dem letzten Lied, einer Vertonung
des Schlußgedichts des 3. Odenbuches "Exegi monumentum" (c. III 30),
die Überschrift "A Melpomene", womit er die Folge der Götteranrufun-
gen fortzusetzen scheint; andererseits schafft er aber eine Beziehung zum

Anfang, da hier wieder die Persönlichkeit des Dichters in den Mittelpunkt rückt.

Als weiteres Mittel zur Gliederung des Zyklus wendet der Komponist die spezifische Ordnung der Tonarten an, wie sie in den klassischen Liederzyklen des 19. Jahrhunderts, etwa Schuberts "Winterreise" und Schumanns "Liederkreis" op. 39 (168), unschwer nachzuweisen ist. Dabei sind die Lieder I + II, IV und VI durch die gemeinsame Tonart G-Dur aufeinander bezogen. Sie signalisiert hier zuerst die bescheidene Idylle des Dichters zusammen mit einer sich eng anschließenden pastoralen Szene, dann die Aufforderung an die Knaben und Mädchen, ein Lied an Diana und Apollo anzustimmen - auch diese evoziert eine Atmosphäre von zarter und feierlicher Verhaltenheit - und schließlich in Umkehrung der Haltung des ersten Liedes den unerschütterlichen Stolz des Schöpfers der römischen Lyrik gegenüber seinem Werk und der Nachwelt. Davon scharf geschieden sind die Lieder III und V, die in der von G-Dur sehr weit entfernten Tonart as-moll bzw. durch enharmonische Verwechslung gis-moll stehen. Diese Tonart verkörpert in diesem Zusammenhang die zwei göttlichen Mächte, die den Dichter mit unwiderstehlicher Gewalt überkommen, was er uns in vielen seiner Gedichte eindrucksvoll zu schildern weiß: die dionysische Inspiration und die Liebe. Man könnte fast vermuten, daß der Komponist durch den Kunstgriff der enharmonischen Verwechslung andeuten wollte, daß hier zugleich eine Gemeinsamkeit, nämlich die der Überwältigung des Menschen durch eine göttliche Macht, und ein Unterschied, nämlich zwischen der wilden Kraft der dionysischen Begeisterung und der sanften, aber nicht weniger wirkungsvollen Ausstrahlung der Liebesgöttin Venus, vorliegt. Dieser spiegelt sich denn auch in der grundverschiedenen musikalischen Atmosphäre der beiden Lieder wider. Somit ergibt sich für den fünfteiligen Zyklus ein regelmäßiger Wechsel von G-Dur und as-moll (=gis-moll), durch den die 6 Oden-Vertonungen zu einem symmetrisch geordneten Ganzen zusammengeschlossen werden.

Bevor ich die 6 Lieder im einzelnen analysiere, scheinen mir einige Bemerkungen zur Besetzung angebracht: sie sind, obwohl dies der Titel nicht ausdrücklich angibt - dort steht nur "per canto e pianoforte" - für eine hohe Singstimme und Klavier geschrieben, wobei eine Ausführung mit Sopran oder Tenor gleichermaßen denkbar ist. Wichtigste Voraussetzung für eine werkgerechte Interpretation ist jedenfalls, daß die Stimmen geschmeidig und tragfähig sind, um dem ausdrucksgesättigten Melos der Komposition gewachsen sein zu können. Auch die Fähigkeit zum piano, namentlich in hohen Lagen, ist an mehreren Stellen erforderlich. Die Klavierstimme, zumeist in der Funktion einer atmosphärisch-dichten und raffiniert gearbeiteten Begleitung, ist äußerst wohlklingend und effektvoll gesetzt und verrät sichere Beherrschung aller pianistischen Mittel, ohne wirklich virtuose Ansprüche zu stellen. Man merkt es ihr an, daß Castelnuovo-Tedesco in seiner Jugend neben Komposition auch Klavier (bei E. del Valle) studiert hatte. Er hat diesem Instrument in seinem sehr umfangreichen und bis heute noch gar nicht wissenschaftlich gesichteten Schaffen immer eine Vorzugsstellung eingeräumt.

Zugleich zeugen einige Vortragsanweisungen wie "dolce (quasi 2 Flauti)" (in I) und "squillante (quasi buccine)" (in III) von einem ausgeprägten Streben nach Farbigkeit des Klangs. Das Klavier wird hier, wie so oft in der Spätromantik und im Impressionismus, die beide Castelnuovo-Tedescos

---

168) Vgl. Theodor W. Adorno, Coda: Schumanns Lieder, in: Zum Gedächtnis Eichendorffs, in: Noten zur Literatur I, Frankfurt 1958, S. 136-138.

Werk bestimmen, gleichsam instrumentiert und als imaginäres Orchester behandelt, in diesem Falle glücklicherweise ohne in die Untugend eines "Klavierauszugs" zu verfallen. Bemerkenswert ist dabei, daß mit Harfe, Flöte und Trompete gerade jene Instrumente genannt sind, die in der Vorstellungswelt der Neuzeit als typisch "antik" galten und deswegen schon immer dann real oder als Fiktion auf einem anderen Instrument, wie in unserem Beispiel, eingesetzt wurden, wenn ein antiker Stoff oder Text ein ihm entsprechendes musikalisches Gewand bekommen sollte. Dabei standen die grundlegenden Unterschiede zwischen dem antiken und dem modernen Instrumentarium hier nicht zur Diskussion; es ging ja nicht um eine historische Rekonstruktion, sondern um eine mehr oder weniger bewußte Stilisierung oder Evokation, wenn z. B. die antike Kithara mit der modernen Harfe oder der antike Aulos mit der modernen Flöte identifiziert wurden. Berühmte Beispiele für dieses Verfahren sind die Szene zwischen Orpheus und den Furien aus dem 2. Akt von Glucks "Orfeo ed Euridice" (1762) und die symphonische Dichtung "Orpheus" (1854) von Liszt, wo beidesmal das Bild des mythischen Sängers mit der Leier durch solistische Behandlung der Harfe im Orchester beschworen wird. Stilisierte Harfenbegleitung findet sich auch in den übrigen 5 Liedern des Zyklus, ohne daß dies ausdrücklich angemerkt wäre.

Wir kommen nun zu dem ersten Lied der "Sei odi di Orazio", der einzigen Vertonung des Originaltextes der Ode "Persicos odi" (c. I 38), die ich bisher nachweisen konnte. Der Komponist gab ihr die Überschrift "Al servo", womit er, wie bei allen folgenden Stücken auch, auf die in den mittelalterlichen Horaz-Codices den einzelnen Oden beigegebenen Überschriften zurückgriff, hier z. B. auf das "ad puerum ministrum" in den Rezensionen Ξ und Q. Das Gedicht gehört mit seinen nur 8 Versen zu den kürzesten des Dichters und ist das letzte im 1. Odenbuch. Viktor Pöschl (169) spricht von "einer Art Schlußvignette", die in unserem Fall die Funktion einer "Anfangsvignette" übernommen hat. Das Bekenntnis des Horaz zu Schlichtheit, Bescheidenheit und einem ganz unprätentiösen Genießen des einfachen Lebens hat der Komponist musikalisch zu einem nur 19 Takte zählenden pastoralen Genrebild verarbeitet. Schon die Anweisung "Grazioso e un poco mosso" deutet auf diese Atmosphäre hin. Die ersten drei sapphischen Elfsilbler werden vollkommen isorhythmisch deklamiert, der Versus Adoneus schließt sich zwanglos an. Der Rhythmus der Musik schmiegt sich unter weitgehender Wahrung der Quantitäten dem Wortakzent an, beachtet also bei der Verteilung der Silben auf betonte und unbetonte Taktteile nicht das iktierende Prinzip, wie es für viele Horaz-Vertonungen, besonders im deutschen Kulturkreis während des 19. Jahrhunderts, z. B. bei Loewe und Cornelius, bestimmend war. Sehr hübsch wirkt die kleine Verzierung - eine Art von ausgeschriebenem Mordent - jeweils auf der vorletzten Silbe jedes der drei ersten Verse als gliederndes Element. Der Komponist hat damit die Feststellung von Eduard Fraenkel, "daß dieses kurze Gedicht in ungewöhnlichem Maß simplex munditiis ist, eine Folge asyndetisch verbundener, kurzer, knapp formulierter Sätze" (170) durch musikalische Mittel verdeutlicht. Ähnlich verhält es sich in der zweiten Strophe. Hier, wo Vers und Satz nicht mehr kongruent sind, schließt sich Castelnuovo-Tedesco ohne weiteres dem letzteren an. Er vertont die Worte "simplici myrto nihil adlabores sedulus curo" (V. 5/6) in Anlehnung an den Anfang als eine Phrase, während er die beiden Anti-

---

169) Viktor Pöschl, Horazische Lyrik, Heidelberg 1970, S. 73.
170) Eduard Fraenkel, Horaz, Darmstadt 1971, S. 351.

thesen "neque te ministrum dedecet myrtus" und "neque me sub arta vite bibentem" (V. 6-8) wieder durch isorhythmische Gestaltung einander gegenüberstellt. Dabei verklammert er die beiden Kola sehr reizvoll dadurch miteinander, daß er sie als Einheiten von jeweils 5 Halben über 2 Einheiten der Klavierbegleitung gestaltet, die jeweils aus 2 ebenfalls isorhythmischen Einheiten von einmal 3 und einmal 2 Halben bestehen.

Die Klavierbegleitung trägt durch ihre Faktur wesentlich zu der pastoralen Grundstimmung des Lieds bei. Sie besteht hauptsächlich aus den bereits erwähnten stilisierten Harfenakkorden, über die sich im Diskant bisweilen wie Girlanden Folgen von Quinten und Quarten hinziehen, im Anfang noch als Kanon in der Oktave zur Singstimme im Abstand einer halben Note, danach in leichter Abwandlung (cis wird zu c) über veränderter Harmonie. Nach dem Ende der ersten wie auch der zweiten Strophe begegnen sie uns in der Urform, mit einem langsamen, ausgeschriebenen Arpeggio am Schluß, das im Gegensatz zu den übrigen von oben nach unten gespielt wird und somit geschickt den Einschnitt zwischen den Strophen und den Schluß der Ode markiert. Die häufige Verwendung von Akkordfolgen, die hauptsächlich aus den Intervallen Quinte und Quarte bestehen oder zusammengesetzt sind, und die Bevorzugung sog. paralleler Harmonik verleihen dem Stück einen leicht archaischen Klang. Von der harmonischen Reizüberflutung der Spätromantik sind jedoch noch latente Reste vorhanden, etwa die chromatisch absteigenden Baßlinien in den Takten 4 und 6 bis 8. Andererseits wird man stark an Debussys Klavierstück "La Cathédrale engloutie" aus dem 1. Band der "Préludes" (1910) erinnert, in dem mit ähnlichen Mitteln ebenfalls eine lange zurückliegende, versunkene Welt beschworen wird. Ein imaginäres Mittelalter bei Debussy und eine imaginäre Antike bei Castelnuovo-Tedesco zeigen in diesem Fall eine bemerkenswerte Konvergenz; zugleich offenbart sich auch hier der umfassende und weit verzweigte Einfluß, den der französische Meister auf die Musik des 20. Jahrhunderts ausgeübt hat.

Übrigens hat sich ein Generationsgenosse Castelnuovo-Tedescos, wenn auch nicht schöpferisch, in sehr bezeichnender Weise mit c.I 38 auseinandergesetzt. Als der englische Musikwissenschaftler Percy M. Young eine Biographie über Zoltán Kodály geschrieben hatte (171), bat er den 82-jährigen Nestor der ungarischen Musik um ein Vorwort, wohl in der Absicht, ihm einige altersweise Worte zu entlocken. Dieser Wunsch wurde ihm in der Weise erfüllt, daß er seinem Werk "A letter to the author by Zoltán Kodály" voranstellen konnte. Darin plaudert der Meister in zwangloser und geistreicher Weise über seine Erfahrungen als Künstler und seinen Einsatz für eine nationale ungarische Musik und fügt einige schmeichelhafte Bemerkungen über das musikliebende und musikkundige, gerade seinem Werk besonders aufgeschlossene englische Publikum hinzu. Er schließt mit den bemerkenswerten Sätzen:

"A German critic reproached me for not having any longer work than twenty or thirty minutes. Is it not pure loyalty to the listeners instead of boring them for hours? Another one wrote: "ganz problemlos". Well, I think we have to resolve our problems at home, not before the public. Furthermore, my device has always been: "Persicos odi, puer, apparatus!" Salve egregie Doctor - atque vale. Budapest, 3.3.1964, Z. Kodály".

Durch die Vorschrift "attacca" unmittelbar mit dem ersten Lied verbunden folgt als zweites "Alla fonte Bandusia", eine Vertonung der Ode "O fons Bandusiae" (c.III 13). Diese "gehörte seit jeher verdienterma-

171) Percy M. Young, Zoltán Kodály, a Hungarian Musician, London 1964.

ßen zu den Gedichten, die sich allgemeiner Beliebtheit erfreuen", wie
Fraenkel (172) bemerkt. Dies mag auch ein Grund dafür sein, daß sie
verhältnismäßig oft vertont wurde. Ich habe bis jetzt 8 Kompositionen
seit der zweiten Hälfte des 18. Jahrhunderts gefunden. Neben ihrer Bekanntheit besitzt die Ode "O fons Bandusiae" jedoch noch weitere Eigenschaften, die einer musikalischen Interpretation sehr entgegenkommen:
die Geschlossenheit des Bildes und das musikalische Assoziationen wek-
kende Motiv der plätschernden Quelle. Nur ganz wenige panegyrische
bzw. mythologische Anspielungen, deren Überfülle in anderen Gedichten
den neuzeitlichen Leser horazischer Lyrik in Verkennung ihre Eigenart
so oft verwirrt und gestört hat, haben sich hier in das liebevolle Gemälde eines arkadischen Idylls eingeschlichen. So fand bereits Kirnberger
Gefallen an dem Gedicht, so daß er es gleich zweimal in zwei verschiedenen deutschen Übersetzungen (1773/1782) vertonte. 1816 erscheint es
in der bereits erwähnten Sammlung von Ruppe, 1836 in den "Fünf Oden
des Horaz" op. 57 von Karl Loewe, dann in der Komposition von Reynaldo Hahn, die ich oben untersucht habe. Merkwürdigerweise haben nur
Loewe und Castelnuovo-Tedesco versucht, das Rauschen der Quelle musikalisch widerzugeben, wobei sich Loewe, bedingt durch die Besetzung
für Männerchor a cappella, auf einige allerdings sehr geschickt einge-
setzte Koloraturen beschränken mußte (z. B. in den T. 9-16). Daß Castelnuovo-Tedesco andererseits dieses Motiv voll ausgekostet hat, ist nicht
verwunderlich; standen ihm doch als Anregung und Vorbild die zahllosen
"Wassermusiken" der Spätromantik und des Impressionismus zur Verfügung. Man denke nur an Liszts "Jeux d'eaux à la Villa d'Este", den Pro-
totyp aller kommenden "Wasserspiele", an Ravels "Jeux d'eaux", Debussys "La Mer" und nicht zuletzt die "Fontane di Roma" seines italienischen
Zeitgenossen Ottorino Respighi, die nur 13 Jahre vor Erscheinen der "Sei
odi di Orazio" uraufgeführt wurden und deren erster Teil "La fontana di
Valle Giulia all'alba" eine verblüffende Verwandtschaft in der musikalischen Atmosphäre mit dem Lied "Alla fonte Bandusia" aufweist. Auch in
den der Partitur der "Fontane di Roma" vorangestellten "Erläuternden
Anmerkungen", die der Komponist verfaßt hat, findet sich zum ersten
Teil ein Passus, der mit dem Inhalt der Horaz-Ode stark korrespondiert:

"Der erste Teil der [symphonischen] Dichtung empfängt seine Eingebungen von der
Fontäne in Valle Giulia und malt eine Hirtenlandschaft. Schafherden ziehen vorüber
und verlieren sich im frischfeuchten Dunst einer römischen Morgendämmerung"(173).

Castelnuovo-Tedesco hatte also vor allem die "loquaces lymphae" (V.
15/16) vor Augen, als er das Lied schrieb; sie plätschern zunächst ("scor-
revole", "mormorando") in den Takten 1-7 als fortlaufende Sechzehnteltriolen, zuerst zwischen d und e, dann zwischen fis und gis wechselnd,
und gehen zu Beginn der zweiten Strophe in Trillerketten der linken Hand,
bisweilen von arpeggierten Akkorden unterbrochen, über. Am Anfang der
dritten Strophe (T. 17) werden diese kürzer und hören in T. 21 ganz auf,
dagegen werden die Arpeggien breiter, und in der rechten Hand mündet
eine ununterbrochene Achtelbewegung, die bereits als ostinate Figur mit
darüberliegender Sekunde A/H in T. 8 begonnen hatte, in ein unablässiges
Auf- und Abwogen paralleler Terzen bzw. Dreiklänge über. Das Gemur-
mel der Quelle tritt an diesen Stellen in dem Maße ein wenig in den Hintergrund, in dem sich das Bild der weidenden Tiere, die in der Nähe des
Baches Kühlung und Schutz vor der brennenden Hitze suchen, in den Vor-

172) Fraenkel a.a.O., S.240.
173) Ottorino Respighi, Fontane di Roma, Taschenpartitur Mailand [1950], Ricordi.

dergrund drängt. Mit Beginn der vierten Strophe wird die Quelle wieder
in den Mittelpunkt gerückt, diesmal aber als Objekt des dichterischen
Preisens ("me dicente", V. 14); die Melodie des Anfangs kehrt in der
Singstimme wieder, auch die rechte Hand des Klaviers nimmt diese wie
in der ersten Strophe auf, allerdings eine Oktave höher und mit Verdopp-
lung der Oktave. Statt in trillerähnlichen Sechzehnteltriolen rauscht die
linke Hand in mächtigen Arpeggien auf und ab. Damit hat der Komponist
auf anschauliche Weise die Worte des Dichters "fies nobilium tu quoque
fontium" (V. 13) verdeutlicht, und zwar durch Differenzierung der Klang-
mittel bei gleichbleibendem musikalischem Material. Der Wandel von der
kleinen unscheinbaren Quelle zu einem "fons nobilis", der durch das Lied
des Dichters bewirkt wird, wurde aus der Sphäre des Gedanklichen in die
reale Welt transponiert und damit erst musikalisch erfaßbar. Aus dem
leisen Dahinplätschern des Anfangs wird am Schluß ein majestätisches
Rauschen.

Der Schluß des Gedichts mit den lautmalerischen Worten "unde loquaces
lymphae desiliunt tuae" hat Fraenkels Begeisterung erregt:

"Wenn wir den schnellen Rhythmen dieser Zeilen lauschen, scheinen wir uns in die
Klänge und Lichter einer entzückenden Szenerie zu verlieren" (174).

Wo schon der Philologe zu musikalischen Metaphern griff, um eine adäquate Beschreibung dieser Stelle liefern zu können, dort dürfte ein Komponist alle Register seiner Kunst ziehen können. Castelnuovo-Tedesco
läßt sich diese Möglichkeit auch nicht entgehen. Er hebt die Sperrung
"lymphae"-"tuae" durch zwei ausgeschriebene Sechzehntel Verzierungen
bewußt hervor, was bisher nur mit den Worten "Bandu-
siae" und "floribus" - auch dies natürlich in berechtigter Absicht - geschehen war. Bei "lymphae" (T. 33) gehen die G-Dur-Arpeggien der linken
Hand in einen Triller auf Fis/Gis über, was, auch hinsichtlich der Harmonik,genau dem Wechsel von T. 5 nach T. 6 entspricht. Dazu deutet jedoch
diesmal die rechte Hand in einer aufsteigenden Folge von Terzen und Quarten eine Imitation der Singstimme an, worauf plötzlich für die Dauer von
zwei Vierteln alle Bewegung stockt. Es ist, als ob das unaufhörliche Quel-
lenrauschen für einen winzigen Augenblick verstummt ist, so daß man un-
weigerlich angestrengt danach lauschen muß. Doch setzt es sogleich wieder ein; die sprachliche Spannung, die zwischen den Worten "lymphae",
"desiliunt", welches, mit der Vorschrift "dolce", "appena tratt." versehen, sehr sinnvoll die entstandene Bewegungspause überbrückt, und "tuae"
besteht, löst sich auch auf musikalischem Gebiet durch die Einfügung einer sonst in diesem Lied (wie auch in dem ganzen Zyklus) gemiedenen ka-
denzartigen Modulation. Die Arpeggien der linken und die Melodie der
rechten Hand erklingen aufs neue wie bei den Worten "fies nobilium",
gleichsam in einer Art von zarter Reminiszenz, und verlieren sich allmählich, bis nur noch jener Sekundschritt D/E (die sog. Sixte ajoutée von
G-Dur), der von Anfang an das ganze Stück beherrscht hatte, übrig bleibt.
Er wird von einer Oktave auf G im Baß kurz grundiert, eben jenem G,
welches dem Anfang und dem Schluß als Orgelpunkt zu Grunde lag. Dagegen hatte die Mediante von G-Dur, E-Dur und ihr Grundton E, auch in der
Form eines Orgelpunkts, die dritte Strophe bestimmt und somit charakteristisch von den beiden Rahmenteilen abgesetzt.

174) Fraenkel a. a. O. , S. 241.

Die Deklamation des Textes hält sich wieder an den Wortakzent und scheut selbst vor metrisch nicht gerechtfertigten Synizesen nicht zurück ("splendidior", "proelio", "inficiet"), beachtet aber dann folgerichtig auch die Synalöphe nicht. Im großen und ganzen bewegt sie sich in Bahnen des ersten Liedes; gefällige, abgerundete Phrasen, die dem Sinnzusammenhang und nicht dem Vers- und Strophenbau folgen, sind hierfür kennzeichnend, so daß z. B. das Enjambement zwischen der ersten und zweiten Strophe sich auch in einem fortlaufenden musikalischen Fluß widerspiegelt. Besonders liebevoll hat der Komponist die Verse 6-8 in der Singstimme behandelt. "Das zart empfundene "frustra" wird man so leicht nicht vergessen" schreibt Fraenkel (175) zu dieser Stelle. Der Musiker hat Mittel zur Verfügung, um dem Hörer diese philologische Erkenntnis zu verdeutlichen: er hebt "frustra" durch einen Septsprung abwärts, dem einzigen in dem ganzen Lied, unüberhörbar aus der übrigen melodischen Linie hervor. Auch Fraenkels Beobachtung, daß für Horaz das zu opfernde Böcklein ein liebenswertes, lebendiges Geschöpf und nicht nur "ein für den Kult benötigter Gegenstand" (176) ist - dies ergibt sich natürlich aus der Interpretation von "frustra" - hat in der Vertonung Spuren hinterlassen. Eine unaufhaltsam absteigende chromatische Linie ist den Worten "nam gelidos inficiet tibi rubro sanguine rivos" zugeordnet. Gerade an diesen Beispielen kann man erkennen, zu welch überraschender Kongruenz philologische Interpretation und musikalische Ausdeutung gelangen können.

Das nächste Lied, "A Bacco", eine Vertonung der Dionysosode (c. II 19) versetzt uns mit einem Schlage in eine andere Welt. Die idyllische Atmosphäre der ersten beiden Lieder ist verschwunden, ein von der enthusiastischen Leidenschaft des dionysischen Rausches geprägter Hymnus reißt den Hörer mit unwiderstehlicher Gewalt hinweg. Dieser bildet den dramatischen Höhe- und Mittelpunkt des ganzen Zyklus, der auch von dem pathetischen Schluß, der Vertonung der Ode "Exegi monumentum" (c. III 30) nicht mehr übertroffen wird. Das Gedicht ist mit 8 Strophen das längste der hier vertonten, wodurch auch das Lied fast ein Drittel des gesamten Werkes umfaßt.

Das Vorschlußgedicht des zweiten Odenbuches bietet mit seiner komplizierten Struktur, seinen beziehungsreichen und farbigen Bildern und nicht zuletzt durch seine Länge dem Komponisten eine überaus schwierige und problematische, aber auch reizvolle Aufgabe. Vor Castelnuovo-Tedesco wurde es denn bezeichnenderweise nur einmal, und dann auch nur in Auszügen, vertont. Kirnberger komponierte die zweite Strophe "euhoe, recenti mens trepidat" im Urtext mit untergelegter deutscher Übersetzung als Lied für eine Singstimme und Basso continuo in seinen "Oden mit Melodien" (Danzig 1773). Diese harmlose Miniatur kann allerdings keinen Anspruch darauf erheben, dem Gedicht in seiner ungeheuer expansiven orgiastischen Verzückung irgendwie gerecht zu werden. Castelnuovo-Tedesco dagegen hat gerade diesen Aspekt zum bestimmenden Bauelement seiner Komposition gemacht. In dem Bestreben, sich nicht in Details zu verlieren, wie sie in verschwenderischer Fülle und in oft abruptem Wechsel von völlig konträren Bildern das Gedicht durchziehen, war der Komponist sogar gezwungen zu vereinheitlichen. So hat er das Idyll der ersten Strophe nicht in Musik umgesetzt, sondern sich vom Anfang bis zum

---

175) Fraenkel a.a.O., S.241.
176) Ebd., S.241.

Ende offensichtlich eher von den Worten "recenti mens trepidat metu" (V. 5) sowie dem Beginn der Strophe 3 (V. 9 ff.) leiten lassen, von dem Pöschl schreibt (177):

> "Die Verse schildern die wunderbare Gewalt des Gottes, die sich zunächst in der hartnäckigen Kraft der Thyiaden manifestiert, wie sie das Wort "pervicacis" andeutet, das man auf ihre zügellose und unermüdliche Tanzraserei beziehen mag und auf das Wüten, das erbarmungslos jeden Gegner vernichtet."

Dabei scheint das Wort "pervicacis" für den Komponisten tatsächlich zu einem Schlüsselbegriff geworden zu sein, denn ein fast durchgehend hämmernder Rhythmus der Gestalt . . . (squillante, quasi buccine) durchzieht das ganze Stück und kommt nur an einigen charakteristischen Stellen zum Stillstand.

Die ersten beiden Strophen haben in der Komposition Vorspielcharakter, der eigentliche Hymnus setzt erst mit der dritten Strophe ein, was durch den Übergang von as-moll nach As-Dur verdeutlicht wird, aber auch im Text begründet ist (fas ... est ... cantare, V. 9/11). Während die erste Strophe ganz auf jenem punktierten Rhythmus aufgebaut ist, der zunächst von einem Ton (Es) ausgehend, akkordisch erweitert und klanglich verdickt wird, bis er im ff in den Schrei der Mänaden, in dem "Schrecken und Jubel sich vermischen" (178), mündet, verzichtet der Komponist in der zweiten Strophe für kurze Zeit auf dieses Mittel. Er greift vielmehr den Duolenrhythmus des "euhoe"-Schreis auf und formt über sparsamen Staccato-Akkorden in Achteln im Baß des Klaviers 4 atemlos hervorgestoßene Phrasen, denen jeweils der "euhoe"-Schrei vorangestellt ist, beim ersten und dritten Mal in der Singstimme, beim zweiten und vierten Mal rein instrumental in der Klavierbegleitung, in jedem Fall aber von einer Akkordfolge unterstützt, deren Intervalle ausschließlich aus Quarten und Quinten bestehen, wodurch der Eindruck archaischer Wildheit hervorgerufen wird. Castelnuovo-Tedesco hat also das zweimalige "euhoe" der zweiten Strophe sehr geschickt zur musikalischen Gliederung benutzt und durch zwei textlose Schreie symmetrisch ergänzt.

Einen Takt vor Beginn der 3. Strophe setzt der Rhythmus der 1. Strophe wieder ein, diesmal konsequent auf der durch liegende halbe Noten (zuerst as', dann g') gefüllten Oktave es' - es'' hämmernd, während in der linken Hand ostinat wiederkehrende Quarten und Quinten in Vierteln dagegengesetzt sind. Für den Text des Hymnus hat der Komponist in der Singstimme weitausschwingende, ausdrucksvolle Melodiebögen von unterschiedlicher Länge (2+1+2+2 4/4-Takte, zwei abschließende Halbe auf "mella") gewählt, so daß diese Strophe in ein sehr eindrucksvoll geschlossenes Klangbild gebannt ist.

Zum zweiten Mal wird der Rhythmus des Anfangs zu Beginn der vierten Strophe unterbrochen. Damit sind die vom Dichter durch die Anapher "fas-fas" einander gegenübergestellten Strophen auch musikalisch sehr deutlich voneinander abgegrenzt. An die Stelle des ostinaten Rhythmus treten jeweils einen Takt füllende, auf- und abwärtsrollende, zarte Arpeggien des Dominantseptakkords von A-Dur (mit fis in der ersten von zwei Oktaven), deren zwei Gruppen von 3 bzw. 2 und einem halben (d. h. einem nur aufsteigenden) Arpeggio am Anfang und am Schluß von zwei leisen, nicht arpeggierten Akkorden umrahmt und in der Mitte voneinander abgesetzt werden. Während der zweite der beiden nur eine Vorwegnahme des anschließend arpeggierten Dominantseptakkordes darstellt, ist

---

177) Viktor Pöschl, Die Dionysosode des Horaz (c. 2, 19) in: Hermes 101, 1973, S. 216.
178) Pöschl a. a. O., S. 215.

der erste, wenn man den obersten (es) und den untersten Ton (as), die ohnehin nur Verdoppelungen darstellen, wegstreicht, mit dem berühmten Tristan-Akkord identisch. Daß dies nicht ein purer Zufall, sondern eher eine vielleicht unbewußte, aber hier durchaus organisch eingebaute Reminiszenz sein dürfte, beweist die Tatsache, daß Castelnuovo-Tedesco auch in der Auflösung des Akkords, nämlich zum Dominantseptakkord von A-Dur (bzw. a-moll), Wagner gefolgt ist. Jedenfalls hat er sich hier offensichtlich ganz von dem zauberhaften Bild des Brautkranzes der Ariadne, der von Dionysos an die Sterne versetzt wurde ("beatae coniugis additum stellis honorem" V. 13/14), leiten lassen, dabei den zweiten Teil der Strophe, der den furchtbaren Untergang der Bacchusgegner Pentheus und Lykurgos ("tectaque Penthei disiecta non leni ruina Thracis et exitium Lycurgi" V. 14-16) musikalisch überhaupt nicht ausgedeutet. Auch hieraus läßt sich erkennen, daß der Komponist zwar bestrebt ist, die 8 Strophen des Gedichts mit musikalischen Mitteln klar abzugrenzen, wie es der Dichter in diesem Falle mit seltener Deutlichkeit getan hat, vor einer weiteren Differenzierung innerhalb einer Strophe aus Furcht vor Unübersichtlichkeit und Zersplitterung meistens zurückschreckt.

Bereits am Schluß von Strophe 4 (bei dem Wort "Lycurgi") taucht der ostinate Rhythmus wieder aus dem Baß auf, um in der Folge die Strophen 5 und 6 zu beherrschen. Dabei wird in Strophe 5 die Anapher "tu flectis ... ","tu mare ... ", "tu separatis ... " durch ostinate Bildungen in der Singstimme (für die ersten beiden Glieder) und in der Begleitung (für alle drei Glieder) verdeutlicht. Ein Ostinato in der Klavierbegleitung ist auch den Worten "nodo coerces viperino Bistonidum sine fraude crines" (V. 19/20) unterlegt. Der ungeheuerliche Inhalt dieses Satzes, der die magische Gewalt des Gottes Dionysos in einem ganz neuen Licht erscheinen läßt, findet auf diese Weise ein musikalisches Korrelat: Ostinatobildungen zum Zwecke der magischen Überhöhung einer Aussage sind in der Musik ein altprobtes Mittel. Man denke an die sog. "Lamento-Bässe" im 17. und 18. Jahrhundert, z. B. in der Todesszene der Dido in Purcells "Dido and Aeneas"; ferner an Schuberts "Der Doppelgänger" oder die Krönungsszene in Mussorgskis "Boris Godunow".

In der Strophe 6 haben wir musikalisch eine Variante von Strophe 3 vor uns, sowohl was die Begleitung als auch was die melodische Linie betrifft. Die ersten drei Takte sind sogar vollkommen identisch, wenn man von der dynamischen Steigerung vom f zum ff einmal absieht. Danach hat der Komponist die einzelnen Bauelemente in reizvoller Weise neu kombiniert. Die verwandte musikalische Struktur der Strophen 3 und 6 ergibt, nimmt man deren Wiederaufnahme ganz am Schluß hinzu, einen symmetrisch gliedernden Effekt jeweils nach zwei Strophen.

Auch für Strophe 7 bleibt der punktierte Rhythmus bestimmend, wird aber in der Weise umfunktioniert, daß er, p dolce e grazioso, nur auf dem einen Ton(es') leise fortklingend, von leichten Akkorden umspielt wird, während die Singstimme die bisher vorherrschenden Viertel und Achtel aufgibt, um sich in Triolen von der Dauer einer halben Note, zum Teil punktiert und ohne melodische Kontur in lockerer Deklamation polyrhythmisch der Begleitung zu überlagern. Das Stichwort zu dieser tänzerisch-eleganten Faktur ist offensichtlich "choreis aptior" (V. 25). Die ungeheure Wandlungsfähigkeit des Gottes Dionysos, die von tierischer Wildheit bis zu spielerischer Grazie ("iocis ludoque" V. 25/26) reicht, spiegelt sich so auch in der Variation einer musikalischen Grundstruktur.

An dieser Stelle entschließt sich der Komponist zum ersten und einzigen Mal, die musikalische Einheit einer Strophe zu sprengen, indem er den Satz "sed idem pacis eras mediusque belli" (V. 27/28), der ja auch dem "choreis aptior et iocis ludoque ..." diametral gegenübergestellt ist, besonders hervorhebt. Hier setzt der ostinate Rhythmus für 2 1/2 Takte aus, um einer majestätisch sich wölbenden Folge vollgriffiger Akkorde Platz zu machen, in der sich die unerschütterliche Macht des Gottes manifestiert.

Den Übergang zur 8. und letzten Strophe bildet ein kurzes, nur zwei halbe Takte umfassendes Aufflackern des punktierten Rhythmus vom Baß über 4 Oktaven auf dem Ton As aufsteigend. Danach folgt das "Schlußtableau" (179), "das friedliche Bild mit seinem köstlichen Detail", wie es Fraenkel (180) charakterisiert hat, dem der Komponist die musikalische Struktur der 4. Strophe zugeordnet hat, was die Begleitung betrifft, fast unverändert, und in der Singstimme mit einigen textbedingten Modifikationen. Allerdings ist der "Tristan-Akkord" durch einen Akkord As/Es (mit Verdoppelungen), d.h. also einen latenten As-Dur-Dreiklang ohne die erst bei dem letzten Wort "crura" gleichsam erlösend eintretende Terz C, ersetzt, wodurch eine kadenzartige, den Schlußcharakter verstärkende Wirkung eintritt. Jene sanft wogenden, harfenartigen Arpeggien, deren zweite Gruppe hier im Vergleich zur 4. Strophe um einen ganzen Takt erweitert ist, passen fast ebensogut zu der Szene mit dem bezähmten Höllenhund, der dem Gott freundlich mit dem Schwanz wedelnd die Füße leckt, wie zu dem unter die Sterne gerückten Brautkranz der Ariadne, einem freilich einer wesentlich höheren Ebene angehörenden Motiv. Beide Gedanken ergänzen sich aber insoweit, als daraus deutlich wird, wie die Macht des Gottes die sonst unverrückbaren Gesetze des Himmels und der Unterwelt mit gleicher Leichtigkeit außer Kraft zu setzen vermag. Dadurch erscheint auch die musikalische Zuordnung der 4. und 8. Strophe, die wiederum von der Neigung des Komponisten zu planvoller Struktur zeugt, durchaus gerechtfertigt.

Fraenkel spricht bei der letzten Strophe von der "Wirkung eines vollendeten Diminuendos" (181). Auch Castelnuovo-Tedescos Vertonung ruft nach dem vorausgegangenen Ausbruch bei "sed idem pacis eras ..." diesen Eindruck hervor. Wieder sind philologische und musikalische Interpretation zu einer geradezu verblüffenden Übereinstimmung gelangt.

Aber der Komponist hat, nachdem der Text in der Singstimme zu Ende gegangen ist, noch anderes im Sinne. Wie bereits erwähnt, greift er den ostinaten Rhythmus noch einmal auf und steigert ihn in der musikalischen Ausprägung der 3. und 6. Strophe in 4 Takten vom p bis zum ff, bis in den "euhoe"-Schrei hinein, den er in der Singstimme sich hier nochmals anzubringen erlaubt, wobei er allerdings diese eigenmächtige Zutat zum originalen Text durch eine eckige Klammer gekennzeichnet hat, was von einer unter Komponisten selten anzutreffenden philologischen Gewissenhaftigkeit zeugt. Dieser Rückgriff auf das "euhoe", das ja schon in der 3. Strophe Bauelement gewesen war, dient der Abrundung des Liedes und umreißt noch einmal mit blitzartiger Schnelligkeit die Quintessenz der horazischen Ode: der Schrei der Mänaden ist sozusagen das musikalische "Leitmotiv" der dionysischen Welt.

Das 4. Lied des Zyklus, eine Vertonung der Ode "Dianam tenerae dicite virgines" (c.I 21) mit dem Titel "A Diana ed Apollo", führt nach den leidenschaftlichen und wechselhaften Eruptionen des vorhergehenden Lie-

---

179) Pöschl a.a.O., S.224.
180) Fraenkel a.a.O., S.237.
181) Ebd., S.238.

des wieder zurück zu einer Sphäre von Anmut und Klarheit, wie sie für
die ersten beiden Stücke kennzeichnend waren; auch die Tonart G-Dur
wird wieder aufgenommen.

Die 4 Strophen der horazischen Ode sind sehr klar voneinander abgesetzt. Strophe 1 enthält die Aufforderung des Dichters an die Knaben und
Mädchen zum Preis des göttlichen Geschwisterpaares Diana und Apollo
und ihrer Mutter Latona, die dann in der 2. Strophe, die sich auf Diana,
und in der 3. Strophe, die sich auf Apollo bezieht, nochmals differenziert
wird. Die Schlußstrophe, nach Fraenkel "eher das Versprechen der Erfüllung eines Gebets als ein Gebet" (182), wie es bei einem Hymnus an
dieser Stelle eigentlich zu erwarten wäre, stellt mit Gewißheit fest, daß
Apollo auf Grund des Liedes der Knaben und Mädchen Krieg, Hunger und
Pest vom römischen Volk und seinem Kaiser Augustus abwenden und
stattdessen die Feinde des Reiches, für die stellvertretend Perser und
Britannier stehen, damit heimsuchen werde. Diese nur für modernes
Empfinden befremdlichen, ja brutalen Worte, die aber aus dem Geist
der römischen Religion und des augusteischen Zeitalters und der expo-
nierten Situation eines von gefährlichen Gegnern bedrohten Weltreiches
zu erklären sind, mögen ein Grund dafür gewesen sein, daß diese Ode so
selten vertont wurde, obwohl die ersten drei Strophen vom Inhalt her
durchaus Anreize für Musik bieten. Auch die Kürze des Gedichts und die
Anschaulichkeit seiner Bilder haben den Widerwillen der Komponisten
vor einer so eminent politischen Äußerung, zumal, wenn sie so unver-
hofft in eine poetische Szenerie hereinbricht wie hier, nicht überwinden
können.

Wir stoßen an dieser Stelle auf eine der Grenzen, die der Vertonung
horazischer Lyrik in der Neuzeit gesetzt sind. Man wird nämlich davon
ausgehen müssen, daß weder der schaffende Musiker noch sein Publikum
geneigt waren und sind, gerade im Zusammenhang mit Musik Texte zu
akzeptieren, die seinem Denken und Fühlen fern liegen und deren zeitbe-
zogene Anspielungen inzwischen nicht mehr verständlich sind und nur dem
literarisch Vorgebildeten und Interessierten etwas zu sagen haben. Beobachtet man den Lauf der Musikgeschichte, so wird man unschwer erkennen können, daß nur die Vokalwerke ihren Platz erobern und behaupten konnten, deren Texte schon zur Zeit ihrer Vertonung dem Publikum
vertraut waren und keinerlei literarische Verständnisschwierigkeiten boten, die der Rezeption der Musik hätten hinderlich werden können. In diesem Fall ist es dem Komponisten jedoch trotz der genannten Schwierigkeiten gelungen, auch für die 4. Strophe eine überzeugende Lösung zu finden, so daß "A Diana ed Apollo" vielleicht sogar das musikalisch erle-
senste Stück der "Sei odi" geworden ist.

Die erste Strophe des Gedichts wird in 4 sanft sich wölbende Melodiebögen eingefaßt, die den Text nach dem Sinnzusammenhang gliedern und
dazu wieder symmetrisch angeordnet sind. Am Anfang und am Ende stehen zwei längere Phrasen, die V. 1 (Preis der Diana) und V. 3-4 (Preis
der Latona) umfassen, dazwischen zwei kürzere, sequenzartige Phrasen
auf die Worte "intonsum pueri" und "dicite Cynthium" (V. 2, Preis des
Apollo). Dazu kommen im Klavier leise, in Halben schreitende Arpeggien im Diskant, denen ein monoton auf den schwachen Taktteilen nach-
schlagendes d' unterlegt ist. Die verhältnismäßig hohe Lage der Klavierbegleitung, die außerdem noch mit der charakteristischen Bezeichnung
"argentino" versehen ist, verstärkt den Eindruck einer zarten Entrückt-

---

182) Fraenkel a.a.O., S.249.

heit, wie sie dem Gebet der Knaben und Mädchen zu dem göttlichen Ge-
schwisterpaar wohl ansteht. Mit Beginn der zweiten Strophe steigert sich diese zu einem geradezu
unwirklichen, farbigen Glanz. Während in der Singstimme "calmo e con-
templativo" zum Preis der Diana aufgefordert wird, wobei Punktierungen,
Triolen und kleine Auszierungen den Ausdruck beleben, zieht Castelnuovo-
Tedesco in der Begleitung alle Register eines fein abgetönten, raffinierten Klaviersatzes. In der rechten Hand rollen langsame, nur aus Quarten
bestehende Staccato-Arpeggien in ausgeschriebenen Sechzehnteln in hoher
Diskantlage auf und ab - "pp chiaro e stellato" lautet die Vorschrift dazu -, während in der linken Hand lang ausgehaltene Baßnoten mit darüber-
gelegten, ebenfalls arpeggioartigen Staccato-Achteln dagegengesetzt sind.
Offenbar hat sich die Phantasie des Komponisten an den Worten "laetam
fluviis et nemorum coma" (V. 5) entzündet: das Rauschen der Flüsse und
der Bäume ist in dieser Begleitung gleichermaßen eindrucksvoll einge-
fangen und stilisiert, ohne daß dadurch die musikalische Einheit des Liedes gefährdet würde. Vielmehr wächst die Begleitung der zweiten Strophe
organisch aus den Arpeggien in der ersten Strophe hervor. Der Wechsel
der Tonart von G-Dur zum terzverwandten H-Dur unterstreicht noch die
Polarität und dennoch vorhandene enge innere Beziehung zwischen den
beiden Strophen. Bei den Worten "nigris aut Erymanthi silvis aut viridis
Cragi" (V. 7/8) tauchen im Baß des Klaviers, während im Diskant die Arpeggien ungestört weiterklingen, vierstimmige Akkorde in halben Noten
auf. Sie werden, zweimal zwischen gis-moll und H-Dur wechselnd, von
ebenfalls akkordischen Viertelnachschlägen auf den schwachen Taktteilen
verstärkt und geben so dem Satzbild zum ersten Mal in diesem Lied eine
Dimension von Schwere und Dichte, die wohl auf die in der Singstimme
erwähnten Gebirge hindeuten soll. Mit dieser Struktur in der linken Hand
des Klaviers wird zugleich ein höchst geschickter Übergang zur 3. Strophe hergestellt, die, mit geringen Abweichungen in Singstimme und Begleitung, zunächst ganz der ersten entspricht. Die Verse 11 und 12, in
denen die beiden klassischen Attribute des Apollo, Leier und Bogen, genannt werden, hebt der Komponist jedoch besonders hervor. Zunächst
unterbricht er die monotone Folge der auf den schwachen Taktteilen nachschlagenden D's bei dem Wort "fraterna" durch ein Des, was durch die
unerwartete Einfügung des Dominantseptakkordes von As-Dur in eine ganz
von G-Dur beherrschte harmonische Sphäre verursacht wird. Dann hält
er die Bewegung der Begleitung an und führt die Singstimme in einem aus-
drucksvollen Bogen von g herab, und zwar in zwei Triolen von der Dauer
einer halben Note, die sich schon dadurch von den vorhergehenden
Vierteln und Achteln bedeutungsvoll abheben. Bei dem Wort "lyra", das
mit einer einen ganzen 3/2-Takt ausfüllenden Koloratur versehen ist, setzt
die Begleitung, mit einer Oktave D-d im Baß beginnend, wieder ein und
nimmt das vorherige Schema für 1 2/3 Takte noch einmal auf. Man sieht,
mit welch liebevollem Nachdruck der Musiker hier das einzige wirklich
"musikalische" Motiv des Gedichts, die Leier des Apollo, ausgestaltet
hat.
   Für die heikle letzte Strophe hat sich Castelnuovo-Tedesco etwas Besonderes einfallen lassen. Er meidet jegliche plakative Illustrierung des
Textes und verzichtet überhaupt auf jede Expression, indem er die bis-
herige musikalische Struktur radikal abbricht und die Worte ohne melodische Konturen auf wenigen Tönen über starren Baßakkorden in Halben
("grave e triste") deklamieren läßt, was noch durch die Anweisung "sal-
modiando" unterstrichen wird. So entsteht der Eindruck einer bezwingen-
den Traurigkeit und Leere, wie der geheimnisvolle, monotone Gesang

einer imaginären Priesterschaft, in dem die unheimliche und bedrohliche
Aussage mit erschreckender Deutlichkeit gebannt ist, ohne daß auch nur
ein Hauch von Pathetik spürbar würde. Bei den Worten "vestra motus
aget" (V. 16) geht die Singstimme doch noch einmal in die Höhe, um bei
dem letzten Wort "prece" im piano auf g" zu verharren, während in der
Klavierbegleitung in gedrängter Form Reminiszenzen an die musikalischen Bauelemente der ersten drei Strophen aufklingen. Zunächst erscheint das Quartenarpeggio der 2. Strophe, jetzt in langsamer Achtelbewegung, welches bezeichnenderweise mit dem Dominantseptakkord von
As-Dur (wie bei "fraternaque umerum lyra" in der 3. Strophe) kombiniert
wird, wodurch ein polytonaler Klang entsteht, der das Schlüsselwort des
Gedichts "prece" in ein geheimnisvolles Licht taucht. Danach ertönen wieder die begleitenden Arpeggien des Anfangs und verklingen im pp. Es ist,
als ob der Gesang der Knaben und Mädchen, wie er in der Phantasie des
Dichters erklingt, jederzeit wieder von vorne beginnen könnte, wodurch
die einem realen Gebet eigene Dimension einer beliebigen Wiederholbar-
keit, die mit sprachlichen Mitteln nicht hervorgebracht werden kann, hier
mit Hilfe der Musik angedeutet wird.

Die Ode "O Venus regina" (c.I 30), deren Vertonung unter dem Titel
"A Venere" sich anschließt, gehört wieder zu den oft komponierten Gedichten des Horaz. Ihre Kürze, ihr Reichtum an farbigen und anschau-
lichen Bildern, die dennoch zu einem einzigen großen Tableau verschmolzen sind, nicht zuletzt auch die Form des Gebets fordern zu musikalischer Ausgestaltung heraus, so daß ich seit dem 18. Jahrhundert 12 Vertonungen nachweisen konnte. Die wohl schönste, von Peter Cornelius,
habe ich bereits ausführlich behandelt; zu nennen wären daneben noch
eine anmutige italienische Solokantate für eine reich mit Koloraturen
geschmückte Singstimme, 2 Hörner, Streicher und Basso continuo von
Johann Christian Bach und ein Lied mit Klavierbegleitung von Friedrich
Wilhelm Marpurg, in dem der als trockener Schulfuchs verschriene berühmte Theoretiker ungewöhnlich viel Eleganz und Leichtigkeit zeigt.
Über das Gedicht, das er "eine vollendete Schöpfung" (183) nennt,
schreibt Fraenkel:
"Mit ruhiger Distanz, die man als Kälte mißdeuten könnte, schildert Horaz die
Götter und Göttinnen im Gefolge der Aphrodite, wie sie das Haus einer Sterblichen
füllen, Eros, die Chariten, die Nymphen, Hebe und Hermes."
Dem Komponisten schwebte hier offensichtlich eine ähnliche Deutung
vor, doch fügt er in seiner Musik noch eine weitere Dimension hinzu, die
beim Dichter nur am Rande mitzuschwingen scheint: die Atmosphäre einer schwülen, schlaffen Sinnlichkeit, die bereits durch die Vorschrift
"Languido, ma un poco mosso" angedeutet wird. Die Singstimme ist ungewöhnlich reich mit Koloraturen durchsetzt, die zum Teil aus einer
ostinaten Figur im Diskant der Klavierbegleitung entwickelt sind. Dazu
kommen leise Arpeggien, deren Harmonik um einen gis-moll-Akkord
kreist, dessen monotone Wiederkehr in Verbindung mit der aus einer
Folge abfallender Terzen bestehenden Figur den Eindruck einer fremdartigen Liturgie in einem imaginären Tempel hervorruft. Man
möchte fast annehmen, daß die Aufzählung der im Osten liegenden Kultorte der Aphrodite, Knidos und Zypern mit Paphos, den Komponisten zu
einem so orientalisch anmutenden Stimmungsbild, wie es die spätromantische und impressionistische Musik liebte, angeregt hat. Auch scheint

183) Fraenkel a.a.O., S. 236, das Zitat S. 235.

ihn weniger die Vorstellung des Gefolges der Göttin mit seinem Glanz und
seiner Pracht, in dem der "fervidus puer" Eros eine gewichtige Rolle
spielt, beeinflußt zu haben als ein eher untergeordnetes Detail der ersten
Strophe: das Bild des Weihrauchs ("ture ... multo" V. 3), der bei der Anrufung der Venus durch Glycera in undurchdringlichen Schwaden durch
die Räume zieht. Darauf weist nämlich die ostinate Figur ebenso hin wie
die besonders ausgedehnte Koloratur in der Singstimme bei den Worten
"ture te". Am Schluß erlaubt sich Castelnuovo-Tedesco, die Anfangsworte "O Venus" noch zweimal zu wiederholen, wobei er den Zusatz zum
originalen Text wie bei dem "euhoe" im 3. Lied durch eckige Klammern
kennzeichnet. Auch hier verwendet er die ostinate Figur, zunächst in der
Originalgestalt und dann in einer erweiterten Form: der Anfangston wird
zu einem Viertel gedehnt, dann folgt die Figur, um eine Terz nach oben
transponiert, wie übrigens schon bei dem Wort "Nymphae", und schließlich wieder die Urgestalt. Zu diesem letzten "O Venus" verklingt im Klavier ("lascia vibrare") der beherrschende gis-moll-Akkord, dem allerdings
jetzt zum ersten Mal die Septime Fis hinzugefügt wird, so daß er
wie eine unaufgelöste Frage im Raum stehen bleibt. Wieder hat der Komponist, wie im vorherigen Lied, durch einen offenen Schluß den Gebets-
charakter eindrucksvoll herausgearbeitet. So ist es ihm durch den öko-
nomischen Einsatz und die kluge Disposition der musikalischen Mittel gelungen, wenn auch auf sehr eigenwillige Weise, den Zauber der Epiphanie
der Göttin Venus einzufangen.

Den Abschluß des Zyklus bildet eine Vertonung der Ode "Exegi monumentum" (c. III 30), die der Komponist mit der Überschrift "A Melpomene" versehen hat. Das Schlußgedicht der ersten Odensammlung des Horaz
gehört zweifellos zu den bekanntesten Schöpfungen des Dichters. Dennoch
ist es sehr selten vertont worden, und das mit gutem Grund. Dieses stolze und höchst persönliche Bekenntnis des Horaz zum unvergänglichen
Ruhm seiner Dichtung, das auf einer langen literarischen Tradition beruht und eine ebensolange begründet hat, bietet mit seinem komplizierten
Aufbau kaum Ansatzpunkte für eine musikalische Gestaltung; die aussage-
kräftigen Bilder sind zu dicht gedrängt und wechseln in Stimmung und Ge-
halt zu stark, als daß eine einheitliche Atmosphäre entstehen könnte, in
der noch Platz für Musik wäre. Castelnuovo-Tedesco hat jedoch diese
Ode gewählt, um seinen Zyklus wirkungsvoll abrunden zu können, indem
er der intimen Idylle des Anfangs die monumentalen Worte des Dichters
an die Nachwelt entgegensetzt und damit zugleich seinem Werk einen
glanzvollen, konzertanten Schluß sichert. Dies ist ihm auch gelungen;
doch leider zeigt dieses letzte Lied gegenüber den anderen 5 einen gewissen Mangel an musikalischer Vornehmheit. Eine ziemlich lärmende, mit
knalligen Effekten gespickte Klavierbegleitung und eine Harmonik, die
mit etwas abgegriffenen Tricks aufwartet, sind die Hauptgründe dafür,
daß hier unglücklicherweise der Eindruck von falschem Pathos entsteht,
wie es diesem Gedicht gerade wegen seiner so überaus expansiven Aussage nicht ansteht und das darum peinlich berühren muß. Die geradezu
penetrant häufige Verwendung der Sixte ajoutée, die in den vorangegan-
genen Stücken zwar auch oft, aber immer mit Geschmack eingesetzt worden war, rückt dieses Lied etwas in die Nähe von Filmmusik. Dennoch
enthält es, vor allem im Mittelteil, auch einige gelungene Stellen. Insgesamt vermögen die Mängel nicht den Rang des ganzen Zyklus zu beeinträchtigen. Auch dürfte eine besonders diskrete Interpretation hier vieles mildern können.

Die Worte "monumentum aere perennius" (V. 1) sind für den Komponisten offenbar der Schlüssel zur musikalischen Ausgestaltung des er-

sten Teils des Liedes, der bis "vitabit Libitinam" (V. 7) reicht. Das Ende
des ersten Satzes, für den man nach Fraenkel "zuvor ziemlich tief Atem
holen" (184) muß und der bis V. 5 reicht, markiert er sehr deutlich durch
eine Kadenz in dem nur ein Viertel umfassenden Takt 10 und fügt die beiden kürzeren Sätze "non omnis moriar" und "multaque pars mei vitabit
Libitinam" nicht sehr geschickt unter Benutzung bereits vorher verwendeter musikalischer Elemente an. Dieser Abschnitt ist ganz auf Monumentalität und Kraftentfaltung ausgerichtet, worauf schon die Vorschrift
"Trionfale" hinweist. Der Komponist erreicht dies mit relativ einfachen
Mitteln, zunächst durch eine um einen Zentralakkord kreisende Harmonik, in der ein G-Dur-Akkord mit Sixte ajoutée fünfmal (T. 1. 2. 3. 4. 11)
mit dem Dominantseptakkord von B-Dur und zweimal (T. 5 u. 12) dem von
C-Dur wechselt. Dazu sind die Takte 6 und 13 sowie 7 und 14 harmonisch
nahezu identisch, nur die Takte 8 und 9 fallen aus dieser Ordnung heraus,
sind dafür aber zueinander sequenzartig angelegt. Zu dieser natürlich be-
absichtigten Einhämmerung ostinater harmonischer Schemata in den ersten 14 Takten kommt noch ein ebenso eindringliches Motiv in der rechten Hand des Klaviers, welches jeweils die Takte 1. 3. 5. 7. 11 und 12 beherrscht. Es besteht aus einer aufsteigenden Folge von 5 Quarten im
Rhythmus ♪ ♫♫, die in drei Akkordschläge im Rhythmus ♫ ♩ mündet.
Alles dies wirkt ein wenig zu plakativ und vordergründig. Die Singstimme,
die in Takt 2 jenes Motiv der Klavierbegleitung kanonisch aufnimmt, bleibt
ansonsten ziemlich unkonturiert und erweckt den Eindruck, als sei sie
nachträglich zu der Begleitung dazukomponiert worden. Daß die Worte
"innumerabilis annorum series et fuga temporum" (V. 4/5) in T. 8 und 9
ausgerechnet zu einer Folge von vollgriffigen Akkorden, die von tiefen
Baßoktaven grundiert werden, gesungen werden, scheint mir nicht sehr
einleuchtend. Bei "multaque pars mei vitabit Libitinam" (V. 6/7) lesen
wir nach zahlreichen f, mf und ff zum ersten Mal ein p in den Noten. Der
Gedanke an Grab und Tod hat den Komponisten zum Glück zu etwas lei-
seren Tönen veranlaßt.

Der wichtige Satz "usque ego postera crescam laude recens" (V. 6/7)
wird in zwei Takten vertont, die in Singstimme und Begleitung nahezu
identisch sind: im Klavier eine absteigende Akkordfolge der rechten Hand
mit in der linken nachschlagenden, aufsteigenden Akkorden im Baß, in
beiden Takten jeweils mf decrescendo, dagegen in der Singstimme eine
aufsteigende Linie im crescendo. Diese wohltuend schlichte und dennoch
raffiniert angelegte Faktur spiegelt das geheimnisvolle, unmerkliche
Wachsen des Dichterruhms eindrucksvoll wider.

Den Mittelpunkt des Gedichts (V. 8/9) bildet die Anspielung auf einen
szenischen Vorgang: der Pontifex schreitet mit der Vestalin auf das Ka-
pitol. Durch die temporale Verknüpfung "usque ego ... crescam, dum..."
wird das Werk des Dichters "in die feierliche Sphäre römischen Kults er-
hoben und an die Ewigkeit der Stadt geknüpft, die durch diesen Kult ver-
bürgt ist" (185). Auch der Komponist hat die Bedeutung dieser Worte wohl
erkannt. Die vollkommen identische Begleitung der beiden Takte, die diesen Text umfassen, ist eine Fortentwicklung der 2 vorhergehenden Takte,
dazu mit der Vorschrift "p dolce e grave" versehen, aber mit dem Unterschied, daß im 4. Viertel ein pp-G-Dur-Akkord ertönt. Dagegen schwingt
sich die Singstimme in einem weiten, differenziert rhythmisierten Bogen
von d'' bis d' herab. Die ganze Phrase ist durch die Anweisung "un poco

184) Fraenkel a. a. O. , S. 357.
185) Viktor Pöschl, Horazische Lyrik, a. a. O. , S. 261.

sostenuto" gegenüber dem Vorhergehenden und Folgenden deutlich abgehoben und gibt in Verbindung mit der raffinierten Ausgestaltung der Begleitung in glücklicher Weise jene "feierliche Stille" (186) wieder, welche die außergewöhnliche Bildkräftigkeit der Worte hervorbringt. Bei V. 10 kommt wieder musikalischer Fluß in das Lied, nachdem sich die Erstarrung gelöst hat, die in dem um ein Viertel verlängerten und dann noch einmal repetierten G-Dur-Akkord im Diskant des Klaviers gebannt zu sein schien.

In den folgenden 2 Takten vermeinen wir, das geheimnisvolle Rauschen des "violens Aufidus" (V. 10) in der Ferne zu vernehmen: es ist in den im pp chromatisch auf- und absteigenden Achteloktaven im tiefsten Baß des Klaviers stilisiert, ein schönes Beispiel für die geschickte Ausnutzung der klanglichen Möglichkeiten extremer Lagen des Klaviers.

Bei den Versen über den König Daunus (V. 11/12) greift der Komponist, mit geringfügigen Änderungen in der Singstimme und bei gleichbleibender Begleitung, auf die Takte 13/14 zurück, ebenso bei den Worten "ex humili potens" (V. 12, T. 24) auf die Stelle "usque ego postera" (T. 15), wodurch eine gewisse zyklische Ordnung entsteht. Der letztgenannte Takt wird dann in der Begleitung sequenzierend fortgesponnen, in der Singstimme ist das Schlüsselwort "Italos" mit Bedacht auf die höchsten Töne des mit dem nicht weniger bedeutsamen "Aeolium" beginnenden Melodiebogens plaziert. Von Takt 27 an beherrscht die Struktur von T. 1 für 3 Takte wieder vollständig das musikalische Geschehen, wird aber vor dem triumphalen Schlußjubel der 3 letzten Takte noch einmal unterbrochen. Eine überraschende Wendung nach e-moll, ein "subito p" und eine Folge leiser Akkorde, unter der sich 7 Viertelnoten chromatisch abwärts bewegen, ist die musikalische Ausgestaltung der Worte "et mihi Delphica lauro cinge volens" (V. 15/16). Der Komponist muß wohl gespürt haben, daß diese zugleich stolze und bescheidene Bitte an die Muse keine lauten Töne verträgt. Bei der Nennung ihres Namens "Melpomene" bricht das stolze Gefühl aber von neuem hervor. Während die Singstimme mit zwei hohen g's auf das Wort "comam" ihren Schlußpunkt setzt, erklingt im Klavier noch einmal (T.32) der erste Takt des Stückes, dem man so etwas wie eine leitmotivische Funktion zubilligen kann. Er wird in T. 33 (ff, squillante) ausgesponnen, wobei in einer Art von komprimierter Kurzform der charakteristische Wechsel von G-Dur mit Sixte ajoutee und dem Dominantsextakkord von B-Dur zweimal in wirbelnden Achteltriolen abrollt, ehe das Lied mit der nochmaligen Bestätigung des ersten Akkords endet, der dann, in der Mittellage nochmals angeschlagen, verklingt.

So endet der Zyklus, der in zarter Zurückhaltung begonnen hatte, mit krachendem Akkorddonner des Klaviers. Wir wollen dem Komponisten zugute halten, daß er das Recht auf einen effektvollen Konzertschluß hat, auch wenn dabei der Dichter etwas auf der Strecke geblieben ist. Castelnuovo-Tedesco hat in den vorausgegangenen 5 Liedern so viel Sensibilität für die Eigenart der horazischen Lyrik bewiesen, bei der Auswahl und Anordnung der Oden so viel Verständnis und Einfühlung gezeigt, daß dieses Werk trotz des mißglückten Schlusses immer noch als eines der bemerkenswertesten und eindrucksvollsten Beispiele für die Vertonung römischer Dichtung angesehen werden muß.

---

186) Pöschl a.a.O., S. 261.

Exkurs
Zum Text von Mozarts Rätselkanon "Thebana bella" KV 73r, Nr. 4

Als der 14jährige Mozart im Sommer 1770 in Bologna vom Padre Martini Unterricht erhielt, machte ihm dieser die ersten beiden Bände seiner "Storia della musica" (Tomo primo, Bologna 1757, Tomo secondo, Bologna 1770 - von letzterem, der noch nicht erschienen war, wohl nur die Plattenabzüge) zum Geschenk und stellte ihm die Aufgabe, einige der Rätselkanons zu lösen, die in Kombination mit reich verzierten Vignetten den Anfang und Schluß eines jeden Kapitels dieser umfassend angelegten Musikgeschichte markieren. Mozart hat sich damals und vielleicht auch noch später offenbar eifrig mit der Auflösung dieser Kanons beschäftigt (187), wurde aber zugleich dazu angeregt, seinerseits eigene Rätselkanons zu verfassen, wobei er natürlicherweise die Kanons seines Lehrmeisters nicht nur als musikalische Modelle benutzte, sondern auch auf die von Martini verwendeten Texte zurückgriff.

Der Text eines dieser von Mozart selbst geschaffenen Rätselkanons, der mit den Worten "Thebana bella" beginnt (KV 73r, Nr. 4), birgt dabei ein sprachliches Problem, das von der Mozart-Forschung bisher entweder übersehen oder unzureichend gelöst worden ist. Er lautet in Mozarts Autograph (heute im Besitz der Musikabteilung der Staatsbibliothek Preußischer Kulturbesitz, Berlin), wie ich mich selbst überzeugen konnte:

"Tebana bella cantus Trojana cantat alter.
Trojana cantat alter Tebana bella cantus."

In dieser Fassung (mit den orthographischen Verbesserungen "Thebana" und "Troiana") wurde der Text auch im Kanon-Band der Neuen Mozart-Ausgabe (188) abgedruckt. Doch leider ergibt er in dieser Form keinen Sinn und ist, was die ersten und die letzten drei Worte, insbesondere das Wort "cantus" betrifft, nicht übersetzbar. Das hat bereits Otto Jahn, der von Haus aus klassischer Philologe war, bemerkt, als er den Kanon 1867 zum ersten Mal veröffentlichte (189). Er verbessert den Text folgendermaßen:

"Tebana bella canto Trojana cantat alter.
Trojana cantat alter Tebana bella canto."

Das läßt sich nun sinnvoll etwa so übersetzen:

"Ich besinge die thebanischen Kriege, ein anderer besingt die trojanischen. Ein anderer besingt die trojanischen, ich besinge die thebanischen Kriege."

Diese Textfassung wurde (mit der Verbesserung "Thebana") von Abert übernommen (190), bei Wyzewa/St.-Foix zitiert (191) und von Gottfried Wolters verwendet (192), wobei letzterer wieder auf das in Mozarts Autograph stehende "Tebana" zurückgriff. Jahns Konjektur scheint auf den ersten Blick plausibel zu sein und das Problem zu lösen, doch nur eine Klärung der Herkunft des Textes kann hier zu sicheren Ergebnissen führen.

187) Vgl. hierzu die Kanonischen Studien KV 73x, dazu Ernst Hess, Mozart-Jahrbuch 1956, S. 112 ff.
188) Wolfgang Amadeus Mozart, Sämtliche Werke, Serie III, Werkgruppe 10: Kanons, vorgelegt von Albert Dunning, Kassel 1974, S. 74.
189) Otto Jahn, W. A. Mozart, Erster Theil, Leipzig ²1867, S. 117.
190) Hermann Abert, W. A. Mozart, Erster Teil, Leipzig 1919, S. 187.
191) T. de Wyzewa et G. de Saint-Foix, W. A. Mozart, I, Paris 1912, S. 322.
192) Mozart-Kanons im Urtext, hrsg. von Gottfried Wolters, Wolfenbüttel 1956, S. 57.

Mozart hat den Text für diesen Kanon dem auf S. 41 des 2. Bandes der "Storia della musica" abgedruckten Rätselkanon in der zitierten, nicht übersetzbaren Form vollkommen wort- und buchstabengetreu, wenn man von der Variante "Trojana" statt "Troiana" absieht, übernommen. Der Fehler liegt also bereits in der Vorlage und ist nicht erst durch Mozart eingeschleppt worden. Bei Martini ist als Autor dieser Zeilen "Anacreon" angegeben, was Dunning (193) und Wolters (194) in gutem Glauben übernommen haben. Diese Angabe ist jedoch unrichtig. Zunächst muß hier festgestellt werden, daß die Texte der Rätselkanons im 2. Band der "Storia della musica" mit einer einzigen Ausnahme (195) der griechischen Literatur der Antike, allerdings immer in lateinischer Übersetzung, entnommen sind. Der griechische Originaltext unseres Kanons findet sich jedoch nicht bei dem frühgriechischen Lyriker Anakreon von Teos, sondern in den beiden ersten Versen eines Gedichtes aus der Sammlung der sog. "Carmina Anacreontea", die aus der Spätantike stammt und in der Motive aus dem nur in spärlichen Resten erhaltenen Werk des Anakreon aufgegriffen und mit meist recht blasser Routine erneut durchgespielt und variiert werden. Doch galten diese Gedichte lange Zeit, so auch noch im 18. Jahrhundert, als Werke des Anakreon. Die beiden Verse lauten im Urtext (196):

$$\text{"}σὺ \ μὲν \ λέγεις \ τὰ \ Θήβης,$$
$$ὁ \ δ'αὖ \ Φρυγῶν \ αὐτάς, \ \ldots\text{"}$$

und in deutscher Übersetzung:

"Du besingst die Kriege Thebens,
    ein anderer aber das Kriegsgeschrei der Phryger (= Trojaner), ..."

Danach könnte eine lateinische Übersetzung dieses Textes nur heißen:

"Thebana bella cantas,
    Troiana cantat alter."

Die Richtigkeit dieser Hypothese fand ich dann bestätigt, als ich nachträglich feststellen konnte, daß dieser Text genau mit der Übersetzung übereinstimmt, die der berühmte Verleger und Gelehrte Henricus Stephanus, der erste Herausgeber der "Carmina Anacreontea", von diesen Versen angefertigt hat. In einem Sammelband mit dem Titel "Carminum Poetarum novem, lyricae poeseωs principum, fragmenta ... Nonnulla etiam aliorum. Cum Latina interpretatione, partim soluta oratione, partim carmine", Heidelberg 1598, den ich einsehen konnte, ist die Übersetzung von Stephanus auf S. 54 abgedruckt. Daß auch Martini tatsächlich auf die Übersetzungen von Stephanus zurückgegriffen hat, läßt sich dadurch erhärten, daß auch der Text des Kanons auf S. XX des 2. Bandes der "Storia della musica" auf Stephanus zurückgeht (197).

Somit steht fest, daß Jahns Konjektur "canto" falsch ist und daß "cantus" bei Martini ein bloßer Druckfehler ist, den der 14jährige Mozart nicht bemerkt, sondern unreflektiert abgeschrieben hat. Ihm ging es ja auch in erster Linie um die Übung im Kontrapunkt und weniger um die planvolle Vertonung eines Textes, der in diesem Falle kaum mehr als ein durchaus auch entbehrliches Vehikel empfunden wurde, was vor allem daraus deutlich wird, daß Mozart bei seinen Auflösungen von Martinis Rätselkanons oft den Text wegließ.

193) Dunning a. a. O., S. XVI.
194) Wolters a. a. O., S. 83: "nach Anacreon".
195) S. 123, wo Vergil, Aen. VI, 646 verwendet ist.
196) Carmina Anacreontea, ed. Karl Preisendanz, Leipzig 1912, Nr. 26.
197) Carmina Anacreontea a. a. O., Nr. 60, 6-7 = Carminum Poetarum ... a. a. O., S. 74.

Der Text unseres Kanons lautet nun nach Beseitigung aller Fehler (auch der orthographischen bei den beiden Eigennamen) folgendermaßen:

> "Thebana bella cantas, Troiana cantat alter.
> Troiana cantat alter, Thebana bella cantas."

Die 2. Zeile mit der Vertauschung der beiden Sätze findet sich natürlich nicht in der Vorlage, sondern wurde erst von Martini in dieser Weise zusammengestellt, um einen Doppelkanon konstruieren zu können.

Etwas nebelhaft aber bleibt weiterhin der Sinn dieser zwei Verse. Er erschließt sich erst aus dem überraschenden Fortgang des Gedichts. Der Mozart-Verehrer Eduard Mörike hat es so übersetzt (198):

> "Du singest Thebens Kriege,
> Und jener Trojas Schlachten,
> Ich meine Niederlagen.
> Kein Reiterheer, kein Fußvolk
> Schlägt mich, und keine Flotte.
> Ein andres Heer bekriegt mich -
> aus jenem Augenpaare."

198) Anakreon und die sog. Anakreontischen Lieder ..., a. a. O., S. 68.

Vorbemerkungen zur Bibliographie

Danksagung

Es ist mir eine angenehme Pflicht, allen denen zu danken, die mir bei der Abfassung dieser Arbeit, besonders aber der Erstellung der Bibliographie in irgend einer Weise geholfen haben. Eine solche Arbeit ist ohne die tätige Mithilfe vieler einzelner, aber auch vieler Institutionen schlechterdings gar nicht durchführbar. Um so mehr habe ich mich über die freundliche Kooperationsbereitschaft und Hilfe gefreut, die mir fast überall zuteil wurde.

Für wertvolle Hinweise, Auskünfte, Besorgung der oft schwer erhältlichen Noten, zumal im Ausland, sowie für Hilfe bei der Übersetzung französischer, italienischer, tschechischer, polnischer und russischer Texte danke ich sehr herzlich:

Herrn Theodore Antoniou, Athen
Frl. Andrea Baier, Mannheim
Herrn Dietmar Benkartek, Heide
Herrn Bernward Beyerle, Elbach/Bayern
Frau Dr. Ruth Blume, Kassel
Herrn Prof. Cesar Bresgen, Großgmain/Österreich
Herrn Dr. Philip Brize, Karlsruhe
Herrn Kai Brodersen, Erlangen
Frau Clara Castelnuovo-Tedesco, Beverly Hills/California/USA
Herrn Lex van Delden, Amsterdam
Frau Ursula Draheim, Karlsbad-Spielberg
Herrn Prof. Dr. Dr. Heinz Draheim, Karlsbad-Spielberg
Herrn Enno Dugend, Oldenburg
Herrn Werner Egk, Inning/Bayern
Herrn Prof. Dr. Helmut Flashar, Bochum
Herrn Prof. Erich Flinsch, Schneidhain/Taunus
Herrn Jean Françaix, Paris
Herrn Prof. Gerhard Frommel, Heidelberg
Herrn Willy Giefer, Brühl
Herrn Odin Günther, Heidelberg
Herrn Prof. Albrecht Gürsching, Hamburg
Herrn Klaus Häfner, Karlsruhe
Herrn Bruno Hauer, Wien
Frau Dr. Dorothee Hellwig, Princeton, N.J./USA
Herrn László Kalmár, Budapest
Herrn Zdeněk Kaňák, Brünn/ČSSR
Herrn Wolfgang Kessler, Heidelberg
Herrn Arghyris Kounadis, Freiburg
Herrn Prof. Dr. Bernhard Kytzler, Berlin
Herrn Carl Lachenmann, Schnait/Württemberg
Herrn Prof. Eduard Landolt, Catania
Frau Renate Lempe, Weingarten
Frau Gertrud Moser-Bernet, Arlesheim/Schweiz
Herrn Jan Novák, Neu-Ulm (für zahlreiche wertvolle Hinweise
und Materialbeschaffung, u. a. seiner eigenen
Vertonungen antiker Texte)
Herrn Dr. Alfons Ott, München †
Herrn Andrzej Rozmarynowicz, Poznán
Madame Jeanne Samaran, Paris
Herrn Franz-Martin Scherer, Heidelberg

Herrn Wilhelm Schlüter, Darmstadt (für seine unermüdliche Hilfe
bei der Aufspürung und Beschaffung von Vertonungen antiker
Texte in der Bibliothek des IMD)
Herrn Hans Schneider, Tutzing
Herrn Klaus Rainer Schöll, Mainz
Herrn Werner Schubert, Sinsheim
Frau Eva Smirzitz, Wien
Herrn Prof. Dalibor Spilka, Brünn/ČSSR
Herrn Prof. Dr. Martin Staehelin, Bonn
Herrn Dr. Rainer Stengel, Freiburg
Herrn Hermann Stösser, Ötigheim
Herrn Hans Studer, Muri/Schweiz
Herrn Dr. Werner Thomas, Heidelberg
Herrn Franz Tischhauser, Zürich
Herrn Prof. Hans Vogt, Neckargemünd
Herrn Prof. Dr. Rudolf Walter, Stuttgart
Herrn Prof. Eberhard Werdin, Köln
Herrn Prof. Erich Werner, Adelsheim
Mrs. Charles Whitten, Silver Spring / Maryland/USA
Herrn Kurt Wilhelm, Straßlach
Herrn Prof. Gerhard Wimberger, Salzburg
Herrn Prof. Dr. Hans-Joachim Zimmermann, Heidelberg

Folgende Institutionen haben mich auf meine Bitten und Anfragen hin
bereitwillig mit Informationen versorgt, mir Kopien von in ihren Beständen
vorhandenen Drucken und Manuskripten zukommen lassen oder sind
mir sonst bei der Materialbeschaffung behilflich gewesen, wofür ich meinen
herzlichen Dank ausspreche:
das Archiv der Gesellschaft der Musikfreunde, Wien (Frau Dr.
Hedwig Mitringer)
die Badische Landesbibliothek, Karlsruhe (insbesondere die Fern-
leihabteilung, die unermüdlich für mich tätig war)
das Departement de la Musique der Bibliothèque Nationale, Paris
die Bodleian Library, Oxford
die British Library, London
die Deutsche Arbeitsgruppe des RISM, München (Frau Liesbeth
Weinhold)
die Deutsche Bücherei, Leipzig
das Deutsche Musikarchiv, Berlin (Herr Eckehard Baer)
DONEMUS, Amsterdam
das Goethe-Museum, Düsseldorf (Frau Irmgard Kräupl)
das Internationale Musikinstitut-Informationszentrum für zeitgenössische Musik (IMD), Darmstadt
das Internationale Quellenlexikon der Musik (RISM), Kassel
(Herr Dr. Karl-Heinz Schlager)
die Internationale Stiftung Mozarteum, Salzburg (Herr Prof. Dr.
Géza Rech)
der Josef Matthias Hauer-Kreis, Wien (Herr Prof. Victor Sokolowski)
die Kongelige Bibliotek, Kopenhagen
die Musikabteilung der Bayerischen Staatsbibliothek, München
(Frau Dr. Renata Wagner)
die Musikabteilung der Deutschen Staatsbibliothek, Berlin
(Herr Dr. Karl-Heinz Köhler)

die Musikabteilung der Hessischen Landes- und Hochschulbibliothek, Darmstadt
die Musikabteilung der Staatsbibliothek Preußischer Kulturbesitz, Berlin (Herr Dr. Rudolf Elvers, Herr Dr. Heinz Ramge)
das Musikhaus Schlaile, Karlsruhe
das Musikinformationszentrum des Tschechischen Musikfonds, Prag (Herr Dr. Jan Ledeč)
das Musikwissenschaftliche Seminar der Rheinischen Friedrich-Wilhelms-Universität, Bonn
die Nationale Forschungs- und Gedenkstätte der klassischen deutschen Literatur in Weimar, Weimar
die Österreichische Nationalbibliothek-Musiksammlung, Wien (Herr w. Hofrat Dr. Franz Grasberger)
das Royal College of Music, London
das Schweizerische Musik-Archiv, Zürich
das Staatliche Institut für Musikforschung Preußischer Kulturbesitz, Berlin (Frau Dr. Imogen Fellinger)
das Staatliche Regino-Gymnasium, Prüm/Eifel
das Staatstheater Kassel
die Stadtbibliothek Mainz
der Verlag Leobuchhandlung, St. Gallen/Schweiz

Durch Ansichtsendungen, Sonderanfertigungen, Überlassung von Katalogen und Probepartituren, Auskünfte sowie z. T. sogar durch Schenkung einzelner Noten haben mich folgende Musikverlage, einige davon zu wiederholtem Male, in freundlichem Entgegenkommen unterstützt. Mein besonderer Dank gilt ihnen und ihren Mitarbeitern, nicht zuletzt wegen der erheblichen Mühe und den Kosten, die bei der Beschaffung von Noten aus dem Ausland entstanden sind:

Bärenreiter-Verlag, Kassel (Frau Helga Schepp)
M. P. Belaieff, Frankfurt (Frau Gabriele Killus)
Boosey & Hawkes, Bonn
Bote & Bock, Berlin
Breitkopf & Härtel, Wiesbaden
Carish, Mailand
Doblinger, Wien
Hans Gerig, Köln
Heugel, Paris
Hochstein & Co., Heidelberg
Hug, Zürich
Robert Lienau, Berlin-Lichterfelde
Möseler-Verlag, Wolfenbüttel
Oxford University Press, London
B. Schott's Söhne, Mainz (Herr Ken Bartlett)
Süddeutscher Musikverlag Willy Müller, Heidelberg
Universal Edition Ltd., London
Universal Edition A. G., Wien
Josef Weinberger, Frankfurt
Hans Wewerka, München
Guglielmo Zanibon, Padua
Suvini Zerboni, Mailand

An die Benutzer der Bibliographie möchte ich noch eine besondere Bitte richten. Da es sich hier um den ersten Versuch einer präzisen und detaillierten Erfassung des Materials handelt, sind Lücken, Fehler und Ungenauigkeiten wohl unvermeidliche Begleiterscheinungen eines so umfassend angelegten Unternehmens. Darum wäre ich allen Lesern, die zur Ergänzung oder Berichtigung dieser Bibliographie auch nur ein kleines Detail beitragen können, sehr dankbar, wenn sie ihre Feststellung nicht für sich behalten, sondern mir mitteilen könnten, damit diese Erkenntnisse und Verbesserungen bei einer eventuellen späteren Überarbeitung oder einem Nachtrag miteingebracht werden können. Dies geschieht am besten durch eine Nachricht an das Seminar für Klassische Philologie der Universität Heidelberg (D-69 Heidelberg 1, Kollegiengebäude Marstallhof). Dort befindet sich auch ein von mir im Jahre 1971 begründetes und seitdem betreutes Notenarchiv, in dem Vertonungen antiker Texte, soweit im Handel erhältlich, aber auch zahlreiche Kopien und Mikrofilme vergriffener Drucke oder unveröffentlichter Werke gesammelt worden sind. Von allen mit einem Stern bezeichneten Werken meiner Bibliographie befinden sich Originale, Xerokopien, Fotokopien oder Mikrofilme, z. T. auch Abschriften von schwer leserlichen Manuskripten, in diesem Archiv und können dort in den Öffnungszeiten der Seminarbibliothek eingesehen und auch entliehen werden.

Eine größere Anzahl von Vertonungen antiker Texte habe ich zwar bibliographisch nachweisen, aber weder beschaffen noch einsehen können; bei einigen wenigen Werken war es bis jetzt nicht möglich, die Herkunft der Texte zu bestimmen, da es sich um sehr freie Übersetzungen ohne genaue Angaben, meist aus sehr umfangreichen Textkomplexen (z. B. "griechische Grabepigramme") handelt. Da die Daten in solchen Fällen nur unvollständig gewesen wären, wurde auf eine Aufnahme in die Bibliographie verzichtet, es sei denn, daß aus anderen Quellen (Auskünfte von Komponisten, Lexika usw.) alle nötigen Informationen geschöpft werden konnten.

Bibliographie der Vertonungen antiker Texte für den Zeitraum von 1700 bis 1978

Die Bibliographie ist in zwei Teile gegliedert:

Teil I enthält Vertonungen von Lyrik, Epos, Prosa sowie von einzelnen Bruchstücken aus dramatischen Werken und ist nach antiken Autoren bzw. dem üblichen Titel eines anonymen Sammelwerks (z. B. Carmina Anacreontea) in alphabetischer Reihenfolge geordnet, wobei bei den Autoren die gebräuchliche deutsche Namensform (z. B. Homer, Horaz) zugrunde gelegt wurde, während die originale, falls davon abweichend, in Klammern dazugesetzt wurde (z. B. Homeros, Quintus Horatius Flaccus).

In Teil I a sind die griechischen (d. h. griechisch schreibenden, z. B. also auch Mark Aurel), in Teil I b die lateinischen Autoren bzw. Sammelwerke gesammelt. Autoren der Anthologia Graeca (= Palatina) und der Anthologia Latina haben keine eigene Rubrik, sondern sind unter diesem Titel eingeordnet und dort im einzelnen genannt. Im übrigen sind auch die Querverweise am Ende der Abschnitte, die z. B. bei Sappho auf die der Dichterin zugeschriebenen oder sie imitierenden Epigramme der Anthologia Graeca hinweisen, zu beachten.

Christliche Autoren sind nur insoweit berücksichtigt, als sie Werke in der heidnischen literarischen Tradition geschaffen haben (z. B. Ausonius, Cupido cruciatur).

Die Komponisten, die Werke eines bestimmten Autors bzw. Teile von Sammelwerken vertont haben, sind ebenfalls alphabetisch aufgeführt. Sollte ein Komponist mehrere verschiedene Werke nach Texten des glei-

chen antiken Autors geschrieben haben, so sind diese in chronologischer Reihenfolge nach dem Datum ihrer Entstehung angeordnet. Folgende Daten und Angaben wurden, so weit wie möglich, ermittelt:
1) Vorname(n) und Nachname des Komponisten.
2) Lebensdaten des Komponisten (nur Jahresangaben).
3) Genauer Titel der betreffenden Vertonung, manchmal in mehreren Fassungen in verschiedenen Sprachen, Besetzung, soweit vorhanden Opus-Zahl bzw. Nummer eines Werkverzeichnisses. Hat das betreffende Werk keinen eigenen Titel, so werden die Anfangsworte des Textes an seine Stelle gesetzt. Dies ist besonders häufig bei losgelösten Bruchstücken aus größeren Werken der Fall, in denen Texte von mehreren verschiedenen Autoren vertont sind. Diese mußten dann aus Gründen der bibliographischen Ordnung getrennt voneinander erfaßt und als isolierte "Werke" behandelt werden, obwohl sie an sich nur im Zusammenhang eine Funktion haben. Dies betrifft auch die genaue Angabe der Besetzung dieser Fragmente, die immer dann genannt wird, wenn sie von der des übergeordneten Werkes abweicht. Doch lassen sich mit Hilfe des Registers der Komponisten die in dieser Weise auseinandergerissenen Werke wieder zusammenfügen.
4) Jahr der Entstehung, falls ermittelt.
5) Genaue Quellenangabe des vertonten antiken Textes. In den Fällen, in denen es verschiedene Ausgaben mit voneinander abweichenden Zählungen gibt (so vor allem bei den Fragmenten der griechischen Lyriker), aber auch bei einigen anderen, unbekannteren Autoren, wurde am Anfang der Rubrik (in Ausnahmefällen, z. B. bei Euripides' Phaeton, auch nach der Quellenangabe) die Ausgabe genannt, nach der zitiert wird. Dabei konnte bei der Menge des Materials nicht auf textkritische Probleme eingegangen werden, d. h. im Einzelfall weicht der vertonte Text oft erheblich von dem Text der genannten Ausgabe ab. Auch den vertonten Übersetzungen liegt sehr oft ganz offensichtlich eine andere als die in diesem Fall herangezogene Ausgabe mit anderen Lesarten zugrunde. Der Vermerk "(passim)" zeigt an, daß aus dem bezeichneten Abschnitt der antiken Quelle nur Teile vertont sind. Er wird ausschließlich bei (meist ziemlich freien) Übersetzungen verwendet, wo unter Auslassung von Passagen mehrere Bruchstücke aus einer längeren Textstelle in der Weise aneinandergereiht sind, daß entweder durch die Unschärfe der Übersetzung oder durch die große Anzahl der einzelnen Bruchstücke eine genauere Lokalisierung nicht möglich bzw. äußerst unübersichtlich wäre.
6) Wenn hier keine Angaben folgen, handelt es sich um eine Vertonung des Urtextes (bei griechischen Texten bisweilen in einer Transskription in lateinischer Schrift, manchmal auch in neugriechischer Aussprache, worauf die Form der Schreibweise in 3) hinweist).
Bei Übersetzungen werden folgende Abkürzungen verwendet:
Ü. = Übersetzung
dän. = dänische, dt. = deutsche, engl. = englische, finn. = finnische, frz. = französische, it. = italienische, poln. = polnische, russ. = russische, schwed. = schwedische, tsch. = tschechische, ung. = ungarische.
Soweit Name und Lebensdaten des (oder der) Übersetzer ermittelt werden konnten, schließen sich diese Angaben an.
Beispiel: dt. Ü. : Eduard Mörike (1804-1875).
7) Angaben über die Form, in der die Noten vorliegen, z. B.: Partitur, Studienpartitur, Klavierauszug, Stimmen, Einzelausgabe u. a. Bei

Werken für eine Singstimme und Begleitinstrument (z. B. Klavier) er-
übrigt sich der Hinweis darauf, daß es sich um eine Partitur handelt.

8 a) Bei veröffentlichten Werken: Erscheinungsort, Erscheinungsjahr (soweit zu ermitteln), Verlag. (SV = Selbstverlag; o. V. , o. O. , o. J. =
ohne Verlag, Ort, Jahr).

b) Bei unveröffentlichten Werken: Name und Ort der Bibliothek bzw. des
Eigentümers, in dessen Besitz sich das Autograph oder eine Abschrift
des betreffenden Werkes befinden, gegebenenfalls Signatur der Bibliothek, nach dem Stand vom Frühjahr 1979.
Ist eine Komposition Bestandteil eines größeren Werkes oder in einem einzigen Sammelwerk (z. B. einer Gesamtausgabe, Anthologie
oder Zeitschrift) veröffentlicht, so folgt dessen voller Titel (mit Angabe der Besetzung, Opus-Zahl, Entstehungsjahr usw.) gleich im Anschluß an die Nennung der Besetzung der betreffenden Komposition
mit dem Vermerk "in:", nach dem Titel dann noch gegebenenfalls eine Ordnungsziffer, die den genauen Standort der Komposition in dem
übergeordneten Werk bzw. Sammelwerk bezeichnet. Steht vor dieser
Ordnungsziffer nochmal ein "in:", so ist dies ein Hinweis darauf, daß
die betreffende Komposition nicht den ganzen unter der genannten Ziffer bezeichneten Teil des übergeordneten Werks ausfüllt. Alle diese
Angaben erfolgen unter 3). Ist eine Komposition (ob in sich geschlossenes Werk oder Teil eines größeren Werkes) aber mehrmals oder
in mehreren Sammelwerken veröffentlicht, so werden die Fundorte
in chronologischer Reihenfolge (nach dem Erscheinungsjahr) erst unter 8 a) aufgeführt. Dabei wurde versucht, auf jeden Fall die Erstausgabe sowie alle Veröffentlichungen in Gesamtausgaben, wissenschaftlichen Ausgaben sowie in praktischen, z. Zt. im Handel erhältlichen
Ausgaben anzugeben.

9) Interpreten, Firmenmarke und Nummer der Schallplatte(n), falls vorhanden. Auch inzwischen nicht mehr lieferbare Platten wurden erfaßt
(Stand vom Frühjahr 1979).

Alle Angaben, die in eckigen Klammern stehen, befinden sich entweder
gar nicht oder nicht in dieser Form in den vorliegenden Ausgaben bzw.
Handschriften. Es handelt sich um notwendige, präzisierende Ergänzungen, die sich aus dem Kontext selbst ergeben (z. B. für 4st. gemischten
Chor a cappella), um Informationen, die aus anderen Quellen (Nachschlagewerken, Monographien, Verlagskatalogen, Auskünften der Komponisten
in Briefen an den Verfasser) geschöpft wurden, um Übersetzungen fremd-
sprachlicher Formulierungen des Titels und der Besetzungsangaben, die,
oft in erweiterter und präzisierter Form, bisweilen etwas reichlicher geboten werden, um allen Mißverständnissen vorzubeugen, sowie um Ordnungsziffern, die eingeführt werden mußten, um Übersicht zu schaffen,
und zwar vor allem bei denjenigen mehrteiligen Werken, die keine eigenen Ordnungsziffern enthalten bzw. von ihrer Struktur her solche nicht
enthalten können (vgl. 3)).

Teil II enthält vollständige Schauspiel- und Bühnenmusiken zu antiken
Tragödien, Satyrspielen und Komödien, und zwar (in dieser Reihenfolge)
von: Aischylos, Sophokles, Euripides, Aristophanes, Menander, Plautus,
Terenz und Seneca dem Jüngeren. Die Stücke sind unter dem jeweiligen
Autor alphabetisch nach den deutschen Titeln, wie sie in Kindlers Litera-
turlexikon (Zürich 1965-1974, 7 Bände und ein Ergänzungsband) zitiert
werden, angeordnet. Die Komponisten, die eine Bühnenmusik zu dem betreffenden Stück geschrieben haben, sind ebenfalls alphabetisch aufgeführt.

In Teil II wurde außerdem eine Reihe von szenischen Werken (Opern, Balletten, szenischen Oratorien u. ä.) aufgenommen, die durchaus nicht als Bühnenmusiken zu dem genannten antiken Theaterstück angesehen werden können, jedoch in anderer Weise eine besonders enge Beziehung zu diesem haben, wenn z. B. deren Text sich eng an den der antiken Vorlage anschließt. Es wurden aber nur solche Werke registriert, bei denen der Bezug ganz deutlich und evident ist und z. B. auch im Titel erwähnt wird (z. B. in der Form "Text nach Euripides" oder "nach der gleichnamigen Tragödie des Euripides"). Daß gerade diese Auswahl willkürlich und lückenhaft sein muß, liegt auf der Hand; doch sonst hätten einige besonders wichtige Werke, die keine Bühnenmusiken sind, wie z. B. Strawinskys "Oedipus Rex", fehlen müssen, wodurch ein verzerrtes Bild von der Bedeutung der einzelnen antiken Stücke für die Musikgeschichte entstanden wäre.

Folgende Daten und Angaben wurden, so weit wie möglich, ermittelt:
1) Vorname(n) und Name des Komponisten.
2) Lebensdaten des Komponisten (nur Jahresangaben).
3) Ort (wenn möglich auch das Theater) und genaues Datum der Uraufführung der Bühnenmusik zu dem genannten antiken Stück.
4) Ein Titel und eine Gattungsbezeichnung wird (in Klammern nach dem Datum) nur dann genannt, wenn es sich <u>nicht</u> um eine Bühnenmusik handelt (z. B. "Oedipus Rex" Opéra-oratorio en deux actes d'après Sophocle ...).

In einigen Fällen, in denen Ort und Datum der Uraufführung nicht ermittelt werden konnten, sind Ort und Jahr der Erstveröffentlichung genannt. Manchmal konnte jedoch auch nur eine Jahreszahl (in Klammern) angegeben werden, von der nicht geklärt werden konnte, ob es sich um das Jahr der Komposition oder der Uraufführung handelt. Da Bühnenmusiken in den allermeisten Fällen jedoch Auftragskompositionen sind, dürften diese beiden Daten meist nicht allzuweit voneinander entfernt liegen. Aus demselben Grund wurde auch darauf verzichtet, Ort und Datum der Veröffentlichung und den Verlag anzugeben, denn ein großer Teil der hier aufgezählten Werke wurde für die Erfordernisse einer bestimmten Bühnenfassung und Regiekonzeption geschaffen und war dadurch für eine Veröffentlichung weder geeignet noch vorgesehen. Im Einzelfall werden hier Lexika und Werkverzeichnisse ergänzende Informationen liefern können. Weiterhin war es nicht möglich, bei jedem Werk die spezielle Form und Beschaffenheit der Bühnenmusik festzustellen, ob z. B. nur die Chöre vertont wurden, ob es auch Sologesänge gibt, ob bestimmte Partien melodramatisch behandelt wurden, ob ein Orchester oder nur einzelne Instrumente herangezogen wurden usw. - u. a. a. O. = und an anderen Orten, d. h. das betreffende Stück wurde in dem angegebenen Jahr noch an mehreren anderen Bühnen aufgeführt, wobei nicht festgestellt werden konnte, welche Bühne die erste war. Dies betrifft nur die zahlreichen vom "Istituto nazionale del dramma antico" seit 1914 in mehreren, z. T. antiken Theatern alle 2-3 Jahre aufgeführten Stücke. Hier wurde immer nur ein (besonders wichtiges und häufig bespieltes) Theater genannt.

<u>Anhang I</u> enthält eine Auswahl von <u>Bearbeitungen</u> und <u>Rekonstruktionsversuchen</u> von antiker (im Fall von Pindars 1. Pythischer Ode auch gefälschter antiker) Vokalmusik. Diese Auswahl ist nach Fragmenten (in der Anordnung von Pöhlmann), dann jeweils nach Komponisten in alphabetischer Reihenfolge geordnet.

<u>Anhang II</u> enthält <u>Instrumentalwerke</u>, denen ein Zitat aus der antiken Literatur im Original oder in Übersetzung als Motto oder Überschrift vorangestellt oder beigegeben ist. Die Anordnung entspricht der von

Teil I a und b, unter 5) wird jetzt die Quelle des als Motto beigegebenen Textes genannt.

Anhang III enthält rein instrumentale Vorspiele, Ouvertüren und Zwischenspiele zu antiken Theaterstücken, jedoch nur in den Fällen, in denen keine mehr oder weniger vollständige Bühnenmusik zu dem betreffenden Stück von dem gleichen Komponisten existiert. Die Anordnung entspricht der von Teil II. - UA = Uraufführung.

Teil I a
Vertonungen griechischer Texte mit Ausnahme vollständiger
Bühnenmusiken

ÄSOP (AISOPOS)

(Corpus Fabularum Aesopicarum, ed. A. Hausrath, Vol. I, Fasc. 1, Leipzig ²1970, Vol. I, Fasc. 2, Leipzig 1956 (im folgenden abgekürzt: H); Aeso-
pica, ed. B. E. Perry, Vol. I, Urbana 1952 (im folgenden abgekürzt: P))

Anonymus (um 1850)
"A Selection of Aesop's Fables versified and set to music with Symphonies
& Accompanim^{ts} for the Piano Forte [für Singstimme und Klavier]: "The
Wolf and the Lamb" [1.], "The Cock and the Jewel" [2.], "The Ant and
the Grasshopper" [3.], "The Satyr and the Traveller" [4.], "The Fox and
the Goat" [5.], "The Angler and the Little Fish" [6.], "The Goose and the
Golden Eggs" [7.], "The Old Hound" [8.], "The Old Man and Death" [9.],
"The Ant, the Grasshopper, the Frog and the Owl" [10.], "The Fox and
the Crow" [11.], "The Wolf and the Crane" [12.], "The Bundle of Sticks"
[13.], "The Carter and Hercules" [14.], "The Fox and the Stork" [15.],
"The Dog and the Sheep" [16.], "The Dog and his Shadow" [17.], "The
Shepherd Boy and the Wolf" [18.], "The Frog and the Fox" [19.], "The
Council of Mice" [20.], "The Wolf and the Nurse" [21.], "The Dove and
the Hawk" [22.], "The Covetous Man and the Envious Man" [23.], "The
Hare and the Tortoise" [24.], "The War-Horse and the Ass" [25.], "The
Birds, the Beasts and the Bat" [26.], "The Eagle and the Fox" [27.], "The
Fox and the Mask" [28.]
1.: Phaedrus Fab. I 1 2.: Phaedrus Fab. III 12 3.: Fab. Synt. 43/Branc. 1
(H) 4.: Fab. 35 I/II/III (H) 5.: Fab. 9 I (H) 6.: Fab. 18 I/II/III (H) 7.: Fab.
89 I (H) 8.: Phaedrus Fab. V 10 9.: Fab. 60 I/II/III (H) 10.: ? 11.: Fab.
Aphth. 29/Dos. 9 a, b (H) 12.: Fab. Aphth. 25 (H) 13.: ? 14.: Nr. 291 (P)
15.: Nr. 426 (P) 16.: Phaedrus Fab. I 17 17.: Fab. 136 I/II/Dos. 11/
Aphth. 35/Synt. 28/Branc. 2 (H) 18.: Fab. 226 I/III δ, γ (H) 19.: Fab. 287
(H) 20.: Nr. 613 (P) 21.: Fab. 163 I/II/III/Aphth. 39 (H) 22.: ? 23.: Nr.
666 (P) 24.: Fab. 254 I/III γ (H) 25.: Fab. 272/Synt. 29 (H) 26.: Nr. 566
(P) 27.: Fab. 1 I/III (H) 28.: Fab. 27 I/II/III (H) engl. Text (sehr freie
Paraphrasen, die das Original teilweise weiter ausspinnen, teilweise auch
nur einzelne Motive aufgreifen)
*London [um 1850], Davidson

Andre Asriel (geb. 1922)
"Sechs Fabeln nach Äsop" für gemischten Chor a cappella (1967): 1. "Der
Fuchs und der Storch", 2. "Der Frosch und der Ochse", 3. "Der Mond
und die Sonne", 4. "Der Fuchs und die Trauben", 5. "Die Schlange und
der Krebs", 6. "Das Affenballett"
1.: Nr. 426 (P) 2.: Phaedrus Fab. I 24 3.: Nr. 468 (P) 4.: Fab. 15a (H)
5.: Fab. 211 I/III (H) 6.: Nr. 463 (P) dt. Text (freie Paraphrasen) vom
Komponisten
*Partitur: Leipzig [1972], Deutscher Verlag für Musik

Werner Egk (geb. 1901)
"Der Löwe und die Maus" Singspiel für Kinder [für 2 Sprechrollen, Kin-
derchor und kleines Orchester] (1931)
Fab. 155 (H) dt. Text (siehe Bemerkung zu "Der Fuchs und der Rabe")
Partitur: Autograph im Besitz des Komponisten, Inning

"Der Fuchs und der Rabe" Singspiel für Kinder [für Sopran, Sprecher,
Kinderchor und kleines Orchester] (1932)
Fab. 126 I/II (H) dt. Text (Über die Herstellung der Texte der beiden
Singspiele schrieb der Komponist dem Verfasser dieser Arbeit am 26. 5.
1975 folgendes: "Die Aesop-Fabeln wurden 12-14jährigen Kindern erzählt,
von diesen mit verteilten Rollen improvisiert. Die endgültige Textfassung
wurde aus den improvisierten Texten der Kinder vom Komponisten zusammengestellt.")
Partitur: Autograph im Besitz des Komponisten, Inning

Hans Werner Henze (geb. 1926)
"Moralitäten" Drei szenische Spiele von W. H. Auden nach Fabeln des
Äsop (1968). Fassung für [Sprecher, gemischten Chor, Schlagzeug und]
2 Klaviere oder Cembalo und 2 Klaviere
I: Fab. 44 (H) II: Fab. 315 = Aphth. 3 (H) III: Fab. 80 (H) engl. Text (freie
Paraphrasen): Wystan Hugh Auden (1907-1973), davon dt. Ü.: Maria
Bosse-Sporleder
*Partitur: Mainz [1969], Schott
Schallplatte: (in der unveröffentlichten Erstfassung für Orchester) Dres-
        dner Kreuzchor und Solisten/Gewandhaus-Orchester Leip-
        zig/Dirigent: Hans Werner Henze; Deutsche Grammophon
        139374

Ilja Hurník (geb. 1922)
"Ezop" Suita di cantate per coro misto ed orchestra [Kantatensuite für
gemischten Chor und Orchester] (1964): 1. "Proemium" (sic!), 2. "Quaer-
cus" (sic!), 3. "Interludium I", 4. "Lupi iudicium", 5. "Interludium II",
6. "Lucerna et astra", 7. "Lepores et ranae", 8. "Epilogus"
1.: instrumental 2.: Fab. 71 / Aphth. 36, vgl. Fab. 239 I/II/III (H)
3.: instrumental 4.: Fab. 160 (H) 5.: instrumental 6.: Nr. 349 (P)
7.: Fab. 143 I/II/III /Aphth. 23 (H) 8.: instrumental tsch. und lat. Text
(freie Paraphrasen) von Parel Jurkovič bzw. Jan Novák (geb. 1921)
Partitur: Prag/Preßburg 1967, Editio Supraphon

Vincent Persichetti (geb. 1915)
"Fables" For Narrator and Orchestra [für Sprecher und Orchester] (1943):
I "The Fox and the Grapes", II "The Wolf and the Ass", III "The Hare
and the Tortoise", IV "The Cat and the Fox", V "A Raven and a Swan",
VI "The Monkey and the Camel"
I: Fab. 15a (H) II: Fab. 198 I (H) III: Fab. 254 III (H) IV: Nr. 605 (P)
V: Fab. Aphth. 40/Fab. 329 (H) VI: Fab. 85 (H) engl. Text (freie Para-
phrasen)
Partitur: New York o.J., Carl Fischer

Hans Poser (1917-1970)
"Die Fabeln des Äsop" Deutsch von Martin Luther, für Männerchor
[2 Chöre], Klavier und Schlagzeug op. 28
Erste Fabel: Phaedrus Fab. III 12   Zweite Fabel: Fab. 312 = Dos. 12 (H)
Dritte Fabel: Fab. 126 I/II/Aphth. 29 (H)   Vierte Fabel: Fab. 136 I/II/Dos.
11/Aphth. 35/Synt. 28/Branc. 2 (H)   Fünfte Fabel: Phaedrus Fab. I 29
Sechste Fabel: Fab. 160 (H)   Siebte Fabel: Fab. 154 (H)   dt. Text (freie
Paraphrasen): Martin Luther (1483-1546)
*Chorpartitur: Hamburg [1956], Sikorski

Gerhard Rosenfeld (geb. 1931)
"Äsop-Fabeln" für gemischten Chor [a cappella]: [1.] "Der Landmann
(Radikalkur)", [2.] "Der Greis (Der Schreckensmann)", [3.] "Der Mond
(Kindliches Verlangen)", [4.] "Der Athlet (Überlegener Gegner)"
1.: Nr. 471 (P)   2.: Fab. 60 III (H)   3.: Nr. 468 (P)   4.: Fab. 260 I/II (H)
dt. Ü.: Horst Gasse
*Partitur: Leipzig [1963], Hofmeister

Hans Vogt (geb. 1911)
"Fabeln des Äsop" [für gemischten Chor, Klarinette (in A und B), Kontrabaß und Schlagzeug (1 Spieler)] (1959): [1.] "Prolog", [2.] "Der Löwe
auf der Jagd", [3.] "Der Fuchs und die Weintrauben", [4.] "Die Ameise
und die Grille", [5.] "Der Frosch und der Ochse", [6.] "Der Hund und
sein Schatten", [7.] "Der Esel in der Löwenhaut", [8.] "Der kreißende
Berg"
1.: -   2.: nach Nr. 339 (P)   3.: Fab. 15a (H)   4.: Fab. 114 Ib/Branc. 1/
Synt. 43 (H)   5.: Nr. 376a (P) = Phaedrus Fab. I 24   6.: Fab. 136 I/II/Dos.
11/Aphth. 35 (H)   7.: nach Fab. 199 III γ /Aphth. 10 (H)   8.: nach Horaz,
Ars poetica 139 dt. Text aus einer anonymen viersprachigen Ausgabe
der Äsop-Fabeln (deutsch, englisch, französisch, italienisch), Berlin o.
J. [zwischen 1750 und 1770], Carl Kühn
*Partitur: Autograph im Besitz des Komponisten, Neckargemünd

AISCHYLOS

Harrison Birtwistle (geb. 1934)
"Prologue" for tenor and seven instruments [für Tenor, Fagott, 2 Trom-
peten, Horn, Posaune, Violine und Kontrabaß] (1971)
Agamemnon V. 1-6. 8. 10 [ὦδε-] -11   engl. Ü.: Philipp Vellacott
Partitur: London [1972], Universal Edition

Jani Christou (1926-1970)
"Anaparastasis I-Astron" [für Bariton, Klavier, Viola, Kontrabaß,
Schlagzeug, Blas- und Streichinstrumente] (1968)
Agamemnon V. 1-7
Partitur: London o. J., J. & W. Chester/Edition Wilhelm Hansen

Josef Matthias Hauer (1883-1959)
"Der gefesselte Prometheus" (Schluß der Tragödie des Aischylos) für
Klavier und Gesang op. 18 (1919)
Prometheus V. 1080-1093 dt. Ü.: Carlo Philips
*Wien o. J., Selbstverlag (heute: Josef Matthias Hauer-Studio, Victor
Sokolowski, Wien 1., Lichtenfelsgasse
7/2)

Nikos Mamangakis (geb. 1929)
"Kassandra" für Sopran, Flöte, Horn, Tuba, Schlagzeug (2 Spieler) und
Harfe (1963)
Agamemnon V. 1072-1073 (=1076-1077). 1087. 1090-1092. 1100-1104. 1107-
1111. 1114-1118. 1136-1137. 1146. 1167. 1214. 1256-1257. 1279-1284. 1291-
1294. 1322-1326
Partitur: München [1963], edition modern

Krzysztof Penderecki (geb. 1933)
"Hýmnos éx erínyón"[1.], "Epi de tó tethýmenó" [2.][für gemischten Chor
und Orchester], "Age dé kai chorou" [3.][für Männerchor und Orchester],
"Epi de tó tethýmenó"[4.], "Hýmnos éx erínyón" [5.], "Mála gar oún
halómená" [6.][für gemischten Chor und Orchester] in: "Dies Irae" Oratorium ob memoriam in perniciei castris in Oświeçim [= Auschwitz] neca-
torum inexstinguibilem reddendam, für 3 Solostimmen [Sopran, Tenor und
Baß], gemischten Chor und Orchester (1967), II.: "Apocalypsis"
1.: Eumeniden V. 331-333 2.: Eum. V. 328-333 3.: Eum. V. 307-311 4. = 2.
5. = 1. 6.: Eum. V. 372-376
Partitur/*Studienpartitur: Krakau [1967], Polnischer Musikverlag/Celle
         [1967], Moeck
Schallplatte: Stefania Woytowicz, Sopran/Wiesław Ochman, Tenor/Bernard
         Ładysz, Baß/Chor der Krakauer Philharmonie (Einstudie-
         rung: Janusz Przybylski) /Orchester der Krakauer Philhar-
         monie/ Dirigent: Henryk Czyz; Philips LY 839701 (vorher:
         Muza SXL 0413)

Franz Schubert (1797-1828)
"Fragment aus dem Aeschylus" [für Singstimme und Klavier] D 450 (1816)
[2 Fassungen]
Eumeniden V. 550-565 dt. Ü.: Johann Mayrhofer (1787-1836)
1. Fassung in: Franz Schuberts Werke, Kritisch durchgesehene Gesammt-
         ausgabe, Serie 20, Bd. IV, Leipzig [1895], Breitkopf & Här-
         tel, Nr. 236a, S. 128-130
2. Fassung: 1) in: Franz Schubert's nachgelassene musikalische Dichtungen
         für Gesang und Pianoforte, 14, Wien [1832], Diabelli &
         Co., Nr. 2
       2) in: Franz Schuberts Werke ... a. a. O., Nr. 236b, S. 131-133
       *3) in: Franz Schubert, Gesänge für eine Singstimme mit Kla-
         vierbegleitung, nach den ersten Drucken revidiert von
         Max Friedlaender Bd. V, Frankfurt o.J., Peters, S. 78-79
Schallplatten: Dietrich Fischer-Dieskau, Bariton/Jörg Demus, Klavier
         (in: Schubert-Lieder im Spiegel der Antike); Deutsche Gram-
         mophon 138715
         Dietrich Fischer-Dieskau, Bariton/Gerald Moore, Klavier
         (in der Kassette: Franz Schubert, Lieder, Volume 2); Deut-
         sche Grammophon 2720 022

Georges S. Tsouyopoulos (geb. 1930)
"Típte mi tód empédos" in: "Drei Fragmente" für [gemischten] Chor und
Orchester (1958), III
Agamemnon V. 975-982
Arbeitspartitur: München [1962], edition modern

Bernd Alois Zimmermann (1918-1970)
"῏Ω παῖδες 'Ελλήνων" [auf Tonband] in: "Requiem für einen jungen
Dichter" Lingual für Sprecher, Sopran- und Bariton-Solo, drei Chöre,
Orchester, Jazzcombo, Orgel und elektronische Klänge nach Worten ver-
schiedener Dichter, Berichten und Reportagen (1969), in: Zweiter Teil:
Requiem I
Perser V. 402 [ὦ παῖδες -] -405 (Dieser Text erscheint nicht in der
Partitur!)
Partitur: Mainz o. J., Schott

ALKAIOS

(Poetarum Lesbiorum Fragmenta, ed. E. Lobel et D. Page, Oxford 1955)

Granville Bantock (1868-1946)
"I shall be ever maiden" [für Alt-Solo und Orchester] in: "Sappho" Nine
Fragments for Contralto (Neun Fragmente für eine Altstimme) in: Nr. 5:
"The moon has set"
Fr. 304, 5 engl. Ü.: Henry Thornton Wharton (1846-1895), dav. dt. Ü.:
John Bernhoff
Partitur/*Klavierauszug: Leipzig [1906], Breitkopf & Härtel

Alfred Böckmann (geb. 1905)
"Trinklied" [für 4st. Männerchor a cappella] in: Alfred Böckmann, "Küs-
sen und Trinken" und "Trinklied" (Neues Chorliederbuch, 40 M)
Fr. 346 dt. Ü.: Karl Preisendanz (1883-1968)
*Chorpartitur: Leipzig [1954], Hofmeister

Cesar Bresgen (geb. 1913)
"Trinklied des Alkaios" [für gemischten Chor a cappella, ad. lib. tiefe
Trommel oder Pauke in D] (1951)
Fr. 346 dt. Ü.: Karl Preisendanz (1883-1968)
*Chorpartitur: Mainz [1953], Schott

Luigi Dallapiccola (1904-1975)
"Estate" per coro di uomini [für 4st. Männerchor a cappella] (1932)
Fr. 347a it. Ü.: Ettore Romagnoli (1871-1938)
*Partitur/*Stimmen: Padua [1972], Zanibon

"Sex carmina Alcaei" una voce canenda, nonnullis comitantibus musicis
(Canones diversi, motu recto contrarioque, simplices ac duplices, can-
crizantes, etc., super seriem unam tonorum duodecim) [für Singstimme
(Sopran) und 11 Instrumente] (1943)
I.: Fr. 384 II.: Fr. 50, 1-2 III.: Fr. 115a, 5-11 IV.: Fr. 362 V.: Fr. 367
VI.: Fr. 359 it. Ü.: Salvatore Quasimodo (1901-1968)
*Partitur mit untergelegtem Klavierauszug: Mailand [1946], Suvini Zer-
                                              boni
Studienpartitur (mit untergelegtem Klavierauszug) in: Luigi Dallapiccola,
"Liriche Greche" per soprano e diversi gruppi strumentali, III. "Sex
carmina Alcaei", London/Mainz/Zürich/New York o. J., Eulenburg
Schallplatte: Heather Harper, Sopran/English Chamber Orchestra/Diri-
                gent: Frederik Prausnitz; EMI ASD 2388

Nininha Gregori (geb. 1925)
"La conchiglia marina" [für Singstimme, Flöte, Oboe, Klarinette, Fagott
und Celesta] in: "Quatro Liricas Gregas" para Canto, Sopros e Celesta
(1950), IV
Fr. 359 it. Ü.: Salvatore Quasimodo (1901-1968)
Partitur: o. O. 1950, Selbstverlag

Ernst Ketterer (geb. 1898)
"Trinklied" [für Männerchor a cappella] in: Neue Männerchöre, 1
Fr. 346 dt. Ü.: Karl Preisendanz (1883-1968)
*Partitur: Heidelberg [1929], Hochstein

Armin Knab (1881-1951)
"Trinklied" [für Männerchor a cappella]
Fr. 346 dt. Ü.: Karl Preisendanz (1883-1968)
*Chorpartitur: Heidelberg 1954 , Hochstein

Friedrich Wilhelm Marpurg (1718-1795)
"Verlangen nach Wein" Sieben und dreyßigstes Lied [für Singstimme und
Klavier (keine separate Singst.)] in: Berlinische Oden und Lieder, Dritter
Theil, S. 39
Fr. 338 dt. Ü.
*Leipzig 1763, Bernhard Christoph Breitkopf und Sohn

Ennio Porrino (1910-1959)
"Alla foce dell' Ebro" [für Sopran oder Tenor und Kammerorchester] in:
"Tre liriche greche", II, in: "I canti dell' esilio" Ciclo di quindici liri-
che per soprano o tenore e orchestra da camera, in: Parte Prima (1945)
Fr. 45 it. Ü.: Salvatore Quasimodo (1901-1968)
*Klavierauszug: Mailand [1953], Carish

Otto-Erich Schilling (1910-1967)
"Beim Weine" [für 4st. Männerchor a cappella] in: "5 Lieder beim Wein"
nach alten Texten für Männerchor a cappella, I.
Fr. 346 dt. Ü.: Karl Preisendanz (1883-1968)
*Chorpartitur: Wolfenbüttel/Zürich [1966], Möseler

Wilhelm Schrey (1915-1967)
"Her mit dem Wein!" [für Männerchor a cappella]
Fr. 346 dt. Ü.: Karl Preisendanz (1883-1968)
Chorpartitur: +1) Darmstadt [1961], Edition Tonos
                2) in: "Lob des Weines" Lieder für [4st.] Männerchor
                   [a cappella], 2., Darmstadt [1962], Edition Tonos

Hans Studer (geb. 1911)
"Nimmer fass ich der Winde Stand" in: "Die Fragmente" Sieben Gesänge
nach altgriechischen Gedichten für Sopran, Flöte, Oboe, Klarinette und
Fagott (1962), V.
Fr. 326, 1-8 dt. Ü.: Eckart Peterich (1900-1968)
Autograph im Besitz des Komponisten, Muri/Schweiz

ALKAIOS VON MESSENE
(siehe ANTHOLOGIA GRAECA)

ALKMAN

(Poetae Melici Graeci, ed. D. L. Page, Oxford 1962)

Erik Bergman (geb. 1911)
"Dormono le cime dei monti" [für Bariton, gemischten Chor und Schlag-
zeug] in: "Nox" per baritono, coro misto, flauto, corno inglese e percus-
sione [für Bariton, gemischten Chor, Flöte, Englisch Horn und Schlag-
zeug] op. 65, I
Fr. 89 = Alkm. Fr. 89 it. Ü.: Salvatore Quasimodo (1901-1968)
*Partitur: Helsinki/Helsingfors [1970], Edition Fazer

Luigi Dallapiccola (1904-1975)
"Dormono le cime dei monti" [für Bariton, Flöte, Flöte in G, Klarinette
in A, Baßklarinette in B, Harfe, Klavier, Viola und Violoncello] in:
"Cinque canti" per baritono e alcuni strumenti (1956), IV.
Fr. 89 = Alkm. Fr. 89 it. Ü.: Salvatore Quasimodo (1901-1968)
*Studienpartitur: Mailand [1957], Suvini Zerboni
Schallplatte: Frederick Fuller, Bariton/ein Instrumentalensemble/
    Dirigent: Frederik Prausnitz; Philips A 01526 L

Marius Flothuis (geb. 1914)
"Avondlied" (II) und "Danslied" (IV) [für gemischten Chor a cappella] in:
"Vier antieke fragmenten" voor a cappella koor op. 41 (1951), II und IV
II: Fr. 89 = Alkm. Fr. 89 IV: Fr. 27 = Alkm. Fr. 27
*Studienpartitur: Amsterdam [1951], DONEMUS

Nininha Gregori (geb. 1925)
"Il cerilo" [für Singstimme, Flöte, Oboe, Klarinette, Fagott und Celesta]
in: "Quatro Liricas Gregas" para Canto, Sopros e Celesta (1950), II
Fr. 26 = Alkm. Fr. 26 it. Ü.: Salvatore Quasimodo (1901-1968)
Partitur: o. O. 1950, Selbstverlag

Hans Studer (geb. 1911)
"Nun ruhen der Berge Gipfel" [für Alt-Solo und Orchester] in: "Pan kai
Aphrodite" Lyrische Kantate nach altgriechischen Gedichten für Alt-
Solo, Frauenchor und Orchester (1950/1961/1966), VIII.
Fr. 89 = Alkm. Fr. 89 dt. Ü.: Horst Rüdiger (geb. 1908)
Autograph im Besitz des Komponisten, Muri/Schweiz

Felix Woyrsch (1860-1944)
"Altgriechisches Nachtlied" in: Drei Gesänge für vierstimmigen Männer-
chor [a cappella] op. 36, Nr. 3
Fr. 89 = Alkm. Fr. 89 dt. Ü. (sehr frei) in dem Roman "Eine ägyptische
Königstochter" (1864) von Georg Ebers (1837-1898)
*Partitur (Einzelausgabe): Leipzig/Zürich o. J., Hug

ANAKREON

(Anacreon, ed. Bruno Gentili, Rom 1958)

Girolamo Arrigo (geb. 1930)
"Il molle Eros desidero cantare" [für Sopran und Ottavino (Pikkoloflöte)]
in: "Episodi" per soprano e quattro flauti - un solo esecutore (1963), I
Fr. 37 it. Ü.: Salvatore Quasimodo (1901-1968)
*Partitur: Paris [1965], Heugel

Giacomo Benvenuti (1885-1943)
"Canute son fatte le tempie" (per voce d'uomo) [für Männerstimme und
Klavier] in: "Frammenti di lirici greci", IV.
Fr. 36 it. Ü.: Enrico Thovez (1869-1925)
*Einzelausgabe: Mailand [1918], Ricordi

Thomas Simpson Cooke (1782-1848)
"Fill me boy as deep a draught", A Glee (and Chorus ad libitum) as per-
formed at the London & Bath Concerts, with an Accompaniment, for the
Piano Forte [für 3 Tenöre, Baß (solistisch) und Klavier oder 3 Tenöre,
Baß (solistisch und chorisch im Wechsel) und Klavier]
Fr. 33 engl. Ü.: Thomas Moore (1779-1852)
*Partitur: London o.J., Royal Harmonic Institution

Luigi Dallapiccola (1904-1975)
"Due liriche di Anacreonte" per canto, clarinetto piccolo in Mi bem.,
clarinetto in La, viola e pianoforte [für Singstimme (Sopran) und 4 Instru-
mente] (1944/45)
I: Fr. 37 II: Fr. 25 it. Ü.: Salvatore Quasimodo (1901-1968)
*Partitur: Mailand [1946], ²[1955] Suvini Zerboni
Studienpartitur in: Luigi Dallapiccola, "Liriche Greche" per soprano e
                     diversi gruppi strumentali, II., London/Mainz/Zürich/
                     New York o.J., Eulenburg
Schallplatte: Elisabeth Söderström, Sopran/ein Instrumentalensemble/
              Dirigent: Luigi Dallapiccola; Philips A 01526 L

Hanns Eisler (1898-1962)
"In der Frühe" (21.) (1940), "Anakreon-Fragment" ("Dir auch wurde
Sehnsucht nach der Heimat tödlich") (60.) [für Singstimme und Klavier]
in: Hanns Eisler, Lieder und Kantaten, Bd. I, S. 59, 160
21.: Fr. 93, 1-3 [-πηκτίδα] + Fr. 187 60.: Fr. 193 (= Anthologia
Graeca VII 263) dt. Ü.: nach Eduard Mörike (1804-1875)
Leipzig [1955], Breitkopf & Härtel

"Später Triumph" (48.), "Geselligkeit betreffend" (49.) (1942), "Die Unwürde des Alters" (69.) [für Singstimme und Klavier] in: Hanns Eisler,
Lieder und Kantaten, Bd. II, S. 126-129, 178-179
48.: Fr. 82, 2 [καὶ φιλὸν-]-10[-σατινέων]   49.: Fr. 56+58+57
69.: Fr. 36 dt. Ü.: nach Eduard Mörike (1804-1875)
*Leipzig [1957], Breitkopf & Härtel

Dieselben 5 Lieder in einer Ausgabe:
"Anakreontische Fragmente" für Singstimme und Klavier (1943): 1. "Geselligkeit betreffend", 2. "Dir auch wurde Sehnsucht nach der Heimat
tödlich", 3. "Die Unwürde des Alters", 4. "Später Triumph", 5. "In der
Frühe" in: Hanns Eisler, Ausgewählte Lieder I (Anakreontische Fragmente, Hölderlin-Fragmente), S. 4-11

Hanns Eisler (Fortsetzung)

1.: Fr. 56+58+57 2.: Fr. 193 (= Anth. Gr. VII 263) 3.: Fr. 36 4.: Fr.
82, 2 [καὶ ψιλὸν-]-10[-σατινέων]   5.: Fr. 93, 1-3 [-πηκτίδα]
+ Fr. 187 dt. Ü.: nach Eduard Mörike (1804-1875)
*Leipzig [1971], Deutscher Verlag für Musik
Schallplatte: (nur 5.) Dietrich Fischer-Dieskau, Bariton/Aribert
            Reimann, Klavier; EMI 1C 065-02 677

Cristobal Halffter (geb. 1930)
"Phér' hydor"[1.][für 5 Soprane, 5 Alte, 5 Tenöre, 5 Bässe, gemischten
Chor und Orchester], "Phér' hydor"[2.][für Bariton und Orchester] in:
"Symposion"[für Bariton, gemischten Chor und Orchester] (1968)
1. und 2.: Fr. 38 (Urtext in lateinischer Umschrift)
Partitur: Wien [1974], Universal Edition
Schallplatte: Günter Reich, Bariton/Chor des Westdeutschen Rundfunks
            Köln (Einstudierung: Herbert Schernus) /Radio-Symphonie-
            Orchester Berlin/Dirigent: Michael Gielen; Wergo 60 042

Charles Hubert Hastings Parry (1848-1918)
"Fill me, boy, as deep a draught" (2.), "Golden hues of life are fled"
(3.) [für Singstimme und Klavier] in: "3 Odes of Anacreon" (1869/70),
2., 3.
2.: Fr. 33 3.: Fr. 36 engl. Ü.: Thomas Moore (1779-1852)
London [1880], Augener

Lodovico Rocca (geb. 1895)
"Ares di sangue mai sazio" [für Baß-Solo, gemischten Chor und Orche-
ster] in: "Antiche iscrizioni" Evocazioni per soprano leggero, basso,
coro ed orchestra [für Sopran-Solo, Baß-Solo, gemischten Chor und
Orchester]
Fr. 191, 3-4 it. Ü.: Ettore Bignone (1879-1953)
Partitur/*Klavierauszug: Mailand [1954], Suvini Zerboni

Hermann Simon (1896-1948)
"Vorspruch" in: "Die Seele des Weins" Vier ernsthafte Trinklieder für
eine Bass-Stimme mit Klavierbegleitung (1937), 1.
Fr. 33 dt. Ü.: Eduard Mörike (1804-1875)
*Berlin-Lichterfelde [1938], R. u. W. Lienau

Hans Studer (geb. 1911)
"O jungfräulichen Blickes, du Knabe" [für Frauenchor und Orchester]
in: "Pan kai Aphrodite" Lyrische Kantate nach altgriechischen Gedichten
für Alt-Solo, Frauenchor und Orchester (1950/1961/1966), V.
Fr. 15 dt. Ü.: August Wilhelm Schlegel (1767-1845)
Autograph im Besitz des Komponisten, Muri/Schweiz

Ernest Walker (1870-1949)
"Anacreontic Ode" in: 6 Songs [für Singstimme und Klavier] op. 12, Nr. 6
Fr. 33 engl. Ü.: Thomas Moore (1779-1852)
London o. J., Acott & Williams

ANTHOLOGIA GRAECA

Granville Bantock (1868-1946)
"Before the feet of Love" [für Alt-Solo und Orchester] in: "Sappho" Nine
Fragments for Contralto (Neun Fragmente für eine Altstimme), in: Nr. 4:
"Stand face to face, friend"
VI 269, 1-2 (nach Art der Sappho) engl. Ü.: nach Henry Thornton Whar-
ton (1846-1895), bearbeitet von Helen F. Bantock, dav. dt. Ü.: John
Bernhoff
Partitur/*Klavierauszug: Leipzig [1906], Breitkopf & Härtel

"Would that my father had taught me" [für Singstimme, Flöte und Vio-
loncello] in: "Three Idyls (sic!)" [für Singstimme, Flöte und Violoncello],
Nr. 2
IX 136, 1-3 (Kyros) engl. Ü.
*Partitur: London [1927], J. B. Cramer

Günther Becker (geb. 1924)
"Δός μοι τοὖκ γαίης πεπονημένον ἁδὺ κύπελλον" (I), "'Υπ-
νώεις, ὠταῖρε" (III)　in: "Vier Epigramme" für Bariton und Kam-
merensemble, I, III
I: XI 43 (Diodoros Zonas) III: XI 25 (Apollonidas)
Partitur: Athen 1961, Selbstverlag

Lennox Berkeley (geb. 1903)
"Three Greek Songs" for Medium Voice [für mittlere Stimme und Klavier]:
I.: "Epitaph of Timas", II.: "Spring Song", III.: "To Aster"
I.: VII 489 (Sappho) II.: X 2 (Antipatros von Sidon) III.: VII 669 (Platon)
engl. Ü.
*London [1953], Chester

Rudolf Bode (1881-1970)
"Bitte" [2.], "Das Leben" [3.], "Gefesselt" [4.], "Beim Wein" [5.], "Bei
Übersendung eines Kranzes" [6.], "Von Blume zu Blume" [8.] [für Singstimme und Klavier] in: "Antike Lieder", [2.-6., 8.]
2.: V 145 (Asklepiades) 3.: X 65 (Palladas von Alexandria) 4.: V 230
(Paulos Silentiarios) 5.: V 136 (Meleagros von Gadara) 6.: V 74 (Rufinos) 8.: V 121 (Philodemos von Gadara) dt. Ü.: Emil Ermatinger (1873-
1953)
*Berlin-Lichterfelde [1952], Vieweg

Edward Elgar (1857-1934)
Five Part-Songs [für 4st. Männerchor a cappella] op. 45 (1902): 1. "Yea,
cast me from heights of the mountains", 2. "Whether I find thee", 3. "Af-
ter many a dusty mile", 4. "It's oh! to be a wild wind", 5. "Feasting I
watch"
1.: V 168 (Anonymus) engl. Ü.: Alma Strettell 2.: V 26 (Anonymus) engl.
Ü.: Andrew Lang (1844-1912) 3.: XVI 227 (Anonymus) engl. Ü.: Edmund
William Gosse (1849-1928) 4.: V 83+84 (Anonymus) engl. Ü.: William M.
Hardinge 5.: IX 270 (Marcus Argentarius) engl. Ü.: Richard Garnett
(1835-1906) 1.-5. dt. Ü.: Julius Buths
*Partitur: London [1903], Novello & Company
Schallplatte: Baccholian Singers; EMI/HMV CDS 3783

Charles Gounod (1818-1893)
"A une jeune Grecque" Épitaphe [für Singstimme und Klavier](1860)
VII 489 (Sappho) frz. Ü.: Prosper Yraven, Text der 2. Strophe: Paul
Collin (1843 - nach 1908)
*Paris [1895], Choudens

Cristobal Halffter (geb. 1930)
"Eíthe ródon genómen" [für Bariton und Orchester] in: "Symposion" [für
Bariton, gemischten Chor und Orchester] (1968)
V 84 (Anonymus) (Urtext in lat. Umschrift)
Partitur: Wien [1974], Universal Edition
Schallplatte: Günter Reich, Bariton/Chor des Westdeutschen Rundfunks
        Köln (Einstudierung: Herbert Schernus) / Radio-Symphonie-
        Orchester Berlin / Dirigent: Michael Gielen; Wergo 60 042

Friedrich Wilhelm Lothar (1885-1971)
"Pan mit Flöte" [für 4st. Männerchor a cappella] op. 5, Nr. 4
XVI 226 (Alkaios von Messene) dt. Ü.: Christian Friedrich Wilhelm
Jacobs (1764-1847)
*Chorpartitur: Berlin/Wiesbaden/Zürich [1952], Edition "Ars Nova"

Franco Margola (geb. 1908)
"La memoria e l'oblio" [2.], "Sulla tomba di Anacreonte" [3.] [für Singstimme, Horn in F und Klavier] in: "Tre Epigrammi Greci" (1959), [2.,
3.]
2.: X 67 (Makedonios von Thessalonike, Konsul) 3.: VII 33 (Julianos von
Ägypten, Konsul) it. Ü.
*Bologna [1968], Bongiovanni

Christian Gottlob Neefe (1748-1798)
"Das Totenopfer" [für Singstimme und Klavier]
VII 476 (Meleagros von Gadara) dt. Ü.: Johann Gottfried Herder (1744-
1803)
  1) in: "Bilder und Träume von Herder mit Melodien", Leipzig [1798],
      Breitkopf & Härtel, S. 32-35
*2) in: Max Friedländer, Das deutsche Lied im 18. Jahrhundert, Erster
      Band, zweite Abtheilung: Musikbeispiele, Nr. 177, S. 264-267,
      Stuttgart und Berlin 1902, Cotta

Priaulx Rainier (geb. 1903)
"Three Greek Epigrams" for soprano voice and piano (1937): I.: "A Bird",
II.: "For a Fountain", III.: "A Dolphin"
I.: VII 202 II.: XVI 228 III.: VII 215 (I.-III.: Anyte von Tegea) engl. Ü.:
Richard Aldington (1892-1962)
*London [1951], Schott and Co.

Lodovico Rocca (geb. 1895)
"Ah (Oh), m'accogliesse dell' Ade la bruna dimora!" [1.] [für Sopran-Solo,
gemischten Chor und Orchester], "Colpa non ho commessa" [2.] [für Baß-
Solo, gemischten Chor und Orchester], "Disse parole estreme" [3.] [für
Sopran-Solo, gemischten Chor und Orchester], "Certo nel cozzo dell'
armi" [4.] [für Baß-Solo, gemischten Chor und Orchester] in: "Antiche
iscrizioni" Evocazioni per soprano leggero, basso, coro ed orchestra
[für Sopran-Solo, Baß-Solo, gemischten Chor und Orchester]

Lodovico Rocca (Fortsetzung)

1.: VII 466, 5-8 (Leonidas von Tarent) 2.: VII 339 (Anonymus) 3.: VII 646
(Anyte von Tegea) 4.: VII 724 (Anyte von Tegea) it. Ü.: Ettore Bignone
(1879-1953)
Partitur/*Klavierauszug: Mailand [1954], Suvini Zerboni

Edmund Rubbra (geb. 1901)
"Silence Dryads leafy keep" [für hohe Stimme, Blockflöte (oder Querflöte),
Cembalo (oder Klavier) und Violoncello] in: "Cantata Pastorale" for high
voice, treble recorder (or flute), harpsichord (or piano) and cello op. 92,
[I]
IX 823 (Platon) engl. Ü.: Walter Leaf (1852-1927)
*Partitur und Stimmen (Blockflöte/Violoncello): London [1962], Alfred
                                                            Lengnick & Co.

Gerhard Schindler (geb. 1921)
"Archaischer Totenhain" Vier Gesänge nach griechischen Dichtern für
eine mittlere Singstimme und Klavier: [1.] "Aischilos (sic!)", [2.] "Das
Opfer des Landmanns", [3.] "Archianax", [4.] "Der Tod der Erato"
1.: VII 40 (Diodoros) 2.: VII 321 (Anonymus) 3.: VII 170 (Poseidippos
oder Kallimachos) 4.: VII 646 (Anyte von Tegea) dt. Ü.: Eduard Saenger
(geb. 1887)
*Hamburg/London [1965], Simrock

Charles Villiers Stanford (1852-1924)
"Heraclitus" [für 4st. gemischten Chor a cappella] in: 4 Partsongs for
unaccompanied chorus op. 110 (1908), Nr. 4
VII 80 (Kallimachos) engl. Ü.: William Johnson Cory (1823-1892)
*Partitur: London [1910], Stainer & Bell

"Heraclitus" op. 110, Nr. 4 arranged for voice and piano [für Singstimme
und Klavier bearbeitet]
London [1918], Stainer & Bell

Hans Studer (geb. 1911)
"Da die Stürme des Winters" (I.) [für Alt-Solo, Frauenchor und Orche-
ster], "Was sitzt du hier" (IV.) [instrumentales Intermezzo, die unten
angegebenen Verse als Motto vorangestellt] in: "Pan kai Aphrodite" Lyri-
sche Kantate nach altgriechischen Gedichten für Alt-Solo, Frauenchor und
Orchester (1950/1961/1966), I., IV.
I.: IX 363, 1-7 (Meleagros von Gadara) dt. Ü.: Emil Staiger (geb. 1908)
IV.: XVI 231, 1-2 (Anyte von Tegea) dt. Ü.: August Oehler (1882-1920)
Partitur: Autograph im Besitz des Komponisten, Muri/Schweiz

"Schon entfliehet der Winter" (I.), "Zu den Sternen blickst du" (IV.) in:
"Die Fragmente" Sieben Gesänge nach altgriechischen Gedichten für So-
pran, Flöte, Oboe, Klarinette und Fagott (1962), I., IV.
I.: IX 363, 1-8 (Meleagros von Gadara) dt. Ü.: Friedrich Leopold Graf zu
Stolberg-Stolberg (1750-1819) IV.: VII 669 (Platon zugeschrieben) dt. Ü.:
Karl Reinhardt (1884-1958)
Partitur: Autograph im Besitz des Komponisten, Muri/Schweiz

Peter Warlock (Pseudonym für: Philip Heseltine) (1894-1930)
"Heracleitus" [für Singstimme und Klavier] in: "Saudades" [3 Lieder]
(1916/17), [Nr. 3]
VII 80 (Kallimachos) engl. Ü.: William Johnson Cory (1823-1892)
*London [1923], Chester

siehe auch ANAKREON

ANTIPATROS VON SIDON/ANYTE VON TEGEA/APOLLONIDAS
(siehe ANTHOLOGIA GRAECA)

APPIAN (APPIANOS)
(siehe ÄSOP)

ARCHILOCHOS

(Archiloque, Fragments, ed. Lasserre-Bonnard, Paris 1958; Elegy and
Iambus, Vol. II, ed. J.M. Edmonds, London 1931, ²1954)

Lukas Foss (geb. 1922)
"Fragments of Archilochos" A choral composition for Countertenor,
Male and Female Speakers, Four Small Choirs and Optional Large Chorus, with Mandolin, Guitar, and Percussion [für Kontra-Tenor, Sprecher,
Sprecherinnen, 4 kleine Chöre, großen Chor ad libitum, Mandoline, Gitarre und Schlagzeug (3 Spieler)] (1965)
A: Fr. 162, 1, 249, 250, 254, 22   B: Fr. 38, 118, 247, 35, 64, 44, 198   C: Fr. 319,
196, 20, 35, 82, 249/ 1, 246, 247, 134   D: Fr. 118, 186, 219, 188, 32, 231, 323,
297, 222, 180, 245   E: Fr. 58, 194, 321, 77, 130, 266, 20, 48, 181   F: Fr. 232,
41, 192, 25, 156, 35, 237, 308, 306, 304   G: Fr. 119, 60 (ed. Lasserre-Bonnard), Fr. 105 (ed. Edmonds), Fr. 310, 195, 82, 213, 51   H: Fr. 252, 128, 29,
274, 21, 133, 155   I: Fr. 1, 81, 114, 7, 191, 49, 251, 76   K: Fr. 1, 113, 161, 111,
14, 274   L: Fr. 9, 5, 313, 95, 318, 65, 200, 123, 151, 257, 107, 113, 157, 81, 103
M: Fr. 127, 123, 85, 249/ 2, 110, 30, 1 (ed. Lasserre-Bonnard) engl. Ü.:
Guy Davenport
Anm.: In zahlreichen Fällen handelt es sich nur um die Übersetzungen
von kurzen Bruchstücken aus größeren Fragmenten. Diese sind in der
Reihenfolge ihres Erscheinens auf der jeweiligen Seite (A, B...) der
Partitur (von oben nach unten gelesen) aufgeführt, und zwar auch dann
nur einmal, wenn später ein anderes Bruchstück des selben Fragments
auf dieser Seite vorkommt. Der englische Text stützt sich oft auf Er-
gänzungsversuche in der Ausgabe von Lasserre-Bonnard. Vgl. dazu:
The Fragments of Archilochos, translated from the Greek by Guy Davenport, Berkeley und Los Angeles 1964)
*Partitur: New York [1966], Carl Fischer/Mainz [1966], Schott
Schallplatte: Crane Collegiate Singers, State University College at Pots-
        dam/Robert Betts, Tenor/Miriam Abramowitsch, Melvin
        Strauss, Sprecher/Oswald Rantucci, Mandoline/Jonathan
        Marcus, Gitarre/Jan Williams, Edward Burnham, Lynn
        Harbold, Schlagzeug/Leitung: Brock McElheran, Lukas
        Foss; Wergo 60 040

ARISTOPHANES

Helmut Bräutigam (1914-1942)
"Vogelchor" aus "Die Vögel" von Aristophanes für 6st. gemischten Chor
[a cappella, mit Sopran-Solo] op. 12, Nr. 3 (1937)
Die Vögel V. 676-683. 737-751. 769-783 dt. Ü.: Eduard Saenger (geb. 1887)
Chorpartitur: Leipzig [1951], Breitkopf & Härtel

Jean Françaix (geb. 1912)
"Les Oiseaux" (I.), "Les Grenouilles" (III.) in: "3 Duos" pour 2 Sopranos
et quatuor à cordes (1934), I., III.
I.: franz. Text vom Komponisten unter Benutzung von: Die Vögel V. 228-
229. 259-262
III.: franz. Text vom Komponisten unter Benutzung von: Die Frösche
V. 209-210 und Motiven der Szene des Dionysos mit den Fröschen V. 209 ff.
(sowie der pseudo-homerischen Batrachomyomachia V. 161-164, siehe un-
ter Pseudo-Homer)
Partitur: Autograph im Besitz des Komponisten, Paris

ARISTOTELES

(Anthologia Lyrica Graeca, ed. E. Diehl, Fasc. 1, Leipzig ³1949)

Adam Soltys (1890-1968)
"Hymnus an die Trotzkraft" (Klavier-Auszug) [für Klavier zu 2 Händen]
in: Titanen und Philosophen nach Diogenes Laertius aus dem Griechischen
übersetzt von Anna Kolle mit einer Komposition von Adam Soltys, Noten-
anhang am Ende des Buchs
Fr. 5 dt. Ü.: Anna Kolle
Klavierauszug Anm.: Da die genaue Besetzung nicht angegeben ist und
auch keinerlei Singstimmen notiert oder wenigstens angedeutet sind, bleibt
unklar, ob es sich überhaupt um eine Vertonung des angegebenen Textes,
der auf den Seiten 150/51 des genannten Buches abgedruckt ist, handelt
oder nur um ein reines Instrumentalstück, das durch den Text des Hymnus angeregt wurde.
*Charlottenburg 1916, Selbstverlag, danach Buchhandlung A. Seydel
          Nachf. (Bernhard Hanff)

(Aristoteles, De anima, ed. W. D. Ross, Oxford 1956)

Gerhard Wimberger (geb. 1923)
"Der Geist scheint ein Wesen zu sein ..." [für Sprechstimme (3. Sprecher sagt: "Aristoteles", 1. Sprecher liest das Zitat) und Orchester] in:
"Memento vivere" Gesänge vom Tod nach Texten von Kurt Marti, Abraham a Sancta Clara, Paul Fleming, Andreas Gryphius u. a. für Mezzosopran, Bariton, 3 Sprechstimmen, gemischten Chor und Orchester (1974)
De anima I 4 (408b, 18 [ὁ δὲ νοῦς-] - [-φθείρεσθαι]) (Ross S. 17)
dt. Ü.: Leonhard Schneider (?-1874)
Partitur (S. 80): Kassel/Basel/Tours/London [1974], Bärenreiter

ASKLEPIADES
(siehe ANTHOLOGIA GRAECA)

BAKCHYLIDES

(Bacchylidis carmina cum fragmentis, post Br. Snell ed. H. Maehler,
Leipzig 1970)

Gioachino Rossini (1792-1868)
"Inno alla pace" [für Bariton-Solo, Männerchor und Klavier] (1850) in:
Quaderni Rossiniani XII, S. 1-20
Fr. 4, 61-80 (ΠΑΙΑΝΕΣ) it. Ü.: Giuseppe Arcangeli (1807-1855)
*Partitur: Pesaro 1968, Leo S. Olschki, Florenz

Max Zenger (1837-1911)
"Der Friede" [für Alt-Solo, Baß-Solo, 4st. gemischten Chor (oder Solo-
quartett) und Klavier] (I.), "Lob des Weines" Terzett [für Alt, Tenor,
Baß (Solo oder Chor) und Klavier] (V.) in: "Altgriechisches Liederspiel"
für Sopran, Alt, Tenor und Baß (Soloquartett oder Chor) mit Begleitung
des Pianoforte oder des Orchesters op. 75, I. , V.
I.: Fr. 4, 61-80 (ΠΑΙΑΝΕΣ) V.: Fr. 20 B, 6-16 (ΕΓΚΩΜΙΑ) dt. Ü.:
Emanuel Geibel (1815-1884), I. in Gemeinschaft mit Ernst Curtius (1814-
1896)
*Ausgabe mit Klavier/Partitur: Berlin [1880], Ries & Erler

BATRACHOMYOMACHIA
(siehe PSEUDO-HOMER, S. 150)

BION

(Bucolici Graeci, ed. U. v. Wilamowitz-Moellendorff, Oxford 1905)

Granville Bantock (1868-1946)
"Great Cypris stood beside me" [für Singstimme, Flöte und Violoncello]
in: "Three Idyls (sic!)" [für Singstimme, Flöte und Violoncello], Nr. 1
Fr. 6 (S. 141) engl. Ü.
*Partitur: London [1927], J. B. Cramer

Erkki Gustaf Melartin (1875-1937)
"An Hesperos" Lied mit Pianoforte [für Singstimme und Klavier] op. 58,
Nr. 3
Fr. 7 (S. 142) dt. Ü.
*Helsingfors/Helsinki o.J., K. B. Fazer/ Leipzig o.J., Breitkopf &
Härtel

CARMINA ANACREONTEA

(Carmina Anacreontea, ed. Karl Preisendanz, Leipzig 1912)

Anonymus (18. Jahrhundert)
"Bacchus Jove's delightful Boy" Song (From Anacreon) [für 2 Singstimmen
und 2 Violinen (oder Flöten)?]
Nr. 49 engl. Ü. (sehr frei)
*2 Stimmen (Singst. und Instrumentalst. zusammen in einem System no-
tiert): Abschrift im Besitz der British Library, London (Add. 34074-
34075, 4. , f. 10)

Anonymus (Ende des 18., Anfang des 19. Jahrhunderts)
"Bacchus Joves delightfull Boy" Glee [for three voices][für 2 Soprane und
Baß a cappella]
Nr. 49 engl. Ü. (sehr frei)
*Partitur: Abschrift (zwischen 1779 und 1823) im Besitz der British
            Library, London (Add. 31807, 27., f. 72 b)

Alfred Brandt-Caspari (1864-1929)
"Trinkspruch" [für Singstimme und Klavier] in: 26 Lieder und Gesänge
für eine oder zwei Singstimmen mit Begleitung des Pianoforte, Heft VI
(= op. 22), Nr. 12
Nr. 21 dt. Ü.
*Einzelausgabe von Heft VI: Porto Alegre/Brasilien o. J., Theo Brügel-
                            mann/Leipzig o. J., Hofmeister

Jacob Bürthel (geb. 1926)
"Alter tanze" Die 47. Ode Anakreons [für 4st. Männerchor a cappella]
Nr. 39 dt. Ü. (freie Paraphrase): Gotthold Ephraim Lessing (1729-1781)
*Chorpartitur: Wolfenbüttel/Zürich [1976], Möseler

Hans A. Cesek (1868-?)
"Als ich Rosen jüngst zum Kranze" [für hohe Singstimme und Klavier] in:
Zwei Lieder für eine Singstimme mit Pianoforte-Begleitung op. 16, Nr. 2
Nr. 6 dt. Ü.
Einzelausgabe: Leipzig o. J., Ernst Eulenburg

Ernest Chausson (1855-1899)
"La Cigale" [für Singstimme und Klavier] op. 13, Nr. 4
Nr. 34 frz. Ü.: Charles Leconte de Lisle (1818-1894)
*Paris o. J., Hamelle

Luigi Cherubini (1760-1842)
"L' Amour mouillé" IIIme. Ode Grecque D' anacréon [für Singstimme und
Klavier oder Harfe]
Nr. 33 (Urtext in griech. Buchstaben und in Umschrift mit lat. Buchstaben)
*1) in: Odes d' Anacréon traduites en français, avec le texte grec, la ver-
        sion latine, et deux dissertations par le citoyen Gail, ... Avec
        estampes, odes grecques mises en musique par Gossec, Méhul,
        Le Sueur et Cherubini; et un discours sur la musique grecque,
        *Paris [1798], Didot l' ainé (4°); Paris [1799/1800], Didot l' ainé
        (3 Bde. 12°)
 2) in: Neuf Odes d' Anacréon mises en musique par Mrs Chérubini,
        Gossek, Le Sueur et Méhul, avec accompagnement de Piano ou
        Harpe, Paris o. J., Janet et Cotelle

"La Colombe et l' Étranger" Ode 9. [für Singstimme und Klavier oder
Harfe] in: Neuf Odes d' Anacréon mises en musique par Mrs Chérubini,
Gossek, Le Sueur et Méhul, avec accompagnement de Piano ou Harpe,
S. 13-17
Nr. 15 lat. Ü.
*Paris o. J., Janet et Cotelle

John Lodge Ellerton (1801-1873)
"θέλω λέγειν 'Ατρείδας" [für Singstimme und Klavier] (ca. 1820/22)
Nr. 23
*Autograph im Besitz der British Library, London (Add. 34803, 2., f. 5 b)

Maurice Emmanuel (1862-1938)
"Trois Odelettes Anacréontiques" pour Voix, Flûte et Piano [für Sing-
stimme, Querflöte und Klavier (ursprünglich für Singstimme, Querflöte
und Orchester)] (1911): I. "Au Printemps", II. "A la Cigale", III. "A la
Rose"
I.: Nr. 46 frz. Ü.: Remi Belleau (1528-1577) II.: Nr. 34 frz. Ü.: Remi
Belleau (1528-1577) III.: nach Motiven aus Nr. 44 und 55, frz. Text:
Pierre de Ronsard (1525-1585)
*Partitur und Flötenstimme: Paris [1914], Durand

Hendrik Charles Focke (1802-1856)
"Gezang uit Anakreon" [für Singstimme und Klavier oder Gitarre] in:
Romanzen und Lieder mit Clavier oder Guitare Begleitung aus der er-
sten Hälfte des dritten Jahrgang des Minnesaengers, Nr. 26
Nr. 32 niederl. Ü.: Pieter Nieuwland (1722-1795), davon dt. Ü.: J. D. Anton
*Einzelausgabe: Mainz/Paris/Antwerpen [1834/35], Schott

Eleanor Everest Freer (1864-1942)
"To a Painter" from "Songs from the Greek" [für Singstimme und Klavier]
op. 15, Nr. 6 in: The Wa-Wan Press, Vol. VI, No. 49 (September 1907)
Nr. 3 engl. Ü.: Thomas Moore (1779-1852)
Einzelausgabe (*Originalausgabe (G-Dur) / Für hohe Stimme (B-Dur)):
Newton/Mass. [1907], The Wa-Wan Press

Niels Wilhelm Gade (1817-1890)
"Auf die Schwalbe" Lied aus Anakreon [für Singstimme und Klavier]
Nr. 25 dt. Ü.: Ernst Anton Ludwig Moebius (1779-1838)
  1) in: Lieder und Gesänge mit Begleitung des Pianoforte, Heft VI, Leip-
     zig [um 1865], Kahnt, S. 3-5
  *2) in: Liederalbum (Lieder und Gesänge mit Begleitung des Pianoforte),
     Leipzig [um 1865], Kahnt, S. 29-31

Harald Genzmer (geb. 1909)
"Wechsellied beim Wein" (2.), "Rechnung" (3.) in: "Drei antike Gesänge" für gemischten Chor und fünf Blechbläser oder Klavier zu vier Händen, 2., 3.
2.: Nr. 50 3.: Nr. 14 dt. Ü.: Eduard Mörike (1804-1875)
*Partitur (zugleich Klavierstimme)/Stimmen: Mainz [1973], Schott

François-Joseph Gossec (1734-1829)
"L'Amour piqué par une abeille" XLme. Ode Grecque D'anacréon [für
Singstimme und Klavier oder Harfe]
Nr. 35 (Urtext in griech. Buchstaben und in Umschrift mit lat. Buchstaben)
*1) in: Odes d'Anacréon traduites en français, avec le texte grec, la
     version latine, et deux dissertations par le citoyen Gail, ... Avec
     estampes, odes grecques mises en musique par Gossec, Méhul,
     Le Sueur et Cherubini; et un discours sur la musique grecque.,,
     *Paris [1798], Didot l'ainé (4°); Paris [1799/1800], Didot l'ainé
     (3 Bde. 12°)

François-Joseph Gossec (Fortsetzung)

2) in: Neuf Odes d'Anacréon mises en musique par Mrs Chérubini,
Gossek, Le Sueur et Méhul, avec accompagnement de Piano ou
Harpe, Paris o.J., Janet et Cotelle

Albrecht Gürsching (geb. 1934)
"Du singst Thebens Kriege" [für Bariton, Querflöte, Fagott, Violine,
Kontrabaß, Cembalo und Schlagzeug] in: "Anakreontika" Kantate für
Bariton, fünf Instrumente und Schlagzeug (1961), Nr. 2
Nr. 26 dt. Ü.: Eduard Mörike (1804-1875)
Partitur: München [1962], Edition Modern

Ernst Haeusler (1760 oder 61-1837)
"Nicht zu lieben, und zu lieben" [für Singstimme und Klavier] in: Zwey
Gedichte von Anackreon (sic!) und Hadlub op. 45, Nr. 2, S. 4
Nr. 29 dt. Ü.: Johann Nikolaus Götz (1721-1781)?
Augsburg o.J., Gombart und Comp.
Anm.: Von dieser Ausgabe ist z. Zt. laut RISM kein Exemplar in Biblio-
      theken nachweisbar.

Harmonicus (Pseudonym eines unbekannten Komponisten aus der 2. Hälfte
      des 18. Jahrhunderts)
"The Earth is a Toper" Translated from the Greek of Anacreon by Dr.
Cogan, Set to Music by Harmonicus and Sung by Mr. Meredith, at the
Music Hall Liverpool [für Singstimme und Klavier; im Anschluß daran
folgt ein Arrangement dieses Liedes für 2 Querflöten (in Partitur)]
Nr. 21 engl. Ü. (sehr frei, der Originaltext (7 Verse) auf 5 Strophen
(= 20 Verse) ausgesponnen): Dr. Cogan (= Philip Cogan, 1750-1833? =
Harmonicus?)
   1) Dublin o.J., Benjamin Cooke
  *2) Liverpool o.J., Hime

Joseph Haydn (1732-1809)
"An die Frauen" Aus der Lyrischen Blumenlese [von Karl Wilhelm Ram-
ler]. Die zweite Ode Anakreons [für 2 Tenöre, Baß und Cembalo (Klavier)] Hob. XXVb: 4 (vor Juli 1799)
Nr. 24 dt. Ü.: Gottfried August Bürger (1747-1794)
   1) in: Oeuvres de J. Haydn, Cahier IX, contenant XXXIII Airs et Chan-
      sons, avec accompagnement du Pianoforte, Leipzig [1803], Breit-
      kopf & Härtel, Nr. 9
   2) in: Drey- und vierstimmige Gesaenge mit Begleitung des Pianoforte
      von Joseph Haydn, Leipzig [1803], Breitkopf & Härtel, Nr. 9
      (Weitere Ausgaben sind genannt
      in: Joseph Haydn, Thematisch-bibliographisches Werkverzeichnis, zu-
      sammengestellt von Anthony van Hoboken, Bd. II, Mainz 1971, S. 230)
  *3) in: Joseph Haydn, Werke, Reihe XXX: Mehrstimmige Gesänge, her-
      ausgegeben von Paul Mies, München/Duisburg 1958, Henle, Nr. 11,
      S. 69-74
   4) in: Joseph Haydn, Dreistimmige Gesänge mit Klavierbegleitung, her-
      ausgegeben von Wilhelm Weismann, Teil II: Für Männerstimmen,
      Leipzig [1958], Peters, S. 18-25
   5) in: Joseph Haydn, Gesänge für drei Männerstimmen zum Klavier, her-
      ausgegeben von Wilhelm Ehmann, Kassel/Basel [1959], Bärenrei-
      ter, S. 12-19

Joseph Haydn (Fortsetzung)

Schallplatte: Bergedorfer Kammerchor/Manfred Schandert, Klavier/
Dirigent: Hellmut Wormsbächer (in: Chorlieder der Klassik);
Telefunken SLT 43123-B/Teldec 6.41 031 AS

Musgrave Heighington (1679-1764)
"Θέλω Θέλω λέγειν 'Ατρείδας" ΑΝΑΚΡΕΟΝΤΟΣ ΩΔΗ A.-Ode 1.st
[1.] [für Singstimme, Trompete, 2 Violinen, Viola und Basso continuo],
"'Ο Πλοῦτος εἴ γε χρυσοῦ" ΩΔΗ B.-Ode 2^d [2.] [für Singstimme,
2 Violinen und Basso continuo], "Τί με τοὺς νόμους διδάσκεις" ΩΔΗ Γ.-
Ode 3 [3.] [für Singstimme, Querflöte, 2 Violinen, Viola und Basso con-
tinuo], "Ὅτ' ἐγὼ πίω τὸν οἶνον" ΩΔΗ-Ode[4.] [für Singstimme, 2 Violinen, Viola und Basso continuo],"Χαλεπὸν τὸ μὴ φιλῆσαι" ΩΔΗ-Ode 46
[5.] [für Singstimme, Oboe, 2 Violinen, Viola und Basso continuo], "Λέ-
γουσιν αἱ γυναῖκες" ΩΔΗ IA-Ode 11 [6.] [für Singstimme, 2 Violinen und Basso continuo] in: "Six Select Odes of Anacreon in Greek And
Six of Horace in Latin Set to Musick by Dr Musgrave Heighington ..."
[1. Teil dieses Sammelwerks], S.1-28
1.: Nr.23 2.: Nr.36 3.: Nr.52 4.: Nr.50, 1-12 5.: Nr.29, 1-7 6.: Nr.7
*Partitur: London [zwischen 1742 und 1745], John Simpson
Anm.: Die Datierung dieses Drucks in MGG 6, Sp.34 auf "um 1736" kann
insofern korrigiert werden, als der Komponist das Werk "To the
Right Hon. ^{ble} Robert Lord Walpole Earl of Orford ..." gewidmet
hat. Dieser wurde aber erst 1742, als er von seinem Posten als
Premierminister zurücktrat, zum "Earl of Orford" ernannt, und
starb bereits 1745. - vgl. auch S.192

"The Dream on Anacreon" [für Singstimme, 2 Violinen und Basso conti-
nuo] in: "The Amphion" A Collection of Favourite English Songs Never before Publish'd Set to Music by Several Eminent Masters, Book III, S.26
Nr.1 engl. Ü. (sehr frei, Originaltext weiter ausgesponnen)
*Partitur: London [1745], John Simpson

Ludwig Hess (1877-1944)
"Frühlingslied" [8.] [für hohe Singstimme und Klavier], "Alles trinkt"
[9.], "Der muntre Alte" [10.] [für Baß und Klavier] (1902) in: 10 Gesänge
und Lieder[mit Klavierbegleitung], Nr.8, 9, 10
8.: Nr.41 9.: Nr.21 10.: Nr.47 dt. Ü.: Ludwig Weissel (1841-1886)
*3 Einzelausgaben: Leipzig 1903, Lauterbach & Kuhn

Władysław Kabalewski (geb.1919)
"O Swierszczu Małym" ["Von der kleinen Grille"] [für Singstimme, Alt-
flöte in G und Harfe] in: "Dwie Piesni do słow Horacego" ["2 Gesänge
nach Worten von Horaz"] na głos zenski, flet i harfe [für Singstimme,
Flöte und Harfe] (1967), 1.
Nr.34 (passim) poln. Ü.
Anm.: Warum der Komponist Horaz als Textautor angibt, bleibt unerfind-
lich.
*Partitur: Autograph im Besitz des Komponisten, Warschau

Wilhelm Kienzl (1857-1941)
"Trinklied" op.107, Nr.2 [für 4st. Männerchor a cappella]
Nr.38 dt. Ü.: Eduard Mörike (1804-1875)
*Partitur: Heidelberg [1927], Hochstein

Walter Klefisch (geb. 1910)
"Frühlingslied" [für 4st. Frauenchor a cappella] in: Zwei Frauenchöre,
[2.]
Nr. 46 dt. Ü.: Karl Preisendanz (1883-1968)
*Singpartitur: Berlin [1968], Bote & Bock

Bearbeitung dieses Werkes:
"Frühlingslied" [für 4st. gemischten Chor a cappella]
Nr. 46 dt. Ü.: Karl Preisendanz (1883-1968)
*Partitur: Berlin [1974], Bote & Bock

Bernhard Kytzler (geb. 1929)
"An die Zikade" Lied für Bariton mit Klavierbegleitung (1952)
Nr. 34
*Autograph im Besitz des Komponisten, Berlin

Louis Lacombe (1818-1884)
"La Cigale" [für Singstimme und Klavier] in: 30 Lieder pour chant et
piano (Oeuvre posthume), Nr. 18, S. 107-115
Nr. 34 frz. Ü.: Henri Vesseron, davon dt. Ü.: Lisbeth Weber
*Paris 1895, Enoch

Jean-François Le Sueur (1760-1837)
"Sur la lyre D'anacréon" Ode Iere [für Singstimme und Klavier oder
Harfe]
Nr. 23 (Urtext in griech. Buchstaben und in Umschrift mit lat. Buchstaben)
*1) in: Odes d'Anacréon traduites en français, avec le texte grec, la ver-
       sion latine, et deux dissertations par le citoyen Gail, ... Avec
       estampes, odes grecques mises en musique par Gossec, Méhul,
       Le Sueur et Cherubini; et un discours sur la musique grecque,
       *Paris [1798], Didot l'ainé (4⁰); Paris [1799/1800], Didot l'ainé
       (3 Bde. 12⁰)
   2) in: Neuf Odes d'Anacréon mises en musique par Mrs Chérubini,
       Gossek, Le Sueur et Méhul, avec accompagnement de Piano ou
       Harpe, Paris o. J., Janet et Cotelle

"Sur sa lyre" Ode Iere D'Anacréon [für Tenor oder Diskant (= Sopran?)
und Klavier oder Harfe], "À sa maitresse" Ode 9. [für Tenor und Klavier
oder Harfe], "Tout boit dans l'univers" Ode 19 D'Anacréon [für Tenor
oder Diskant (= Sopran?) und Klavier oder Harfe] in: Neuf Odes d'Anacréon mises en musique par Mrs Chérubini, Gossek, Le Sueur et Méhul,
avec accompagnement de Piano ou Harpe, S. 1-12
Ode Iere: Nr. 23 Ode 9.: Nr. 22   Ode 19: Nr. 21 frz. Ü.: Jean-Baptiste
Gail (1755-1829)
*Paris o. J., Janet et Cotelle

Richard Leveridge (1670-1758)
"Old Age" ("Oft I'm by the Women told") [für Baß und Basso continuo]
Nr. 7 engl. Ü.: Abraham Cowley (1618-1667)
*1) in: The Musical Miscellany; Being a Collection of Choice Songs, and
       Lyrick Poems: With the Basses to each Tune, and Transpos'd for
       the Flute. By the most Eminent Masters. Volume the Sixth, Lon-
       don 1731, J. Watts, S. 154-156; auf S. 157 Arrangement des Liedes
       für Querflöte solo ("For the Flute")

Richard Leveridge (Fortsetzung)

2) London [1735 ?], John Simpson
3) London 1740, o. V.

Karl Loewe (1796-1869)
"Drei Anakreontische Lieder": "An die Leier" [1.], "Auf sich selbst" [2.],
"Auf sich selbst" [3.] [für Singstimme und Klavier] (1815 oder früher) in:
Carl Loewes Werke, Gesamtausgabe der Balladen, Legenden, Lieder und
Gesänge für eine Singstimme, ... hrsg. von Dr. Max Runze, Bd. I: Lie-
der aus der Jugendzeit und Kinderlieder, S. 6-11
1.: Nr. 23 2.: Nr. 7 3.: Nr. 40 Urtext und dt. Ü. wahlweise zu singen
*Leipzig [1899], Breitkopf & Härtel
Schallplatte: (nur 2.) Norma Sharp, Sopran/Joachim Draheim, Klavier
        (in: Antike Dichtung im Spiegel der Musik); audite FSM 53179

"An die Grille" Ode nach Anakreon [für Singstimme und Klavier] op. 9,
H. IX, Nr. 5 (1835)
Nr. 34 Urtext und dt. Ü. wahlweise zu singen
1) in: Gesammelte Lieder, Gesänge, Romanzen und Balladen op. 9, Heft
   IX: Sechs Lieder von Goethe, aus dem Griechischen, und von v.
   Gerstenberg, Nr. 5, Leipzig [1836], Hofmeister
*2) in: Carl Loewes Werke, Gesamtausgabe der Balladen, Legenden, Lie-
   der und Gesänge für eine Singstimme, ... hrsg. von Dr. Max
   Runze, Bd. XVI: Das Loewesche Lied, Leipzig [1903], Breitkopf
   & Härtel, S. 203-206

Friedrich Wilhelm Marpurg (1718-1795)
"Amor" Vier und dreyßigstes Lied [für Singstimme und Klavier (keine
separate Singstimme)] in: Berlinische Oden und Lieder, Zweyter Theil,
S. 36
Nr. 6 dt. Ü.: Christian Gottlieb Lieberkühn
*Leipzig 1759, Johann Gottlob Immanuel Breitkopf

Etienne-Nicolas Méhul (1763-1817)
"Ἡ γῆ μέλαινα πίνει" Ode XIXe [für Singstimme und Klavier oder
Harfe]
Nr. 21 (Urtext in griech. Buchstaben und in Umschrift mit lat. Buchstaben)
*1) in: Odes d'Anacréon, traduites en français, avec le texte grec, la
   version latine, et deux dissertations par le citoyen Gail, ... Avec
   estampes, odes grecques mises en musique par Gossec, Méhul,
   Le Sueur et Cherubini; et un discours sur la musique grecque,
   *Paris [1798], Didot l'ainé (4⁰); Paris [1799/1800], Didot l'ainé
   (3 Bde. 12⁰)
2) in: Neuf Odes d'Anacréon mises en musique par M. rs Chérubini,
   Gossek, Le Sueur et Méhul, avec accompagnement de Piano ou
   Harpe, Paris o. J., Janet et Cotelle
*3) in: "Das Musikwerk" Eine Beispielsammlung zur Musikgeschichte,
   Heft 16: Frits Noske, Das außerdeutsche Sololied (1500-1900),
   Köln [1958], Arno Volk, S. 59-60
Schallplatte: Norma Sharp, Sopran/Joachim Draheim, Klavier (in: Antike
        Dichtung im Spiegel der Musik); audite FSM 53179

Etienne-Nicolas Méhul (Fortsetzung)
"Les plaisirs d'un Buveur" Ode 39 [für Singstimme und Klavier oder
Harfe] in: Neuf Odes d' Anacréon mises en musique par M. ^{rs} Chérubini,
Gossek, Le Sueur et Méhul, avec accompagnement de Piano ou Harpe,
S. 18
Nr. 50, 1-8 lat. Ü.
*Paris o. J., Janet et Cotelle

Paul Mirsch
"An die Leier" in: Drei Gesänge für eine Barytonstimme mit Begleitung
des Pianoforte op. 1, Nr. 1
Nr. 23 dt. Ü.: Franz von Bruchmann (1798-1867)
*Leipzig 1884, E. W. Fritzsch

Rudolf Moser (1892-1960)
"Eros und Bienchen" [für 4st. gemischten Chor a cappella] op. 27, Nr. 4
(1924) in: Lieder und Madrigale für gemischten Chor a cappella
Nr. 35 dt. Ü.: Josef Maria Stowasser (1854-1910)
*Partitur: Autograph im Besitz von Frau Gertrud Moser-Bernet, Arles-
          heim/Kanton Baselland

"Eros und Bienchen" [für Singstimme und Klavier] op. 27, Nr. 4 (1924) in:
Lieder und Madrigale für gemischten Chor a cappella, für eine Singstim-
me mit Klavier bearbeitet [vom Komponisten]
Nr. 35 dt. Ü.: Josef Maria Stowasser (1854-1910)
*Autograph im Besitz von Frau Gertrud Moser-Bernet, Arlesheim/Kanton
Baselland

Wolfgang Amadeus Mozart (1756-1791)
"Thebana bella" Canon. Ter voce ciemus: "Thebana bella", Voce ter in-
sonuit: "Troiana cantat" [6st. Rätselkanon] KV 73r (89^aII), 4. (1770)
Nr. 26, 1-2 lat. Ü.: Henricus Stephanus (1528-1598)
Schreibweise als Rätselkanon:
1) in: Otto Jahn, W. A. Mozart, Zweite durchaus umgearbeitete Auflage.
      In 2 Theilen, Erster Theil, Leipzig 1867, S. 117 (auch in der 3. und
      4. Auflage von Jahns Biographie, jeweils im 1. Teil)
2) in: Hermann Abert, W. A. Mozart. Herausgegeben als fünfte, vollstän-
      dig neu bearbeitete und erweiterte Ausgabe von Otto Jahns Mozart,
      Erster Teil, Leipzig 1919, S. 187
3) in: Mozart-Kanons im Urtext, herausgegeben von Gottfried Wolters,
      Wolfenbüttel 1956, Möseler, S. 57
Schreibweise als Rätselkanon und Entzifferung in Partitur:
* in: Wolfgang Amadeus Mozart, Neue Ausgabe sämtlicher Werke, Serie
      III: Lieder, mehrstimmige Gesänge, Kanons; Werkgruppe 10: Ka-
      nons, vorgelegt von Albert Dunning, Kassel [1974], Bärenreiter,
      19. Vier Rätselkanons, 4., S. 79
Anm.: Zur Textfassung dieses Kanons vgl. S. 100-102 dieser Arbeit

James Nares (1715-1783)
"Fill up the Glass" Catch [für 3 Singstimmen] in: A Collection of Catches,
Canons and Glees by Dr. Nares ..., S. 36
engl. Text nach Motiven aus Nr. 18 a, 45, 48
*London [um 1780], Welcker

Charles Hubert Hastings Parry (1848-1918)
"Away, away you men of rules" [für Singstimme und Klavier] in: "3 Odes of Anacreon" (1869/70), 1.
Nr. 52 engl. Ü.: Thomas Moore (1779-1852)
London [1880], Augener

Karl Martin Reinthaler (1822-1896)
"Acht heitere Trink- und Liebeslieder" für eine Bariton- und Bass-Stimme mit Begleitung des Pianoforte op. 37: Nr. 1. "Rosenlied", Nr. 2. "Rosen und Lilien", Nr. 3. "Der verjüngte Greis", Nr. 4. "Liebestrank", Nr. 5. "Liebesgötter", Nr. 6. "Europa", Nr. 7. "Der muntere Alte", Nr. 8. "Trinklied"
Nr. 1.: Nr. 44   Nr. 2.: Nr. 51   Nr. 3.: Nr. 53   Nr. 4.: Nr. 6   Nr. 5.: Nr. 25
Nr. 6.: Nr. 54   Nr. 7.: Nr. 47   Nr. 8.: Nr. 48 +50, 1-4
dt. Ü. (teilweise sehr frei): Ludwig Weissel (1841-1886)
*8 Einzelausgaben: Leipzig o. J., Robert Forberg

"Trinklied" [für 4st. Männerchor a cappella] in: "6 Gesänge" op. 44, Nr. 6
Nr. 45 dt. Ü.: Ludwig Weissel (1841-1886)
*Partitur (Einzelausgabe): Leipzig [1889/90], Kistner

"Lebensweisheit" [für 4st. Männerchor a cappella]
Nr. 32, 1-6. 13-18 dt. Ü.: Ludwig Weissel (1841-1886)
*Partitur: Berlin [1907], Richard Kaun/Milwaukee [1907], William A. Kaun

Hermann Riedel (1847-1913)
"Ich will von Schlachten singen" in: Drei Lieder für eine Singstimme mit Klavier-Begleitung op. 8, Nr. 1
Nr. 23 dt. Ü.
*Wien 1871, J. P. Gotthard

Albert Roussel (1869-1937)
"Odes Anacréontiques"[für Singstimme und Klavier]op. 31 und 32: Ode XVI: "Sur lui-même" op. 31, Nr. 1, Ode XIX: "Qu'il faut boire" op. 31, Nr. 2, Ode XX: "Sur une jeune fille" op. 31, Nr. 3, Ode XXVI:·"Sur lui-même" op. 32, Nr. 1, Ode XXXIV: "Sur une jeune fille" op. 32, Nr. 2, Ode XLIV: "Sur un songe" op. 32, Nr. 3
Ode XVI: Nr. 26   Ode XIX: Nr. 21   Ode XX: Nr. 22   Ode XXVI: Nr. 48
Ode XXXIV: Nr. 51   Ode XLIV: Nr. 30   frz. Ü.: Charles Leconte de Lisle (1818-1894)
*Paris [1927], Durand

Charles Kensington Salaman (1814-1901)
"Anacreon's 22nd Ode   Παρὰ τὴν σκιήν " Duo for Soprano and Contralto [für Sopran, Alt und Klavier]
Nr. 18 b Urtext und engl. Ü. von Malcolm Charles Salaman (1855-1940), dem Sohn des Komponisten, wahlweise zu singen
London o. J., Novello, Ewer & Co.

Max von Schillings (1868-1933)
"Drei Lieder des Anakreon" [für Sopran und Klavier] op. 14: Nr. 1: "Eros
im Becher", Nr. 2: "Eros und die Biene", Nr. 3: "Eros' Kampf
Nr. 1: Nr. 6 Nr. 2: Nr. 35 Nr. 3: Nr. 13 dt. Ü.: Hermann August Junghans
(1840-1878)
*3 Einzelausgaben: Berlin [1902], Bote & Bock

Othmar Schoeck (1886-1957)
"Ruheplatz" [für Baß und Klavier] in: 5 Lieder op. 31 (1915), Nr. 4
Nr. 18b dt. Ü.: Eduard Mörike (1804-1875)
*Leipzig [1921], Breitkopf & Härtel

Franz Schubert (1797-1828)
"An die Leyer" [für Singstimme und Klavier] op. 56, Nr. 2 D 737 (1822 oder
23)
Nr. 23 dt. Ü.: Franz von Bruchmann (1798-1867), davon it. Ü.: Jakob
Nikolaus Craigher de Jachelutta (1797-1855) (?), in der Erstausgabe angekündigt, aber erst in der 2. Auflage abgedruckt
  1) in: Willkommen und Abschied. Gedicht von Goethe, An die Leyer
     (nach Anacreon), Im Haine. Gedichte von Bruchmann. In Musik ge-
     setzt für eine Singstimme mit Begleitung des Pianoforte und gewid-
     met Herrn Carl Pinterics von seinem Freunde Franz Schubert.
     56tes Werk, Heft 2, 1. (= op. 56, Nr. 2), Wien [1826], A. Pennauer
  2) in: Franz Schuberts Werke, Kritisch durchgesehene Gesammtausgabe,
     Serie 20, Bd. VII, Leipzig [1895], Breitkopf & Härtel, Nr. 414,
     S. 42-45
  *3) in: Schubert-Album. Sammlung der Lieder für eine Singstimme mit
     Pianofortebegleitung von Franz Schubert, nach den ersten Drucken
     revidiert von Max Friedlaender, Bd. II (Ausgaben für hohe, mitt-
     lere und tiefe Stimme), Frankfurt o. J., Peters, jeweils S. 110-113
Schallplatten: James King, Tenor/William Hughes, Klavier; RCA LSC
              2975-B
              Dietrich Fischer-Dieskau, Bariton/Jörg Demus, Klavier
              (in: Schubert-Lieder im Spiegel der Antike); Deutsche
              Grammophon 138715
              Dietrich Fischer-Dieskau, Bariton/Gerald Moore, Klavier;
              Deutsche Grammophon 139462
              Dietrich Fischer-Dieskau, Bariton/Gerald Moore, Klavier
              (in der Kassette: Franz Schubert, Lieder, Volume 1);
              Deutsche Grammophon 2720006
              Hermann Prey, Bariton/Karl Engel, Klavier; Philips
              6541 501 (in: Auf Flügeln des Gesanges)/Philips 6747 059
              (in: Lied-Edition Prey, 2., Kassette: Schubert-Lieder)
              Helge Zimmermann, Bariton/Joachim Draheim, Klavier
              (in: Antike Dichtung im Spiegel der Musik); audite FSM
              53179

Ethel Mary Smyth (1858-1944)
"Anacreontic Ode" Song for Mezzo-Soprano or Baritone with Instrumental
Accompaniment [für Mezzo-Sopran oder Bariton, Querflöte, Violine,
Viola, Violoncello (oder 6 Violinen, 3 Violen, 3 Violoncelli und Kontra-
baß), Harfe und Schlagzeug (Triangel, Tamburin, Becken und kleine
Trommel)] in: Songs for Mezzo-Soprano or Baritone with Instrumental
Accompaniment, No. 4

Ethel Mary Smyth (Fortsetzung)

Nr. 9 engl. Ü. von der Komponistin und frz. Ü.: Charles Leconte de Lisle
(1818-1894) wahlweise zu singen
*Partitur/Ausgabe für Singstimme und Klavier von der Komponistin (Ein-
zelausgabe): London [1909], Novello and Company

Joseph Anton Steffan (1726-1797)
"Die schwarze Erde trinket" Aria [für Singstimme und Klavier (keine
separate Singstimme)] (kurz vor 1778) in: Denkmäler der Tonkunst in
Österreich (DTÖ), XXVII. Jahrgang, 2. Teil, Band 54: Das Wiener Lied
von 1778 bis Mozarts Tod (1791), bearbeitet von Margarete Ansion und
Irene Schlaffenberg, Nr. 30, S. 38
Nr. 21 dt. Ü.: nach Johann Nikolaus Götz (1721-1781)
*Wien 1920, Universal Edition/Breitkopf & Härtel
Schallplatte: Norma Sharp, Sopran/Joachim Draheim, Klavier (in: Antike
Dichtung im Spiegel der Musik); audite FSM 53179

Hans Studer (geb. 1911)
"Selig preisen wir dich, Grille" in: "Die Fragmente" Sieben Gesänge
nach altgriechischen Gedichten für Sopran, Flöte, Oboe, Klarinette und
Fagott (1962), II.
Nr. 34 dt. Ü.: Johann Gottfried Herder (1744-1803)
Partitur: Autograph im Besitz des Komponisten, Muri/Schweiz

Anna Teichmüller (1861-?)
"Der Besuch des Eros" [für Singstimme und Klavier] in: Zwei Balladen
op. 13, Nr. 1
Nr. 33 dt. Ü.
*Einzelausgabe: Berlin [1907], Dreililien

Georg Philipp Telemann (1681-1767)
"Die durstige Natur" [für Singstimme und Basso continuo] in: "Singe-,
Spiel- und Generalbaß-Übungen, Nr. 10
Nr. 21 dt. Ü.: Philander von der Linde (Pseudonym für: Johann Burchard
Menke, 1675-1732)
1) Hamburg [1733/34]
*2) (neu hrsg. von Max Seiffert) *Berlin 1914, Kommissionsverlag Leo
  Liepmannssohn, Antiquariat (Veröffentlichungen der Ortsgruppe Ber-
  lin der Internationalen Musikgesellschaft, 2); 4. Auflage Kassel
  [1935], Bärenreiter; Kassel [1968], Bärenreiter
Schallplatte: Helga Zimmermann, Bariton/Wolfgang Kessler, Cembalo
  (in: Antike Dichtung im Spiegel der Musik); audite FSM 53179

Bearbeitung dieses Liedes für gemischten Chor:
"Die schwarze Erde trinket" [für 4st. gemischten Chor a cappella bearbei-
tet von Cesar Bresgen (geb. 1913)] in: Cesar Bresgen, "Die durstige Na-
tur" Sätze nach Singweisen G. Ph. Telemanns für 3-4stimmigen Chor
(Chorbuch, Heft II), S. 3-5
Partitur: Heidelberg [1956], Süddeutscher Musikverlag Willy Müller

Anton Urspruch (1850-1907)
"An die Rose" in: 12 Gesänge für vierstimmigen Frauenchor mit (willkürlicher) Begleitung des Pianoforte op. 27, Heft I, Nr. 1

Anton Urspruch (Fortsetzung)

Nr. 44 dt. Ü.: (sehr frei, mit Textumstellungen): Vincenz Knauer (1828-
1894), davon engl. Ü.: Addie Funk
*Partitur: Hamburg [1893], August Cranz

"An die Cicade" in: 12 Gesänge für vierstimmigen Frauenchor mit (will-
kürlicher) Begleitung des Pianoforte op. 27, Heft III, Nr. 11
Nr. 34 dt. Ü.: Johann Wolfgang von Goethe (1749-1832)
*Partitur: Hamburg [1893], August Cranz

Georg Vierling (1820-1901)
"Zur Weinlese" für [4st.] Männerchor und Orchester op. 32
Nr. 56 dt. Ü.: Franz Grandaur (1822-1896)
Partitur/*Klavierauszug: Leipzig o. J., Leuckart

Ernest Walker (1870-1949)
"Anacreontic Ode" ("I care not for the idle state") [für Bariton und Kla-
vier] op. 15
Nr. 8 engl. Ü.: Thomas Moore (1779-1852)
London [1890], J. Williams

Samuel Wesley (1766-1837)
"Φέρε μοι κύπελλον" [für Singstimme und Basso continuo (= Klavier)]
(1797) (1. Fassung)
Nr. 48, 8-10 Originaltext in griechischer Schrift
*Autograph im Besitz der British Library, London (Add. 35003, 3., f. 34)

"Phere moi cupellon" A Verse of Anacreon [für Singstimme und Basso
continuo (= Klavier)] (2. Fassung)
Nr. 48, 8-10 Originaltext in lateinischer Schrift
*Autograph im Besitz der British Library, London (Add. 35003, 2., f. 33)
*Abschrift von Vincent Novello (1781-1861) im Besitz der British Library,
London (Add. 14343, 6., f. 29) (mit dem Titel: "A Verse of Anacreon")

"From Anacreon" ("Φέρε μοι κύπελλον") [für Singstimme und Basso
continuo (= Klavier)] (1829) (3. Fassung)
Nr. 48, 8-10 Originaltext, hier nicht eingetragen
*Abschrift im Besitz der British Library, London (Add. 35005, 14., f. 118 b)

"Hilaroi piomen oinon" [Glee for three voices] [für Alt, Tenor und Baß
a cappella] (1800)
Nr. 38, 1-6. 15-27
Partitur: *Abschrift von Vincent Novello (1781-1861) im Besitz der British
          Library, London (Add. 14343, 4., f. 11 b)

"When Bacchus Jove's immortal Boy" [Glee for three voices] [für 2 So-
prane und Baß a cappella] (1806)
Nr. 49 engl. Ü.: Thomas Moore (1779-1852)
Partitur: *Abschrift von Vincent Novello (1781-1837) im Besitz der Bri-
          tish Library, London (Add. 14343, 3., f. 9 b)

"See the young, the rosy spring" [für 2 Singstimmen und Klavier] (1809)
Nr. 46, 1-2. 7-14 engl. Ü.: Thomas Moore (1779-1852)

Samuel Wesley (Fortsetzung)

Partitur: 2 Abschriften von Vincent Novello (1781-1861) im Besitz der
British Library, London (Add. 14343, 2. , f. 8 b/*Add. 35003, f. 59);
ob die letztgenannte von Novello stammt, ist nicht ganz sicher.

Samuel Sebastian Wesley (1810-1876)
"I wish to tune my quiv' ring lyre" A glee for five voices [für 5 Männer-
stimmen a cappella] (vor 1833) in: "The Orpheus" A collection of glees
and part-songs for male voices, Vol. VI, S. 82-97
Nr. 23 engl. Ü. (sehr frei, der Originaltext weiter ausgesponnen):
Lord Byron (1788-1824), Byrons V. 13-16 und 19-20 wurden nicht vertont.
*Partitur mit untergelegtem Klavierauszug: London/New York o. J. ,
                                                    Novello

John Whitaker (1776?-1847)
"The celebrated Odes of Anacreon", Arranged from the Greek, as Eng-
lish Songs; for the Social Circles, by Charles Dibdin the Younger. The
Music Composed and inscribed to his Friend Thomas Moore Esq.re by
John Whitaker: "The Bower of Roses I built for my love." [1.], "Love
vanquishes all." [2.], "My Fair & my Friend." [3.], "Smiling Maid you
bid me sing." [4.], "Beauty says I' m growing old." [5.], "Round the Cot
where smiles my Fair." [6.], "Whose Eyes seem lights of Heaven." [7.],
"The Wreath of the Muses." [8.], "Tis red, tis red, tis ruby red." [9.],
"Love no longer true." [10.], "For O, I dreamt of Love." [11.], "Care
came knocking at my door." [12.] [1. -11. für Singstimme und Klavier(auszug), 12. für Singstimme, 4st. (gemischten?) Chor und Klavier(auszug)]
1. : - 2. : Nr. 13 3. : Nr. 32 4. : Nr. 23 5. : Nr. 7 6. : Nr. 25 7. : Nr. 26
8. : Nr. 19 9. : Nr. 8 10. : Nr. 29 11. : Nr. 10 12. : - engl. Text: Charles
Isaac Mungo Dibdin (1768-1833)
Anm. : Nr. 2 bis 11 dieser englischen Gedichte stellen äußerst freie Para-
       phrasen der genannten Carmina Anacreontea dar, von denen oft
       nur einzelne Motive aufgegriffen und ausgesponnen wurden. Zu
       Nr. 1 und 12 konnten keine direkten Vorlagen ermittelt werden, ob-
       wohl auch hier anakreontische Themen behandelt werden. Es han-
       delt sich offenbar um freie Neuschöpfungen Dibdins.
*Klavierauszug: London o. J. , Clementi, Collard & Collard

Lothar Windsperger (1885-1935)
"An die Cikade" [für hohe Stimme und Klavier] in: 10 Lieder für eine
Singstimme und Klavier op. 23, Nr. 3
Nr. 34 dt. Ü. : Johann Wolfgang von Goethe (1749-1832)
*Einzelausgabe: Mainz [1920], Schott

Max Zenger (1837-1911)
"An ein Mädchen" [für Tenor und Klavier] in: "Altgriechisches Lieder-
spiel" für Sopran, Alt, Tenor und Baß (Soloquartett oder Chor) mit Be-
gleitung des Pianoforte oder des Orchesters op. 75, II.
Nr. 22 dt. Ü. : August von Platen (1796-1835)
Partitur/*Ausgabe mit Klavier: Berlin [1880], Ries & Erler

CARMINA CONVIVALIA (SKOLIA)

(Poetae Melici Graeci, ed. D. L. Page, Oxford 1962)

Johann Friedrich Agricola (1720-1774)
"Lebe, liebe, trinke, lärme" [für Singstimme und Klavier (keine separate Singstimme)]
Fr. 902 = Carm. conv. Fr. 19 dt. Ü.: Johann Arnold Ebert (1723-1795)
1) in: "Oden mit Melodien". Erster Theil, herausgegeben von C. G.
      Krause, Berlin 1753, F. W. Birnstiel, Nr. 15
*2) in: "Auserlesene Oden zum Singen beym Clavier vom Herrn Capell-
      meister Graun und einigen andern guten Meistern". Zweyte Samm-
      lung, Berlin 1764, Arnold Weber, S. 9
3) in: "Lieder der Deutschen mit Melodien". Viertes Buch, Berlin 1768,
      G. L. Winter

Anonymus (um 1790)
"Alles hat seine Zeit" [für Singstimme und Klavier (keine separate
Singst.)] in: "Lieder für Freunde der geselligen Freude", XV., S. 37
Fr. 902 = Carm. conv. Fr. 19 dt. Ü.: Johann Arnold Ebert (1723-1795)
*Leipzig 1788, o. V. (dies. Sammlung unter dem Titel "Lieder für
Freunde der geselligen Freude mit Begleitung des Forte-Piano, den hie-
sigen sämmtlichen Herrn Bürger-Capitäns zugeeignet" Hamburg ca. 1790,
J. A. Böhme)

Helmut Bräutigam (1914-1942)
"Wär ich eine blanke Leier" Altgriechisches Volkslied für 6st. gemisch-
ten Chor [a cappella] op. 12, Nr. 2
Fr. 900 + 901 = Carm. conv. 17 + 18 dt. Ü.: Eduard Saenger (geb. 1887)
*Chorpartitur: Leipzig [1940], Breitkopf & Härtel

Christobal Halffter (geb. 1930)
"Sýn moi pîne" [für 5 Soprane, 5 Alte, 5 Tenöre, 5 Bässe, gemischten
Chor und Orchester] in: "Symposion" [für Bariton, gemischten Chor und
Orchester] (1968)
Fr. 902 = Carm. conv. Fr. 19 (Urtext in lat. Umschrift)
Partitur: Wien [1974], Universal Edition
Schallplatte: Günter Reich, Bariton/Chor des Westdeutschen Rundfunks
            Köln (Einstudierung: Herbert Schernus)/Radio-Symphonie-
            Orchester Berlin/Dirigent: Michael Gielen; Wergo 60 042

Joseph Haydn (1732-1809)
"Alles hat seine Zeit" [für Sopran, Alt, Tenor, Baß und Klavier (urspr.
bezifferter Baß bzw. Cembalo)] (1796)
Fr. 902 = Carm. conv. Fr. 19 dt. Ü.: Johann Arnold Ebert (1723-1795)
1) in: Oeuvres de J. Haydn, Cahier VIII, XV Airs et Chansons et Arian-
      ne à Naxos, Scène, avec accompagnement du Pianoforte, Leipzig
      [1803], Breitkopf & Härtel, Nr. 6
2) in: Drey- und vierstimmige Gesaenge mit Begleitung des Pianoforte
      von Joseph Haydn, Leipzig [1803], Breitkopf & Härtel, Nr. 3
3) in: Joseph Haydn, Vierstimmige Gesänge mit Begleitung des Piano-
      Forte, Wien [1804], Artaria, Nr. 2
      (Weitere Ausgaben aus dem 19. Jahrhundert sind genannt
   in: Joseph Haydn, Thematisch-bibliographisches Werkverzeichnis,
      zusammengestellt von Anthony van Hoboken, Bd. II, Mainz [1971],
      S. 237)
*4) in: Joseph Haydn, Werke, Reihe XXX, Mehrstimmige Gesänge, hrsg.
      von Paul Mies, München/Duisburg 1958, Henle, S. 16-21

Joseph Haydn (Fortsetzung)

5) in: Haydn, Die drei- und vierstimmigen Gesänge, hrsg. von Bernhard
   Paumgartner (Concerto vocale), Kassel [1971], Bärenreiter, S. 30-34
6) in: Joseph Haydn, Gesänge für gemischten Chor mit Klavierbegleitung,
   Frankfurt/London/New York o.J., Peters, Nr. 2, S. 7-10
Schallplatte: Bergedorfer Kammerchor/Manfred Schandert, Klavier/
   Dirigent: Hellmut Wormsbächer (in: Chorlieder der Klassik);
   Telefunken SLT 43123-B/Teldec 641031 AS

Friedrich Wilhelm Marpurg (1718-1795)
"Aufmunterung" Acht und dreyßigstes Lied [für Singstimme und Klavier
(keine separate Singst.)] in: Berlinische Oden und Lieder. Dritter Theil,
S. 40
Fr. 902 = Carm. conv. Fr. 19 dt. Ü.: Johann Arnold Ebert (1723-1795),
hier fälschlich Lessing zugeschrieben
*Leipzig 1763, Bernhard Christoph Breitkopf und Sohn

Franz Xaver Mozart (Wolfgang Amadeus Mozart Sohn) (1791-1844)
"O wär' ich eine schöne Leyr" (Aus dem Griechischen) [für Singstimme
und Klavier] in: VIII Deutsche Lieder mit Begleitung des Pianoforte von
W.A. Mozart Sohn (1810), Nr. 4
Fr 900 + 901 = Carm. conv. Fr. 17 + 18 dt. Ü.
*Wien [ca. 1810], Chemische Druckerei

Gustav Weber (1845-1887)
"Skolion" für [4st.] Männerchor und Orchester (instrumentiert von
Friedrich Hegar [1841-1927]) op. 11
Fr. 893-896 = Carm. conv. Fr. 10-14 dt. Ü. vom Komponisten
*Partitur/Klavierauszug: Leipzig/Zürich o.J., Hug

CARMINA POPULARIA

(Poetae Melici Graeci, ed. D.L. Page, Oxford 1962)

Helmut Bräutigam (1914-1942)
"Frühlingsansingelied von der Insel Rhodos" für 6st. gemischten Chor
[a cappella] op. 12, Nr. 1
Fr. 848 = Carm. pop. 2 dt. Ü.: Eduard Saenger (geb. 1887)
*Chorpartitur: Leipzig [1941], Breitkopf & Härtel

Jan Hanuš (geb. 1915)
"Concerto piccolo" for principali (Soloist or Small Choir), ripieni (Chorus
of Treble Voices), Flute and Violoncello [für Solostimmen (2 Soprane,
1 Alt) oder kleinen Chor, Chor von Diskantstimmen (Sopran/Alt), Querflöte und Violoncello] op. 70: I (Mattinata), II (Notturnino) [für Sopran-
Solo, Chor (2 Soprane, Alt), Querflöte und Violoncello], III (Rondo)
I: Fr. 848, 1-5 = Carm. pop. 2, 1-5 II: kein Text, nur Vokalisen III: Fr.
848, 6-19 = Carm. pop. 2, 6-19 Urtext oder engl. Ü.: Richard Hardt, wahlweise zu singen
*Partitur: Hastings-on-Hudson [1974], Joshua Corporation c/o General
   Music Publishing Co., Inc.

siehe auch PLUTARCH

DEMOKRIT (DEMOKRITOS)

(Die Ethika des Demokritos, Text und Untersuchungen von Paul Natorp, Marburg 1893)

Diether de la Motte (Pseudonym: Max Bendik) (geb. 1928)
"Der ist nicht wert" [für gemischten Chor und kleines Orchester] in:
"Festliche Kantate" nach Sprüchen aus vier Jahrtausenden für gemisch-
ten Chor und kleines Orchester (1961), 3. "Demokrit"
Fr. 209 dt. Ü.
Partitur mit untergelegtem Klavierauszug: Mainz [1962], Schott

DIODOROS/DIODOROS ZONAS
(siehe ANTHOLOGIA GRAECA)

EPIKUR (EPIKUROS)

(Epicurea, ed. H. Usener, Leipzig 1887)

Géza Frid (geb. 1904)
"Het Kwaad der Wereld" - ("The Evil of the World") voor Tenor Solo,
Mannenkoor en Orgel (for tenor solo, male chorus anc organ) [für Tenor-
Solo, Männerchor und Orgel] op. 90 (1976)
Fr. 374 [deus, inquit-illa non tollit] (S. 253) = Lactantius, de ira dei 13,
19 niederl. Ü. /engl. Ü.: J. S. Holmes
*Partitur: Amsterdam [1976], DONEMUS

Willy Giefer (geb. 1930)
"Reich ist man nicht ... " [für Mezzosopran, Altflöte (in G) und Violon-
cello] in: "Eines Schattens Traum" [für Mezzosopran, Flöten und Vio-
loncello] (1972), II
nach Epist. III, 130 [ἀλλ' ὅπως-] - [-ἀρκώμεθα]   (vgl. Seneca
(der Jüngere), Epist. 14, 17 [Is maximus-] - [-indiget]) dt. Text: Immanuel Kant (1724-1804)
*Partitur: Köln [1972], Gerig

Gerhard Wimberger (geb. 1923)
"Wenn die Seele sich vom Körper getrennt hat ... " [für Sprechstimme
(2. Sprecher sagt: "Epikur", 3. Sprecher liest das Zitat) und Orchester]
in: "Memento vivere" Gesänge vom Tod nach Texten von Kurt Marti,
Abraham a Sancta Clara, Paul Fleming, Andreas Gryphius u. a. für Mezzosopran, Bariton, 3 Sprechstimmen, gemischten Chor und Orchester
(1974)
Epicuri Sententiae Selectae Nr. 337 (S. 227) (vgl. Sextus Empiricus, adv.
math. IX 72) dt. Ü.: Hermann Diels (1848-1922)
Partitur (S. 80): Kassel/Basel/Tours/London [1974], Bärenreiter

EURIPIDES

Granville Bantock (1868-1946)
"Five Choral Songs and Dances" from "The Bacchae" of Euripides with
accompaniment for Piano (or Orchestra) [für 3st. Frauenchor (Nr. 4 mit
2 Solostimmen) und Klavier (oder Orchester)] (1929): No. 1.: "From
Asia, from the Dayspring that Uprises.", No. 2.: "Where is the Home for

Granville Bantock (Fortsetzung)

Me? O Cyprus.", No. 3.: "Will They ever come to Me, ever again.",
No. 4.: "Weave ye the Dance.", No. 5.: "There be many Shapes of My-
stery."
No. 1.: Bakchen V. 64-88, 135-141, 152-167 No. 2.: V. 402-415 No. 3.: V.
862-901 No. 4.: V. 1153-1167 No. 5.: V. 1388-1392 engl. Ü.: Gilbert
Murray (1866-1957)
*Ausgabe mit Klavier (5 Einzelausgaben): London [1930], Joseph Williams

"The Cyclops" [für Baß und 3 Fagotte] (1939)
Kyklops V. 316-346 engl. Ü.: Percy Bysshe Shelley (1792-1822)
*Partitur (= Klavierauszug, d. h. die 3 Fagotte in 2 Systemen notiert):
Autograph im Besitz von Raymond Bantock, Birmingham

Samuel Barber (geb. 1910)
"Andromache's Farewell" for Soprano and Orchestra op. 39
Troerinnen V. 740-779 engl. Ü.: John Patrick Creagh
*Studienpartitur: New York [1963], G. Schirmer
*Klavierauszug in: Samuel Barber, Music for Soprano and Orchestra -
            Operatic and Concert Scenes, New York [1968], G.
            Schirmer, S. 45-66
Schallplatte: Martina Arroyo, Sopran/New York Philharmonic/Dirigent:
            Thomas Schippers; CBS ML 5912/MS 6512

Lex van Delden (geb. 1919)
"For it is ill to know" [für gemischten Chor und Orchester] in: "Icarus"
A Radiofonic Oratorio [für Sprecher, Sopran-Solo, Alt-Solo, Bariton-
Solo, gemischten Chor und Orchester] op. 77 (1962), in: II
Bakchen V. 890 [οὐ]-896 (passim) engl. Ü. (sehr frei): Henry Hart Mil-
man (1791-1868) von "For it is ill" bis "inexorable bound" und Philip Vella-
cott von "Truths more than mortal" bis "fixed and strong"
*Studienpartitur: Amsterdam [1963], DONEMUS

Sandro Fuga (geb. 1906)
"Canto greco" [für Singstimme und Klavier] (1944) in: "Tre liriche"
per voce e pianoforte, II.
Phaeton V. 63-78 (Euripides, Phaeton, ed. James Diggle, Cambridge
1970) it. Ü.: Ettore Bignone (1879-1953)
*Mailand [1949], Suvini Zerboni

Gustav Holst (1874-1934)
"Hecuba's Lament" [für Alt-Solo, Frauenchor und Orchester] op. 31, Nr. 1
(1911)
Troerinnen V. 1240-1245, 1277-1281, 1287-1332 engl. Ü.: Gilbert Murray
(1866-1957)
Partitur/+Klavierauszug: London [1921], Stainer & Bell

"Hymn to Dionysos" [für Frauenchor und Orchester] op. 31, Nr. 2 (1913)
Bakchen V. 72-169 engl. Ü.: Gilbert Murray (1866-1957)
Partitur/+Klavierauszug: London [1914], Stainer & Bell

"Seven Choruses from the Alcestis of Euripides" [für 1st. Frauenchor,
3 Flöten und Harfe] (1920)

Gustav Holst (Fortsetzung)

I: Alkestis V. 213-237 II: V. 435-454 III: V. 568-605 IV: V. 741-746
V: V. 872-877, 889-894 VI: V. 962-1005 engl. Ü.: Gilbert Murray (1866-
1957)
*Partitur: London [1921], Augener

Anselm Hüttenbrenner (1794-1868)
"Naturalia non sunt turpia" [für 4st. Männerchor a cappella] (7. 3. 1847)
nach Hypsipyle Fr. 757, 9 (Tragicorum Graecorum Fragmenta, rec. A.
Nauck, Supplementum ... adiecit B. Snell, Hildesheim 1964) lat., stark
veränderte Umformung dieses Verses (vgl. Heinrich G. Reichert, Urban
und Human, Hamburg ³1957, S. 140)
*Partitur: Autograph im Besitz von Frau Guda Hüttenbrenner, Graz

Karl Loewe (1796-1869)
"Die Hochzeit der Thetis" Große Cantate für Solo- und Chor-Gesang
[für Sopran-Solo, Alt-Solo, Tenor-Solo, Baß-Solo, 4-6st. gemischten
Chor und Orchester] op. 120 (1851)
Iphigenie in Aulis V. 1036-1079 dt. Ü.: Friedrich von Schiller (1759-1805)
*Klavierauszug (vom Komponisten): Berlin [1851], Schlesinger
*Klavierauszug (vom Komponisten), Neue Ausgabe: Berlin [um 1900],
          Schlesinger (Robert Lienau)

Carl Orff (geb. 1895)
"Apparizione di Afrodite" [für gemischten Chor und Orchester] in: Carl
Orff, "Trionfo di Afrodite" Concerto scenico (1950/51), VII
Hippolytos V. 1268-1281
Klavierauszug: Mainz [1951], Schott
*Partitur: Mainz [1952], Schott
Schallplatten: Enriqueta Tarrès, Sopran/Donald Grobe, Tenor/Hans Gün-
          ther Nöcker, Baß/Brigitte Dürrler, Sopran/Horst G. Lau-
          benthal, Tenor/Hannelore Bode/Carol Malone/André Pey-
          sang/Toni Maxen/Werner Becker/Kölner Rundfunkchor
          (Einstudierung: Herbert Schernus)/Kölner Rundfunk-Sin-
          fonie-Orchester/Dirigent: Ferdinand Leitner: Bellaphon
          Acanta JB 21346 (in Kassette: Carl Orff, Trionfi); DC 22454
          Kupper/Lindermeier/Wiese-Lange/Holm/Delorko/Böhme/
          Chor des Bayerischen Rundfunks (Einstudierung: Josef Kug-
          ler)/Sinfonieorchester des Bayerischen Rundfunks/Dirigent:
          Eugen Jochum; Deutsche Grammophon 18305 LPM/18485
          LPM (in Kassette: Carl Orff, Trionfi)
          Subrtova/Tattermuschova/Bohacova/Tomanek/Zidek/Lin-
          dauer/Berman/Srubar/Josef Veselka/Tschechischer Phil-
          harmonischer Chor/Prager Symphoniker u. a./Dirigent:
          Vaclav Smetacek; Ariola-Eurodisc XG 80299 K (in Kassette:
          Carl Orff, Trionfi)

Hermann Reutter (geb. 1900)
"Wie beneid' ich den Mann" [für gemischten Chor a cappella] in: "Drei
Madrigale" op. 71, I
Iphigenie in Aulis V. 17-19, 21-23 dt. Ü.
*Partitur: Mainz [1950], Schott

Giovanni Salviucci (1907-1937)
"Alcesti" Episodio per coro ed orchestra [für gemischten Chor und Orchester] (1936/37)
Alkestis V. 77-78, 105, 117-119 [-πλάθει], 136-137 [-δακρυρροοῦσα],
139 [εἰ δ'ἔτ-]-141, 143, 202 [-λίσσεται],206-207, 214 [λύσις τύχας],
244-245, 255-256 [-ἐπείγου], 259, 263 [οἵαν ὁδόν-], 266, 269, 436-438,
455-463 [-γύναι] it. Ü. (sehr frei, einige Worte nicht im Urtext lokalisierbar) vom Komponisten
*Studienpartitur: Mailand 1938, Ricordi

Yorgo Sicilianos (geb. 1922)
"Stasimon B'" aus Euripides "Iphigenie in Tauris" für Alt-Solo, Frauenchor und Orchester op. 25 (1964)
Iphigenie bei den Taurern V. 1089-1136
Partitur: Athen [1964], Selbstverlag

Phyllis Tate (geb. 1911)
"Choral Scene" from The Bacchae For Double Choir [für 2 gemischte Chöre a cappella oder mit Orgel] (1953 oder kurz zuvor)
Bakchen V. 862-911 engl. Ü.: Gilbert Murray (1866-1957)
*Partitur: London [1955], Oxford University Press

Ralph Vaughan Williams (1872-1958)
"Where is the home for me?" Two-Part Song [für eine Solostimme, 2st. Chor und Klavier]
Bakchen V. 402-415 engl. Ü.: Gilbert Murray (1866-1957)
*London [1922], Edwin Ashdown

Robert Vorstman
"Des Phrygers Botschaft" Nach dem originalen Text aus Euripides'
Orestes (Recitativ für Baritonstimme) [und Klavier]
Orestes V. 1453-1472
*Rotterdam 1891, G. Alsbach & Co.

Ernest Walker (1870-1949)
"A Hymn to Dionysos" [für gemischten Chor und Orchester] op. 13 (1906)
Bakchen V. 402-426 [-διαζῆν] engl. Ü.: Gilbert Murray (1866-1957)
Partitur/*Klavierauszug: London [1906], Novello and Company

Gerhard Wimberger (geb. 1923)
"Wer weiß, ob das nicht Leben ist ..." [für Sprechstimme (2. Sprecher sagt: "Euripides", 3. Sprecher liest das Zitat) und Orchester] in: "Memento vivere" Gesänge vom Tod nach Texten von Kurt Marti, Abraham a Sancta Clara, Paul Fleming, Andreas Gryphius u. a. für Mezzosopran, Bariton, 3 Sprechstimmen, gemischten Chor und Orchester (1974)
Fr. 638 (Tragicorum Graecorum Fragmenta, rec. A. Nauck, Supplementum adiecit B. Snell, Hildesheim 1964, S. 560) dt. Ü.: Friedrich Heinrich Bothe (1771-1855)
Partitur (S. 80): Kassel/Basel/Tours/London [1974], Bärenreiter

FRAGMENTA ADESPOTA

(Poetae Melici Graeci, ed. D. L. Page, Oxford 1962)

Girolamo Arrigo (geb. 1930)
"A Me non dà quiete il dolce sonante flauto" [für Sopran und Querflöte]
in: "Episodi" per soprano e quattro flauti - un solo esecutore (1963),
Nr. II
Fr. 947b = Fr. adesp. 29b it. Ü.: Salvatore Quasimodo (1901-1968)
*Partitur: Paris [1965], Heugel

Granville Bantock (1868-1946)
"Muse of the golden throne" [für Alt-Solo und Orchester] in: "Sappho"
Nine Fragments for Contralto (Neun Fragmente für eine Altstimme),
Nr. 9
Fr. 953 (passim) = Fr. adesp. 35 (passim) engl. Ü.: nach Henry Thorn-
ton Wharton (1846-1895), bearbeitet von Helen F. Bantock, dav. dt. Ü.:
John Bernhoff
Partitur/*Klavierauszug: Leipzig [1906], Breitkopf & Härtel
siehe auch SAPPHO (Bantock)

GRIECHISCHE GRABEPIGRAMME

(Epigrammata Graeca ex lapidibus conlecta, ed. G. Kaibel, Berlin 1878)

Lodovico Rocca (geb. 1895)
"Non passar oltre, amico" [1.] [für Baß-Solo, Männerchor und Orche-
ster], "Caro glorioso figliuolo" [2.] [für Sopran-Solo, Baß-Solo, gemischten Chor und Orchester] in: "Antiche iscrizioni" Evocazioni per
soprano leggero, basso, coro ed orchestra [für Sopran-Solo, Baß-Solo,
gemischten Chor und Orchester]
1.: Ep. Gr. 646, 1-8 2.: Ep. Gr. 90, 1-2 it. Ü.: Ettore Bignone (1879-1953),
mit Änderungen
Partitur/*Klavierauszug: Mailand [1954], Suvini Zerboni

HERAKLIT (HERAKLEITOS)

(Die Fragmente der Vorsokratiker, Griechisch und Deutsch von Hermann
Diels, herausgegeben von Walther Kranz, Erster Band, Dublin/Zürich
[12]1966 (im folgenden abgekürzt: DK); Heraclitus, Greek Text with a Short
Commentary by M. Marcovich, Editio maior, Merida/Venezuela 1967
(im folgenden abgekürzt: M))

Stefan Niculescu (geb. 1927)
"Aphorismes d'Heraclite" pour choeur à 20 parties [für 20st. gemischten Chor a cappella] (1969)
1.: Fr. B 101 (DK) = Fr. 15 (M) 2.: nach Fr. B 36 (DK) = Fr. 66 (M)
3.: Fr. B 30 (DK) = Fr. 51 (M) (passim) 4.: Fr. B 50 (DK) = Fr. 26 (M)
[ἐν πάντα εἶναι]   5.: Fr. B 18 (DK) = Fr. 11 (M) 6.: Fr. B 16 (DK)
= Fr. 81 (M) 7.: Fr. B 84a (DK) = Fr. 56a (M) frz. Ü.
*Partitur: Paris [1970], Salabert

Dalibor Spilka (geb. 1931)
"Panta rhei, panta chorei" in: "De re publica" [für gemischten Chor a
cappella] (1974)
"Panta rhei": zitiert bei: Simplicius, In Physicorum VIII 8 [Arist. p.
265 A 2] [Simplicii in Aristotelis Physicorum Libros Quattuor Posteriores Commentaria, ed. H. Diels, Berlin 1895 (Commentaria in Aristotelem Graeca, Vol. X), S. 1313, Z. 11]
"panta chorei": zitiert bei: Platon, Kratylos 402 A 8 (= Fr. A 6 (DK))
*Partitur: Autograph im Besitz des Komponisten, Brünn, ČSSR

Dimitri Terzakis (geb. 1938)
"Nomoi" für Psaltis [=Sänger byzantinischer Musik], Klarinette in B,
Violoncello, Santouri und Schlagzeug (2 Spieler) (1974)
Fr. B 101+123+6+100+92+64+90+6 (DK, z. T. nur Teile der genannten
Fragmente) = Fr. 15+8+58+64+75+79+54+58 (M, hier stimmen Fragmente
und vertonte Texte überein)
Partitur: Kassel/Basel/Tours/London [1975], Bärenreiter

Gerhard Wimberger (geb. 1923)
"Die Menschen erwartet ... " [für Sprechstimme (1. Sprecher sagt:
"Heraklit", 2. Sprecher liest das Zitat) und Orchester] in: "Memento
vivere" Gesänge vom Tod nach Texten von Kurt Marti, Abraham a Sancta
Clara, Paul Fleming, Andreas Gryphius u. a. für Mezzosopran, Bariton,
3 Sprechstimmen, gemischten Chor und Orchester (1974)
Fr. B 27 (DK) = Fr. 74 (M) dt. Ü. : Hermann Diels (1848-1922)
Partitur (S. 99): Kassel/Basel/Tours/London [1974], Bärenreiter

Hans Zender (geb. 1936)
"Canto V (Kontinuum und Fragmente)" für Stimmen (1972-1974)
I: B 62, 67, 88 (DK) = 47, 77, 41 (M) II: B 10, 62, 67, 126 (DK) = 25, 47, 77,
85 (M) Nr. 1: B 93 (DK) = 14 (M) Nr. 2: B 33 (DK) = 104 (M) Nr. 3: B 31
(DK) = 53 (M) Nr. 4: B 36 (DK) = 66 (M) Nr. 5: B 6 (DK) = 58 (M) Nr. 6:
B 124 (DK) = 107 (M) Nr. 7: B 92 (DK) = 75 (M) Nr. 8: B 118 (DK) = 68
(M) Nr. 9: "Panta rhei": zitiert bei: Simplicius, In Physicorum VIII 8
[Arist. p. 265 A 2] (Simplicii in Aristotelis Physicorum Libros Quattuor
Posteriores Commentaria, ed. H. Diels, Berlin 1895 (Commentaria in
Aristotelem Graeca, Vol. X), S. 1313, Z. 11) Nr. 10: B 103 (DK) = 34 (M)
Nr. 11: B 16 (DK) = 81 (M) Nr. 12: B 15 (DK) = 50 (M) Nr. 13: B 75 (DK)
= 1 (h^2) (M) Nr. 14: A 6, C 5 (DK) Nr. 15: ? Nr. 16: B 98 (DK) = 72 (M)
Nr. 17: B 21 (DK) = 49 (M) Nr. 18: B 8 (DK) = 27 (d^1) (M) Nr. 19: B 91
(DK) = 40 (c^3) (M) Nr. 20: B 1 (DK) = 1 (M) Nr. 21: B 90 (DK) = 54 (M)
Nr. 22: B 11 (DK) = 80 (M) Nr. 23: B 66 (DK) = 82 (M) Nr. 24: B 64 (DK)
= 79 (M) S. 9 der Part. : B 14, 19, 46, 51, 52, 77, 97, 123 (DK) = 87, 1 (g),
114, 27, 93, 66, 22, 8 (M) S. 10 der Part. : B 43, 48, 50, 51, 65, 84a, 101, 119
(DK) = 102, 39, 27, 55, 56a, 15, 94 (M) (z. T. sind nur Ausschnitte, auch
sehr kurze, aus den angegebenen Fragmenten verwendet)
Faksimile-Partitur: Berlin/Wiesbaden o. J. , Bote & Bock (2 Ausgaben:
          Großes Querformat und *DIN A 4 als Studienpartitur)

HERODOT (HERODOTOS)

Theodore Antoniou (geb. 1935)
[Verschiedene Zitate aus dem 6. Buch der Historien, die Schlacht bei
Marathon betreffend] [für gemischten Chor und Orchester] in: "Neni-

Theodore Antoniou (Fortsetzung)

kikamen" Kantate für Sprecher, Mezzosopran, Bariton, gemischten Chor
(4-8stimmig) und Orchester (1971), I
Hist. VI 107, 1, 112, 2 [-ἐπέφερον],3 ,113, 1 [-πολλός] [ἐνίκων-
Πλαταιέες], 113, 2 [φεύγουσι-κόπτοντες], 117, 1 [-δύο] , 2
[ἄνδρα 'Επίζηλον], [τῶν-στερηθῆναι]
Partitur: Kassel 1971, Bärenreiter

HIPPOKRATES

(Oeuvres complètes d'Hippocrate, IV, ed. É. Littré, Paris 1844)

Ludwig van Beethoven (1770-1827)
"Ars longa, vita brevis" [3 Rätselkanons: I (Hess 251, 1816), II (Hess
268, 1825), III (Hess 269, 1825?)] in: Beethoven, Supplemente zur Ge-
samtausgabe, V: Lieder und Gesänge mit Klavierbegleitung, Kanons und
musikalische Scherze, hrsg. von Willy Hess, S. 80 (I), S. 83 (II und III)
Aphor. I 1 [-μακρὴ] lat. Ü. (in abweichender Form) bei: Seneca der
Jüngere, de brevitate vitae I 2
*Wiesbaden [1962], Breitkopf & Härtel

Antonio Salieri (1750-1825)
"Ars longa, vita brevis" Canone a 3 [3st. Kanon]
Aphor. I 1 [-μακρὴ] lat. Ü. (in abweichender Form) bei: Seneca der
Jüngere, de brevitate vitae I 2
*Autograph im Besitz des Archivs der Gesellschaft der Musikfreunde in
Wien (Mus. ms. A 513/1); in: Der altsprachliche Unterricht, Reihe XXIII,
Heft 5, 1980, Beilage (4 Kanons nach lateinischen Texten, hrsg. von
J. Draheim, 2.)

HOMER (HOMEROS)

Theodore Antoniou (geb. 1935)
"Epilog" nach Homer "Die Odyssee" für Mezzosopran, Sprecher, Oboe,
Horn, Gitarre, Klavier, Schlagzeug und Kontrabaß (1963)
Mezzosopran: Od. XXIII, 209-224. 286-287 Sprecher: Od. I 11-13, IV 328-
331, II 47, XIV 63, IV 724, VI 243, *I 205, *II 173, *I 196, IV 293. 328-
331, I 3-5 (2x!), *IX 47. 92, *X 119, IX 62-63, *XII 44, *IX 166, *XII
113, IX 62-63, *X 241, *XII 85, IV 557-558, VII 186, IX 19, VII 186,
IX 19-20, XIII 344, XVII 300-304, I 9, VII 186, IX 19
Anm.: Der Mezzosopran singt den Urtext, der Sprecher erzählt die an-
gegebenen Verse in der Übersetzung in eine moderne Fremdsprache, z. B.
Deutsch, Neugriechisch, Französisch, Englisch. Bei den mit *bezeichneten Stellen handelt es sich um jeweils nur einen Fundort eines häufig
vorkommenden einzelnen Namens oder Epithetons.
Partitur (großes Format): Kassel [1964], Bärenreiter
*Partitur (kleines Format, käuflich): Kassel/Basel/Tours/London [1974],
                                                              Bärenreiter

Günther Becker (geb. 1924)
"Moirologi" für hohe Frauenstimme, kleine Klarinette in Es, Klarinette
in B, Baßklarinette in B und Harfe (1964)
Il. XXII 481-483, XXIV 741-745
*Partitur: Frankfurt am Main [1964], Wilhelm Zimmermann

Ludwig van Beethoven (1770-1827)
"Hexameter" ("wär es ein anderer nun") [Skizze, für eine tiefe Männerstimme]
Il. XXIII 274 dt. Ü.: Johann Heinrich Voß (1751-1826)
1) in: Gustav Nottebohm, Zweite Beethoveniana (Nachgelassene Aufsätze), Leipzig 1887, S. 328
*2) in: Hans Boettcher, Beethovens Homer-Studien, in: Die Musik XIX, 1927, Heft 7, S. 483

"Alle gewaltsame That" [Skizze zu einem Kanon (?)] (um 1825)
Faksimile des Autographs in: Hans Boettcher, Beethovens Homer-Studien, in: Die Musik XIX,1927, Heft 7, S. 484
Od. XIV 83-84 dt. Ü.: Johann Heinrich Voß (1751-1826), mit Änderungen des Komponisten
*Stuttgart 1927, Deutsche Verlagsanstalt/Schuster & Loeffler

Josef Berg (1927-1971)
"Odysseus' Heimkehr" Kammeroper auf ein Libretto des Komponisten, mit Verwendung von Homers Odyssee (1962)
In den Text sind folgende Passagen eingearbeitet: Od. XIX 257-260. 313, XXIII 257-259, XIX 313, XXIII 267-268. 268-269. 276. 269, IV 763-764, XXIII 166-170. 248-250. 254-255. 257-258. 267-268. 257-258. 269-270. 276-284 tsch. Ü. vom Komponisten, davon dt. Ü.
Partitur: Prag/Preßburg [1969], Artia

Luciano Berio (geb. 1925)
"Calmo" per voce e 12 strum[enti] [für Singstimme (Sopran), Flöte, Oboe, 2 Klarinetten in B, Fagott, Horn, Trompete, Posaune, Violine, Viola, Violoncello und Kontrabaß] (1974)
Od. XXI 406-407 it. Ü.
Partitur: Wien [1974], Universal Edition

Arthur Bliss (1891-1975)
"Hector's Farewell to Andromache" (I) [für Sprecher und Orchester], "Achilles Goes Forth to Battle" - "The Heroes" (IV) [für 4st. gemischten Chor und Orchester] in: "Morning Heroes" A Symphony for Orator, Chorus and Orchestra (1930)
I: Il. VI 399-401. 404-414. 421-422. 429-432. 440-455. 459-496 engl. Ü.: Walter Leaf IV: "Achilles Goes Forth to Battle": Il. XIX 351 [αὐτὰρ-]-352 [-στρατόν],   356 [τοὶ δ'ἀπάνευθε] -367.369-374.380 [περὶ δὲ-] -385.387-389.392-398 engl. Ü.: George Chapman (1559?-1634); "The Heroes": Namen und Epitheta aus 13 Helden aus der Ilias aneinandergereiht, in engl. Ü.
Partitur/*Klavierauszug: London [1930], Novello and Comp.

Benjamin Cooke (1734-1793)
"The Syrens Song" [für 2 4st. Chöre a cappella (an einigen wenigen Stellen sind Bezifferungen in der vokalen Baßstimme, an anderen eine instrumentale Baßstimme hinzugefügt, beides aber offenbar nachträglich):
1. Chor: "Treble, Tenor, Treble, Bass" S. 4: "The 1.st Choir may be sung properly by Treble Voices with a Contra Alto for the Bass" = S. 54: "Treble, Treble or Tenor, Treble, Contra Alto or Bass[für 2 Diskant-Stimmen, Tenor und Baß oder 3 Diskantstimmen und Alt] , 2. Chor: "Tenor & Bass Voices" (Oberstimme: "Alto") (S.47) = S.54: "Alto, Tenor, Tenor, Bass" [für Alt, 2 Tenöre und Baß]]

Benjamin Cooke (Fortsetzung)

Od. XII 184-188, 39 [αἵ ῥά-] – 42 [-Σειρήνων] engl. Ü. (sehr frei):
Alexander Pope (1688-1744)
Anm.: Die Verse 184-188 (bei Pope: XII 222-227) singt der 1. Chor, der
die Sirenen verkörpert. Der Text des 2. Chores ("O fly the Syrens
shun their dang'rous Seas"), der vor den Sirenen warnt, stammt
nur zum Teil von Pope (dort XII 52-54, sehr weit vom Originaltext
entfernt), der Rest verwendet noch einige Splitter aus Popes Über-
setzung; die Herkunft des Textes des Schlußgesangs, den beide
Chöre vereint singen ("Now now let us all with Song prolong the
Night"), konnte bis jetzt nicht ermittelt werden.
*Partitur: Manuskript (sicher nicht Autograph!) im Besitz des Royal
College of Music, London (MS 813 (6), ff. 21-36

Franz Grillparzer (1791-1872)
"Δεῦρ' ἄγ' ἰών, πολύαιν' 'Οδυσσεῦ" [für tiefe Männerstimme und
Klavier]
Od. XII 184-191 Grillparzer gibt im Autograph fälschlich 184-188 an.
1) in: Richard Batka, Eine Komposition Franz Grillparzers, in: Neue
Revue I, 1908, S. 584-585
2) in: Musikalien aus dem Nachlasse Grillparzers. Mitgeteilt von Alfred
Orel, in: Franz Grillparzer, Prosaschriften II: Aufsätze über Lite-
ratur, Musik und Theater, Musikalien (Sämtliche Werke, hrsg. v.
August Sauer, Vierzehnter Band), Wien 1925, S. 331
*Faksimile des Autographs in: Grillparzer-Studien, herausgegeben von
Oskar Katann, Wien 1924, Tafel XV, nach
S. 286

Rudolf Maria Holzapfel (1874-1930)
"Singe den Zorn, o Göttin" [1.], "Achilleus und Thetis" [2.] [für eine
Singstimme ohne Begleitung] in: R. M. Holzapfel, Kompositionen. Aus
dem Nachlaß herausgegeben von Myrrha Holzapfel, S. 16-22 [1., mit
Einführung S. 16-17], S. 33-34 [2.]
1.: Il. I 1-52 2.: Il. I 345-365 dt. Ü.: Johann Heinrich Voß (1751-1826)
*Wien/Leipzig [1932], Universal Edition

Arghyris Kounadis (geb. 1924)
"Ophelia's streetsong" in: "Rhapsodia" Variation der großen Fassung für
Sopran und Ensemble (1966), IV
Od. XXIV 8-11 [-'Ωκεανοῦ]
Partitur: Berlin/Wiesbaden o. J., Bote & Bock

Karl Loewe (1796-1869)
"Niemand tödtet mich" [Skizze, für eine tiefe Männerstimme]
Od. IX 408 dt. Ü.
1) in: Carl Loewes Werke, Gesamtausgabe der Balladen, Legenden,
Lieder und Gesänge für eine Singstimme, ... herausgegeben von
Dr. Max Runze, Bd. II: Bisher unveröffentlichte und vergessene
Lieder, Gesänge, Romanzen und Balladen, Leipzig [1899], Breit-
kopf & Härtel, S. IV
*2) in: Leopold Hirschberg, Carl Loewe und das klassische Altertum, in:
Neue Jahrbücher 36, Berlin 1915, Teubner, S. 203

Rudolf von Oertzen (geb. 1910)
"Odyssee" Oper in 6 Bildern frei nach Homers Odyssee (Joh. H. Voß) von
Ulrich von Oertzen op. 31
Odyssee dt. Ü.: Johann Heinrich Voß (1751-1826), bearbeitet von Ulrich
von Oertzen
*Klavierauszug: Hamburg/London [1957], D. Rahter

Friedrich Rasenberger (geb. 1894)
"Ὁμήρου Σειρήνων Ἀοιδή" – "Sirenengesang aus der Odyssee von
Homer" [für Singstimme, Flöte und Klavier]
Od. XII 184-191 Urtext und dt. Ü. wahlweise zu singen
*Görlitz [1918], Verlag der Griechischen Blätter Hellenika Phylla

Nikolai Rimski-Korssakow (1844-1908)
"Aus Homer" Eine Praeludium-Kantate [für Sopran-Solo, Mezzosopran-
Solo, Alt-Solo, 4st. Frauenchor und Orchester] op. 60 (1901)
Od. V 1-2 russ. Ü., davon dt. Ü. Anm.: Od. V 270-294 (passim) sind als
einführende Vorbemerkung, Od. V 295-392 (passim) als Programm für
den rein orchestralen Anfang des Werks (S. 3-43) der Partitur vorange-
stellt (in russ. bzw. dt. Ü.)
*Partitur: Leipzig 1905, Belaieff

Botho Sigwart (1884-1915)
"Hektors Bestattung" Rezitation mit begleitender Musik für Orchester
oder Pianoforte [für Sprecher und Orchester oder Klavier] op. 15
Il. XXIV 15-18. 175-180. 327-334. 336-339. 346-348. 350-351. 360-365. 381-
386. 388. 406-413. 418-420. 18-21. 424. 430-431. 440-446. 458-469. 471-473.
477-479. 483. 485-487. 490-494. 498-533. 543. 546-547. 549-561. 563-564.
568-570. 572. 576-584. 587-604. 618-620. 627-628. 634-644. 649-651. 653-661.
664-712. 723-745. 777-803 dt. Ü.: nach Johann Heinrich Voß (1751-1826)
(mit zahlreichen Modifikationen, Kontaminationen, Auslassungen und Pa-
raphrasierungen; die angegebenen Verse stimmen oft nur ganz ungefähr
mit dem vertonten Text überein), davon engl. Ü.: John Bernhoff
Partitur/*Ausgabe mit deutschem und englischen Texte mit Pianoforte:
Leipzig [1914], Robert Forberg

HOMERISCHE HYMNEN

Jan Novák (geb. 1921)
"Musarum invocatio" [für 4st. gemischten Chor a cappella]
XXV (Εἰς Μούσας καὶ Ἀπόλλωνα)
Partitur: Autograph im Besitz des Komponisten, Neu-Ulm

Ildebrando Pizzetti (1880-1968)
"Inno a Pallade Atena" (da Omero) [für Sopran-Solo, 4st. gemischten
Chor ad lib. und Orchester] in: "Due inni greci" (da "La festa delle Pan-
atenee") (1937), I.
XXVIII (Εἰς Ἀθηνᾶν), 1-16 it. Ü.: Raffaele Cantarella
Partitur/*Klavierauszug: Mailand [¹1937, *²1950], Ricordi

Hans Studer (geb. 1911)
"Pan durchjaget die Schluchten" [für Alt-Solo, Frauenchor und Orchester]
in: "Pan kai Aphrodite" Lyrische Kantate nach altgriechischen Gedichten
für Alt-Solo, Frauenchor und Orchester (1950/1961/1966), III.

Hans Studer (Fortsetzung)

XIX (Εἰς Πᾶνα), 12-21 dt. Ü.: Thassilo von Scheffer (1873-1951)
Partitur: Autograph im Besitz des Komponisten, Muri/Schweiz

PSEUDO-HOMER

(Homeri Opera, ed. Th. W. Allen, Tomus V, Oxford 1912)

Jean Françaix (geb. 1912)
"Les Grenouilles" in: "3 Duos" pour 2 Sopranos et quatuor à cordes
(1934), III.
franz. Text vom Komponisten unter Benutzung von: Batrachomyomachia
V. 161-164 (franz. Text von "Entourons nos jambes" bis "roseau pointu")
sowie Aristophanes, Die Frösche V. 209 ff. (siehe unter Aristophanes)
Partitur: Autograph im Besitz des Komponisten, Paris

IBYKOS
(Poetae Melici Graeci, ed. D. L. Page, Oxford 1962)

Alfred Brandt-Caspari (1864-1929)
"Frühling" [für Singstimme und Klavier] in: 26 Lieder und Gesänge für
eine oder zwei Singstimmen mit Begleitung des Pianoforte, Heft VI (= op.
22), Nr. 13
Fr. 286 = Ib. Fr. 5 dt. Ü.
*Einzelausgabe von Heft VI: Porto Alegre/Brasilien o. J., Theo Brügel-
                            mann/Leipzig o. J., Hofmeister

Luigi Dallapiccola (1904-1975)
"Ardano, attraverso la notte" [für Bariton, Flöte, Flöte in G, Klarinette
in A, Baßklarinette in B, Harfe, Klavier, Viola und Violoncello] in:
"Cinque canti" per baritono e alcuni strumenti (1956), V
Fr. 314 = Ib. Fr. 33 it. Ü.: Salvatore Quasimodo (1901-1968)
*Studienpartitur: Mailand [1957], Suvini Zerboni
Schallplatte: Frederick Fuller, Bariton/ ein Instrumentalensemble/
              Dirigent: Frederik Prausnitz; Philips A 01526 L

Bruno Maderna (1920-1973)
"Stellato" [für Sopran-Solo, gemischten Chor, Blasinstrumente, Klavier
und Becken] in: "3 liriche greche" per piccolo coro, soprano solo e
strumenti (1948), [3.]
Fr. 314 = Ib. Fr. 33 it. Ü.: Salvatore Quasimodo (1901-1968)
Partitur: Wien/Zürich/Berlin [1952], Ars Viva

Nicola Sgro
"Ibico: Due frammenti" per voce maschile, due oboi ed arpa [für Män-
nerstimme, 2 Oboen und Harfe] (1965) in: Ibico, Testimonianze e Fram-
menti a cura di Franco Mosino, S. 127-137 (Ibico in musica)
Frammento 5 P: Fr. 286 = Ib. Fr. 5 Frammento 6 P: Fr. 287 = Ib. Fr. 6
it. Ü.: Franco Mosino
*Partitur (zugleich Klavierauszug) (Reproduktion des Autographs):
Reggio Calabria 1966, Azienda autonoma soggiorno e turismo

Max Zenger (1837-1911)
"Frühling" [für Sopran, Alt, Tenor, Baß (Solo oder Chor) und Klavier]
(III.) "Späte Liebe" [für Baß und Klavier] (VII.) in: "Altgriechisches Lie-
derspiel" für Sopran, Alt, Tenor und Baß (Solo oder Chor) mit Begleitung
des Pianoforte oder des Orchesters op. 75, III., VII.
III.: Fr. 286 = Ib. Fr. 5 VII.: Fr. 287 = Ib. Fr. 6 dt. Ü.: Emanuel Geibel
(1814-1884)
Partitur/*Ausgabe mit Klavier: Berlin [1880], Ries & Erler

ION VON CHIOS

(Poetae Melici Graeci, ed. D. L. Page, Oxford 1962)

Luigi Dallapiccola (1904-1975)
"Aspettiamo la stella mattutina" [für Bariton, Flöte, Flöte in G, Klari-
nette in A, Baßklarinette in B, Harfe, Klavier, Viola und Violoncello] in:
"Cinque canti" per baritono e alcuni strumenti (1956), I.
Fr. 745 = Ion Fr. 6 it. Ü.: Salvatore Quasimodo (1901-1968)
*Studienpartitur: Mailand [1957], Suvini Zerboni
Schallplatte: Frederick Fuller, Bariton/ein Instrumentalensemble/
Dirigent: Frederik Prausnitz; Philips A 01526 L

ISOKRATES

(Isocrate, Discours, Tome I, ed. Georges Mathieu et Émile Brémond,
Paris 1928)

Willy Giefer (geb. 1930)
"Bedenke ..." [für Mezzosopran, große Flöte und Violoncello] in: "Eines
Schattens Traum" für Mezzosopran, Flöten und Violoncello (1972), III
Πρὸς Δημόνικον (I) 41 [Νόμιζε-] - [-περίλυπος]
dt. Ü.: Wilhelm Nestle (1865-1959)
*Partitur: Köln [1972], Gerig

JULIANOS VON ÄGYPTEN/KALLIMACHOS/KYROS/LEONIDAS VON
TARENT
(siehe ANTHOLOGIA GRAECA)

LIKYMNIOS

(Poetae Melici Graeci, ed. D. L. Page, Oxford 1962)

Luigi Dallapiccola (1904-1975)
"Acheronte che tormenti reca" [für Bariton, Flöte, Flöte in G, Klari-
nette in A, Baßklarinette in B, Harfe, Klavier, Viola und Violoncello]
in: "Cinque canti" per baritono e alcuni strumenti (1956), III.
Fr. 770 b+a = Lik. Fr. 3 b+a it. Ü.: Salvatore Quasimodo (1901-1968)
*Studienpartitur: Mailand [1957], Suvini Zerboni
Schallplatte: Frederick Fuller, Bariton/ein Instrumentalensemble/
Dirigent: Frederick Prausnitz; Philips A 01526 L

LONGOS

(Longos, Hirtengeschichten von Daphnis und Chloe, ed. Otto Schönberger, Berlin ²1973)

Johannes Brahms (1833-1897)
"So lange Schönheit wird bestehn"[4st. Kanon für Sopran I u. II und Alt I u. II] op. 113, Nr. 6 (1890/91)
Προοίμιον 4 dt. Ü.: Heinrich Hoffmann von Fallersleben (1798-1874)
Partitur: 1) in: 13 Canons für Frauenstimmen von Johannes Brahms, op. 113, Leipzig [1891], Peters
*2) in: Johannes Brahms, Sämtliche Werke (Ausgabe der Gesellschaft der Musikfreunde in Wien), Bd. 21: Mehrstimmige Gesänge ohne Begleitung, Leipzig [1926], Breitkopf & Härtel, S. 182-183
3) in: "Der Kanon" Ein Singbuch für Alle, herausgegeben von Fritz Jöde, 3. Teil, Wolfenbüttel [1926], Möseler, S. 275
4) in: "Die Kanon-Kanone" 172 alte und neue, ernste und heitere, leichte und schwierige Kanons, hrsg. von Hellmuth von Hase und Gerd Sievers, Wiesbaden [1957], Breitkopf & Härtel

Auguste Emanuel Vaucorbeil (1821-1884)
"Chloé" Imitation d'une Pastorale de Longus [für Singstimme und Klavier] in: Mélodies de A. E. Vaucorbeil, Nouvelle Edition, Revue et Augmentée de La Mort de Diane, Grande Scène Lyrique ..., Nr. 16, S. 76-83
I 14 (passim) frz. Ü.: Paul Juillerat Anm.: I 13, 6 (passim) in frz. Ü. von Paul Juillerat ist der Vertonung als einführender Text vorangestellt.
*Paris 1881, Heugel

LUKIAN (LUKIANOS)
(siehe ÄSOP)

LYRICA ADESPOTA

(Collectanea Alexandrina-Reliquiae minores Poetarum Graecorum Aetatis Ptolemaicae ... ed. I. U. Powell, Oxford 1925)

Luigi Dallapiccola (1904-1975)
"Dorati uccelli" [für Bariton, Flöte, Flöte in G, Klarinette in A, Baßklarinette in B, Harfe, Klavier, Viola und Violoncello] in: "Cinque canti" per baritono e alcuni strumenti (1956), II.
Lyr. adesp. 7 (Saltus montanus), 1-11 it. Ü.: Salvatore Quasimodo (1901-1968)
*Studienpartitur: Mailand [1957], Suvini Zerboni
Schallplatte: Frederick Fuller, Bariton/ein Instrumentalensemble/ Dirigent: Frederik Prausnitz; Philips A 01526 L

Nininha Gregori (geb. 1925)
"Canto matutino" [für Singstimme, Flöte, Oboe, Klarinette, Fagott und Celesta] in: "Quatro Liricas Gregas" para Canto, Sopros e Celesta (1950), I
Lyr. adesp. 7 (Saltus montanus), 1-11 it. Ü.: Salvatore Quasimodo (1901-1968)
Partitur: o. O. 1950, Selbstverlag

Bruno Maderna (1920-1973)
"Canto matutino" [für Sopran und 2 Flöten] in: "3 liriche greche" per piccolo coro, soprano solo e strumenti (1948),[1.]
Lyr. adesp. 7 (Saltus montanus), 1-11 it. Ü.: Salvatore Quasimodo (1901-1968)
Partitur: Wien/Zürich/Berlin [1952], Ars Viva

LYSIAS

(Lysiae Orationes, ed. C. Hude, Oxford 1912)

Theodore Antoniou (geb. 1935)
" "Οτι τόνδε τὸν ἀγῶνα" [für Bariton-Solo und Orchester] in: "Neni-kikamen" Kantate für Sprecher, Mezzosopran, Bariton, gemischten Chor (4-8st.) und Orchester (1971), III
XXXIII ('Ολυμπιακός), 1 (=520)
Partitur: Kassel 1971, Bärenreiter

MAKEDONIOS VON THESSALONIKE/MARCUS ARGENTARIUS
(siehe ANTHOLOGIA GRAECA)

MARK AUREL (MARCUS AURELIUS ANTONINUS)

(The Meditations of the Emperor Marcus Antoninus, edited with Translation and Commentary by A. S. L. Farquharson, Volume I, Oxford 1944)

Hanns Jelinek (1901-1969)
"Selbstbildnis des Mark Aurel" für Sprechstimme, Flöte (oder Geige), Bratsche, Baßklarinette (oder Violoncello) und Klavier op. 24 (1954):
Nr. 1 ("Mein Erzieher"), Nr. 2 ("Diognetus"), Nr. 3 ("Rusticus"), Nr. 4 ("Apollonius"), Nr. 5 ("Fronto"), Nr. 6 ("Sextus")
Nr. 1: I 5 Nr. 2: I 6 (passim) Nr. 3: I 7 (passim) Nr. 4: I 8 (passim)
Nr. 5: I 11 Nr. 6: I 9 (passim) dt. Ü.
*Partitur: Wien [1955], weltmusik, edition international/edition modern

Gerhard Wimberger (geb. 1923)
"Bei der Geburt ... " [für Sprechstimme (3. Sprecher sagt: "Marc Aurel", 1. Sprecher liest das Zitat) und Orchester] in: "Memento vivere" Gesänge vom Tod nach Texten von Kurt Marti, Abraham a Sancta Clara, Paul Fleming, Andreas Gryphius u. a. für Mezzosopran, Bariton, 3 Sprechstimmen, gemischten Chor und Orchester (1974)
IV 5 ['Ο θάνατος - λύσις] dt. Ü.
Partitur (S. 82): Kassel/Basel/Tours/London [1974], Bärenreiter

MELANIPPIDES

(Poetae Melici Graeci, ed. D. L. Page, Oxford 1962)

Bruno Maderna (1920-1973)
"Le Danaidi" [für Sopran-Solo, gemischten Chor, Blasinstrumente, Klavier und Schlagzeug] in: "3 liriche greche" per piccolo coro, soprano solo e strumenti (1948), [2.]
Fr. 757 = Melanipp. Fr. 1 it. Ü.
Partitur: Wien/Zürich/Berlin [1952], Ars Viva

MELEAGROS VON GADARA
(siehe ANTHOLOGIA GRAECA)

MENANDER (MENANDROS)

(Menandri quae supersunt, Pars II, ed. A. Koerte, Leipzig ²1959)

Krzysztof Penderecki (geb. 1933)
"e charíjen est' ánthropos" [für Sprechstimme und 10 Instrumente] in:
"Strofy" na sopran, głos recytujący i 10 instrumentów ("Strophen" für
Sopran, Sprechstimme und 10 Instrumente) (1959)
Fr. 484 (Urtext in lat. Umschrift)
Partitur: Warschau [1960], Polnischer Musikverlag

MIMNERMOS

(Anthologia Lyrica Graeca, ed. E. Diehl, Fasc. 1, Leipzig ³1949)

Max Zenger (1837-1911)
"Helios" [für 4st. gemischten Chor und Klavier] in: "Altgriechisches
Liederspiel" für Sopran, Alt, Tenor und Baß (Soloquartett oder Chor)
mit Begleitung des Pianoforte oder des Orchesters op. 75, VIII.
Fr. 10, 1-10 dt. Ü. : Emanuel Geibel (1815-1884)
Partitur/*Ausgabe mit Klavier: Berlin [1880], Ries & Erler

MOSCHOS

(Bucolici Graeci, ed. U. v. Wilamowitz-Moellendorff, Oxford 1905)

Albert Roussel (1869-1937)
"Pan aimait Ekhô" in: "Deux Idylles" [für Singstimme und Klavier] op.
44, Nr. 2
Fr. 2 (S. 138) frz. Ü.: Charles Leconte de Lisle (1818-1894)
*Einzelausgabe: Paris [1931], Durand

MUSAIOS

Günter Bialas (geb. 1907)
"Prolog" [für Tenor-Solo, Baß-Solo, gemischten Chor und Orchester]
und "Intermezzo" [für Tenor-Solo, gemischten Chor und Orchester] in:
"Hero und Leander" Oper in 7 Bildern (Texteinrichtung nach Grillparzer
und Musaios von Eric Spiess) (1966)
Prolog: Hero und Leander V. 1-3. 6-7. 11-15 Intermezzo: V. 309-335
(passim) dt. Ü. : Eric Spiess
Partitur/Klavierauszug: Kassel/Basel/Paris/London/New York [1966],
                        Bärenreiter

ORACULA SIBYLLINA

(Oracula Sibyllina, rec. A. Rzach, Wien 1891)

Günter Bialas (geb. 1907)
"Oraculum" Kantate über die Sibyllinischen Weissagungen vom Ende der
Zeiten [für Sopran-Solo, Tenor-Solo, gemischten Chor und Orchester]
(1951/52): I: "Prolog", II: "Judicii signum", III: "Dies irae"

Günter Bialas (Fortsetzung)

I: Aposp. I 1-4.7-8; IV 22 [σὺ δὲ-] - 23, VIII 1-3 dt.Ü.: Alfons Kur-
fess II: VIII 217-243 lat.Ü. bei Augustinus, Civitas dei XVIII 23;
VIII 213-215 dt.Ü.: Alfons Kurfess III: Text des "Dies irae"
Partitur: Wolfenbüttel/Zürich o.J., Möseler

Carl Orff (geb. 1895)
"Die Sibyllen" [für 9 Frauenstimmen und Orchester] in: "De Temporum
Fine Comoedia" Das Spiel vom Ende der Zeiten (1969/71), I
Prol. 81-87, Aposp. III 17-19, VIII 1-3, II 182-183, VIII 81-83, VIII 91,
II 193-205, VIII 14-25, VIII 28-36, VIII 107-109, II 251-255 [-ὄλους],
II 290 [ἔπειτα-] - 292, II 297-298 [-μοίρῃ], II 300-305 [-πολλῷ],
II 307-308, Aposp. IV, Aposp. VI, III 88-90, IV 56-58,VIII 337-340, V 344-
345, VIII 412-416, III 698-701, VIII 216, V 531 [ἔμεινε-], VIII 228
[ἀνόμους-]   (Für diese Komposition wurde folgende Ausgabe benutzt:
Sibyllinische Weissagungen. Urtext und Übersetzung, ed. Alfons Kurfess,
München 1951, vgl. hierzu auch Werner Thomas, Carl Orff. De Tempo-
rum Fine Comoedia ... Eine Interpretation, Tutzing 1973)
Partitur/*Klavierauszug: Mainz [1972], Schott
Schallplatte: Ludwig/Schreier/Greindl/Boysen/Kölner Rundfunkchor/
            RIAS-Kammerchor/Tölzer Knabenchor/Kölner Rundfunk-
            Sinfonie-Orchester/Dirigent: Herbert von Karajan;
            Deutsche Grammophon 2530 432

ORPHISCHE HYMNEN

(Orphei Hymni, ed. W. Quandt, Berlin 1941)

Harald Genzmer (geb. 1909)
"Orphische Hymne "An die Nacht"" in: "Drei antike Gesänge" für gemischten Chor und fünf Blechbläser oder Klavier zu vier Händen, 1.
nach Nr. 4 dt. Text: Johann Gottfried Herder (1744-1803)
*Partitur (zugleich Klavierstimme): Mainz [1973], Schott

Carl Orff (geb. 1895)
"Κικλήσκω σε" (Hymne an den Traumgott) [für 9 Männerstimmen,
Dobači (= japanische Tempelglocke) und Orgel] in: "De Temporum Fine
Comoedia" Das Spiel vom Ende der Zeiten (1969/71), in: II: "Die Ana-
choreten"
Nr. 86, 1-6
Partitur/*Klavierauszug (S. 128-134): Mainz [1972], Schott
Schallplatte: Ludwig/Schreier/Greindl/Boysen/Kölner Rundfunkchor/
            RIAS-Kammerchor/Tölzer Knabenchor/Kölner Rundfunk-
            Sinfonie-Orchester/Dirigent: Herbert von Karajan; Deut-
            sche Grammophon 2530 432
Vgl. hierzu: Werner Thomas, Carl Orff. De Temporum Fine Comoedia ..
Eine Interpretation, Tutzing 1973

Hans Studer (geb. 1911)
"Schlaf, du König der Götter" in: "Die Fragmente" Sieben Gesänge nach
altgriechischen Gedichten für Sopran, Flöte, Oboe, Klarinette und Fagott
(1962), VII.
Nr. 85, 1-3.6.8-9 dt.Ü.: Georg Christoph Tobler (1757-1812)
Partitur: Autograph im Besitz des Komponisten, Muri/Schweiz

Wilhelm Weismann (geb. 1900)
"Hymne an die Göttin Eos" Konzertantes Duett für Sopran, Alt und Klavier
Nr. 78 dt. Ü. : nach Joseph Otto Plassmann (geb. 1895)
*Partitur: Leipzig [1968], Peters

PALLADAS VON ALEXANDRIA/PAULOS SILENTIARIOS/PHILODEMOS
VON GADARA
(siehe ANTHOLOGIA GRAECA)

PINDAR (PINDAROS)

(Pindari Carmina cum Fragmentis, ed. Br. Snell, Leipzig ^{2}1955)

Theodore Antoniou (geb. 1935)
"῎Αριστον μὲν ὕδωρ"   [1.] [für gemischten Chor und Orchester],
"ἴσαις δὲ νύκτεσσιν"   [2.], "ἕκτος οἶς ἤδη"   [3.] [für Bariton-Solo und Orchester] in: "Nenikikamen" Kantate für Sprecher, Mezzosopran, Bariton, gemischten Chor (4-8stimmig) und Orchester (1971), 1.
in: I, 2. in: II, 3. in: III
1.: Olymp. I 1-5. 6   [ἐν ἀμέρα-] —8 2.: Olymp. II 61-67 3.: Olymp.
VIII 76-80
Partitur: Kassel [1971], Bärenreiter

Enno Dugend (geb. 1915)
"Pindaros, Erste olympische Ode" [für Singstimme, 3 E-guit (1 12-
strings-lead-guit, 2 rhythm-guit), 1 E-bass, dms und tp] (1972)
Olymp. I
Partitur: Autograph im Besitz des Komponisten, Oldenburg, Kopie im
          Archiv des Westdeutschen Rundfunks, Köln

"Pindaros, Sechste nemeische Ode" [für Singstimme, sitar, shamisen
und E-orgel](1972)
Nem. VI 1-7
Partitur: Autograph im Besitz des Komponisten, Oldenburg

Willy Giefer (geb. 1930)
"Eines Schattens Traum ... " [für Mezzosopran, Altblockflöte und Violon-
cello] in: "Eines Schattens Traum" für Mezzosopran, Flöten und Violon-
cello (1972), V
Pyth. VIII 95 [σκιᾶς ὄναρ-] —97 dt. Ü.
*Partitur: Köln [1972], Gerig

Cristobal Halffter (geb. 1930)
"Barbitixai thymon" [1.] [für gemischten Chor und Orchester], "Eie καὶ
erân" [2.] [für 5 Soprane, 5 Alte, 5 Tenöre, 5 Bässe, gemischten Chor
und Orchester], "Barbitixai thymon" [3.], "Eie καὶ erân" [4.] [für Bariton und Orchester] in: "Symposion" für Bariton, gemischten Chor und
Orchester (1968)
1.: Fr. 124d 2.: Fr. 127 3. = 1.   4. = 2.
Partitur: Wien [1974], Universal Edition
Schallplatte: Günter Reich, Bariton/Chor des Westdeutschen Rundfunks
              Köln (Einstudierung: Herbert Schernus)/Radio-Symphonie-
              Orchester Berlin/Dirigent: Michael Gielen; Wergo 60 042

Johann Philipp Kirnberger (1721-1783)
"Ἔστιν ἀνθρώποις ἀνέμων ὅτε πλεῖστα χρῆσις"[für Singstimme und
Basso continuo] in: Oden mit Melodien von Johann Philipp Kirnberger,
XXII., S.23
Olymp.XI 1-6
*Danzig 1773, Jobst Hermann Flörcke

Peter Mieg (geb. 1906)
"An die Leier Apollons" [für Bariton und Klavier] (1946) in: Lieder und
Gesänge nach Dichtungen von Friedrich Hölderlin, mit Einleitung und Er-
läuterungen hrsg. von Karl Michael Komma (Schriften der Hölderlin-
Gesellschaft, Bd.5), S.45-50
Pyth.I 1-12 [-Μοισᾶν]   dt. Ü.: Friedrich Hölderlin (1770-1843)
*Tübingen 1967, J.C.B. Mohr (P.Siebeck)

Carl Orff (geb. 1895)
"Das Erste ist wohl das Wasser" Pindars Erste Olympische Hymne [für
Sprechchor] in: Carl Orff, Stücke für Sprechchor (Orff-Schulwerk), 2
Olymp.I 1-6 dt. Ü.: Friedrich Hölderlin (1770-1843)
*Mainz [1969], Schott

Bruce Ottley
"Olympian Ode III" - "ΘΗΡΩΝΙ ΑΚΡΑΓΑΝΤΙΝΩι (ἅρματι)" [für Sing-
stimme und Klavier]
Olymp.III
*London [1909], Breitkopf & Härtel

Egon Wellesz (1885-1974)
"Ode an die Musik" aus Pindars Erster Pythischer Ode mit freier Be-
nützung der Nachdichtung Hölderlins, für Alt oder Bariton und Kammer-
orchester op. 92 (1965)
Pyth.I 1-12 [-κώματι]   dt. Ü.: nach Friedrich Hölderlin (1770-1843)
Partitur/Studienpartitur/*Klavierauszug: Wien/München [1966], Doblinger

PLATON

Louis Andriessen (geb. 1939)
"De Staat" [für 4 Frauenstimmen und Orchester] (1972-1976)
Politeia 397 B [ἐάν τις ἀποδιδῶ-] -C [-οὕτως ἔχει], 398 D
[τὸ μέλος-] -399 A [-φρυγιστί], 399 C [Οὐκ ἄρα-] -E [-ἡμεῖς,
ἢ δ'ὅς], 424 C [εἶδος γὰρ-] - [-τῶν μεγίστων]
*Partitur: Amsterdam [1976], DONEMUS
Schallplatte: Adinda de Nijs, Roberta Alexander, Lucia Kerstens und
         Marianne Kweksilber, Frauenstimmen/Reinbert de Leeuw
         und Maarten Bon, Klavier/Niederländisches Bläserensem-
         ble/Dirigent: Lucas Vis; DONEMUS CV 7702

Petr Eben (geb. 1929)
"Apologia Sokratus" Oratorio per contralto e baritono solo, coro di
bambini, coro misto ed orchestra [Oratorium für Alt- und Bariton-Solo,
Kinderchor, gemischten Chor und Orchester] (1961-1967)
1: Apologie 29 D-E, 30 B 2: 38 D-39 B (passim) 3: 40 B-42 A (passim)
Partitur: Prag/Preßburg 1969, Editio Supraphon
Schallplatte: Márová/Švorc/ein Chor/Prager Symphonie-Orchester/
         Dirigent: Zdeněk Košler; Supraphon 112 0880

Roman Haubenstock-Ramati (geb. 1919)
"Divertimento" für zwei Schauspieler, einen Tänzer und/oder Mimen und
zwei Schlagzeuger (auf der Bühne) (1968) [Anm. auf S. 4 des Textbuches
der Textcollage: "Schlagzeugspieler verwenden für die Aufführung das
Notenmaterial von "jeux 2" für zwei Schlagzeuger ..., spielen das Werk
jedoch freier als in der konzertanten Version."]
Die Textcollage enthält u. a. 20 kürzere Stellen in teilweise etwas freier,
teilweise leicht gekürzter dt. Ü., auch mit (absichtlichen?) Fehlern, die
zwischen Nomoi 775 B [καὶ τὸν-] und 804 B [-διαφαυλίζεις] in
willkürlicher Reihenfolge angesiedelt sind, außerdem noch die Stellen
817 B [ἡμεῖς-] - [-ἀληθεστάτην] (S. 7: "Wir selbst sind ...") und
835 D [Εἰκότως-] —835 E [-διὰ βίου] (S. 8: "Ganz natürlich. Ich
will aber ..."). Genaue Angabe der Stellen im Exemplar der Textcollage
in der Bibliothek des Seminars für Klassische Philologie der Universität
Heidelberg.
*Partitur (Spielanweisung) von "jeux 2" für zwei Schlagzeuger (1965):
Wien [1968], Universal Edition
*Textcollage für "Divertimento": Wien [1970], Universal Edition

Ernst Křenek (geb. 1900)
"Ἡ ἐξαίφνης φύσις" [für Sprechstimme] in: "Instant remembered"
("Augenblick erinnert") for soprano voice and instruments (1967/68), 2. :
First reading
Parmenides 156 D [ἡ ἐξαίφνης-] -156 E [-καὶ κινεῖται]
Partitur: Kassel [1970], Bärenreiter

Gian Francesco Malipiero (1882-1973)
"L'Ottavo Dialogo": "La Morte di Socrate" (dal Fedone) per una voce di
baritono e piccola orchestra [für Bariton und Kammerorchester] (1957)
Phaidon 58 A-61 A (passim), 63 B-C (passim), 115 A-118 (passim)
it. Ü. (sehr frei; z. T. paraphrasierend)
*Studienpartitur: Mailand [1957], Ricordi

Erik Satie (1866-1925)
"Socrate" Drame Symphonique en 3 Parties avec Voix sur des dialogues
de Platon traduits par Victor Cousin (1918): I: "Portrait de Socrate",
II: "Bords de l'Ilissus", III: "Mort de Socrate"
I: Symposion 215 A 4-222 E 11 (passim) II: Phaidros 229 A 1-230 C 5
(passim) III: Phaidon 59 D 1-60 B 5 (passim), 83 D 1-89 B 5 (passim),
116 A 2-118 A 17 (passim) frz. Ü.: Victor Cousin (1792-1867)
Partitur/*Klavierauszug: Paris [1919], Eschig
Schallplatte: Marie-Thérèse Escribano, Michèle Bedard, Emiko Iiyama,
              Gerlinde Lorenz, Sopran/Ensemble "Die Reihe"/Dirigent:
              Friedrich Cerha; Candide CE 31 024

siehe auch ANTHOLOGIA GRAECA

siehe auch HERAKLIT

PLUTARCH (PLUTARCHOS)

(Vitae parallelae, Vol. III, Fasc. 2, ed. K. Ziegler, Leipzig 1973)

Benjamin Cooke (1734-1793)
"I have been Young tho' now grown old" A Spartan Glee from Plutarch,
for three voices with a chorus [für Alt-Solo, Tenor-Solo, Baß-Solo und
5st. gemischten Chor a cappella]
Lykurgos 21, 3 (= Poetae Melici Graeci, ed. D. L. Page, Oxford 1962,
Fr. 870 = Carmina popularia 24) engl. Ü. (sehr frei, Text weiter ausge-
sponnen)
*Partitur: London o. J., Selbstverlag/*London o. J., Robert Birchall

Anton Reicha (1770-1836)
"Das Lacedämonische Lied" (nach dem Plutarch)[für 4st. gemischten
Chor a cappella] (1805)
Lykurgos 21, 3 (= Poetae Melici Graeci ed. D. L. Page, Oxford 1962,
Fr. 870 = Carmina popularia 24) dt. Ü. (sehr frei, Text weiter ausge-
sponnen)
*Partitur: Autograph im Besitz der Deutschen Staatsbibliothek, Berlin
(Mus. ms. autogr. Reicha, A.), vormals in der Autographen-
Sammlung von Aloys Fuchs

siehe auch ÄSOP

POSEIDIPPOS/RUFINOS
(siehe ANTHOLOGIA GRAECA)

SAPPHO

(Poetarum Lesbiorum Fragmenta, ed. E. Lobel et D. Page, Oxford 1955;
wenn nichts anderes angegeben, wird nach dieser Ausgabe zitiert; Anthologia Lyrica Graeca, Vol. I, ed. E. Diehl, Leipzig 1925; die nach dieser Ausgabe zitierten Fragmente sind mit (D) gekennzeichnet. i. a. Fr. =
incerti auctoris fragmentum, d. h. dieses Fragment stammt von Sappho
oder Alkaios (zitiert nach der Ausgabe von Lobel-Page))

Theodore Antoniou (geb. 1935)
"ΜΕΛΗ" ("Meli") Gesänge nach Sappho für mittlere Stimme und Orche-
ster op. 17 (1962)
I: Fr. 1, 1-4 II: Fr. 34 III: Fr. 50 IV: Fr. 2, 13-16 V: Fr. 5, 17-20 (aben-
teuerlicher Ergänzungsversuch)
Partitur: Kassel [1964], Bärenreiter

Girolamo Arrigo (geb. 1930)
"Io lungamente parlato" (III) [für Sopran und Altflöte in G (Flauto d' amo-
re)], "Muore il tenero Adone" (IV) [für Sopran und Baßflöte in C] in:
"Episodi" per soprano e quattro flauti-un solo esecutore (1963), III, IV
III: Fr. 134 IV: Fr. 140a it. Ü.: Salvatore Quasimodo (1901-1968)
*Partitur: Paris [1965], Heugel

Granville Bantock (1868-1946)
"Sappho" Nine Fragments for Contralto (Neun Fragmente für eine Altstimme) [für Alt-Solo und Orchester]: Prelude, 1.: "Hymn to Aphrodite",
2.: "I loved thee once, Atthis, long ago", 3.: "Evening Song": 'Evening,

Granville Bantock (Fortsetzung)

thou bringest all', 4.: "Stand face to face, friend", 5.: "The moon has
set", 6.: "Peer of Gods he seems", 7.: "In a dream I spake", 8.: "Bridal
Song": 'O fair, O lovely!', 9.: "Muse of the golden throne"
Prelude: instrumental 1.: Fr.1 2.: Fr.49, 1+129, 2+91+129, 2+91+129,
1+45+43 (D) +49, 1+147+55+49, 1 3.: Fr.104a+b+2, 5-6 [-μαλίνων],
7 [-αἰθυσσομένων] -8+156+136 4.: Fr.138+37, 2-3+150+118+149+
Anthologia Graeca VI 269, 1-2 (nach Art der Sappho) + Fr.58, 25 [ἁβρο-
σύναν] + Anm. zu Fr.156 (Gregorius Corinthius in Hermog. Meth.13
(Rhetores Graeci 7, 1236, 10ss. ed. Walz)) + Fr.58, 25 [τοῦτο-] -26
+?+38+130, 2 [γλυκύπικρον] +31, 9 [λέπτον], 10 [πῦρ] +102, 2
+44, 10+?+112, 4+34+113 [-νῦν] +115, 1 [τίωι σ'][κάλως ἐικάσδω]
5.: Fr.94 (D) +36+51 [-θέω] + i.a. Fr.25 + Fr.36+51 [-θέω] +130+
47 + Alkaios Fr.304, 5 + Sappho Fr.146 6.: Fr.31 7.: Fr.134+201+140+
168+?+140, 1 [τί κε-] +151+168 8.: Fr.108+105a+117+108+113+108+111
(passim) +106+112 + Himerios Or.I 20 (ed. Fr.Dübner, Paris 1849) + Fr.116+
Fr.108 9.: Fragmenta adespota Fr.953 (passim) (Poetae Melici Graeci, ed.
D.L. Page, Oxford 1962) + Fr.2, 13-16+53 [-Χάριτες] +153+ i.a. Fr.16
(passim) + Fr.127 engl. Ü.: nach Henry Thornton Wharton (1846-1895),
ausgewählt und bearbeitet von Helen F. Bantock (teilweise sehr weit, vor
allem grammatikalisch, vom Original entfernter Text; die Herkunft einiger Stellen konnte nicht geklärt werden (mit ? bezeichnet)), davon dt. Ü.:
John Bernhoff
Partitur/*Klavierauszug: Leipzig [1906], Breitkopf & Härtel

Richard Barth (1850-1923)
"Liebespein" in: Sieben Lieder für eine Singstimme mit Begleitung des
Pianoforte op.11, Nr.2
Fr.102 dt. Ü.
*Frankfurt am Main o.J., Steyl & Thomas

Günther Becker (geb.1924)
"Δέδυκε μὲν ἀ σελάννα" in: "Vier Epigramme" für Bariton und Kam-
merensemble, II
Fr.94 (D)
Partitur: Athen 1961, Selbstverlag

Giacomo Benvenuti (1885-1943)
"O madre, o madre cara ..." (I.), "Verginità, verginità" (II.), "Tra-
montarono la luna e le Plejadi" (III.) (per voce di donna) [für Frauenstimme und Klavier] in: "Frammenti di lirici greci", I., II., III.
I.: Fr.102 II.: Fr.114 III.: Fr.94 (D) it. Ü.: Enrico Thovez (1869-1925)
*3 Einzelausgaben: Mailand [1918], Ricordi

Harrison Birtwistle (geb.1934)
"entr' actes and sappho fragments" [für Singstimme (Sopran), Flöte,
Oboe, Violine, Viola, Harfe und Schlagzeug]
Cantus I: nach Fr.102 Cantus II: Fr.2, 5-6 [-μαλίνων], 7 [-αἰθυσσο-
μένων] -8   Cantus III: Fr.47 Cantus IV: Fr.94 (D) Cantus V: Fr.
105c engl. Ü.
*Partitur: London [1965], Universal Edition

John Blow (1649-1708)
"Sappho to Venus" [für Singstimme und Basso continuo]
Fr. 1 engl. Ü. (sehr frei)
Abschrift (ca. 1704-1707) im Besitz der British Library, London
(Add. 22099, 23., f. 73 b)

Alfred Brandt-Caspari (1864-1929)
"Eros" [für Singstimme und Klavier] in: 26 Lieder und Gesänge für eine
oder zwei Singstimmen mit Begleitung des Pianoforte, Heft VI (= op. 22),
Nr. 11
Fr. 130+47+131 dt. Ü.
Einzelausgabe von Heft VI: Porto Alegre/Brasilien o. J., Theo Brügel-
mann/Leipzig o. J., Hofmeister

Mark Brunswick (1902-1971)
"Fragment of Sappho" Motet for Chorus of Four Mixed Voices A Cappella
(1932)
Fr. 47 engl. Ü.
*Partitur: [Wien 1937], Universal Edition

Luigi Dallapiccola (1904-1975)
"Cinque frammenti di Saffo" per una voce e orchestra da camera [für
Singstimme (Sopran) und 15 Instrumente] (1942)
I: Fr. 104 a II: Fr. 22, 9-16 III: Fr. 140 a IV: Fr. 154+i.a. Fr. 16 V: Fr.
134 it. Ü.: Salvatore Quasimodo (1901-1968)
*Partitur mit untergelegtem Klavierauszug: Mailand [1943], *^{2}[1955],
Suvini Zerboni
Studienpartitur (mit untergelegtem Klavierauszug) in: Luigi Dallapiccola,
"Liriche Greche" per soprano e diversi gruppi strumentali, I. "Cinque
frammenti di Saffo", London/Mainz/Zürich/New York o. J., Eulenburg
Schallplatte: Elisabeth Söderström, Sopran/ein Instrumentalensemble/
Dirigent: Frederik Prausnitz; Philips A 01526 L

Ottmar Gerster (geb. 1897)
"Altgriechisches Lied" in: Fünf einfache Lieder für eine mittlere Sing-
stimme und Klavier, 1.
Fr. 102 dt. Ü.
*Mainz [1933], ^{2}1950, Schott

Adalbert von Goldschmidt (1848-1906)
"Sappho's Lied" [für Sopran und Klavier]
Fr. 31, 1-16 dt. Ü., davon engl. Ü.: John Fenton
*Leipzig [1893], Breitkopf & Härtel

Nininha Gregori (geb. 1925)
"Plenilunio" [für Singstimme, Flöte, Oboe, Klarinette, Fagott und
Celesta] in: "Quatro Liricas Gregas" para Canto, Sopros e Celesta
(1950), III
Fr. 34 it. Ü.: Salvatore Quasimodo (1901-1968)
Partitur: o. O. 1950, Selbstverlag

Katherine Ruth Heyman (1877-1944)
"Lament for Adonis" [für Singstimme und Klavier]
Fr. 140 a engl. Ü. : Bliss Carman (1861-1929) (sehr frei, Text weiter ausgesponnen)
*Newton/Mass. [1903], The Wa-Wan Press

Andrzej Hundziak (geb. 1927)
"Liryki do tekstów Safony" na sopran i 10 instrumentów [für Sopran und 10 Instrumente (Flöte, Trompete in B, Viola, Violoncello, Harfe, Celesta, Xylophon, Vibraphon, Tavoletta und 3 Bonghi)] (1963)
I: Fr. 132 II: Fr. 102 III: Fr. 111 poln. Ü. : Janina Brzostowska (geb. 1902)
*Partitur: Warschau [1966], Polnischer Musikverlag

Wladyslaw Kabalewski (geb. 1919)
"O Miesiącu Srebrzystym" ["Vom silbernen Mond"] [für Singstimme, große Flöte in C und Harfe] in: "Dwie Piesni do słow Horacego" ["2 Gesänge nach Worten von Horaz"] na głos zenski, flet i harfe [für Singstimme, Flöte und Harfe] (1967), 2.
nach Fr. 34 poln. Ü. (sehr frei), im anschließenden Text noch einige weitere Sappho-Reminiszenzen. Warum der Komponist Horaz als Autor angibt, bleibt unerfindlich.
*Partitur: Autograph im Besitz des Komponisten, Warschau

Hugo Kaun (1863-1932)
"Goldenthronende Aphrodite" [für Sopran (Sappho) und Orchester] in: Hugo Kaun, "Sappho" Musik-Drama in 3 Akten nach Franz Grillparzer's Trauerspiel, im 1. Akt
Fr. 1, 1-8. 13-16. 25-28 dt. Ü. : Franz Grillparzer (1791-1872)
Partitur/*Klavierauszug: Leipzig [1917], Julius Heinrich Zimmermann

Rudolf Kelterborn (geb. 1931)
"Drei Gesänge an Aphrodite" in: "Elegie" Kammerkantate für mittlere Frauenstimme, Oboe, Bratsche, Cembalo und Schlagzeug auf Texte von Sappho und Georg Trakl, I.
1. : Fr. 1+52 2. : Fr. 102+47+56+115 3. : Fr. 141+112+116+141 dt. Ü.
Partitur: München 1958, edition modern

Ernst Ketterer (geb. 1898)
"Über Sternenpracht" [für 4st. Männerchor a cappella]
Fr. 34 dt. Ü. (sehr freie Paraphrase): Heinz Haubrich (= Text der 1. Strophe, der Text der 2. Strophe ist vom Übersetzer frei dazugedichtet).
*Chorpartitur: Mülheim (Ruhr) [1964], Musikverlag Heinz Haubrich

Wilhelm Killmayer (geb. 1927)
"Sappho" Fünf Gesänge für Sopran und kleines Orchester (1959/60)
I: Fr. 48+48, 3 (D) II: Fr. 108+167+153+156, 1+153+112, 3-4+108 [ὦ κάλα κόρα] + i. a. Fr. 23 + Fr. 156, 2 + i. a. Fr. 24, 2 + Fr. 156, 2+111, 6 + i. a.
Fr. 24 III: Fr. 31 IV: Fr. 34 V: Fr. 1
Partitur: Mainz o. J. , Schott

Johann Philipp Kirnberger (1721-1783)
"Hymne an die Venus" (I.), "An die Geliebte" (II.) [für Singstimme und Klavier (keine separate Singst.)] in: Anleitung zur Singekomposition mit Oden in verschiedenen Sylbenmaassen begleitet von Joh. Phil. Kirnberger ... , I. , II. , S. 17-19

Johann Philipp Kirnberger (Fortsetzung)

I.: Fr. 1 II.: Fr. 31, 1-16 dt. Ü.: Karl Wilhelm Ramler (1725-1798)
Anm.: Vollständiger Text von I. auf S. 85
*Berlin 1782, George Iacob Decker

Zoltán Kodály (1882-1967)
"Sapphos Liebesgesang" [für Singstimme und Klavier] (1916) in: Fünf Lieder op. 9, Nr. 2
Fr. 31, 1-16 ung. Ü.: Endre Ady (1877-1919), davon dt. Ü.
1) Wien [1924], Universal Edition
2) London [1939], Boosey & Hawkes, S. 7-11
3) Budapest o.J., Editio Musica Budapest
Schallplatten: mit ung. Text: Sylvia Sass, Sopran/Lorant Szücs, Klavier;
                                          Hungaroton 11766/67
            mit dt. Text: Norma Sharp, Sopran/Joachim Draheim,
                          Klavier (in: Antike Dichtung im Spiegel der
                          Musik); audite FSM 53179

Arghyris Kounadis (geb. 1924)
"3 Nocturnes nach Sappho" [für Sopran, Flöte, Celesta, Vibraphon, Violine, Viola und Violoncello]: 1.: "Die Nachtigall", 2.: "Der Mond", 3.:
"Die Nacht"
1.: Fr. 136 2.: Fr. 34 3.: Fr. 94 (D)
*Partitur: München [1961], edition modern

Karl Loewe (1796-1869)
"ΕΙΣ ΑΦΡΟΔΙΤΗΝ" "An Aphrodite" Ode der Sappho [für Singstimme und
Klavier] op. 9, Heft IX, Nr. 4 (1835)
Fr. 1 (Urtext und dt. Ü. von Carl von Blankensee und vom Komponisten)
1) in: Gesammelte Lieder, Gesänge, Romanzen und Balladen op. 9, Heft
   IX: Sechs Lieder von Goethe, aus dem Griechischen, und von v.
   Gerstenberg, Nr. 4, Leipzig [1836], Hofmeister
*2) in: Carl Loewes Werke, Gesamtausgabe der Balladen, Legenden, Lie-
    der und Gesänge für eine Singstimme, ... herausgegeben von Dr.
    Max Runze, Bd. XVI: Das Loewesche Lied, Leipzig [1903], Breit-
    kopf & Härtel, Nr. 110, S. 198-202
Schallplatte: Norma Sharp, Sopran/Joachim Draheim, Klavier (in: Antike
    Dichtung im Spiegel der Musik); audite FSM 53179

Adolf Bernhard Marx (1795-1866)
"An Selene" [für 4st. Männerchor a cappella] in: Sechs Gesänge für vier
Männerstimmen 25. Werk, Nr. 3
Fr. 34+2, 5-6 [-μαλίνων], 7 [αἰθυσσομένων-]-8 dt. Ü. (mit einem
nicht von Sappho stammenden Einschub: "Fern herüber schwellende Har-
fenklänge")
*Partitur: Minden o.J., W. Fissmer & Comp. / Leipzig o.J., R. Friese

Erkki Gustaf Melartin (1875-1937)
"Mutterfreude" - "Modersfröjd" - "Äidin ilo" [für Singstimme und Kla-
vier] op. 42, Nr. 4
Fr. 132 dt., schwed. und finn. Ü.
*Einzelausgabe: Helsingfors/Helsinki o.J., A. Apostol

Albert Moeschinger (geb. 1897)
"Ode an Aphrodite" [für Alt-Solo, Frauenchor und Orchester] (1946)
Fr. 1   dt. Ü. : Franz Grillparzer (1791-1872)
*Klavierauszug/*Chorpartitur: Autographen im Besitz von Frau Marianne
Ellenberger-Baumgartner, Thun/Schweiz

Stanisław Moniuszko (1819-1872)
"Safo do Faona" ("Do Faona" ["Sappho an Phaon"] [für Singstimme (Mezzosopran) und Klavier] (um 1860)
Fr. 31, 1-16 poln. Ü. : S. F. Zukowski
  1) in: Spiewnik domowy [= Hausliederbuch] VII 7, Warschau [1876], F. W.
       Garbrecht; Warschau ^{2}[1897], Gebethener und Wolf
  *2) in: Moniuszko, Werke 4, Serie A, Lieder, Bd. IV, Warschau [1972],
       Polnischer Musikverlag, Nr. 63, S. 138-139
Schallplatten: H. Szymulska, Sopran/J. Lefeld, Klavier (in: Lieder aus
       dem Liederbuch für Hausmusik II, in poln. Sprache); Muza
       Warschau 0619
       mit dt. Text von Wilfried Stroh:
       Norma Sharp, Sopran/Joachim Draheim, Klavier (in: Antike
       Dichtung im Spiegel der Musik); audite FSM 53179

Carl Orff (geb. 1895)
"Corteo nuziale ed arrivo della sposa e dello sposo" (II) [für gemischten
Chor und Orchester], "Sposa e sposo" (III) [für Sopran-Solo, Tenor-Solo,
gemischten Chor und Orchester], "Canto di novelli sposi del talamo" (VI)
[für Sopran-Solo, Tenor-Solo und Orchester] in: "Trionfo di Afrodite"
Concerto scenico (1950/51), II, III, VI
II: Fr. 111+115+111+115+112+116   III: Fr. 134+36+34+138+136 + i. a. Fr. 25 +
Fr. 47+118+104a+114+95, 11-13+96, 12-14+48,1+128+53+156,1 (D) +128+2,13-
16+33 VI: Anm. zu Fr. 156 (Gregorius Corinthius in Hermog. Meth. 13
(Rhetores Graeci 7, 1236, 10ss. ed. Walz)) + Fr. 156 (passim)
Klavierauszug: Mainz [1951], Schott
*Partitur: Mainz [1952], Schott
Schallplatten: Enriqueta Tarrès, Sopran/Donald Grobe, Tenor/Hans
       Günther Nöcker, Baß/Brigitte Dürrler, Sopran/Horst G.
       Laubenthal, Tenor/Hannelore Bode/Carol Malone/André
       Peysang/Toni Maxen/Werner Becker/Kölner Rundfunkchor
       (Einstudierung: Herbert Schernus)/Kölner Rundfunk-Sinfo-
       nie-Orchester/Dirigent: Ferdinand Leitner; Bellaphon Acan-
       ta JB 21346 (in Kassette: Carl Orff, Trionfi); DC 22454
       Kupper/Lindermeier/Wiese-Lange/Holm/Delorko/Böhme/
       Chor des Bayerischen Rundfunks (Einstudierung: Josef Kug-
       ler)/Sinfonieorchester des Bayerischen Rundfunks/Dirigent:
       Eugen Jochum; Deutsche Grammophon 18305 LPM/18485
       LPM (in Kassette: Carl Orff, Trionfi)
       Subrtova/Tattermuschova/Bohacova/Tomanek/Zidek/Lin-
       auer/Berman/Srubar/Josef Veselka/Tschechischer Phil-
       harmonischer Chor/Prager Symphoniker u. a. /Dirigent:
       Vaclav Smetacek; Ariola-Eurodisc XG 80299 K (in Kassette:
       Carl Orff, Trionfi)

Edward Pałłasz (geb. 1936)
"Fragmenty do tekstów Safony" na sopran, flet, harfę, altówkę i perkusję
- "Fragments to Sappho's texts" for soprano, flute, harp, viola and per-
cussion [für Sopran, Flöte, Harfe, Viola und Schlagzeug] (1967)
I: Fr. 35+36+37,1+38+52 II: Fr. 95,6-11 III: Fr. 4 IV: Fr. 149+151+145+17, 1
poln. Ü.: Janina Brzostowska (geb. 1902), engl. Ü.: H. Szołdrska
*Partitur: Krakau [1973], Polnischer Musikverlag

Piotr Perkowski (geb. 1901)
"Pieśni Safony" na sopran, 2 flety i 2 klarnety - "Poems from Sappho"
for Soprano, 2 Flutes and 2 Clarinets [für Sopran, 2 Flöten und 2 Klari-
netten] (1967): "Nie będę zapomniana" - "I shall not be forgotten"[1.],
"Dziesięciu szewców" - "The ten shoe-makers"[2.], "Jak hiacynt ... " -
"Like a hyacinth ... "[3.], "Jest bogiem ... " - "Godlike the man"[4.],
"Adonis umiera" - "Dying Adonis"[5.]
1.: Fr. 193+34+193 2.: Fr. 110 3.: Fr. 105a+c 4.: Fr. 31 5.: Fr. 140
poln. und engl. Ü.: Ewa Perkowska
*Partitur: Krakau [1969], Polnischer Musikverlag

Goffredo Petrassi (geb. 1904)
"Due liriche di Saffo" per canto e pianoforte [für Singstimme und Kla-
vier] (1941): I.: "Tramontata è la luna", II.: "Invito all' eràno"
I.: Fr. 94 (D) + Fr. 47+130+146+36 II.: Fr. 2, 1-16 it. Ü.: Salvatore
Quasimodo (1901-1968)
*Mailand [1942], Suvini Zerboni

"Due liriche di Saffo" - Versione per voce e 11 strumenti [Fassung für
Singstimme, Flöte, Oboe, Klarinette, Fagott, Horn, Trompete, Harfe,
Violine I und II, Viola und Violoncello]
Partitur: Mailand [1942], Suvini Zerboni

Ildebrando Pizzetti (1880-1968)
"Oscuro è il ciel ... " [für Singstimme und Klavier] in: "Due canti
d' amore", II. in: "Altre cinque liriche" per canto e pianoforte
Fr. 94 (D) it. Ü. (sehr frei, Originaltext weiter ausgesponnen): Giacomo
Leopardi (1798-1837)
*Einzelausgabe: Mailand [1933], +2[1950], Ricordi
Schallplatte: Norma Sharp, Sopran/Joachim Draheim, Klavier (in: Antike
       Dichtung im Spiegel der Musik); audite FSM 53179

"2 composizioni corali" a 6 voce sole [für 6st. gemischten Chor a cap-
pella] (1961): I: "Il giardino di Afrodite", II: "Piena sorgeva la luna"
I: Fr. 2, 2 [ἄλσος-] -16 II: Fr. 154 + i. a. Fr. 16 + Fr. 34 it. Ü.: Manara
Valgimigli (1876-1965)
*Partitur mit untergelegtem Klavierauszug: Mailand [1961], Ricordi
Schallplatte: Stockholmer Kammerchor/Dirigent: Eric Ericson; EMI
       1C153-29916/19 (in Kassette: "Europäische Chormusik aus
       fünf Jahrhunderten")

Ennio Porrino (1910-1959)
"E di te nel tempo" [für Sopran oder Tenor und Kammerorchester] in:
"Tre liriche greche", I, in: "I canti dell' esilio" Ciclo di quindici liriche
per soprano o tenore e orchestra da camera, in: Parte Prima (1945)
Fr. 55 it. Ü.: Salvatore Quasimodo (1901-1968)
Partitur/*Klavierauszug: Mailand [1953], Carish

Hermann Reutter (geb. 1900)
"Fünf antike Oden" nach Gedichten der Sappho, übertragen von Rudolf
Bach, für eine mittlere Frauenstimme, Bratsche und Klavier op. 57
I.: Fr. 47+130 II.: Fr. 94 (D) + 2, 5-8 III.: Fr. 30, 2-4+156+111+116 (117?)
+ i. a. Fr. 16 + Fr. 30, 2-4 IV.: Fr. 55+150+41+147 V.: Fr. 1 dt. Ü.: Ru-
dolf Bach (1901-1957)
*Partitur/*Bratschenstimme mit darübergelegter Singstimme: Mainz
                                                    [1948], Schott
Schallplatte: (nur II.) Norma Sharp, Sopran/Odin Günther, Viola/Joachim
              Draheim, Klavier (in: Antike Dichtung im Spiegel der Mu-
              sik); audite FSM 53179

Wissarion Jakowlewitsch Schebalin (1902-1963)
"Fünf Fragmente aus Sappho" [für Singstimme und Klavier] op. 3 (1922/
23): 1.: "Ich liebe was zart", 2.: "Heg' ich mir ein Mägdelein", 3.:
"Kommen wird eine Zeit", 4.: "Vor der Grotte rinnt", 5.: "Wie die
Eichen" in: W. Schebalin, Gesänge für 1 Singstimme mit Klavier op. 1,
op. 3, op. 7
1.: Fr. 58, 25-26 2.: Fr. 132 3.: Fr. 55 4.: Fr. 2, 5-6 [-μαλίνων],
7 [αἰθυσσομένων-] -8 5.: Fr. 47 russ. Ü., davon dt. Ü.: D. Ussow
*Einzelausgabe von op. 3: Moskau 1926, Musiksektion des Staatsverlages

Hans Schouwman (1902-1967)
"Notturno" voor mezzo-sopraan, violoncel en piano [für Mezzo-Sopran,
Violoncello und Klavier] op. 59: 1. Preludio, 2. "Avondster", 3. Notturno
("Maanlicht"), 4. Intermezzo, 5. "Teleurgesteld Verwachten"
1.: instrumental 2.: Fr. 104a 3.: Fr. 34+2, 5-6 [-μαλίνων], 7
[αἰθυσσομένων-] -8 4.: instrumental 5.: Fr. 94 (D) niederl. Ü.:
Pieter Cornelis Boutens (1870-1943)
*Partitur/*Cellostimme: Amsterdam [1948/49], DONEMUS

Botho Sigwart (1884-1915)
"Ode der Sappho" [Melodrama, für Sprechstimme und Klavier]
Fr. 1 (Urtext und dt. Ü.: Franz Grillparzer (1791-1872), wahlweise zu
sprechen, zwei verschiedene Schlüsse der Komposition für den griechi-
schen und deutschen Text)
*Leipzig[1922], Robert Forberg

Gaspare Spontini (1774-1851)
"Romance traduite de Sapho" [für Singstimme und Klavier]
Fr. 31, 1-16 frz. Ü., dav. dt. Ü.: Adolf Böttger (1815-1870)
*1) in: Album für Gesang mit Original-Beiträgen von A. H. Chelard, Fer-
     dinand David ..., C. (sic!) Spontini ..., herausgegeben von Ru-
     dolf Hirsch, Zweiter Jahrgang, Leipzig 1843, L. H. Bösenberg,
     S. 60-62 (Titel: "Romance traduite de Sappho", mit frz. und dt.
     Text)
*2) in: Beethoven-Album, gestiftet und beschrieben von einem Vereine
     von Künstlern und Kunstfreunden aus Frankreich, England, Ita-
     lien, Deutschland, Holland, Schweden, Ungarn und Russland,
     [herausgegeben von Gustav Schilling], Stuttgart [1846], Hallberger,
     S. 117-119 (Titel: "Romance traduite de Sapho", nur mit frz. Text)
 3) Hamburg [ca. 1855], Böhme (mit frz. und dt. Text)
Schallplatte: (mit frz. Text) Norma Sharp, Sopran/Joachim Draheim, Kla-
              vier (in: Antike Dichtung im Spiegel der Musik); audite FSM
              53179

Hans Studer (geb. 1911)
"Kühles Wasser rauscht" (II.), "Ich kann nicht, süße Mutter" (VI.),
"Wenn nach Sonnenuntergang" (IX.) [für Frauenchor und Orchester],
"Der Mond ging unter" (X.) [für Alt-Solo und Orchester] in: "Pan kai
Aphrodite" Lyrische Kantate nach altgriechischen Gedichten für Alt-
Solo, Frauenchor und Orchester (1950/1961/1966), II., VI., IX., X.
II.: Fr. 2, 5-11 dt. Ü.: Eckart Peterich (1900-1968) VI.: Fr. 102 dt. Ü.:
Johann Gottfried Herder (1744-1803) IX.: Fr. 96, 7 [ὥς ποτ'-]-14
dt. Ü.: Eckart Peterich X.: Fr. 94, 1-3 (D) dt. Ü.: Eckart Peterich
Partitur: Autograph im Besitz des Komponisten, Muri/Schweiz

"Die kretischen Mädchen" (III.), "Abendstern, alles bringst du wieder"
(VI.) in: "Die Fragmente" Sieben Gesänge nach altgriechischen Gedich-
ten für Sopran, Flöte, Oboe, Klarinette und Fagott (1962), III., VI.
III.: i. a. Fr. 16 VI.: Fr. 104 a dt. Ü.: Eckart Peterich (1900-1968)
Partitur: Autograph im Besitz des Komponisten, Muri/Schweiz

Dimitri Terzakis (geb. 1938)
"Notturni" für sechs Singstimmen, Violine, Klarinette und Schlaginstru-
mente (1976)
Teil I: Fr. 31, 1-16 [-φαίνομ'] +36+130+47+48+51 Teil II: Fr. 104a+2,
5-6 [-μαλίνων], 7 [αἰθυσσομένων-]-8+34 + Fr. 94 (D) + Fr. 136
(Originaltext in Umschrift in lat. Schrift und neugriechischer Aussprache)
*Partitur: Kassel/Basel/Tours/London [1977], Bärenreiter

Nikolai Nikolajewitsch Tscherepnin (1873-1945)
"Pesnja Safo" ("Chant de Sapho") ["Das Lied der Sappho"] [für Sopran-
Solo, Frauenchor und Orchester] op. 5
russ. Text von Zorin unter Verwendung von Fr. 115+2, 5-8+105a+31
*Partitur/*Klavierauszug: Leipzig 1899, Belaïeff

Carl Maria von Weber (1786-1826)
"Golden-thronende Aphrodite" [Melodrama aus der Musik zu Grillpar-
zers Trauerspiel "Sappho" (1. Aufzug, 6. Auftritt, Sappho allein), für
Sprechstimme und Harfe] (1818)
Fr. 1 dt. Ü.: Franz Grillparzer (1791-1872)
1) als Beilage zu: Die Musik XVIII, 1926, Heft 9
*2) in: Reliquienschrein des Meisters Carl Maria von Weber in seinem
    100. Todesjahr aufgestellt von Leopold Hirschberg, Berlin/Ham-
    burg/Leipzig 1927, Morawe und Scheffelt, S. 114-115
Anm.: Die Echtheit dieses Stücks ist nicht ganz sicher erwiesen. Fried-
    rich Wilhelm Jähns (Carl Maria von Weber in seinen Werken,
    Berlin 1871) reiht es unter die zweifelhaften Werke ein (Anhang
    III. 87, S. 441/442. Leopold Hirschberg (in seinem Aufsatz "We-
    bers Musik zu Grillparzers "Sappho"", in: Die Musik XVIII, 1926,
    Heft 9, S. 651-653) hält es für echt.

James Worgan (1715-1753)
"Sappho's Hymn to Venus" [für Singstimme, 2 Violinen und Basso con-
tinuo]
Fr. 1 engl. Ü.
*Partitur: [London][1749], o. Verlag

Felix Woyrsch (1860-1944)
"Sapphische Ode an Aphrodite" für Sopran-Solo, Frauenchor und Orchester oder mit Klavierbegleitung op. 49
Fr. 1 dt. Ü.: Emanuel Geibel (1815-1884)
Partitur/*Ausgabe mit Klavier: Köln/Leipzig [1901], Heinrich vom
Ende's Verlag

Henri Zagwijn (1878-1954)
"De maan is onder" [für Baß-Solo und Orchester] "Prologo" zu "Ode aan Sappho" per Soli, Coro e Orchestra [für Sopran-Solo, Alt-Solo, Tenor-Solo, Baß-Solo, gemischten Chor und Orchester] (1949)
Fr. 94 (D) niederländ. Ü.: Pieter Cornelis Boutens (1870-1943)
*Partitur: Amsterdam [1948/49], DONEMUS

Max Zenger (1837-1911)
"Ode an Aphrodite" (IV.) [für Sopran und Klavier], "Liebeslied" (VI.)
[für Alt und Klavier] in: "Altgriechisches Liederspiel" für Sopran, Alt, Tenor und Baß (Soloquartett oder Chor) mit Begleitung des Pianoforte oder des Orchesters op. 75, IV., VI.
IV.: Fr. 1 VI.: Fr. 31, 1-12 dt. Ü.: Emanuel Geibel (1815-1884)
Partitur/*Ausgabe mit Klavier: Berlin [1880], Ries & Erler

siehe auch ANTHOLOGIA GRAECA

SEMONIDES

(Anthologia Lyrica Graeca, ed. E. Diehl, Fasc. 3, Leipzig ³1952)

Rudolf Bode (1881-1970)
"Beschränkung" [für Singstimme und Klavier] in: "Antike Lieder", [1.]
Fr. 1, 1-5 dt. Ü. (sehr frei): Emil Ermatinger (1873-1953)
*Berlin-Lichterfelde [1952], Vieweg

SIMONIDES

(Poetae Melici Graeci, ed. D. L. Page, Oxford 1962)

Günther Becker (geb. 1924)
"Οὐδὲ γὰρ ἐννοσίφυλλος ἀήτα" in: "Vier Epigramme" für Bariton und Kammerensemble, IV
Fr. 595 = Sim. Fr. 90
Partitur: Athen 1961, Selbstverlag

Max Bruch (1838-1920)
"Auf die bei Thermopylae Gefallenen" in: Zwei Männerchöre mit Orchester op. 53, Nr. 1
Fr. 531 = Sim. Fr. 26 dt. Ü.: Emanuel Geibel (1815-1884)
*Partitur (Einzelausgabe): Berlin 1890, Simrock

Luciano Chailly (geb. 1920)
"Lamento di Danae" per canto e pianoforte (voce di soprano) [für Sopran und Klavier] (1955)
Fr. 543 = Sim. Fr. 38 it. Ü.: Salvatore Quasimodo (1901-1968)
*Mailand [1957], Ricordi

Marius Flothuis (geb. 1914)
"Spreuk" [für gemischten Chor a cappella] in: "Vier antieke fragmenten"
voor a cappella koor op. 41 (1951), III
Fr. 521 = Sim. Fr. 16
*Studienpartitur: Amsterdam [1951], DONEMUS

Franco Margola (geb. 1908)
"Alle Termopoli" [für Singstimme, Horn in F und Klavier] in: "Tre Epi-
grammi Greci" (1959), [1.]
Fr. 92 (Anthologia Lyrica Graeca, Vol. II, ed. E. Diehl, Leipzig ^{2}1942,
om. Lobel-Page) it. Ü.
*Bologna [1968], Bongiovanni

Ennio Porrino (1910-1959)
"Lamento di Danae" [für Sopran oder Tenor und Kammerorchester] in:
"Tre liriche greche", III, in: "I canti dell' esilio" Ciclo di quindici
liriche per soprano o tenore e orchestra da camera, in: Parte Prima
(1945)
Fr. 543, 1-17 = Sim. Fr. 38, 1-17 it. Ü. : Salvatore Quasimodo (1901-1968)
Partitur/*Klavierauszug: Mailand [1953], Carish

SKOLIEN
(siehe CARMINA CONVIVALIA)

SOPHOKLES

Benjamin Britten (1913-1976)
"Where is the equal of Love?" [für gemischten Chor und Orgel ad lib.]
in: "Voices for Today" Anthem for Chorus (Men, Women and Children)
[für Knabenchor, gemischten Chor und Orgel ad lib.] op. 75 (1965)
Antigone V. 781 engl. Ü. (sehr freie Paraphrase)
*Partitur: London [1965], Faber & Faber

Ernst Dycke
Chor aus "Der rasende Aias" von Sophokles für 6 Männerstimmen [für
6st. Männerchor a cappella] op. 21
Aias V. 693-718 dt. Ü.
*Partitur: Straßburg [1910], Süddeutscher Musikverlag

Helmut Eder (geb. 1916)
"Aktis aelioû" [für Alt, Tonband und Orchester] in: "cadunt umbrae" für
Alt, Tonband und Orchester op. 61 (1973), III
Antigone V. 100 [-άελίου] (aus einer Textcollage von Rudolf Bayr)
Partitur/Studienpartitur: Wien [1974], Doblinger

Willy Giefer (geb. 1930)
"Jeder kommt zu Fall ... " [für Mezzosopran, Altflöte (in G) und Violon-
cello] in: "Eines Schattens Traum" für Mezzosopran, Flöten und Violon-
cello (1972), VI
Aias V. 759-761 dt. Ü.
*Partitur: Köln [1972], Gerig

Josef Matthias Hauer (1883-1959)
"Chorlieder aus den Tragödien des Sophokles" für Männerstimmen, (Klavier) [für Männerchor und Klavier (?)] op. 7 (1914)
[1.]: König Oidipus V. 1186-1192 [2.]: Oidipus auf Kolonos V. 1556-1567
[3.]: Antigone V. 582-592 [4.]: Antigone V. 781-790 (Der Komponist gibt fälschlich V. 581-589 an) [5.]: Philoktet V. 827-832 dt. Ü. : Johann Jakob Christian Donner (1799-1875)
*Klavierauszug (= Klavierstimme?): Wien o.J. , Selbstverlag, danach
                                        Berlin o.J. , Lienau

"Aus der Antigonä" ("Ungeheuer ist viel ... ") [für Männerstimme und Klavier] in: "Hölderlin-Lieder" op. 21 (1922), Nr. 4
Antigone V. 332-352 dt. Ü. : Friedrich Hölderlin (1770-1843)
*Berlin [1924], Schlesinger/Wien [1924], Haslinger

"Weh! Weh! Weh! Weh! ich Unglücklicher!" [1.] [für Bariton-Solo, gemischten Chor und Orchester], "Unbeweinet und ohne Freund' und ehlos" [2.] [für Mezzo-Sopran-Solo und Orchester] in: "Wandlungen" Kammeroratorium für Bühne oder Konzert nach Worten von Hölderlin [für Sopran (Diotima), Mezzosopran (Antigone), Alt (eine Seherin), Tenor (Hyperion), Bariton (Ödipus), Baß (Empedokles), 8st. gemischten Chor und Orchester] op. 53
1. : König Oidipus V. 1307-1312 2. : Antigone V. 876-882 dt. Ü. : Friedrich Hölderlin (1770-1843)
Partitur: Wien [1929], Universal Edition

Albert Lortzing (1801-1851)
"Du! die zur Erde neigt das Haupt" [1.], "Ismene, traute Schwester" [2.] [Vertonung von zwei Zitaten aus "Antigone", für Alt (Gräfin) und Orchester] in: "Der Wildschütz" Komische Oper in 3 Akten (1842), 3. Akt, Anfang der 14. Szene (= Nr. 16 Finale)
1. : Antigone V. 441-442 2. : Antigone V. 1 dt. Ü. : Johann Jakob Christian Donner (1799-1875)
Klavierauszug/Textbuch: Leipzig o.J. , Breitkopf & Härtel
Partitur/*Klavierauszug: Frankfurt [1948], Peters
Schallplatte: Rothenberger/Schädle/Vordemfelde/Litz/Wunderlich/Prey/
              Schmidtpeter/Ollendorf/Ehrengut/Chor und Orchester der
              Bayerischen Staatsoper München/Dirigent: Robert Heger;
              EMI 1C149-28534/36

Robert Oboussier (1900-1957)
"Antigone" Rezitativ (1.) - Arie (2.) - Elegie (3.) nach Worten des Sophokles für eine Altstimme und Orchester (1938/39)
1. : Antigone V. 450-460 [-δώσειν] 2. : Antigone V. 523 3. : Antigone V. 806-816. 839-852. 876-882. 937-943 dt. und frz. Ü.
Partitur: Kassel/Basel o.J. , Bärenreiter

Carl Orff (geb. 1895)
"In des pferdereichen Landes trefflichen Höfen" Chor aus "Oedipus auf Kolonos" (1) [für Sprechchor und Schlagzeug], " "Υπν' ὀδύνας" "An den Schlaf" (3) [für Sprechchor und Flöte] in: Carl Orff, Stücke für Sprechchor (Orff-Schulwerk), 1, 3
1. : Oidipus auf Kolonos V. 668-693 dt. Ü. : Friedrich Hölderlin (1770-1843) 3. : Philoktet V. 827-832 (Urtext)
*Partitur: Mainz [1969], Schott

Carl Orff (Fortsetzung)

Schallplatte: (nur 3) Stuttgarter Sprechchor/Dirigent: Heinz Mende/Instru-
mentalensemble; harmonia mundi 30909 X

Krzysztof Penderecki (geb. 1933)
"hóste thnetón ont' " [für Sopran, Sprechstimme und 10 Instrumente] in:
"Strofy" na sopran, głos recytujący i 10 instrumentów ("Strophen" für
Sopran, Sprechstimme und 10 Instrumente) (1959)
König Oidipus V. 1528-1530
Partitur: Warschau [1960], Polnischer Musikverlag

"πολλὰ τὰ δεινὰ" [für gemischten Chor und Orchester] in: "Kosmogo-
nia" für Soli, Chor und Orchester (1970), in: "῎Απειρον"
Antigone V. 332-333 (im Textbuch sind fälschlich 132-133 angegeben)
Partitur/*Studienpartitur/*Textbuch: Mainz [1970], Schott
Schallplatte: Stefania Woytowicz, Sopran/Kazimierz Pustelak, Tenor/
Bernard Ładysz, Baß/Chor und Sinfonie-Orchester der Na-
tional-Philharmonie Warschau/Dirigent: Andrzej Markowski;
Philips 6500 683

Ildebrando Pizzetti (1880-1968)
"Inno a Colono" (da Sofocle) [für Sopran-Solo, 5st. gemischten Chor und
Orchester] in: "Due inni greci" (da "La festa delle Panatenee") (1937), II.
Oidipus auf Kolonos V. 668-676 [-μυριόκαρπον], 681-691 [-χθονός]
it. Ü.: Ettore Bignone (1879-1953)
Partitur/Klavierauszug: Mailand [1937], Ricordi
*Klavierauszug: Mailand 2[1950], Ricordi

Friedrich Silcher (1789-1860)
"Der Tod des Aias" Monolog aus der gleichnamigen Tragödie des Sopho-
kles, übersetzt von J. Ch. Stüber, für eine Bass oder Baritonstimme mit
[4st.] Männerchor und Orchester op. 59: Nr. 1 Chor, Nr. 2 Monolog, Nr. 3
Schluss-Chor
Nr. 1: Aias V. 641-645 Nr. 2: Aias V. 815-838. 843-865 Nr. 3: Aias V. 900-
902. 908-910 dt. Ü.: J. Ch. Stüber
*Klavierauszug: Stuttgart [1852], G. A. Zumsteeg
Anm.: Das Manuskript der Partitur ist verschollen.

Richard Strauss (1864-1949)
"῎Ιδεθ' ὅποι προνέμεται" Chor aus Sophokles' "Elektra" [für einstimmigen Männerchor (Tenor und Baß)] mit Begleitung von Streichquintett, 2 Klarinetten und Pauken, Hörnern und Trompeten AV. 74 (1881) in:
Hilfsbuch für den Unterricht im Gesange auf den höheren Schulen, nach
neuen Gesichtspunkten bearbeitet von Dr. Karl Schmidt, S. 168-170
Elektra V. 1384-1397
Klavierauszug (mit Angaben zur Instrumentation): *Leipzig 1902, Breitkopf & Härtel
Anm.: Die in der Bibliothek des Ludwigsgymnasiums München aufbewahr-
te autographe Partitur ist 1943 bei einem Bombenangriff verbrannt.

Georges S. Tsouyopoulos (geb. 1930)
"Éros aníkate máchan" (I), "Ith ághe póda wássin" (II) in: "Drei Fragmen-
te" für[gemischten]Chor und Orchester (1958), I, II
I: Antigone V. 781-790 II: Ichneutai V. 57-64 [-νύχια]. 92-102.213-215
[-τέχνη]. 235-238 [-μάταιός τ'] (The Ichneutai of Sophocles, ed.
R.J. Walker, London 1919)
Arbeitspartitur: München [1962], edition modern

Gustav Weber (1845-1887)
"Das beste Schicksal" für [4st.] Männerchor und Orchester op. 10
Oidipus auf Kolonos V. 1224-1248 dt. Ü.: August von Platen (1796-1835)
*Partitur/Klavierauszug: Leipzig/Zürich o.J., Hug

Richard Wetz (1875-1935)
Chorlied "Nicht geboren ist das Beste" aus Oedipus auf Kolonos für ge-
mischten Chor und Orchester op. 31
Oidipus auf Kolonos V. 1224-1228, 1211-1223 dt. Ü.
Partitur/*Klavierauszug: Leipzig [1912], Kistner

Hermann Wunsch (1884-1954)
"O, du von Zeus hold redendes Wort" Chor der thebanischen Alten [für
4st. Männerchor und Orchester] op. 32
König Oidipus V. 151-173 (passim), 188-215 (passim) dt. Ü.: nach Fried-
rich Hölderlin (1770-1843)
Partitur/*Klavierauszug: Leipzig/Zürich [1929], Hug

Iannis Xenakis (geb. 1922)
"Polla ta Dina" [für Kinderchor und Orchester]
Antigone V. 332-367
Partitur: München [1962], edition modern

TERPANDER

(Poetae Melici Graeci, ed. D. L. Page, Oxford 1962)

Marius Flothuis (geb. 1914)
"Voorzang" [für gemischten Chor a cappella] in: "Vier antieke fragmen-
ten" voor a cappella koor op. 41 (1951), I
Fr. 698 = Terp. Fr. 2
*Studienpartitur: Amsterdam [1951], DONEMUS

THEOKRIT (THEOKRITOS)

Arthur Bliss (1891-1975)
"Song of the Reapers" [für 4st. gemischten Chor, Pikkoloflöte, Pau-
ken und Streicher] in: "Pastoral 'Lie strewn the white flocks' " for chorus,
mezzo-soprano solo, solo flute, drums, and string orchestra (1928)
Id. X 42-51, 54-55 engl. Ü.: Andrew Lang (1844-1912)
*Studienpartitur: London [1951], Novello and Company

"The Enchantress" Scena for contralto and orchestra (1951) (Kathleen
Ferrier gewidmet)
Id. II (passim) engl. Ü.: Henry Reed (geb. 1914)
Partitur/*Klavierauszug: London [1952], Novello & Company

Roger Sessions (geb. 1896)
"idyll of theocritus" for soprano and orchestra (1954)
Id. II engl. Ü.: Robert Carverley Trevelyan (1872-1951)
*Studienpartitur: New York [1957], Edward B. Marks Music Corporation
Schallplatte: Audrey Nossaman, Sopran/Louisville Orchestra/Dirigent:
      Robert Whitney; LOU-57-4

Hans Studer (geb. 1911)
"Gegen die Liebe, mein Kind" [für Alt-Solo und Orchester] in: "Pan kai
Aphrodite" Lyrische Kantate nach altgriechischen Gedichten für Alt-Solo,
Frauenchor und Orchester (1950/1961/1966), VII.
Id. XI 1-4 dt. Ü.: Eduard Mörike (1804-1875)
Partitur: Autograph im Besitz des Komponisten, Muri/Schweiz

PSEUDO-THEOKRIT

(Bucolici Graeci, ed. U. v. Wilamowitz-Moellendorff, Oxford 1905)

Granville Bantock (1868-1946)
"The thievish Love" [für Singstimme, Flöte und Violoncello] in:
"Three Idyls (sic!)" [für Singstimme, Flöte und Violoncello], Nr. 3
Ps. -Theokrit Id. XIX = App. IX (S. 121) engl. Ü.
*Partitur: London [1927], J. B. Cramer

Albert Roussel (1869-1937)
"Le Kèrioklèpte" in: "Deux Idylles" [für Singstimme und Klavier] op. 44,
Nr. 1
Ps. -Theokrit Id. XIX = App. IX (S. 121) frz. Ü.: Charles Leconte de Lisle
(1818-1894)
*Einzelausgabe: Paris [1931], Durand

TIMOKREON

(Poetae Melici Graeci, ed. D. L. Page, Oxford 1962)

Karl Friedrich Zelter (1758-1832)
"Gott des Reichtums" ["ὤφελέν σ'ὦ τυφλὲ Πλοῦτε"] [für 4 Männer-
stimmen a cappella]
Fr. 731 = Tim. Fr. 5 dt. Ü.
*Partitur: Autographe Skizze im Besitz der Musikabteilung der Staats-
      bibliothek Preußischer Kulturbesitz, Berlin, Mus. ms. autogr.
      Zelter 11, 1; III, Nr. 11, S. 58-59. Nur für die ersten 4 Takte
      ist der deutsche Text unterlegt. Die z. Zt. nicht auffindbare
      Reinschrift enthielt offensichtlich den griechischen Urtext.
      Vgl. G. R. Kruse, Zelter, Leipzig ²1930, S. 73

TYRTAIOS

(Anthologia Lyrica Graeca, ed. E. Diehl, Fasc. 1, Leipzig ³1949)

Max Bruch (1838-1920)
"Schlachtgesang des Tyrtäos" in: Zwei Männerchöre mit Orchester op.
53, Nr. 2

Max Bruch (Fortsetzung)

Fr. 8, 1-6+6, 1-2+8, 17-22. 25-26+9, 21-24. 27-32   dt. Ü. : Emanuel Geibel
(1815-1884)
*Partitur (Einzelausgabe)/*Klavierauszug (Einzelausgabe): Berlin 1890,
                                                          Simrock

Jean Sibelius (1865-1957)
"Gesang der Athener" für einstimmigen Knaben- und Männerchor mit Be-
gleitung von Hornseptett, Triangel, Becken und großer Trommel op. 31,
Nr. 3 (1899)
Fr. 6, 1-2. 13-14+7. 15-16. 21-22. 27 [νέοισι-] -30 finn. Ü. : Viktor Ryd-
berg (1828-1895), dav. dt. Ü. : Alfred Julius Boruttau
Partitur/*Klavierauszug/*Arrangement für Klavier zu 2 Händen: Leipzig
                                         [1904], Breitkopf & Härtel

Friedrich Silcher (1789-1860)
"Schön ist' s, dem Tod im Feld für' s Vaterland als Held entgegen gehn"
[für 4st. Männerchor a cappella] in: "Sechs vierstimmige Lieder für die
deutschen Wehrmänner" op. 52, Nr. 6 ("Das schönste Loos")
Fr. 6, 1-2 dt. Ü.
Anm. : Nur der Anfang der 1. Strophe des dreistrophigen deutschen Ge-
       dichts stellt eine (wenn auch ziemlich freie) Übersetzung der 2 an-
       gegebenen Tyrtaios-Verse dar, der Rest enthält nur noch einige
       vage Reminiszenzen an Fr. 6 und 7.
*Stimmen: Tübingen [1848], Laupp

XENOPHANES

(Anthologia Lyrica Graeca, ed. E. Diehl, Fasc. 1, Leipzig [3]1949)

Hanns Eisler (1898-1962)
"Die Götter" [für Singstimme und Klavier] (1955) in: Hanns Eisler, Lie-
der und Kantaten, Bd. II, S. 89
Fr. 14+13 dt. Ü.
*Leipzig [1957], Breitkopf & Härtel

Cristobal Halffter (geb. 1930)
"Nŷn gàr dè zápedon" [für Bariton und Orchester] in: "Symposion" [für
Bariton, gemischten Chor und Orchester] (1968)
Fr. 1, 1-18 (Urtext in lat. Umschrift)
Partitur: Wien [1974], Universal Edition
Schallplatte: Günter Reich, Bariton/Chor des Westdeutschen Rundfunks
              Köln (Einstudierung: Herbert Schernus)/Radio-Symphonie-
              Orchester Berlin/Dirigent: Michael Gielen; Wergo 60 042

XENOPHON

Leoš Janáček (1854-1928)
"Pomni, abys byl dobrým mužem!" ("Gedenk', ein tugendsamer Mann
zu bleiben!") [Vertonung eines Zitats aus Xenophons "Anabasis"] [für
Baß und Orchester] in: "Das schlaue Füchslein" Oper in 3 Akten nach
Těsnohlídeks Novelle. Für die deutsche Bühne bearbeitet von Max Brod
(1921/23), im 2. Akt

Leoš Janáček (Fortsetzung)

Anabasis III 2, 39 tsch. bzw. dt. Ü. (S. 80), Urtext in lat. Umschrift, für
die tsch. und dt. Fassung verschieden rhythmisiert (S. 84 des Klavierauszugs)
Partitur/✳Klavierauszug: Wien [1924], Universal Edition
Schallplatten: Asmus/Belanová/Votava/Halir/Joran/u. a. /Kühns Kinder-
          chor/Chor und Orchester des Prager Nationaltheaters/Diri-
          gent: Václav Neumann; Supraphon SUA 10343/44; Supraphon
          LPV 453/54; Artia 88 B/L; Querschnitt: BASF MA 221 814.
          Tattermuschova/Dobra/Erbenova/Starkova/Zikmundova/u.a./
          Chor und Orchester des Nationaltheaters Prag/Dirigent:
          Bohumil Gregor; Ariola-Eurodisc XF 85 939 R

Teil I b
Vertonungen lateinischer Texte mit Ausnahme vollständiger
Bühnenmusiken

ANTHOLOGIA LATINA

(Anthologia Latina, Pars prior, Fasc. I, ed. A. Riese, Leipzig 1893)

Jan Kapr (geb. 1914)
"Tam malum est" (2.), "Cantica gignit amor" (6.), "Vindicat ipsa suo[s]"
(7.) in: "Contraria Romana" eight songs to texts of classic latin poets for
baritone and piano, 2. , 6. , 7.
2. : 251 (Florus) 6. : 277 (Tuccianus) 7. : 31 (Anonymus)
*Hastings-on-Hudson [1972], Joshua Corporation c/o General Music
                    Publishing Co.

Jan Novák (geb. 1921)
"Nautarum carmen" [für Singstimme (solistisch oder chorisch) und Kla-
vier] in: "Schola cantans" graves auctores Latini leviter decantandi
(1973), V.
388 a
*Padua [1974], Zanibon

APICIUS

(Apicii decem libri qui dicuntur de re coquinaria et excerpta a Vinidario
conscripta, ed. M. E. Milham, Leipzig 1969)

Jan Novák (geb. 1921)
"Conditum paradoxum" (II.), "Lucanicae" (IV.), "Tubera" (VI.), "Por-
cellus liquaminatus" (VII.) in: "Apicius modulatus" artis coquinariae
praecepta modis numerisque instructa ad cantum cum cithara [für Singstimme und Gitarre] (1971), II. , IV. , VI. , VII.
II. : De re coquinaria I 1 IV. : II 4 VI. : VII 14, 1 VII. : VIII 7, 4 [de por-
cello-praeduras]. 3 [teres-inferes]
*Padua [1971], Zanibon

APULEIUS

Gian Francesco Malipiero (1882-1973)
"L'asino d'oro" (da Apuleio) Rappresentazione da concerto per baritono
e orchestra (1959)
nach Metamorphosen III 10-11, II 9, XI 2+5, 1 (passim) it. Text
*Studienpartitur: Mailand [1959], Ricordi

AUSONIUS (DECIMUS MAGNUS AUSONIUS)

(Decimi Magni Ausonii Burdigalensis Opuscula, rec. R. Peiper, Leipzig
1886)

Harrison Birtwistle (geb. 1934)
"the fields of sorrow" [für 2 Sopran-Soli, gemischten Chor, 3 Flöten,
3 Englisch-Hörner, 3 Baßklarinetten in B, 3 Fagotte, Horn in F, Vibraphon und 2 Klaviere] (1971/72)

Harrison Birtwistle (Fortsetzung)

Cupido cruciatur V. 5-9 (S. 110)
*Partitur: London [1973], Universal Edition

CÄSAR (GAIUS IULIUS CAESAR)

Jan Novák (geb. 1921)
"Gallia est omnis divisa" [für Singstimme (solistisch oder chorisch) und
Klavier] in: "Schola cantans" graves auctores Latini leviter decantandi
(1973), X.
Bellum Gallicum I 1-3 [-absunt], 3 [proximique-incolunt]
*Padua [1974], Zanibon

CATULL (GAIUS VALERIUS CATULLUS)

Jürgen Bendig (Pseudonym für: Josef Heer) (1911-1961)
"Iam ver" [für gemischten Chor a cappella]
c. 46
*Chorpartitur (mit zusätzlicher dt. Ü.: Josef Heer): Wolfenbüttel [1954],
                                                      Möseler
*Chorpartitur (mit zusätzlicher frz. Ü.: Marcel Corneloup): Wolfenbüttel/
                                         Zürich o. J., Möseler

Luciano Chailly (geb. 1920)
"Tre liriche latine" per tenore ed arpa [für Tenor und Harfe] (1972):
1.: "Agogé", 2.: "Petteia", 3.: "Ploké"
1.: c. 52   2.: c. 49   3.: c. 27
*Padua [1972], Zanibon

Wolfgang Fortner (geb. 1907)
"Nuptiae Catulli" Der Hochzeitsgesang des Catull für Tenor-Solo, Kam-
merchor und Kammerorchester (1937)
c. 62
*Partitur mit untergelegtem Klavierauszug: Mainz [1938], Schott

Albrecht Gürsching (geb. 1934)
"Amores" Zyklus nach Catull für Tenor und Klavier (1957)
1.: c. 85 2.: c. 40 3.: c. 86 4.: c. 46 5.: c. 5 6.: c. 51 7.: c. 91 8.: c. 72
9.: c. 8 (1.: Urtext, 2. -9.: dt. Ü.: Heinrich Gürsching (1896-1955))
Autograph im Besitz des Komponisten, Hamburg

Oscar van Hemel (geb. 1892)
"Miser Catulle" per coro d'uomini [für 4st. Männerchor a cappella]
(1966)
c. 8
*Partitur: Amsterdam [1971], DONEMUS

Hans Werner Henze (geb. 1926)
"Lesbia mi dicit" [1.], "Jucundus (sic!, recte: Iucundum), mea vita,
mihi proponis amorem" [2.] [für Männerchor und Orchester], "Immer
spricht Lesbia" [3.], "Du hast mir, o Freundin, versprochen" [4.] [für
Tenor (Armand des Grieux), Sopran (Manon Lescaut) und Orchester]
[3. läuft gleichzeitig mit einer der zahlreichen teilweisen Wiederholun-

Hans Werner Henze (Fortsetzung)

gen von 1. , 4. gleichzeitig mit der einzigen den ganzen Text umfassenden
Vertonung von 2. ab] in: Hans Werner Henze, "Boulevard Solitude" Lyrisches Drama in sieben Bildern, Text von Grete Weil und Walter Jockisch,
IV. Bild (Universitätsbibliothek)
1.: c. 92 2.: c. 109 (Urtext) 3.: c. 92 4.: c. 109 dt. Ü. (mit leichten Modifikationen, die durch die Verteilung auf 2 Singstimmen bedingt sind)
Partitur/*Klavierauszug: Mainz [1951], Schott

Elek Huzella (1915-1971)
"Miser Catulle" per soprano e tenore soli e 10 ottoni [für Sopran-Solo,
Tenor-Solo und 10 Blechbläser (4 Hörner, 3 Trompeten und 3 Posaunen)]
(1967)
c. 8
*Partitur mit untergelegtem Klavierauszug: Budapest 1972, Editio Musica
                                                              Budapest
Schallplatte: Katalin Szökefalvi Nagy, Sopran/Attila Fülöp, Tenor/Ung.
              Blechbläser-Ensemble/Dirigent: András Kórodi; Hungaroton
              DC Hun 11811

Jan Kapr (geb. 1914)
"Odi et amo" (4.), "Nulli se dicit" (5.) in: "Contraria Romana" eight
songs to texts of classic latin poets for baritone and piano, 4. , 5.
4.: c. 85 5.: c. 70
*Hastings-on-Hudson [1972], Joshua Corporation c/o General Music
                                                  Publishing Co.

Hans Krása (1899-1944)
"Die Liebe" in: Fünf Lieder für eine Singstimme mit Klavierbegleitung
op. 4, IV (1925)
c. 85 dt. Ü.: Max Brod (1884-1968)
*Wien [1926], Universal Edition

Gian Francesco Malipiero (1882-1973)
"Passer mortuus est" per coro misto a cappella [für 4st. gemischten
Chor a cappella] (1952)
c. 3
*Partitur: Wien [1953], Universal Edition

Karl Marx (geb. 1897)
"Hymnus an Diana" [für gemischten Chor a cappella] in: "Quattuor Car-
mina Latina" Vier Gesänge für gemischten Chor (und Klavier ad libitum).
Nach Dichtungen von Catull und Horaz op. 64 (1966), Nr. 1, S. 1-4
c. 34
*Partitur: Wiesbaden [1967], Breitkopf & Härtel

Darius Milhaud (1892-1974)
"Quatre poèmes de Catulle" pour Chant et Violon [für Singstimme und
Violine] (1923)
I: c. 70, 1-2 [-mihi], 3-4 II: c. 75 III: c. 5, 1 [mea-amemus], 4-13
IV: c. 83 frz. Ü.: Georges Lafaye (1854-1927)
*Partitur: Paris [1926], Heugel

Anthony Milner (geb. 1925)
"Vivamus, mea Lesbia" [für Tenor-Solo und Orchester] in: "Roman
Spring" Cantata for Soprano and Tenor-Soli, Chorus and Orchestra [für
Sopran-Solo, Tenor-Solo, gemischten Chor und Orchester] (1969), in: III
c. 5
Anm.: In III schließen sich Texte aus den "Carmina Burana" an.
Partitur/*Klavierauszug: London [1970], Universal Edition

Jan Novák (geb. 1921)
"Passer Catulli" Parvus ludus musicus de vita et morte passeris super
carmina duo Catulli celeberrima novem instrumentis et voce gravi mo-
dulandus [für Baß, Flöte, Oboe, Klarinette, Horn, Fagott, Violine, Viola,
Violoncello und Kontrabaß] (1962)
1: instrumental 2: c. 2 3: instrumental 4: c. 3
*Partitur: Prag 1965, Artia
Schallplatte: Richard Novák, Baß/Das Tschechische Nonett; Supraphon
            18751

"Catulli Lesbia" choro virorum concinenda [für Männerchor a cappella](1968)
I: c. 5 II: c. 51 III: c. 58 IV: c. 85 V: c. 8 VI: c. 76, 17-26
*Partitur: Padua [1977], Zanibon

"Dianae sumus in fide" (I.), "Collis o Heliconii" (II.), "Vivamus, mea
Lesbia" (IX.) [für Singstimme (solistisch oder chorisch) und Klavier] in:
"Schola cantans" graves auctores Latini leviter decantandi (1973), I., II.,
IX.
I.: c. 34 II.: c. 61 IX.: c. 5
*Padua [1974], Zanibon

Max von Oberleithner (1868-1935)
"Liebeslieder des Catull": a) "Spätzlein meiner Vielgeliebten", b) "Wie
viel Küsse", c) "Laß uns leben" in: Lieder für eine Singstimme mit Klavierbegleitung, Nr. 3 a), b), c)
a): c. 2 b): c. 7 c): c. 5 dt. Ü.
*3 Einzelausgaben: Wien/Leipzig [1926], Doblinger

Carl Orff (geb. 1895)
"Catulli Carmina" I. [für gemischten Chor a cappella]
c. 85, c. 5, c. 3, c. 51, c. 41, c. 8, c. 87+75
Partitur: Mainz [1930], Schott

Umarbeitung dieses Werks:
"Vier A-cappella-Chöre aus "Catulli Carmina": I.: "Odi et amo",
II.: "Vivamus, mea Lesbia", III.: "Miser Catulle", IV.: "Nulla potest"
I.: c. 85 II.: c. 5 III.: c. 8 IV.: c. 87+75
*Chorpartitur: Mainz [1951], Schott
Einzelausgabe von I.:
"Odi et amo" aus "Catulli Carmina" [für gemischten Chor a cappella]
c. 85
Chorpartitur: Mainz [1951], Schott (Schott's Chorblätter 398)

"Catulli Carmina" II. [für gemischten Chor a cappella]
c. 46, c. 101, c. 31
Chorpartitur: Mainz [1931], *2[1954] (unter dem Titel: "Sirmio" Tria
            Catulli Carmina (= Concento di voci I)), Schott

Carl Orff (geb. 1895)
"Catulli Carmina" Ludi scaenici ["Praelusio" und "Exodium" für gemisch-
ten Chor und Orchester, Actus I-III (ludus scaenicus) für Sopran-Solo,
Tenor-Solo und gemischten Chor a cappella (im Orchester)] (1943)
Actus I (Nr. 1-5): c. 85, c. 5, c. 51, c. 58, c. 70 Actus II (Nr. 6-7): c. 109,
c. 73 Actus III (Nr. 8-12): c. 85, c. 32, c. 41, c. 8, c. 87+75
Anm.: Die Texte von "Praelusio" und "Exodium" wurden vom Komponisten
in Zusammenarbeit mit Eduard Stemplinger verfaßt bzw. zusammengestellt.
Partitur/Klavierauszug: Mainz [1943], Schott
*Textbuch (mit dt. Ü. von Rudolf Bach): Mainz [1944], Schott
*Studienpartitur: Mainz [1955], Schott
Schallplatten: Arleen Augér, Sopran/Wiesław Ochman, Tenor/Chor der
            Deutschen Oper Berlin/Dirigent: Eugen Jochum; Deutsche
            Grammophon 2530 074.
            Judith Blegen, Sopran/Richard Kness, Tenor/Chöre der
            Temple University (Einstudierung: Robert E. Page)/Phila-
            delphia Orchestra/Dirigent: Eugene Ormandy; CBS 72611
            bzw. 78205.
            Donald Grobe, Tenor/Ruth-Margret Pütz, Sopran/Marlies
            Jacobs, Günter Hess, Friedrich Himmelmann/Kölner Rund-
            funkchor (Einstudierung: Herbert Schernus)/Kölner Rund-
            funk-Sinfonie-Orchester/Dirigent: Ferdinand Leitner; Bella-
            phon Acanta JB 21346 (in Kassette: Carl Orff, Trionfi); DC 22453.
            Annelies Kupper, Sopran/Richard Holm, Tenor/Chor des
            Bayer. Rundfunks/Klaviere/Schlagzeug/Dirigent: Eugen
            Jochum; Deutsche Grammophon 18304/18484/Decca 9824.
            Elisabeth Roon, Sopran/Hans Loeffler, Tenor/Walter Kam-
            per, Eduard Mrazek, Michael Gielen, Walter Klien, Kla-
            vier/Wiener Kammerorchester/Dirigent: Heinrich Holl-
            reiser; Turnabout 34061/Vox 8640.
            Sonja Hocevar/Dusan Cvejic/Nada Vuijicic/Olivera Djurd-
            jevic/Konstantin Vinavar/Zorica Dimitrijevic/Chor und
            Schlagzeuggruppe von Radio Belgrad/Dirigent: Borivoje
            Simic; Philips (twen) 837085 GY.
            Subrtova/Tattermuschova/Bohacova/Tomanek/Zidek/
            Lindauer/Berman/Srubar/Josef Veselka/Tschechischer
            Philharmonischer Chor/Prager Symphoniker u. a. /Dirigent:
            Vaclav Smetacek; Ariola-Eurodisc XG 80299 K (in Kassette:
            Carl Orff, Trionfi).
            Mai/Büchner/Czapski/Philipp/Wappler/Erber/Rundfunk-
            chor Leipzig/Rundfunk-Sinfonie-Orchester Leipzig/Dirigent:
            Herbert Kegel; Philips 6500 815.
            (nur: "Odi et amo" (c. 85)):
            Hannoversche Solistenvereinigung/Dirigent: Wilfried Gabers;
            Camerata LPM 30 038.

"Canto amebeo di vergini e giovani a Vespero in attesa della sposa e dello
sposo" (I) [für Sopran-Solo, Tenor-Solo, Frauenchor (=Coro I), Männerchor (=Coro II) und Orchester], "Invocazione dell' Imeneo" (IV) [für gemischten Chor und Orchester], "Ludi e canti nuziale davanti al talamo"
(V) [für 2 Sopran-Soli, Baß-Solo (=Corifeo), gemischten Chor (teilweise
auch nur kleinen gemischten Chor oder Männerchor) und Orchester] in:
"Trionfo di Afrodite" Concerto scenico (1950/51), I, IV, V
I: c. 62   IV: c. 61, 1-15. 26-75   V: c. 61, 76-107 [-cubile]. 109-203, 224-228

<u>Carl Orff</u> (Fortsetzung)

Klavierauszug: Mainz [1951], Schott
*Partitur: Mainz [1952], Schott
Schallplatten: Enriqueta Tarrès, Sopran/Donald Grobe, Tenor/Hans Günter Nöcker, Baß/Brigitte Dürrler, Sopran/Horst G. Laubenthal, Tenor/Hannelore Bode/Carol Malone/André Peysang/Toni Maxen/Werner Becker/Kölner Rundfunkchor (Einstudierung: Herbert Schernus)/Kölner Rundfunk-Sinfonie-Orchester/Dirigent: Ferdinand Leitner; Bellaphon Acanta JB 21346 (in Kassette: Carl Orff, Trionfi); DC 22454.
Kupper/Lindermeier/Wiese-Lange/Holm/Delorko/Böhme/ Chor des Bayerischen Rundfunks (Einstudierung: Josef Kugler)/Sinfonieorchester des Bayerischen Rundfunks/Dirigent: Eugen Jochum; Deutsche Grammophon 18305 LPM/ 18485 LPM (in Kassette: Carl Orff, Trionfi).
Subrtova/Tattermuschova/Bohacova/Tomanek/Zidek/ Lindauer/Berman/Srubar/Josef Veselka/Tschechischer Philharmonischer Chor/Prager Symphoniker u. a. /Dirigent: Vaclav Smetacek; Ariola Eurodisc XG 80299 K (in Kassette: Carl Orff, Trionfi).

<u>Elena Petrová</u> (geb. 1929)
"Madrigaly" pro komorní vokální soubor [für gemischten Chor a cappella] (1966): I: "Ad passerem Lesbiae" [für Sopran, Alt, Tenor und Baß], II: "Ad Lesbiam" [für Sopran I und II, Tenor und Bariton-Solo], III: "Luctus in morte passeris" [für Sopran I und II, Alt I und II, Tenor, Bariton-Solo und Baß I und II], IV: "Ad Lesbiam" [für Sopran I, II und III, Alt I, II und III, Tenor I und II und Baß I, II und III]
I: c. 2+2a II: c. 7 III: c. 3 IV: c. 5
*Partitur: Prag [1969], Selbstverlag

<u>Ildebrando Pizzetti</u> (1880-1968)
"Epithalamium" Cantata per soli, coro e orchestra [für Sopran-Solo, Tenor-Solo, Bariton-Solo, gemischten Chor (z. T. Frauen- und Männerchor getrennt) und Orchester] (1939)
c. 61, 1-15. 36-40, c. 62, 5, c. 61, 76-78, c. 62, 5 [Hymen o Hymenaee], c. 61, 79. 82-91, c. 62, 5. 20-31, c. 61, 184-188. 199-203. 224-228, c. 62, 5 [-ades] (im Refrain von c. 62 teilweise "O Hymen" statt "Hymen o")
*Klavierauszug: Mailand [1963], Curci

<u>Alan Rawthorne</u> (1905-1971)
"Lament for a Sparrow" for mixed voices and harp (or piano) [für gemischten Chor und Harfe (oder Klavier)]
c. 3
*Partitur: London [1962], Oxford University Press

<u>Charles (Kensington) Salaman</u> (1814-1901)
"Luctus in morte passeris" Scena [für Tenor oder Sopran und Klavier]
c. 3
*London o. J. , Novello, Ewer and Co.

Erkki Salmenhaara (geb. 1941)
"Catullus amans" Kolme laulua Catulluksen sanoihin [3 Gesänge nach Worten von Catull für 3st. Männerchor a cappella]
I: c. 8 II: c. 60 III: c. 85
*Chorpartitur: [Helsinki?] 1964, YL: n ohjelmistoa No: 150 [Aus dem Universitäts-Programm, Nr. 150]

Mátyás Seiber (1905-1960)
"Sirmio" für [4st.] gemischten Chor a cappella (1956)
c. 31
*Partitur: London [1958], Universal Edition

Leif Thybo (geb. 1922)
"Amabo, mea dulcis Ipsitilla" [für gemischten Chor a cappella]
c. 32
*Chorpartitur: Egtved/Dänemark [1967], Musikhøjskolens Forlag

Franz Tischhauser (geb. 1921)
"Duo Carmina Catulli" für Tenor und Gitarre (1947): I: "Ad passerem Lesbiae", II: "In morte passeris"
I: c. 2 II: c. 3
*Autograph im Besitz des Komponisten, Teufen/Schweiz

"Amores" Gedichte Catulls an Lesbia für Tenor, Trompete, Schlag- und Saiteninstrumente (1955/56; Neufassung 1964-1968)
I: c. 51 II: c. 5 III: c. 8 IV: c. 92 V: c. 107 VI: c. 109 VII: c. 11
*Partitur: Autograph im Besitz des Komponisten, Teufen/Schweiz

Günter Wand (geb. 1912)
"Odi et amo" Konzertino für Koloratur-Sopran und Kammerorchester nach Texten von Catull (1949)
c. 85
Partitur: Mainz o.J., Schott

CICERO (MARCUS TULLIUS CICERO)

Jan Novák (geb. 1921)
"In Catilinam" [für Männerchor a cappella] (1977) in: "Politicon", I.
In Catilinam I 1, 1 [-audacia, patere-mores]. 1, 2 [hic tamen vivit]
*Chorpartitur (Einzelausgabe): Mülheim (Ruhr) [1978], Heinz Haubrich

Dalibor Spilka (geb. 1931)
"Sine amicitia" [1.], "Amicitia nisi inter bonos" [2.], "Amicus certus in re incerta" [3.] in: "De amicitia" [für gemischten Chor a cappella] (1974)
1.: Laelius 23, 86 2.: Laelius 18, 65 (Original: "amicitiam nisi inter bonos esse non posse") 3.: Laelius 17, 64 (= Ennius, sc. 210 (Ennianae Poesis Reliquiae, rec. J. Vahlen, Leipzig ²1903, S. 155))
*Partitur: Autograph im Besitz des Komponisten, Brünn/ČSSR

"Salus rei publicae" [1.], "Videant consules" [2.] in: "De re publica" [für gemischten Chor a cappella] (1974)

Dalibor Spilka (Fortsetzung)

1.: De legibus III 3, 8 (Original: "ollis salus populi suprema lex esto")
2.: In Catilinam I 2, 4 (Original: "Decrevit quondam senatus uti L. Opimius consul videret ne quid res publica detrimenti caperet") vgl. Sallust, Catilinae Coniuratio 29, 2
*Partitur: Autograph im Besitz des Komponisten, Brünn/ČSSR

CLAUDIAN (CLAUDIUS CLAUDIANUS)

(Claudii Claudiani Carmina, rec. Th. Birt, Berlin 1892)

Karl Friedrich Zelter (1758-1832)
"Non sic excubiae" [für Männerchor a cappella?] (1831)
Panegyricus de quarto consulatu Honorii Augusti VIII 281-283
Anm.: Von diesem Werk, das Zelter in einem Brief an Goethe vom 27.
Juni 1831 erwähnt (Text des Briefes S. 60; Briefwechsel zwischen
Goethe und Zelter ..., Dritter Band, a. a. O., S. 427) fehlt z. Zt.
jede Spur.

DICTA CATONIS

(Dicta Catonis, quae vulgo inscribuntur Catonis Disticha de moribus,
ed. G. Némethy, Budapest 1895)

Géza Frid (geb. 1904)
"Tranquillis in rebus" [für 6st. gemischten Chor a cappella] in: "Spreuken en citaten" voor gemengd koor a cappella. Tweede Serie, op. 36 b, 1.
(1951)
IV 26
*Partitur: Amsterdam[1951], Annie Bank

Zdeněk Kaňák (geb. 1910)
"Moudrého Catona mravná ponaučování" ("Catonis sapientis moralia")
["Die moralischen Belehrungen vom weisen Cato"] Cyklus písní pro nižší
mužský hlas s průvodem smyčcového orchestru [Liederzyklus für tiefe
Männerstimme und Streichorchester]: I.: "Umírněnost" II.: "Uč se"
III.: "Chvála" IV.: "Skromnost" V.: "Přátelství" (1968)
I.: I 7 II.: IV 27 III.: I 14 IV.: IV 2 V.: I 11
*Partitur: Autograph im Besitz des Komponisten, Brünn/ČSSR

ENNIUS (QUINTUS ENNIUS)

(Ennianae Poesis Reliquiae, rec. J. Vahlen, Leipzig [2]1903)

Philippine Schick (1893-1970)
"At tuba terribili sonitu ..." in: "Sententiae Latinae" [für gemischten
Chor a cappella] op. 54 (1952), III
Anm. 140
*Partitur: Autograph im Besitz der Städtischen Musikbibliothek, München

siehe auch CICERO

FLORUS
(siehe ANTHOLOGIA LATINA)

HADRIAN (PUBLIUS AELIUS HADRIANUS)

(Fragmenta Poetarum Latinorum, ed. W. Morel, Stuttgart ²1963)

Arghyris Kounadis (geb. 1924)
"Ἀντίνοος" in: "Rhapsodia" Variation der großen Fassung für Sopran
und Ensemble (1966), I
Fr. 3
Partitur: Berlin/Wiesbaden o.J., Bote & Bock

"Antinoos" [für Tenor-Solo, Sopran-Solo und Orchester] in: "Teiresias"
Eine Revue (1971/72), 6. Szene (geringfügige Umarbeitung der Fassung
von 1966)
Fr. 3
Partitur: Berlin/Wiesbaden o.J., Bote & Bock

Claudio Spies (geb. 1925)
"Animula vagula, blandula" [für 4st. gemischten Chor a cappella] (1964)
Fr. 3
*Chorpartitur: [New York][1969], Boosey & Hawkes
Anm.: Dieses Werk wurde 1966 zum Gedenken an Arnold Schönbergs
90. Geburtstag im Swarthmore College aufgeführt.

HORAZ (QUINTUS HORATIUS FLACCUS)

Georg von Albrecht (1891-1976)
"Non usitata" [für Singstimme und Klavier] (1973)
c. II 20
*Autograph im Besitz von Prof. Dr. Michael von Albrecht, Sandhausen
bei Heidelberg

Hendrik Andriessen (geb. 1892-1981)
"Carmen saeculare" voor gemengd Koor en Sopraan- en Tenor-solo; met
begleiding van hout- en koperblazert, plus Clavecimbel en een Contrabas
[für Sopran-Solo, Tenor-Solo, gemischten Chor, Holzbläser, Blechbläser, Pauken, Cembalo und Kontrabaß] (1968)
Carmen saeculare, 1-24. 29-36. 45-76
*Studienpartitur: Amsterdam [1968], DONEMUS

Anonymus (um 1700)
"Festo quid potius die" [für 5 Solostimmen (First Treble (S. 1 und 2 un-
vollständig), Second Treble (?, diese Stimme fehlt), Countertenor, Tenor,
Basso), 5st. Chor (First Treble, Second Treble, Countertenor, Tenor,
Basso) und Streichorchester (First Violin = First Treble, Second Treble,
First Tenor (?, diese Stimme fehlt), Second Tenor, Basso)]
c. III 28
*Stimmen (Bei den Vokalst. sind First Treble und Basso-Solo- und
Chorst. in einer Stimme notiert): Manuskripte im Besitz der Bodleian
Library, Oxford (MS. Mus. Sch. C. 143)

Anonymus (um 1750)
"Maecenas atavis" [Monodie]
c.I 1
1) in: Közönséges Isteni-tiszteletre rendeltetett Énekeskönyv, Kolozsvár 1751
2) in: Carmina Horatii selecta in usum iuventutis studiosae ad modos aptata. Modos partim collegit partim composuit Josephus Wagner (Parthenon (Societas amicorum litterarum humanarum Hungarica), Acta societatis Fasc. IX.). Budapest 1934, Joseph Fraknóy, Nr. 12, S. 8

Anonymus (um 1775)
"Integer vitae" [Monodie]
c.I 22
1) Kolozsvár 1774 (Quelle wie oben a.a.O.)
2) in: Carmina Horatii selecta ..., a.a.O., Nr. 13, S. 8

Anonymus (18. Jahrhundert)
"The Reconciliation" A Dialogue, translated from the 9.th Ode of the 3.rd Book of Horace. by the late John Green Esqr. Sung by Miss Cosandra Fredrick and a Gentleman.[für 2 Singstimmen, 2 Violinen und Basso continuo] in: Collection of English Ballads from the beginning of the present Century when they were first engraved & published. Singly with Music, Vol. VIII, S. 284-285
c.III 9 engl. Ü.: John Green (1706?-1779[?])
*Partitur: [London?] 1790, o. V.

Anonymus (um 1875)
"Quinti Horatii Flacci, Carmen XXX ad Venerem" [für 5 Singstimmen (Sopran I, II, Tenor I, II und Baß?) a cappella]
c.I 30
*Partitur: London [1875], C. Lonsdale

Thomas Augustine Arne (1710-1778)
"Delle Muse all' almo Coro" Oda I. del Sigr. T. A. Arne [für Singstimme, 2 Violinen, Viola und Basso continuo], "Tu mi fuggi schizzinosa" Oda VIII. del Sigr. T. A. Arne [für Singstimme, 2 Violinen und Basso continuo], "Finche fedele il core" Oda XII. (Dialogo o sia Duetto) del Sigr. T. A. Arne [für 2 Singstimmen, 2 Querflöten, 2 Violinen, Viola und Basso continuo], "Finche fedele il core" La Medesima Oda XII. con Musica differente del Sigr. T. A. Arne [für 2 Singstimmen, 2 Violinen und Basso continuo], "Se vanti in Telefo" Oda IV. del Sigr. T. A. Arne [für Singstimme, 2 Hörner, 2 Violinen, Viola und Basso continuo] in: Del Canzoniere d'Orazio di Giovan Gualberto Bottarelli Ode XII. Messe in Musica da più rinomati Professori Inglesi
Oda I.: c.I 26 Oda VIII.: c.I 23 Oda XII./La Medesima Oda XII. con Musica differente: c.III 9 Oda IV.: c.I 13 it. Ü.: Giovan Gualberto Bottarelli
*Partitur: 1) London 1u.21757, o. V.
　　　　　2) (nur Oda VIII.)geplant für Heuremata Bd. 7a, Nr. 8
Schallplatte: (nur Oda VIII.) Norma Sharp, Sopran/Hans Börner und Odin Günther, Violine/Wolfgang Kessler, Cembalo/Joachim Draheim, Continuo-Cello (in: Antike Dichtung im Spiegel der Musik); audite FSM 53179

Johann Christian Bach (1735-1782)
"O venere vezzosa" [für Singstimme, 2 Hörner, 2 Violinen, Viola und
Basso continuo] in: Sei Ode di Oratio, Tradotte in Lingua Italiana da
Giovan Gualberto Bottarelli, messe in musica da Signori Bach, Giordani,
Boroni, Vento, Barthelemon, è Holtzbaur, S. 1-14
c. I 30 it. Ü. : Giovan Gualberto Bottarelli
*Partitur: 1) London [um 1775], Welcker
          2) geplant für Heuremata Bd. 7a, Nr. 12

Johann Sebastian Bach (1685-1750)
[Vertonung von Odentexten des Horaz]
Anm.: Von diesen Werken fehlt jede Spur; auch über die Besetzung und
    die Auswahl der Oden ist nichts bekannt. 1765 heißt es in der
    Rezension eines Buches: "Er [d. h. Johann Ludwig Bianconi, der
    Verfasser des Buches] erwähnet beyläufig auch eines Braunschw.
    Componisten, der verschiedene horazische Oden in Noten gesetzt.
    Wir haben eben dergleichen vom seel. Bach in Leipzig, und sechs
    andre von Paganelli [siehe S. 199] gehöret, die ausnehmend schön
    waren, und hiermit eine Anzeige verdienet hätten". Weitere Ein-
    zelheiten hierzu siehe: Bach-Dokumente. Herausgegeben vom
    Bach-Archiv Leipzig unter Leitung von Werner Neumann (Supple-
    ment zu: Johann Sebastian Bach, Neue Ausgabe sämtlicher Werke),
    Band III: Dokumente zum Nachwirken Johann Sebastian Bachs
    1750-1800, vorgelegt und erläutert von Hans-Joachim Schulze,
    Kassel/Basel/Tours/London/Leipzig 1972, Bärenreiter/Deutscher
    Verlag für Musik, Nr. 724, S. 182

François-Hippolyte Barthélémon (1741-1808)
"Se vanti in Telefo" [für Singstimme, 2 Querflöten, 2 Hörner, 2 Violinen,
Viola und Basso continuo] in: Sei Ode di Oratio, Tradotte in Lingua Ita-
liana da Giovan Gualberto Bottarelli, messe in musica da Signori Bach,
Giordani, Boroni, Vento, Barthelemon, è Holtzbaur, S. 60-75
c. I 13 it. Ü.: Giovan Gualberto Bottarelli
*Partitur: London [um 1775], Welcker

Jonathan Battishill (1738-1801)
"With glasses made for gay delight" [für 3 Singstimmen a cappella] in: A
Collection of Songs for Three and Four Voices, never before publish'd.
Composed by Jonathan Battishill, Pt. I. , S. 14-15
c. I 27 engl. Ü.
Partitur: London [um 1775], 1) Welcker, 2) Longman & Broderip

Friedrich August Baumbach (1753-1813)
"An August", Ode des Horaz, für Orchester und vier Singstimmen
c. I 2
Partitur?: Leipzig 1794, o. V.
Anm.: Von diesem Werk, das König Friedrich Wilhelm II. von Preußen,
    "als er aus Frankreich zurückkehrte", gewidmet war und das
    nach Eitner I, S. 384 in der Königlichen Hausbibliothek im Schlosse
    zu Berlin vorhanden war, ist z. Zt. laut RISM kein Exemplar mehr
    in einer Bibliothek nachweisbar. Vgl. auch Erich Schenk, Giusep-
    pe Antonio Paganelli, Salzburg 1928, S. 47

Engelbert Berg (geb. 1930)
"Parcus deorum cultor" für [3-4st. gemischten Chor] und Klavier (1964)
in: Der altsprachliche Unterricht, Reihe VIII, 1965, Beilage zu Heft 1,
S. 9-26
c. I 34
*Partitur: Stuttgart 1965, Ernst Klett

"Poscimur" für Chor, Soloinstrumente und Orchester (1974)
c. I 32
Autograph im Besitz des Komponisten, Prüm/Eifel

Jean Binet (1893-1960)
"Ode à Sestius" [für 3st. gemischten Chor (Sopran, Alt, Tenor) und
Orchester] (1931)
c. I 4
*Partitur: Autograph im Besitz von Madame Denise Binet, Trélex/Schweiz
*Chorpartitur: Genf [1933], Henn

"Ode à Diane et Apollon" pour choeur mixte et orchestre [für 4st. gemischten Chor und Orchester] (1932)
c. I 21
*Partitur: Autograph im Besitz von Madame Denise Binet, Trélex/Schweiz
*Chorpartitur: Genf [1933], Henn

Georges Bizet (1838-1875)
[Vertonung des "Carmen saeculare" in Form einer Kantate] (1860)
Carmen saeculare
Anm.: Von der vermutlich nicht vollendeten Komposition ist nichts er-
halten. Vgl. Grove's Dictionary of Music and Musicians, Vol. I,
S. 743

Antonio Boroni (1738-1792)
"Tu mi fuggi schizzignosa" [für Singstimme, 2 Hörner, 2 Violinen,
Viola und Basso continuo] in: Sei Ode di Oratio, Tradotte in Lingua
Italiana da Giovan Gualberto Bottarelli, messe in musica da Signori
Bach, Giordani, Boroni, Vento, Barthelemon, è Holtzbaur, S. 35-47
c. I 23 it. Ü.: Giovan Gualberto Bottarelli
*Partitur: London [um 1775], Welcker

William Boyce (um 1710-1779)
"Degli Amor la Madre altera" Oda V. del Sig[r]. Dottore Boyce [für Singstimme, 2 Violinen und Basso continuo], "Cetra de canti amica" Oda X.
del Sig[r]. Dottore Boyce [für Singstimme, 2 Violinen und Basso continuo]
in: Del Canzoniere d'Orazio di Giovan Gualberto Bottarelli Ode XII. Messe in Musica da più rinomati Professori Inglesi
Oda V.: c. I 19 Oda X.: c. I 32 it. Ü.: Giovan Gualberto Bottarelli
*Partitur: London [1] u. [2]1757, o. V.

Robert P. Brereton
Tunes for Horatian Metres for Use in Schools [für 4st. gemischten Chor
a cappella]
Anm.: Vertont sind jeweils nicht einzelne Oden, sondern die untextierten
4st. Sätze gelten für einige im gleichen Versmaß bzw. Strophen-
system stehenden Oden, die dann jeweils aufgezählt werden:

Robert P. Brereton (Fortsetzung)

Systema Ionicum a minori: c. III 12, Metrum Alcaicum: c. I 9, c. I 31,
c. II 3, c. II 19, c. III 21, Metrum Sapphicum minus: c. I 10, c. I 22, c. I 30,
c. I 32, c. I 38, c. II 4, c. II 6, c. III 18, c. III 22, Metrum Sapphicum minus
(Second Tune): siehe Metrum Sapphicum minus, Metrum Asclepiadeum
tertium: c. I 13, c. I 19, c. III 9, c. III 28, Metrum Asclepiadeum quartum:
c. I 33, c. IV 5, c. IV 12, Metrum Asclepiadeum quartum (Second Tune):
c. I 24, Metrum Asclepiadeum quintum: c. I 21, c. I 23, c. III 13, Metrum
Hipponacteum: c. II 18
*London o. J. , Novello and Company

John Wall Callcott (1766-1821)
"O Venus Regina Cnidi Paphique" Glee [für 2 Alte, Tenor und Baß a cap-
pella] (1784)
c. I 30
*Partitur: Autograph im Besitz der British Library, London (Add. 27642,
        31. , f. 73); geplant für Heuremata Bd. 7 a, Nr. 13

Mario Castelnuovo-Tedesco (1895-1968)
"Sei odi di Orazio" per canto e pianoforte [für hohe Singstimme und Kla-
vier] (1930): I. : "Al servo", II. : "Alla fonte Bandusia", III. : "A Bacco",
IV. : "A Diana ed Apollo", V. : "A Venere", VI. : "A Melpomene"
I. : c. I 38 II. : c. III 13 III. : c. II 19 IV. : c. I 21 V. : c. I 30 VI. : c. III 30
*1) Mailand 1930, Ricordi
 2) geplant für Heuremata Bd. 7 a, Nr. 33-38
Schallplatte: (nur I. , II. , IV. , V.) Norma Sharp, Sopran/Joachim Dra-
        heim, Klavier (in: Antike Dichtung im Spiegel der Musik);
        audite FSM 53179

Luigi Cherubini (1760-1842)
[2 Horaz-Oden für Singstimme und Klavier]
Anm. : Diese von Roger Cotte im Werkverzeichnis seines Artikels "Cheru-
        bini" in MGG 2, Sp. 1177 genannten Kompositionen existieren nicht.
        Der Irrtum entstand durch eine fehlerhafte (inzwischen berichtigte)
        Karteikarte in der Musikabteilung der Bibliothèque Nationale in
        Paris, die zu Beginn des 20. Jahrhunderts angelegt wurde. Damals
        wurde ein Teil der "Neuf Odes d' Anacréon mises en musique par
        M. rs Chérubini, Gossek, Le Sueur et Méhul", in dem auch Cheru-
        binis Vertonung der lateinischen Übersetzung eines anakreonti-
        schen Gedichts ("La Colombe et l' Etranger Ode 9, siehe Biblio-
        graphie S. 126) enthalten ist und der die Signatur A. 34. 184 trägt,
        fälschlich als "Odes d' Horace" bezeichnet. Leider ist diese fal-
        sche Angabe in MGG 15 (Supplement A-D), Sp. 1436 unter "Cheru-
        bini" nicht berichtigt worden, da der Fehler erst im November
        1975 entdeckt wurde.

Peter Cornelius (1824-1874)
"O Venus!" [für 4st. Männerchor a cappella] (1872)
c. I 30
Partitur:*1) (für den Konzertvortrag eingerichtet[und mit Begleitung von
        Pianoforte, Harmonium oder Orgel versehen]von Max Hasse)
        in: Peter Cornelius, Musikalische Werke. Erste Gesamtaus-

Peter Cornelius (Fortsetzung)

gabe im Auftrage seiner Familie herausgegeben von Max
Hasse, Bd. II: Mehrstimmige Lieder und Gesänge, Leipzig
[1905], Breitkopf & Härtel, S. 81-85
Partitur: 2) (Nach dem Autograph revidierte textkritische Neuausgabe):
geplant für Heuremata Bd. 7a, Nr. 29
Schallplatte: Heidelberger Madrigalchor/Dirigent: Gerald Kegelmann (in:
Horaz in der Musik); audite FSM 53409

Alphons Diepenbrock (1862-1921)
"Phoebe silvarumque potens Diana" [für gemischten Chor a cappella]
(1901)
Carmen saeculare
Partitur: Amsterdam 1922, G. Alsbach & Co. (Alphons Diepenbrock-
Fonds)

Helmut Eder (geb. 1916)
"Non sum qualis eram" [1. für Frauenchor und Orchester], [2. für
Sopran-Solo, Bariton-Solo und Orchester], [3. für Männerchor und
Orchester] in: "Non sum qualis eram" Oratorium für Sopran-, Bariton-
und Baß-Solo, 4-8stimmigen gemischten Chor und Orchester op. 62
(1974/75), 1. in: I. Teil, 2. und 3. in: III. Teil
c. IV 1, 3 [-eram]
Anm.: Der Text dieses Oratoriums, in den außer diesem kurzen Horaz-
Zitat noch Passagen aus der Bibel sowie liturgische Texte einge-
arbeitet sind, stammt von Herbert Vogg.
Partitur: [Wien] o.J., Doblinger

Willem de Fesch (1687-1761)
"Se vanti in Telefo" Oda IV. del Sig^r. Defesch [für Singstimme und Basso
continuo] in: Del Canzoniere d' Orazio di Giovan Gualberto Bottarelli Ode
XII. Messe in Musica da piu rinomati Professori Inglesi
c. I 13 it. Ü.: Giovan Gualberto Bottarelli
*Partitur: London ^{1} u. ^{2}1757, o. V.

Gotthelf Fischer von Waldheim (1771-1853) [bekannter Zoologe!]
"Integer vitae" [für 4st. gemischten Chor und Klavier] [1.], "Rectius vives" [2.], "Eheu fugaces" [für Sopran, Alt, Tenor, Baß und Klavier] [3.],
"Quis multa gracilis" [für Alt, Tenor, Baß und Klavier] [4.] in: G. Fischer' s von Waldheim Lieder. Seinen Freunden gewidmet. Dritte Auflage mit Auswahl, S. 22-41
1.: c. I 22 2.: c. II 10 3.: c. II 14 4.: c. I 5
*Partitur: Moskau [1850], Wentzell

Friedrich Ferdinand Flemming (1778-1813)
"Integer vitae" [für 4st. Männerchor a cappella] (vor 1811)
c. I 22
Stimmen: in: Tafellieder für Männerstimmen von F. F. Flemming, Berlin
o.J., Trautwein
Partitur: *1) in: Eduard Stemplinger, Das Fortleben der horazischen
Lyrik seit der Renaissance, Leipzig 1906, Teubner,
S. 184

Friedrich Ferdinand Flemming (Fortsetzung)

Partitur: 2) in: Carmina Horatii selecta ..., a. a. O., Nr. 19, S. 15
          *3) in: Der altsprachliche Unterricht, Reihe XX, Heft 4, 1977,
             S. 41
          4) geplant für Heuremata Bd. 7 a, Nr. 16
Schallplatte: Heidelberger Madrigalchor/Dirigent: Gerald Kegelmann (in:
          Horaz in der Musik); audite FSM 53409
Anm.: Von diesem Stück existieren zahlreiche musikalische und textliche
          Arrangements, u. a. für Singstimme und Klavier im Allgemeinen
          deutschen Kommersbuch.

Harald Genzmer (geb. 1909)
"Wohin ziehst du mich?" (Horaz-Novalis) [für gemischten Chor a cappella]
c. III 25, 1-14 [-mirari libet] dt. Ü.: Novalis (Friedrich von Hardenberg)
(1772-1801)
*Chorpartitur: Kassel [1961], Bärenreiter

Tommaso Giordani (um 1730-1806)
"Cetra de Canti amica" [für Singstimme, 2 Violinen, Viola und Basso
continuo] in: Sei Ode di Oratio, Tradotte in Lingua Italiana da Giovan
Gualberto Bottarelli, messe in musica da Signori Bach, Giordani, Boroni, Vento, Barthelemon, è Holtzbaur, S. 22-34
c. I 32 it. Ü.: Giovan Gualberto Bottarelli
*Partitur: London [um 1775], Welcker

Adalbert von Goldschmidt (1848-1906)
"An Lyde" [für Bariton und Klavier]
c. III 28 dt. Ü.
*Leipzig [1893], Breitkopf & Härtel

William Gow
"Integer vitae" [für Singstimme und Klavier, bearbeitet von David Coutts]
in: Der altsprachliche Unterricht, Reihe XX, Heft 4, 1977, S. 42
c. I 22
*Stuttgart 1977, Ernst Klett

Axel Carl William Grandjean (1847-1932)
"Oder af Horats": 1. "Til Apollo", 2. "Til Venus", 3. "Til Bachus"
Componerede for Mezzo-Tenor med Piano [für Tenor und Klavier] op. 5
(1873)
1.: c. I 31 2.: c. I 30 3.: c. III 25 dän. Ü.: Ludolph Ove Kiaer (1830-?)
*Kopenhagen o. J., Horneman & Erslev

Franz Grillparzer (1791-1872)
"Integer vitae" [für tiefe Männerstimme und Klavier]
c. I 22
Anm.: Von diesem Werk, dessen Autograph noch Eduard Hanslick in
          Grillparzers Nachlaß eingesehen hat (vgl. E. Hanslick, Musika-
          lische Stationen, Berlin 1880, S. 334), ist z. Zt. keine Spur mehr
          vorhanden. Hanslick berichtet a. a. O.: "Grillparzer's würdige
          Freundin und Pflegerin, Fräulein Kathi Fröhlich, zeigte mir drei
          Stücke von Grillparzer's Composition, von ihm mit feiner, deut-
          licher Notenschrift aufgesetzt. Das erste die Horaz'sche Ode

Franz Grillparzer (Fortsetzung)

"Integer vitae, scelerisque purus",für eine tiefere Stimme mit Clavierbegleitung in D-Dur, recht einfach und würdig durchcomponirt. Am Schlusse
steht: "F. Grillparzer fecit". Er sang es oft für sich in der Dämmerung
am Clavier".

Georg Friedrich Händel (1685-1759)
"Beato in ver" Duetto XVIII [für Sopran (Tenor), Alt (Baß) und Basso continuo (Continuoausarbeitung von Johannes Brahms)] (1742)
epo. 2, 1. 3. 7-8 it. Ü. (sehr frei)
Anm.: Das am 31. 10. 1742 komponierte Duett trug im Autograph die Überschrift "Beatus ille of Horace".
Partitur: 1) in: Georg Friedrich Händel's Werke. Lieferung XXXII.:
       Italienische Duette und Trios, Zweite, vervollständigte
       Ausgabe (Ausgabe der Deutschen Händelgesellschaft),
       Leipzig 1880, Stich und Druck der Gesellschaft, S. 138-
       143
   *2) (Einzelausgabe mit dt. Ü. von Emilie Dahnk-Baroffio, auf 1)
       basierend): Halle [1949], Mitteldeutscher Verlag/Peters

B. Hahn (um 1785)
"Integer vitae" [für Singstimme und Klavier (keine separate Singstimme)]
c. I 22
 1) in: Pommersches Archiv der Wissenschaften und des Geschmacks,
   Stettin 1783
*2) in: Eduard Stemplinger, Das Fortleben der horazischen Lyrik ...,
   a. a. O., S. 183
 3) in: Carmina Horatii selecta ..., a. a. O., Nr. 16, S. 12

"Vitas hinuleo" [1.] und "Nunc est bibendum" [2.] [für Singstimme und
Klavier (keine separate Singstimme)]
1.: c. I 23 2.: c. I 37
 1) in: Pommersches Archiv der Wissenschaften und des Geschmacks,
   Stettin 1785
*2) in: Eduard Stemplinger, Das Fortleben der horazischen Lyrik ...,
   a. a. O., S. 188-189, 219-220
 3) in: Carmina Horatii selecta ..., a. a. O., Nr. 17, S. 13, Nr. 18, S. 14

Reynaldo Hahn (1875-1947)
"O Fons Bandusiae" Fragment d'une Ode d'Horace pour Soprano Solo et
Choeur de Voix de Femmes [für Sopran-Solo, 2st. Frauenchor und Kla-
vier]
c. III 13, 1. 9-12
*Partitur: 1) Paris [1902], Heugel
     2) geplant für Heuremata Bd. 7 a, Nr. 32
Schallplatte: Ursula Ankele-Fischer, Sopran/Joachim Draheim, Klavier/
      Heidelberger Madrigalchor/Dirigent: Gerald Kegelmann (in:
      Horaz in der Musik); audite FSM 53409

Joseph Haydn (1732-1809)
"Vixi" [3st. Kanon] (Hob. XXVII b: 10) (um 1795)
c. III 29, 41 [ille potens-]-43 [-vixi]
Anm.: Der Kanon trägt im Autograph die irrige oder zumindestens miß-
   verständliche Überschrift "Vixi von Hagedorn" (vgl. S. 68)

Joseph Haydn (Fortsetzung)

1) in: 42 Canons für drey und mehrere Singstimmen von Joseph Haydn
   (Aus der Original-Handschrift des Componisten), Leipzig [1810],
   Breitkopf & Härtel, Nr. 21
   (Weitere Ausgaben sind genannt
   in: Joseph Haydn. Thematisch-bibliographisches Werkverzeichnis,
   zusammengestellt von Anthony van Hoboken, Bd. II, Mainz 1971,
   S. 318)
*2) in: Joseph Haydn, Werke, Reihe XXXI: Kanons, hrsg. von Otto Erich
   Deutsch, München/Duisburg [1959], Henle, S. 33
3) in: Joseph Haydn, 24 Kanons, hrsg. von Wilhelm Weismann, Leipzig
   [1959], Peters, S. 9
4) geplant für Heuremata Bd. 7a, Nr. 14
Schallplatte: Christoph Mahla, Ernst-August Schulze und Günther Storch,
   Tenor (in: Antike Dichtung im Spiegel der Musik); audite
   FSM 53179

Musgrave Heighington (1679-1764)
"Vides ut Alta nive" 1 [für Singstimme, Oboe, 2 Violinen, Viola, Violon-
cello und Basso continuo], "Integer vitae" [2][für Singstimme, Oboe, 2
Hörner in F, 2 Violinen, Viola und Basso continuo], "Donec gratus eram"
Duetto [3][für 2 Singstimmen, Oboe, 2 Hörner in F, 2 Violinen, Viola,
Violoncello und Basso continuo] in: "Six Select Odes of Anacreon in Greek
And Six of Horace in Latin Set to Musick by Dr Musgrave Heighington ... "
(2. Teil dieses Sammelwerks, Paginierung beginnt wieder mit S. 1 (bis
S. 33); von den auf dem Titelblatt angekündigten 6 Vertonungen von Horaz-
Oden enthält dieser Druck jedoch nur 3.)
1.: c. I 9   2.: c. I 22   3.: c. III 9
*Partitur: London [zwischen 1742 und 1745], John Simpson
Anm.: Die Datierung dieses Drucks in MGG 6, Sp. 34 auf "um 1736" kann
   insofern korrigiert werden, als der Komponist das Werk "To the
   Right Hon. [ble] Robert Lord Walpole Earl of Orford ... " gewidmet
   hat. Dieser wurde aber erst 1742, als er von seinem Posten als
   Premierminister zurücktrat, zum "Earl of Orford" ernannt, und
   starb bereits 1745.

Claudio Heron (um 1760)
"Caro Mecena, se vieni a cena" Oda VI. del Sig^r. Claudio Heron [für
Singstimme, 2 Violinen und Basso continuo], "Alma d' onore accesa"
Oda VII. del Sig^r. Claudio Heron [für Singstimme, 2 Violinen und Basso
continuo] in: Del Canzoniere d' Orazio di Giovan Gualberto Bottarelli Ode
XII. Messe in Musica da più rinomati Professori Inglesi
Oda VI.: c. I 20   Oda VII.: c. I 22   it. Ü.: Giovan Gualberto Bottarelli
*Partitur: London [1] u. [2]1757, o. V.

Johann Adam Hiller (1728-1804)
"Horatii Carmen ad Aelium Lamiam" - "Ode des Horaz", in Musik gesetzt,und dem Herrn Geheimbden Kriegsrath D. Carl Wilhelm Müller ge-
wiedmet von Johann Adam Hiller [für eine Solostimme, gemischten Chor
und Klavier ?]
c. I 26
*Klavierstimme mit Einbeziehung der Singstimmen: Leipzig 1778, Johann
                                        Gottlob Immanuel
                                        Breitkopf

Augusta Holmès (1847-1903)
"À Lydie" Duo pour Soprano et Baryton (ou Ténor) [für Sopran, Bariton
(oder Tenor) und Klavier]
c. III 9 frz. Ü.: Alfred de Musset (1810-1857)
*Paris 1869, Flaxland

Ignaz Holzbauer (1711-1783)
"Degli amor la madre altera" [für Singstimme, 2 Violinen, Viola und
Basso continuo] in: Sei Ode di Oratio, Tradotte in Lingua Italiana da Gio-
van Gualberto Bottarelli, messe in musica da Signori Bach, Giordani,
Boroni, Vento, Barthelemon, è Holtzbaur, S. 48-59
c. I 19 it. Ü.: Giovan Gualberto Bottarelli
*Partitur: London [um 1775], Welcker

Samuel Howard (1710-1782)
"O Venere vezzosa" Oda IX. del Sig^r. Howard [für Singstimme, 2 Violinen und Basso continuo] in: Del Canzoniere d' Orazio di Giovan Gualberto Bottarelli Ode XII. Messe in Musica da più rinomati Professori
Inglesi
c. I 30 it. Ü.: Giovan Gualberto Bottarelli
*Partitur: London [1] u.[2]1757, o. V.

Anselm Hüttenbrenner (1794-1868)
"Omne tulit punctum, qui miscuit utile dulci" [für Männerquartett (1. und
2. Tenor, 1. und 2. Baß)] (7. 9. 1847)
Ars poetica 343
*Partitur: Autograph im Besitz von Frau Guda Hüttenbrenner, Graz; ge-
          plant für Heuremata Bd. 7a, Nr. 28
Schallplatte: Heidelberger Madrigalchor/Dirigent: Gerald Kegelmann (in:
          Horaz in der Musik); audite FSM 53409

John Pyke Hullah (1812-1884)
"Faune, nympharum fugientum amator" Part Song [für 4st. gemischten
Chor a cappella] in: The Singer's Library of Concerted Music. Edited by
John Hullah. Secular. -No. 79, S. 157-160
c. III 18
*Partitur (Einzelausgabe) mit untergelegtem Klavierauszug: London [1868],
          Lamborn Cock, Addison, & Co.

Ilja Hurník (geb. 1922)
"Diffugere nives" [für 4st. Frauenchor mit Solostimmen a cappella]
(1964) in: Dětské Sbory, S. 43-44
c. IV 7, 1-12
*Partitur: Prag [1965], Státní hudební vydavatelství

Carlo Jachino (1887-1971)
Il "Carme Secolare" di Orazio [für 1st. Kinderchor und Orchester]
Carmen saeculare, 1-72 oder in gekürzter Fassung 1-12. 25-48. 57-68
it. Ü.: Umberto Mancuso oder Urtext wahlweise zu singen
Partitur/*Klavierauszug: Mailand [1935], Curci

William Jackson of Exeter (1730-1803)
"While liquid odours round him breathe" [für Singstimme, 2 Violinen (?)
und Violoncello (?)] in: Twelve favourite Songs, composed by Mr. Jack-

William Jackson of Exeter (Fortsetzung)

son of Exeter, Song XI, in: The Piano' Forte Magazine, Vol.XV.,
S. 34-35
c. I 5 engl. Ü.: Philip Francis (1708-1773)
*Partitur: London [um 1800], Harrison, Cluse & Col

Johann Philipp Kirnberger (1721-1783)
"Lange gönne dies Fest" (XVI.), "O Blandusiens Quell'" (XVII.), "Evoe!
recenti mens trepidat metu" (XVIII.), "Tieger sind dir folgsam" (XIX.)
[für Singstimme und Basso continuo] in: Oden mit Melodien von Johann
Philipp Kirnberger, XVI. -XIX. , S. 16-19
XVI. : c. IV 5, 37-40 dt. Ü. XVII. : c. III 13, 1-4 dt. Ü. XVIII: c. II 19, 5-8
Urtext und dt. Ü. wahlweise zu singen XIX. : c. III 11, 13-16 dt. Ü.
*Danzig 1773, Jobst Herrmann Flörcke

"An den Augustus" (V.), "An den Augustus" (in anderer Taktart, V. [a]),
"An Melpomenen" (VI.), "An einen Quell" (VII.) [für Singstimme und Kla-
vier (keine separate Singstimme)] in: Anleitung zur Singekomposition mit
Oden in verschiedenen Sylbenmaassen begleitet, von Joh. Phil. Kirnber-
ger ..., V. (2 Fassungen), VI. , VII., S. 26-30
V. und V. a: c. IV 5, 37-40 VI. : c. IV 3, 13-24 VII. : c. III 13, 1-4 dt. Ü. :
Karl Wilhelm Ramler (1725-1798)
*Berlin 1782, George Iacob Decker
Schallplatte: (nur VII.): Ursula Ankele-Fischer, Sopran/Joachim Draheim
        Klavier (in: Horaz in der Musik); audite FSM 53409

Zoltán Kodály (1882-1967)
"Horatii Carmen II. 10 (... de aurea mediocritate ...)" [für 4st. ge-
mischten Chor a cappella] (1934) (Bearbeitung einer Melodie von Ádam
Pálóczi Horváth de Pálócz (1813), vgl. S. 199
c. II 10, 1-12
Partitur: 1) in: Carmina Horatii selecta ..., a. a. O. , Nr. 33, S. 40-42
        *2) Einzelausgabe: Budapest [1935], Ungarischer Chorverlag
        3) geplant für Heuremata Bd. 7a, Nr. 39
Schallplatten: Chor des Ungarischen Rundfunks/Dirigent: Zoltán Vasar-
        helyi (in: Kodály: Chorwerke (1)); Hungaroton 1 259
        Heidelberger Madrigalchor/Dirigent: Gerald Kegelmann
        (in: Horaz in der Musik); audite FSM 53409

"Justum et tenacem" [für 3st. Männerchor a cappella] (1935)
c. III 3, 1-8 Urtext und ung. Ü. : József Trencséni wahlweise zu singen
1) Einzelausgabe: Budapest 1949, SV
*2) in: Kodály Zoltán, Férfikarok, Jubileumi, Bővített Kiadás [Zoltán
    Kodály, Männerchöre, Erweiterte Jubiläumsausgabe], Budapest
    1972, Editio Musica Budapest, S. 24-25
3) geplant für Heuremata Bd. 7a, Nr. 40
Schallplatte: Heidelberger Madrigalchor/Dirigent: Gerald Kegelmann (in:
        Horaz in der Musik); audite FSM 53409

Bernhard Krol (geb. 1920)
"Horati de vino Carmina" ad novos deducta modos per Soprano (o Tenore),
Corno e Pianoforte [für Sopran (oder Tenor), Horn in F und Klavier] op.
30: 1. "Toccata", 2. : "Ciacona", 3. : "Ragtime"

Bernhard Krol (Fortsetzung)

1.: c. II 19   2.: c. I 18   3.: c. II 11
*Partitur und *Hornstimme: Hamburg [1959], Edition Marbot/Simrock
Schallplatte: Trio Ceccarossi; RCA Red Seal MLDS 20258

Arnold Krug (1849-1904)
"Altrömisches Frühlingslied" für [4st.] Männerchor mit Begleitung des
Orchesters oder des Pianoforte op. 30
c. IV 7, 1-18   dt. Ü.: Wilhelm Binder (1810-1876)
*Partitur (Fassung mit Orchester)/Klavierauszug (Fassung mit Klavier):
Leipzig [um 1885], Kistner

Hermann Küster (1817-1878)
"Vier Oden des Horaz" für [4st.] Männerchor [a cappella]
Nr. 1: c. II 3, 1-4.21-28   Nr. 2: c. III 13   Nr. 3: c. III 2, 13-24   Nr. 4: c. I 37,
1-8
*Partitur: Berlin [1850], T. Trautwein (M. Bahn)

Vinzenz Lachner (1811-1893)
"Des Quintus Horatius Flaccus Ode "Ad Thaliarchum" in der Verdeut-
schung fahrender Schüler von Joseph Victor v. Scheffel" für Männerchor
und eine Choralstimme (oder Soloquartett) op. 46
c. I 9
Anm.: Auf jede der 6 Strophen des Originals, die für "Choralstimme"
(= Baß-Solo) und bezifferten Baß (= Klavier, z. T. bereits ausge-
setzt) vertont sind, folgt die jeweils für 4st. Männerchor (oder
Soloquartett) a cappella komponierte Travestie dieser Strophe von
Josef Victor von Scheffel (1826-1886). Deutscher Text der Einleitung und des Postskriptum von Scheffel.
*Partitur: 1) Mainz [1873/74], Schott
2) geplant für Heuremata Bd. 7a, Nr. 30

Roland Loebner (geb. 1928)
"Integer vitae" Conductus für Chor (4 gem. St. oder 3 gl. St.) und Orchester
c. I 22
*Partitur (mit untergelegtem Klavierauszug): Köln [1958], Gerig

Karl Loewe (1796-1869)
"Fünf Oden des Horaz, auf den lateinischen Text mit deutscher Uebersetzung von Voß" für [4] Männerstimmen [a cappella] op. 57 (1836)
1.: c. III 3, 1-12   2.: c. III 12   3.: c. III 29, 29-56   4.: c. III 13   5.: c. II 16,
1-8. 13-16. 25-28 [dt. Ü.: Johann Heinrich Voß (1751-1826) nur als Hilfe
beigegeben, nicht zum Singen]
1) Berlin [1836], Wagenführ (mit der falschen Opuszahl 58)
2) Berlin o. J., Challier
3) in: Loewe, Weltliche Chöre Bd. I: Männerchöre a cappella, herausgegeben von Dr. Leopold Hirschberg, Hildburghausen [1911], F. W.
Gadow u. Sohn, 7. -11., S. 20-28
4) in: Carmina Horatii selecta ..., a. a. O., Nr. 21-24, 26, S. 16-19, 22-25
5) geplant für Heuremata Bd. 7a, Nr. 22-26
Schallplatte: (nur 1., 2., 4.) Heidelberger Madrigalchor/Dirigent: Gerald
Kegelmann (in: Horaz in der Musik); audite FSM 53409

Karl Loewe (Fortsetzung)
"Ode des Horaz" [für 4st. gemischten Chor a cappella]
c. I 2, 1-4. 29-32. 41-44
1) in: Leopold Hirschberg, Carl Loewes Chorgesänge weltlichen Inhalts,
   in: Die Musik VII, 1908, Heft 24, S. 356
*2) in: Loewe, Weltliche Chöre Bd. II: Gemischte Chöre mit Begleitung,
   Männerchöre mit Begleitung, Gemischte Chöre a capella, Frauenchöre a capella, herausgegeben von Dr. Leopold Hirschberg, Hildburghausen [1911], F. W. Gadow u. Sohn, 19. , S. 26
3) in: Carmina Horatii selecta ..., a. a. O., Nr. 20, S. 15-16
4) geplant für Heuremata Bd. 7a, Nr. 21

"Iam satis terris" [für Singstimme und Klavier]
c. I 2
Anm.: Das noch 1915 in der Königlichen Bibliothek in Berlin vorhandene
   Autograph ist seit der Auslagerung der Bestände während des 2.
   Weltkrieges verschollen; vgl. Leopold Hirschberg, Carl Loewe
   und das klassische Altertum, in: Neue Jahrbücher 36, 1915, S. 202

"Horatii Carmen saeculare ad Apollinem et Dianam" Gesang des Horaz
für die Säkelfeyer, übersetzt von Voss, komponirt von Dr. Loewe nach
der Originalmelodie [für 4st. gemischten Chor a cappella] (Juli 1845)
Carmen saeculare
*1) in: Leopold Hirschberg, Carl Loewe und das klassische Altertum, in:
   Neue Jahrbücher 36, 1915, S. 205-212
2) in: Carmina Horatii selecta ..., a. a. O., Nr. 25, S. 20-21
3) geplant für Heuremata Bd. 7a, Nr. 27

Leevi Madetoja (1887-1947)
"Integer vitae" [für 4st. gemischten Chor a cappella] op. 72, Nr. 1 (um
1935)
c. I 22
*Chorpartitur: o. O. , o. J. , "Suomen Laulun" ohjelmistoa N^O. 98. ["Finni-
   scher Gesangsverein", Programm Nr. 98]

Gian Francesco Malipiero (1882-1973)
"Quem mortis timuit gradum" [für Bariton-Solo und Orchester] in: "La
festa de la sensa" per baritono, coro e orchestra [für Bariton-Solo, 4st.
gemischten Chor und Orchester] (1949/50)
c. I 3, 17-23 [-terras]
Partitur/*Klavierauszug: Mailand [1951], Suvini Zerboni

Antonio Mariottini (? -1803)
"Hell übers Sterngewimmel" [für Singstimme und Klavier (keine separate Singstimme)] in: Zwoelf Lieder, in Musik gesetzt von Mariottini, [4.]
epo. 15 dt. Ü. (sehr frei)
*Dresden o. J. , Hilscher

Friedrich Wilhelm Marpurg (1718-1795)
"Ad Sodales" Ein und dreyßigstes Lied, "Ad Venerem" zwey und dreyßigstes Lied [für Singstimme und Klavier (keine separate Singstimme)] in:
Geistliche, moralische und weltliche Oden, von verschiedenen Dichtern
und Componisten, S. 35-37
31. Lied: c. I 27, 1-4 32. Lied: c. I 30

Friedrich Wilhelm Marpurg (Fortsetzung)

*Berlin 1758, Gottl. August Lange; 32. Lied geplant für Heuremata
                                    Bd. 7a, Nr. 9
Schallplatte: Ursula Ankele-Fischer, Sopran/Joachim Draheim, Cembalo/
    Monika Schwamberger, Violoncello (in: Horaz in der Musik);
    audite FSM 53409

Karl Marx (geb. 1897)
"Ode auf Mäzens Geburtstag" (2.), "Wechselgesang" (3.), "Ode auf die
Unsterblichkeit" (4.) [für gemischten Chor und Klavier (in 2. teilweise
ad lib.)] in: "Quattuor Carmina Latina" Vier Gesänge für gemischten
Chor (und Klavier ad libitum). Nach Dichtungen von Catull und Horaz
op. 64 (1966), Nr. 2. -4. , S. 5-34
2.: c. IV 11   3.: c. III 9   4.: c. III 30
*Klavierpartitur: Wiesbaden [1967], Breitkopf & Härtel

Jules Massenet (1842-1912)
"Horace et Lydie" Duo [für 2 Singstimmen und Klavier]
c. III 9 frz. Ü.: Alfred de Musset (1810-1857) (vom Autor als "Imitation"
bezeichnet)
Paris 1893, Heugel: *a) N⁰ 1 Pour Baryton et Mezzo-Soprano
                     b) N⁰ 2 Pour Ténor et Soprano; geplant für
                            Heuremata Bd. 7a, Nr. 31
Schallplatte: Norma Sharp, Sopran/Helge Zimmermann, Bariton/Joachim
    Draheim, Klavier (in: Antike Dichtung im Spiegel der Musik);
    audite FSM 53179

Alois Melichar (geb. 1896)
"Wohin, wohin ihr Rasenden?" [für Tenor-Solo, Bariton-Solo, gemischten
Chor und Orchester] in: "In Tyrannos" Kantate für vier Solostimmen, ge-
mischten Chor, Fernchor, Orchester und Orgel (1940-1942), VIII.
epo. 7 dt. Ü.: Emanuel Geibel (1815-1884)
Partitur/Klavierauszug: Wien/London/Frankfurt 1960, Josef Weinberger

Anthony Milner (geb. 1925)
"Diffugere nives" [für Tenor-Solo und Orchester] in: "Roman Spring"
Cantata for Soprano and Tenor Soli, Chorus and Orchestra [für Sopran-
Solo, Tenor-Solo, gemischten Chor und Orchester] (1969), in: II
c. IV 7, 1-24
Partitur/*Klavierauszug: London [1970], Universal Edition

Lorenz Christoph Mizler (1711-1778)
"Was suchet sich wohl der Poet" [1.], "Du wirst, Licin, weit besser leben" [2.] [für Singstimme und Basso continuo] in: Zweyte Sammlung auserlesener moralischer Oden zum Nutzen und Vergnügen der Liebhaber
des Claviers componirt und herausgegeben von Lorenz Mizlern, A. M. ,
S. 5 [1.], S. 14 [2.]
1.: c. I 31   2.: c. II 10   dt. Ü.: Daniel Wilhelm Triller (1695-1782)
Leipzig [1741, ²1746], SV
*Reprint: Lorenz Mizler, Sammlungen auserlesener moralischer Oden-
    Faksimile der ersten, zweiten und dritten Sammlung nach den
    einzigen erhaltenen Exemplaren der Originalausgabe. Mit ei-
    nem Nachwort in Deutsch und Englisch von Dragan Plamenac,
    Leipzig [1973], Deutscher Verlag für Musik, S. 47 [1.], S. 56 [2.]

Rudolf Moser (1892-1960)
"Sechs Oden des Horaz" [für Bariton-Solo, 4st. gemischten Chor, Streichorchester und Schlagzeug] op. 50 (1931):[1.] "Vitae summa brevis", [2.]"Aura fallax" [für 4st. gemischten Chor, Streichorchester und Schlagzeug],
[3.]"De Glycera" [für Bariton-Solo, 4st. gemischten Chor, Streichorchester und Schlagzeug], [4.] "Ad Venerem",[5.] "Salve testudo" [für 4st. gemischten Chor, Streichorchester und Schlagzeug (5. ohne Schlagzeug)],
[6.]"Deorum cultor" [für Bariton-Solo, gemischten Chor, Streichorchester
und Schlagzeug]
1.: c.I 4   2.: c.I 5   3.: c.I 19   4.: c.I 30   5.: c.I 32   6.: c.I 34
Partitur: Leipzig [1934], Steingräber
Anm.: Da von dieser Ausgabe beim Verlag weder käufliche Exemplare
      noch ein Archivexemplar vorhanden sind, sei darauf hingewiesen,
      daß sich die *autographe Partitur im Besitz von Frau Gertrud
      Moser-Bernet, Arlesheim/Schweiz, befindet.

Christian Gottlob Neefe (1748-1798)
"Integer vitae" [für Singstimme und Klavier (keine separate Singstimme)]
(20. 9. 1771)
c.I 22, 1-8
Anm.: Albumblatt für einen Freund mit der Widmung am Schluß: "En!
      dulcis Amice, /praecedentibus in paginis/Exemplum Tui, /Flaccus
      quod pinxit. /Sed/ne unquam venenatae sagittae, /nec Syrtes aestuo-
      sae, /nec aliae molestiae/Tuos tangant dies, /optat/integer amicus, /
      Christianus Gottlob Neefius, J. V. C. /Chemnic. Misn."
Autograph im Besitz des Beethoven-Archivs Bonn, (Ms. BH 250); geplant
für Heuremata Bd. 7a, Nr. 11
Schallplatte: Ursula Ankele-Fischer, Sopran/Joachim Draheim, Klavier
      (in: Horaz in der Musik); audite FSM 53409

Sigismund Ritter von Neukomm (1778-1858)
"Non omnis moriar" [5st. Rätselkanon] (1814)
c.III 30, 6 [-moriar]
Autograph im Besitz der Österreichischen Nationalbibliothek, Wien (Aut.
18463), es enthält die originale Schreibweise als Rätselkanon, die Auflösung mit den richtigen Schlüsseln und die Entzifferung in Partitur.
Anm.: Dieser Rätselkanon war auf Joseph Haydns erstem Grabstein in
      Wien eingemeißelt, den sein Lieblingsschüler Neukomm 1814 er-
      richten ließ (Abbildung des Grabsteins in: Allgemeine Wiener Mu-
      sikzeitung I (1841), Nr. 145. Vgl. auch H. Payer, Merkwürdiger
      Räthsel-Canon, ebenda, II (1842), Nr. 128).
      Ein Faksimile von Neukomms Autograph (ohne die Entzifferung
      in Partitur) in: MGG 9, Tafel 79 zwischen Sp. 1408 und 1409; ein
      Faksimile von Neukomms Brief an Spontini, der nur die originale
      Schreibweise als Rätselkanon enthält, in: Karl Geiringer, Joseph
      Haydn, Potsdam 1932, S. 30

Jan Novák (geb. 1921)
"X Horatii Carmina" ad claves modulata (Monodice aut chorice ad claves
canenda) [für eine Singstimme oder 1st. Chor und Klavier] (1959)
I.: c.I 32   II.: c.I 4   III.: c.I 23   IV.: c.III 26   V.: c.III 12   VI.: c.I 13
VII.: c.II 8   VIII.: c.III 28   IX.: c.I 19   X.: c.I 30
*Autograph im Besitz des Komponisten, Neu-Ulm

Jan Novák (Fortsetzung)
"Servato pede et pollicis ictu" 9 odi oraziane messe in musica per coro
a 4 voci miste [für 4st. gemischten Chor a cappella] (1972): "Laudabant
alii claram" [1.], "Quis multa gracilis" [2.], "Vides ut alta" [3.], "Tu
ne quaesieris" [4.], "Integer vitae" [5.], "Solvitur acris hiems" [6.], "O
nata mecum" [7.], "Lydia, dic per omnes" [8.], "Velox amoenum" [9.]
1.: c.I 7, 1-14   2.: c.I 5   3.: c.I 9   4.: c.I 11   5.: c.I 22   6.: c.I 4
7.: c.III 21   8.: c.I 8   9.: c.I 17, 1-16
*Partitur (Kopie des Autographs in der Reihenfolge 6, 2, 1, 8, 3, 4, 9, 5, 7):
      Padua [1975], Zanibon
*4 Chorpartituren (enthalten 1-2, 3-5, 6-7, 8-9): Padua [1976], Zanibon
Schallplatte: (nur 2., 3., 6., 8.)Heidelberger Madrigalchor/Dirigent: Gerald
      Kegelmann (in: Horaz in der Musik); audite FSM 53409

"Iam satis terris" (III.), "Integer vitae" (VII.), "Nox erat" (VIII.) [für
Singstimme (solistisch oder chorisch) und Klavier] in: "Schola cantans"
graves auctores Latini leviter decantandi (1973)   III., VII., VIII.
III.: c.I 2, 1-16   VII.: c.I 22   VIII.: epo. 15
*Padua [1974], Zanibon

"Musis Amicus" [für Singstimme und Klavier] (1976)
c.I 26
Autograph im Besitz von Joachim Draheim, Karlsruhe; geplant für Heuremata Bd. 7a, Nr. 41

William O'Neill (1813-1883)
"Let others quaff the racy wine" Glee for A. T. T. B. [für Alt, Tenor I, II
und Baß a cappella] (so auf dem Titelblatt, die 4 Stimmen der Partitur
sind jedoch bezeichnet: "Alto, Tenor, Bass I, Bass II", was der Tessi-
tura der Stimmen nach sinnvoller erscheint; auch lautet der Untertitel:
"Glee for four equal voices"!)
c.I 31, 9-20   engl. Ü.: Philip Francis (1708-1773)
*Partitur: London [1880], Novello, Ewer & Co.

Giuseppe Antonio Paganelli (1710 - um 1760)
"Q: Horatii Flacci Odae Sex Selectae Quas Fidibus, Vocalique Musicae
post Saecula Restitutas Serenissimo Principi Friderico Principi Here-
ditario Saxo Gothano D. D. D. Joseph Antonius Paganelli Serenissimi
Ducis Brunswigiae et Luneburgiae Musicae Compositor. Opera Octava.
[Ode I.-V. für eine, Ode VI. für zwei Singstimmen, 2 Violinen, Viola
und Basso continuo]
Ode I.: c.II 10   Ode II.: c.I 22   Ode III.: c.II 3   Ode IV.: c.III 21
Ode V.: c.I 11   Ode VI.: c.III 9
4 Stimmen: Singstimme und Basso continuo (Anm. auf dem Titelblatt:
"L'Auteur a trouvé plus à propos de faire graver la Basse sous la
partie qui chante que de la mettre separament.")/Violine I/Violine II/
Viola: o. O., [um 1750], o. V.
Anm.: Der Verfasser dieser Bibliographie bereitet eine Neuausgabe
      dieses Werks in Partitur bei Zanibon, Padua vor.

Ádam Pálóczi Horváth de Pálócz (1760-1820)
"Rectius vives" [Monodie (aus einer 1813 von Pálóczi zusammengestell-
ten Liedersammlung)] in: Carmina Horatii selecta ..., Nr. 15, S. 12
c.II 10

Ádam Pálóczi Horváth de Pálócz (Fortsetzung)

Budapest 1934, Joseph Fraknóy
vgl. Kodály, S. 194

François André Danican, genannt Philidor (1726-1795)
"Katarinae Aug. Piae. Felici Ottomanicae. Tauricae Musagetae Q.
Horatii. Flacci Carmen. Saeculare Lyricis. Concentibus. Restitutum
(vor 1779, Uraufführung: London, Free Mason's Hall, 26. 2. 1779):
Ouverture [für Orchester], Prologus [für Tenor-Solo und Orchester],
Prima Pars [für Sopran-Solo, Alt-Solo, Tenor-Solo, Baß-Solo, 4st.
gemischten Chor und Orchester], Secunda Pars [für Sopran-Solo, Baß-
Solo, 4st. gemischten Chor und Orchester], Tertia Pars [für Sopran-
Solo, Mezzosopran-Solo, Alt-Solo, Tenor-Solo, Baß-Solo, 4st. ge-
mischten Chor und Orchester], Pars Quarta [für Sopran-Solo, Mezzo-
sopran-Solo, Alt-Solo, Tenor-Solo, Baß-Solo, 4st. gemischten Chor
und Orchester]
Prologus: c. III 1, 1-4 Prima Pars: c. IV 6, 29-44 Secunda Pars: c. IV 6,
1-28 Tertia Pars: c. I 21, 1-16 Pars Quarta: Carmen saeculare
Partitur: *1) [Paris] 1788, Lawalle l'Ecuyer
        2) Paris [um 1790], Sieber (Nachdruck unter dem Titel:
           "Carmen seculare. Poëme d'Horace")
Anm.: Abbildung des Titelblatts von 1) in: MGG 7, Sp. 1041/1042

Giacomo Puccini (1858-1924)
"Odio il profano volgo al par d'Orazio" [Vertonung eines Zitats aus
c. III 1 für Baß und Orchester] in: "La Bohème" [Szenen aus Henri
Murgers "Vie de Bohème" in vier Bildern von Giuseppe Giacosa und
Luigi Illica] (1895), in: 2. Bild
c. III 1, 1 [-volgus] it. Ü.
Klavierauszug: Mailand [1896], Ricordi
Partitur: Mailand [1898], Ricordi
Studienpartitur: Mailand/New York [1920], Ricordi
Partitur/*Klavierauszug (revidierte Ausgabe): Mailand [1965], Ricordi
Schallplatten: vgl. Bielefelder Katalog 1. 1979, S. 280 sowie Opern auf
              Schallplatten 1900-1962. Ein historischer Katalog, Wien/
              Karlsruhe 1974, S. 104-106

Max Reger (1873-1916)
"Q. Horatii Flacci: Carmen saeculare. Pro incolumitate imperatoris"
[für 4st. gemischten Chor und Orchester] (1899/1900) in: Musik zu dem
Festspiel "Castra vetera" von Johanna Baltz, in: Max Reger, Sämtliche
Werke, Band 36, Supplemente I: Vokalwerke mit Orchester, revidiert
von Ulrich Haverkampf, S. 1-50
Carmen saeculare, 1-12. 35-36. 45-76
*Partitur: Wiesbaden [1975], Breitkopf & Härtel

Gustav Reichardt (1797-1884)
"Rectius vives" [für 4 Männerstimmen a cappella ?] in: "Sechs Lieder
für die Liedertafel zu Berlin für Männerstimmen (Reichardt, Tafelge-
sänge, Heft 5) op. 8, Nr. 6
c. II 10
Partitur/Stimmen: Leipzig [1828], Hofmeister

Christian Friedrich Ruppe (1753-1826)
"Q. Horatii Flacci odae IV et alia ode in laudem musicae descriptae modis musicis vocis et instrumenti dicti piano-forte"[1., 3., 4. für eine, 2.
für zwei Singstimmen und Klavier]
1.: c.I 32 2.: c.III 9 3.: c.III 13 4.: c.III 21
*Leiden 1816, SV

Charles-Camille Saint-Saëns (1835-1921)
"Ode d'Horace" (Livre I.-Ch. III.) [für 4st. Männerchor a cappella]
(1905)
c.I 3, 9-40 Urtext und frz. Ü. wahlweise zu singen
*Chorpartitur mit dem lat. Urtext: Paris [1905], Durand
Chorpartitur mit frz. Ü.: Paris [1905], Durand

Charles Kensington Salaman (1814-1901)
"Ad Chloen"[für Singstimme und Klavier]
c.I 23 Urtext und engl. Ü. von Lord Lytton (1805-1873) wahlweise zu
singen
1) London [um 1875], J.B. Cramer & Co.
2) London o.J., Novello, Ewer & Co.
  *a) Ausgabe in F (für Bariton oder Mezzo-Sopran)
  b) Ausgabe in G (für Tenor oder Sopran)
  c) Ausgabe mit engl. Text

"Donec gratus" Duet for Soprano and Tenor [für Sopran, Tenor und
Klavier]
c.III 9 Urtext und engl. Ü. von Malcolm Charles Salaman (1855-1940),
wahlweise zu singen, in getrennten Systemen notiert
*London o.J., Novello, Ewer & Co.

"Nox erat" (To Neaera) Scena,for Bass Voice [für Baß und Klavier]
epo. 15 Urtext und engl. Ü. von M.C. Salaman wahlweise zu singen (?)
London o.J., Novello, Ewer & Co.
Anm.: Dieses Werk ist zwar auf der Titelseite von Salamans "Luctus in
   morte passeris" angekündigt (Charles Salaman's Musical Settings
   of the Ancient Lyrics., ... 5. Horace's 15th Epode. "Nox erat"...
   With an English Metrical Version by Malcolm Charles Salaman.,
   vgl. S.181), aber vermutlich nicht erschienen. Vgl. Henry Thomas, Musical Settings of Horace's Lyric Poems, in: Proceedings
   of the Musical Association, 46. Session, London 1919/20, S. 93

Antonio Salieri (1750-1825)
"Integer vitae" Canone a 2 [2st. Kanon] (1814)
c.I 22, 1-4
*Autograph im Besitz des Archivs der Gesellschaft der Musikfreunde,
Wien (Mus.ms. A 537/2); geplant für Heuremata Bd.7 a, Nr.17
Schallplatte: Ernst-August Schulze und Günther Storch, Tenor (in: Antike
   Dichtung im Spiegel der Musik); audite FSM 53179

"Parturiunt montes" Picciolo scherzo a 4 voci [für Sopran, Alt, Tenor
und Baß a cappella] (um 1815)
Ars poetica 139
Partitur: *Autograph im Besitz des Archivs der Gesellschaft der Musik-
   freunde, Wien (Mus.ms. A 515/II/7); geplant für Heuremata
   Bd. 7a, Nr.18

<u>Antonio Salieri</u> (Fortsetzung)

Schallplatte: Heidelberger Madrigalchor/Dirigent: Gerald Kegelmann (in:
Horaz in der Musik); audite FSM 53409

<u>Ella von Schultz-Adaïewsky</u> (1846-1926)
"Horazische Ode" für Sopran, Bariton und Klavier (1915)
c. III 9 Urtext und dt. Ü. wahlweise zu singen
*Köln [1920], Tischer & Jagenberg

<u>? Schulz (Kriegsrat)</u> (?-1819)
"Hic murus aheneus esto" [für 4 Männerstimmen (beim ersten Mal) bzw.
4st. Männerchor (bei der Wiederholung) a cappella]
epi. I 1, 60 [hic murus-] -61
Partitur: Autograph im Besitz der Musikabteilung der Staatsbibliothek
Preußischer Kulturbesitz, Berlin (Mus. ms. autogr. Zelter 11, 2;
V, Nr. 19, S. 84
Schallplatte: Heidelberger Madrigalchor/Dirigent: Gerald Kegelmann (in:
Horaz in der Musik); audite FSM 53409

<u>Dalibor Spilka</u> (geb. 1931)
"Pallida mors aequo pulsat pede" in: "De re publica" [für gemischten
Chor a cappella] (1974)
c. I 4, 13-14 [-turres]
*Partitur: Autograph im Besitz des Komponisten, Brünn, ČSSR

<u>Johann Friedrich Stallbaum</u>
Ode des Horatius XXII. "Ad Aristium Fuscum" [für 4st. Männerchor mit
Solostimmen a cappella] in: Sechs Chorgesänge für Gymnasial-Chöre,
Oberklassen höherer Schulanstalten sowie für Gesangvereine op. 6, Nr. 6
c. I 22
*Partitur: Magdeburg [1880], Heinrichshofen

<u>Ludwig Stark</u> (1831-1884)
"Trinkspruch" [für 4st. Männerchor a cappella] in: Fünf Lieder und
Sprüche für Männer-Chor op. 77, Heft II, Nr. 5
c. I 37, 1-2 [-tellus]
*Partitur: Stuttgart o. J. , G. A. Zumsteeg

<u>Sigismond (Zygmunt) Stojowski</u> (1870-1946)
"Le Printemps" - "Der Frühling" [für gemischten Chor und Orchester]
op. 7
c. I 4, 1-10 frz. bzw. dt. Ü.
Klavierauszug (2 getrennte Ausgaben): 1) London [1896], Stanley Lucas
& Co.
2) London [1905], Novello and
Company

dasselbe Werk unter dem Titel:
"Spring-Time" A Cantata for Chorus and Orchestra op. 7
c. I 4, 1-10 engl. Ü. : Mrs. Malcolm Lawson
*Klavierauszug: London [1905], Novello and Company

Otto Taubert (1833-1903)
"Neobule" [für Mezzosopran und Klavier] op. 3
c. III 12 Urtext und dt. Ü. von Johann Heinrich Voß (1751-1826) wahlweise
zu singen
*Leipzig o. J. , Breitkopf & Härtel

Wilhelm Taubert (1811-1891)
"Vier Oden des Horaz" [für 4st. Männerchor, Sopran-Solo, Tenor-Solo
und Bläser oder Klavier ad lib.] op. 62 (1844): I. "Ad Lyram", II. "Ad
Sextium", III. "Ad Apollinem", IV. "Ad Lydiam"
I. : c. I 32 II. : c. I 4 III. : c. I 31 IV. : c. III 9
Partitur: 1) Magdeburg o. J. , Heinrichshofen
          2) Berlin o. J. , Trautwein
Anm. : Von diesen Ausgaben ist, zumindestens in deutschen Bibliotheken,
       z. Zt. kein Exemplar mehr nachzuweisen. Im Nachlaß Tauberts
       findet sich jedoch:

"Ad L. Sextium" für vierstimmigen Männerchor [und Bläser oder Klavier
ad lib.] op. 62, Nr. 3 (im Druck als Nr. 2 unter dem Titel "Ad Sextium")
(5. 4. 1844)
c. I 4 Urtext und dt. Ü. von Karl Eduard Geppert (1811-1881) wahlweise
zu singen
nur *Chorpartitur: Autograph im Besitz der Deutschen Staatsbibliothek,
          Berlin (Mus. ms. autogr. Taubert N Nr. 38, S. 11)

"Vier Oden des Horaz" [(2. Heft) für 4st. Männerchor und Bläser oder
Klavier] op. 126: V. "Ad Venerem", VI. "Ad Thaliarchum", VII. "Ad
Manlium Torquatum", VIII. "Ad Lyden" (die Nummern I. bis IV. bilden
das op. 62!)
V. : c. I 30 VI. : c. I 9 VII. : c. IV 7 VIII. : c. III 28
Partitur: Berlin o. J. , Trautwein
Anm. : Auch von dieser Ausgabe ist z. Zt. kein Exemplar nachweisbar.
       Doch hat sich dieses Werk als ganzes in Autographen und Ab-
       schriften im Nachlaß Tauberts erhalten:

"Vier Oden des Horaz" für 4st. Männerchor, [Bläser und Schlagzeug
oder Klavier] op. 126 (2. Heft der Oden [1. Heft = op. 62]) (1848 ?):
V. "Ad Venerem" [für 4st. Männerchor, Querflöte, 2 Klarinetten, 2 Fagotte, 2 Hörner und Trompete oder Klavier], VI. "Ad Thaliarchum" [für
4st. Männerchor, Querflöte, 2 Klarinetten, 2 Fagotte und 2 Hörner oder
Klavier], VII. "Ad Manlium Torquatum" [für 4st. Männerchor, Querflöte, 2 Klarinetten, 2 Fagotte, 2 Hörner und Trompete oder Klavier],
VIII. "Ad Lyden" [für 4st. Männerchor, Querflöte, 2 Klarinetten, 2 Fagotte, 2 Hörner, Triangel, große Pauke und Becken oder Klavier]
V. : c. I 30 VI. : c. I 9 VII. : c. IV 7 VIII. : c. III 28 Urtext und dt. Ü. von
Karl Eduard Geppert (1811-1881) wahlweise zu singen
1. *Partitur (V. und VI. ohne Klavier, VII. mit Klavier, VIII. zweimal:
        1. nach V. ohne Klavier, 2. nach VII. mit Klavier): Auto-
        graph im Besitz der Deutschen Staatsbibliothek, Berlin
        (Mus. ms. autogr. Taubert N Nr. 21, S. 3-10, 37-40)
2. *Chorpartitur (V. bis VIII.): Autograph im Besitz der Deutschen Staat
        bibliothek, Berlin (Mus. ms. autogr. Taubert N Nr. 21, S. 13
        34)

Wilhelm Taubert (Fortsetzung)

3. *Chorpartitur (nur VI.): Autograph im Besitz der Deutschen Staatsbibliothek, Berlin (Mus. ms. autogr. Taubert N Nr. 21, S. 35-
   36)
4. *Partitur (V. bis VIII.): Manuskript (Abschrift von fremder Hand,
   nur dt. Text von der Hand des Komponisten) im Besitz der
   Deutschen Staatsbibliothek, Berlin (Mus. ms. Taubert N Nr.
   21, S. 43-64) (Seitenzählung nach der durchlaufenden Blei-
   stiftnumerierung)

"Hymnus ad Mercurium" [für 2 Männerchöre (Coro I.: 2 Tenori und
2 Bassi, Coro II.: Bassi), 2 Klarinetten, 2 Fagotte, 2 Hörner und Trom-
peten] (25. 2. 1844)
c. I 10 Urtext und dt. Ü. von Karl Eduard Geppert (1811-1881) wahlweise
zu singen
*Partitur: Autograph im Besitz der Deutschen Staatsbibliothek, Berlin
       (Mus. ms. autogr. Taubert N Nr. 126, S. 73-79)
Anm.: Dieses Stück wurde zwar zusammen mit den Oden op. 62 kompo-
       niert, blieb aber unveröffentlicht (vgl. S. 63/64)

Randall Thompson (geb. 1899)
"Six Odes of Horace": "Montium custos nemorumque, Virgo" ("Dedica-
tion of a Pine Tree to Diana") Four-part Chorus for Mixed Voices (a cappella) [für 4st. gemischten Chor a cappella] [1.], "Vitas hinnuleo me
similis, Chloë" ("To Chloë") Four-part Chorus for Mixed Voices (a cappella) [für 4st. gemischten Chor a cappella] [2.], "O Fons Bandusiae,
splendidior vitro" ("To the Fountain of Bandusia") For Chorus of Mixed
Voices (a cappella) [für gemischten Chor a cappella] [3.], "O Venus, regina Cnidi Paphique" ("Invocation to Venus") For Chorus of Mixed Voices
with Accompaniment for Orchestra or Piano [für gemischten Chor und
Orchester oder Klavier] [4.], "Quis multa gracilis" For Chorus of Men's
Voices (a cappella) [für Männerchor a cappella] [5.] (1924), "Felices
ter" ("Thrice happy they") For Four-part Chorus of Mixed Voices (a cappella) [für 4st. gemischten Chor a cappella] [6.] (1953)
1.: c. III 22 2.: c. I 23 3.: c. III 13 4.: c. I 30 5.: c. I 5 6.: c. I 13, 17-20
*Chorpartituren (4. mit Klavier) (6 Einzelausgaben):
               1. -5.: Boston [1932], E. C. Schirmer;
               6.: Boston [1956], E. C. Schirmer
Anm.: Nr. 5 nicht im Archiv der Vertonungen antiker Texte (vgl. S. 106).

John Travers (um 1703-1758)
"Oderunt Peccare" [3st. Kanon]
epi. I 16, 52
*Stimmen: Manuskripte aus dem 18. Jahrhundert im Besitz der British
       Library, London (Add. 29393-29395, 4.)
Partitur: geplant für Heuremata Bd. 7a, Nr. 7

Mattia Vento (1735-1776)
"Alma d'onore accesa" [für Singstimme, 2 Violinen, Viola und Basso
continuo] in: Sei Ode di Oratio, Tradotte in Lingua Italiana da Giovan
Gualberto Bottarelli, messe in musica da Signori Bach, Giordani, Boroni, Vento, Barthelemon, è Holtzbaur, S. 15-21
c. I 22 it. Ü.: Giovan Gualberto Bottarelli
*Partitur: London [um 1775], Welcker

Georg Joseph Vogler ("Abbé Vogler") (1749-1814)
"Qu. Horatii Flacci Carmen Seculare una cum Psalmodia Vogleri" [für
Sopran-Solo, Alt-Solo, Tenor-Solo, Baß-Solo, 4st. gemischten Chor und
Orchester] (1809)
Carmen saeculare Urtext und dt. Ü. wahlweise zu singen, getrennt notiert
in jeweils 4 Systemen
*Partitur/Stimmen: Manuskripte im Besitz der Hessischen Landes- und
                  Hochschulbibliothek, Darmstadt (Mus. ms. 1062/1062a)

Hans Vogt (geb. 1911)
"Strophen, orchestral und vokal über eine Ode des Horaz, deren Vertonung durch Petrus Tritonius (1507) und ihre Nachdichtung von Eduard
Mörike" für Orchester und Bariton solo (1974/75)
c. I 9 Urtext und dt. Ü. von Eduard Mörike (1804-1875) unabhängig voneinander vertont
Partitur: Kassel [1976], Bärenreiter

Joseph Wagner
"Dianam tenerae dicite" [für 4st. gemischten Chor a cappella][Bearbei-
tung einer Melodie aus dem Liederbuch von Molnár-Kern, Budapest 1927]
[1.], "Non ebur nec aureum" [2.], "Quis desiderio sit" [3.], "Diffugere
nives" [4.], "Aequam memento" [5.] [für 4st. gemischten Chor a cappel-
la], "Donec gratus eram" [6.] [für 2 Singstimmen und Klavier] in: Carmina Horatii selecta ..., a. a. O., Nr. 27-32, S. 26-39
1.: c. I 21, 1-8 2.: c. II 18, 1-8 3.: c. I 24, 1-4. 9-20 4.: c. IV 7, 1-4. 9-16
5.: c. II 3, 1-8. 17-28 6.: c. III 9
Partitur: Budapest 1934, Joseph Fraknóy

Samuel Wesley (1766-1837)
"Happy the Man" [Glee for three voices][für Alt, Tenor, Baß und (?) Klavier; zwei in der Partitur freigebliebene Systeme waren vermutlich für
eine Klavierbegleitung bestimmt]
c. III 29, 41 [ille-]-43 [-vixi] engl. Ü. (sehr frei, teilweise paraphrasierend und den Text weiter ausspinnend, infolgedessen keine genaue Deckung
mit den angegebenen Versen): John Dryden (1631-1700)
*Partitur: Abschrift von Vincent Novello (1781-1861) im Besitz der Bri-
          tish Library, London (Add. 14343, 11., f. 39 b)

"Not Heav' n itself" [für Singstimme und Klavier; Skizze, Singstimme
und unteres System (Baßlinie) der Klavierbegleitung sind vollständig, vom
oberen System der Klavierbegleitung sind nur Takt 5 und der Anfang von
Takt 6 notiert] (1804)
c. III 29, 46 [neque]-48 engl. Ü. (sehr frei, teilweise paraphrasierend und
den Text weiter ausspinnend, infolgedessen keine genaue Deckung mit den
angegebenen Versen): John Dryden (1631-1700)
*Abschrift von Vincent Novello (1781-1861) im Besitz der British Library,
London (Add. 14343, 9., f. 43); geplant für Heuremata Bd. 7 a, Nr. 15
Schallplatte: Ursula Ankele-Fischer, Sopran/Joachim Draheim, Klavier
             (in: Horaz in der Musik); audite FSM 53409

"Drusi Laudes" [für 6 Singstimmen a cappella (Canto 1mo, Canto 2do,
Alto 1mo, Alto 2do, Basso 1mo, Basso 2do)]
c. IV 4

Samuel Wesley (Fortsetzung)

2 Partituren, von denen die erste am Ende unvollständig ist / 5 Stimmen:
Abschriften aus dem frühen 19. Jahrhundert im Besitz der British Library,
London (Add. 35005, ff. 127-193 b; die *2., vollständige Partitur ff. 150-167)

Zbigniew Wiszniewski (geb. 1922)
"Die VII. Epode des Quintus Horatius Flaccus: "Quo, quo scelesti
ruitis ... "" für Sprecher, Männerchor und Orchester (1971)
epo. 7
Partitur: Autograph im Besitz des Komponisten, Warschau

John Worgan (1724-1790)
"Dimmi, Pirra" Oda II. del Sig^r. Worgan [für Singstimme, Violine und
Basso continuo], "Per tutti i Dei" Oda III. del Sig^r. Worgan [für Sing-
stimme, obligates Violoncello und Basso continuo], "De' Persi, Ragaz-
zo" Oda XI. del Sig^r. Worgan [für Singstimme, 2 (?) Violinen und Basso
continuo] in: Del Canzoniere d' Orazio di Giovan Gualberto Bottarelli
Ode XII. Messe in Musica da più rinomati Professori Inglesi
Oda II.: c. I 5   Oda III.: c. I 8   Oda XI.: c. I 38   it. Ü.: Giovan Gualberto
Bottarelli
*Partitur: London 1 u. 21757, o. V.

Thomas Wright (1763-1829)
"The Fifth Ode Of the First Book of Horace", Set to Music With a Harp,
or Piano Forte Accompaniment, by T. Wright [für Singstimme und Harfe
oder Klavier]
c. I 5
*London [um 1796], J. Dale

Karl Friedrich Zelter (1758-1832)
"Quis desiderio" (zum Gedächtnis an Flemmings Todestag) [für 4 Solostimmen und gemischten Chor](1814; 1823 in der Singakademie aufgeführt)
c. I 24
Anm.: Von diesem Werk, das u. a. von G. R. Kruse (Zelter, Leipzig
21930, S. 76/77) genannt wird, fehlt z. Zt. jede Spur.

"Nunc est bibendum" [für 3 Männerstimmen (2 Tenöre und Baß) a cap-
pella] (1817/18)
c. I 37
*Partitur: Manuskript im Besitz der Musikabteilung der Staatsbibliothek
          Preußischer Kulturbesitz, Berlin (Mus. ms. autogr. Zelter
          11, 2; VI, S. 57-60); geplant für Heuremata Bd. 7a, Nr. 19
Schallplatte: Heidelberger Madrigalchor/Dirigent: Gerald Kegelmann
          (in: Horaz in der Musik); audite FSM 53409

"Divis orte bonis optime prussicae" [für Chor] (Es-Dur, 4/4)
c. IV 5 (Umdichtung, vgl. S. 59/60)
Anm.: Von diesem Werk, das u. a. von G. R. Kruse (Zelter, Leipzig
21930, S. 76) genannt wird, fehlt z. Zt. jede Spur.

"Hic dies vere mihi festus atras eximet curas" [für Männerchor a cappella?] (1831)
c. III 14, 13-16

Karl Friedrich Zelter (Fortsetzung)

Anm.: Von diesem Werk, das Zelter in einem Brief an Goethe vom 27. Juni 1831 erwähnt (Text des Briefes S. 60; Briefwechsel zwischen Goethe und Zelter ..., Dritter Band, a. a. O., S. 427) fehlt z. Zt. jede Spur.

Rudolf Zwintscher (1871- ?)
"Die Oden des Horaz mit genauer Übertragung der alten Metren in musikalische Rhythmen als einfache Singweisen" für eine Singstimme und Pianoforte
1.: c. III 30   2.: c. IV 12, 1-4. 13-16. 25-28   3.: c. III 9   4.: c. I 23   5.: c. I 11   6.: c. I 22, 1-8. 17-24   7.: c. I 8, 1-12   8.: c. I 9, 1-12   9.: c. II 18, 1-16   10.: c. III 12   11.: c. I 7   12.: c. IV 7, 1-24   13.: epo. 13, 1-10. 17-18   14.: epo. 11, 1-6. 23-28   15.: c. I 4, 1-12   16.: epo. 14, 1-8. 13-16   17.: epo. 16, 1-10   18.: epo. 2, 1-12
*Leipzig [1913], Carl Merseburger

siehe auch: ÄSOP (Hans Vogt, "Fabeln des Äsop")

ÜBERSICHT DER HORAZ-VERTONUNGEN (1700-1978)

Es sind jeweils in alphabetischer Reihenfolge alle Komponisten genannt, die das links angegebene Gedicht ganz oder in Ausschnitten vertont haben. Von allen nicht angeführten Gedichten konnten keine Vertonungen ermittelt werden.

c. I 1: Anonymus (um 1750)
2: Baumbach, Loewe, Novák
3: Malipiero, Saint-Saëns
4: Binet, Moser, Novák (2x), Spilka, Stojowski, W. Taubert, Zwintscher
5: Fischer von Waldheim, Jackson of Exeter, Moser, Novák, Thompson, John Worgan, Wright
7: Novák, Zwintscher
8: Novák, John Worgan, Zwintscher
9: Heighington, V. Lachner, Novák, W. Taubert, Vogt, Zwintscher
10: W. Taubert
11: Novák, Paganelli, Zwintscher
13: Arne, Barthélémon, de Fesch, Novák, Thompson
17: Novák
18: Krol
19: Boyce, Holzbauer, Moser, Novák
20: Heron
21: Binet, Castelnuovo-Tedesco, Philidor, J. Wagner
22: Anonymus (um 1775), Fischer von Waldheim, Flemming, Gow, Grillparzer, B. Hahn, Heighington, Heron, Loebner, Madetoja, Neefe, Novák (2x), Paganelli, Salieri, Stallbaum, Vento, Zwintscher
23: Arne, Boroni, B. Hahn, Novák, Salaman, Thompson, Zwintscher
24: J. Wagner, Zelter
26: Arne, J. A. Hiller, Novák
27: Battishill, Marpurg
30: Anonymus (um 1875), J. Chr. Bach, Callcott, Castelnuovo-Tedesco, Cornelius, Grandjean, Howard, Marpurg, Moser, Novák, W. Taubert, Thompson
31: Grandjean, Mizler, O'Neill, W. Taubert
32: E. Berg, Boyce, Giordani, Moser, Novák, Ruppe, W. Taubert

Übersicht der Horaz-Vertonungen (Fortsetzung)

c. I   34: E. Berg, Moser
       37: B. Hahn, Küster, Stark, Zelter
       38: Castelnuovo-Tedesco, John Worgan
c. II   3: Küster, Paganelli, J. Wagner
        8: Novák
       10: Fischer von Waldheim, Pálóczi Horváth de Pálócz, Kodály,
           Mizler, Paganelli, G. Reichardt
       11: Krol
       14: Fischer von Waldheim
       16: Loewe
       18: J. Wagner, Zwintscher
       19: Castelnuovo-Tedesco, Kirnberger, Krol
       20: von Albrecht
c. III 1: Philidor, Puccini
        2: Küster
        3: Kodály, Loewe
        9: Anonymus (18. Jh.), Arne (2x), Heighington, Holmès, K. Marx,
           Massenet, Paganelli, Ruppe, Salaman, Schultz-Adaïewsky, W.
           Taubert, J. Wagner, Zwintscher
       11: Kirnberger
       12: Loewe, Novák, O. Taubert, Zwintscher
       13: Castelnuovo-Tedesco, R. Hahn, Kirnberger (2x), Küster,
           Loewe, Ruppe, Thompson
       14: Zelter
       18: Hullah
       21: Novák, Paganelli, Ruppe
       22: Thompson
       25: Genzmer, Grandjean
       26: Novák
       28: Anonymus (um 1700), Goldschmidt, Novák, W. Taubert
       29: J. Haydn, Loewe, S. Wesley
       30: Castelnuovo-Tedesco, K. Marx, Neukomm, Zwintscher
c. IV   1: Eder
        3: Kirnberger
        4: S. Wesley
        5: Kirnberger (3x), Zelter
        6: Philidor
        7: Hurník, Krug, Milner, W. Taubert, J. Wagner, Zwintscher
       11: K. Marx
       12: Zwintscher
Carmen saeculare: H. Andriessen, Bizet, Diepenbrock, Jachino, Loewe,
                  Philidor, Reger, Vogler
epo.   2: Händel, Zwintscher
        7: Melichar, Wiszniewski
       11: Zwintscher
       13: Zwintscher
       14: Zwintscher
       15: Mariottini, Novák, Salaman
       16: Zwintscher
epi. I 1: Schulz
       16: Travers
Ars poetica: Hüttenbrenner, Salieri

JUVENAL (DECIMUS IUNIUS IUVENALIS)

John Travers (um 1703-1758)
"Maxima debetur" [3st. Kanon]
Sat. 14, 47 [-reverentia]
*Stimmen: Handschrift aus dem 18. Jh. im Besitz der British Library
London (Add. 29393-29395, 3.)

Daniele Zanettovich (geb. 1950)
"Nil non permittit" (IV.), "Si iubeat coniunx" (V.) in: "ludi carmina" per
soprano contralto tenore basso (soli o coro) e pianoforte a quattro mani
[für Sopran, Alt, Tenor, Baß (Solo oder kleinen Chor) und Klavier zu 4
Händen] (1973)
IV.: Sat. 6, 457-473 V.: Sat. 6, 98-102
*Partitur: Padua [1975], Zanibon

LAKTANZ (LACTANTIUS)
(siehe EPIKUR)

LUKAN (MARCUS ANNAEUS LUCANUS)

Iain Hamilton (geb. 1922)
"Pharsalia" for Baritone and Small Instrumental Ensemble (1960)
Part I: Declaration I: De bello civili I 1-7. 13-14, Aria I: I 15-18, Scena I:
I 24-32
Part II: Declaration II: I 70-81 [-ruunt], Aria II: I 213-234 [-exoritur]
(passim), Scena II: I 235-247 (passim). 257 [gemitu-]-262 [-belli]
Part III: Scena III: I 526. 536-543 [-diem]. 578-580 [edidit]. Declaration
III: I 644 [urbi-]-645 [-lues]. 650 [extremi-]-651 [-dies]. 660 [mitis-]-672,
Interlude: instrumental, Aria Ultima (III): VII 625-640 (passim)
Partitur: London o.J. , Schott & Co.

LUKREZ (TITUS LUCRETIUS CARUS)

Anthony Milner (geb. 1925)
"Jam jam non domus accipiet te laeta" [für Sopran-Solo, gemischten Chor
und Orchester] in: "Roman Spring" Cantata for Soprano and Tenor Soli,
Chorus and Orchestra (1969), in: II
De rerum natura III 894-903. 909-911
Partitur/*Klavierauszug: London [1970], Universal Edition

Krzysztof Penderecki (geb. 1933)
"Quaerit enim rationem" [1.], "Nam simul ac ratio" [2.], "Ergo vivida
vis" [3.] [für gemischten Chor und Orchester] in: "Kosmogonia" für Soli,
Chor und Orchester (1970)
1.: De rerum natura II 1044-1047 2.: III 14-17 3.: I 72-75. 76 [finita-]
-77
Partitur/*Studienpartitur/*Textbuch: Mainz [1970], Schott
Schallplatte: Stefania Woytowicz, Sopran/Kazimierz Pustelak, Tenor/
Bernard Ładysz, Baß/Chor und Sinfonie-Orchester der Na-
tional-Philharmonie Warschau/Dirigent: Andrzej Markowski;
Philips 6500 683

Teresa Procaccini (geb. 1934)
"La Peste di Atene" per coro e orchestra [für gemischten Chor und
Orchester]
De rerum natura VI 1138-1146. 1158-1159. 1219-1224. 1230-1234. 1252-
1258 it. Ü. von der Komponistin
Partitur: Mailand o. J., Carish

Gerhard Wimberger (geb. 1923)
"Nichts ist also der Tod ... " [für Sprechstimme (3. Sprecher sagt: "Lu-
krez", 1. Sprecher liest das Zitat) und Orchester] in: "Memento vivere"
Gesänge vom Tod nach Texten von Kurt Marti, Abraham a Sancta Clara,
Paul Fleming, Andreas Gryphius u. a. für Mezzosopran, Bariton,
3 Sprechstimmen, gemischten Chor und Orchester (1974)
De rerum natura III 830-831 dt. Ü.: Karl Ludwig von Knebel (1744-1834)
Partitur (S. 99): Kassel/Basel/Tours/London [1974], Bärenreiter

MACROBIUS (AMBROSIUS THEODOSIUS MACROBIUS)

Ernst Lothar von Knorr (1896-1973)
"Alles wird durch Musik erfaßt" Kanon zu 4 Stimmen in der Unterquint
für Sopran, Alt, Tenor und Baß in: Ernst Lothar von Knorr, "Gesang
im Grünen" Chorlieder im drei-, vier- und fünfstimmigen Satz für gemischten Chor a cappella, S. 30-31
Commentarius in Ciceronis somnium Scipionis 2, 3, 11 [iure igitur-
-caelestis anima] dt. Ü.
Anm.: Der Komponist gibt fälschlich Cicero als Autor dieses Satzes an.
*Partitur: Kassel/Basel [1951], Bärenreiter

MANILIUS (MARCUS MANILIUS)

(M. Manilii Astronomica, ed. I. van Wageningen, Leipzig 1915)

Charles Edward Ives (1874-1954)
"Vita" [für Singstimme und Klavier] (1921)
Astronomica IV 16 (Ives gibt fälschlich "Manlius" als Autor an).
  1) in: 114 Songs, Redding/Conn. 1922, [2]1925?, Privatdruck, 9b)
  2) in: 50 Songs, 1923, Privatdruck
  3) in: 34 Songs, San Francisco [1933], New Music Quarterly, (Vol. 7,
       No. 1)
*4) in: 114 Songs, New York [1975], Peer International Corporation, 9b)

MARTIAL (MARCUS VALERIUS MARTIALIS)

Joseph Haydn (1732-1809)
"An den Marull" [5st. Kanon] (Hob. XXVII b:5) (um 1795)
ep. I 9 dt. Ü.: Gotthold Ephraim Lessing (1729-1781)
  1) in: 42 Canons für drey und mehrere Singstimmen von Joseph Haydn
       (Aus den Original-Handschriften des Componisten), Leipzig [1810],
       Breitkopf & Härtel, Nr. 12 [mit anderem Text: "Genuß des Augen-
       blicks": "Wohl gelebt, wer den Augenblick genoß und nie vertraut
       dem Glück."]
       (Weitere Ausgaben sind genannt
  in: Joseph Haydn. Thematisch-bibliographisches Werkverzeichnis,
       zusammengestellt von Anthony van Hoboken, Bd. II, Mainz [1971],
       S. 315)

Joseph Haydn (Fortsetzung)

*2) in: Joseph Haydn, Werke, Reihe XXXI: Kanons, herausgegeben von
Otto Erich Deutsch, München/Duisburg 1959, Henle, S. 25-27

Zdeněk Jonák (geb. 1917)
"Epigramy" [für gemischten Chor a cappella] (1970)
Valse gracioso: ep. X 9 I: ep. II 7 II: ep. III 56 III: ep. III 26 IV: ep. VII
102 V: ep. I 57 VI: ep. III 8 Epilog = Valse gracioso tsch. Ü. : Radovan
Krátký
Anm.: ep. VII 102 gilt heute als unecht und findet sich nur in alten Ausga-
ben, z. B.: Marci Valerii Martialis Epigrammata ex editione Bipontina ...
Volumen primum, London 1823, S. 565/566.
*Partitur: Kopie erhältlich vom Musikinformationszentrum des Tschechi-
schen Musikfonds, Prag/Brünn/ČSSR

Jan Novák (geb. 1921)
"Ficedula cum pipere" (III.), "Porri sectivi" (V.), "Vas Damascenorum"
(VIII.) in: "Apicius modulatus" artis coquinariae praecepta modis nume-
risque instructa ad cantum cum cithara [für Singstimme und Gitarre]
(1971), III. , V. , VIII.
III. : ep. XIII 5 V. : ep. XIII 18 VIII. : ep. XIII 29
*Padua [1971], Zanibon

"Ludi magister" [für Singstimme (solistisch oder chorisch) und Klavier]
in: "Schola cantans" graves auctores Latini leviter decantandi (1973), VI.
ep. X 62
*Padua [1974], Zanibon

Daniele Zanettovich (geb. 1950)
"Declamas belle" (I.), "Ride si sapis" (II.), "Mentiris iuvenem" (III.) in:
"ludi carmina" per soprano, contralto, tenore, basso (soli o coro) e
pianoforte a quattro mani [für Sopran, Alt, Tenor, Baß (Solo oder kleinen
Chor) und Klavier zu 4 Händen] (1973)
I. : ep. II 7 II. : ep. II 41 III. : ep. III 43
*Partitur: Padua [1975], Zanibon

OVID (PUBLIUS OVIDIUS NASO)

Richard Rodney Bennett (geb. 1936)
"The house of sleepe" for six male voices [für 6 Männerstimmen (2 Coun-
ter-Tenöre, Tenor, 2 Baritone und Baß) a cappella] (1971)
Met. XI 589 [induitur-]-615 engl. Ü. : Arthur Golding (1536?-1606). 616-
622 engl. Ü. (ganz freie, kurze Paraphrase): John Gower (1330-1408).
623-629 [-Iuno] engl. Ü. : Arthur Golding
Partitur: London [1971], Universal Edition
Schallplatte: The King's Singers (in: Contemporary Collection); Aves
            INT 161. 513

Bernward Beyerle (geb. 1911)
"Donat opes" Motette für vier Chöre [drei 4st. gemischte Chöre und ein
5st. gemischter Chor] (1962)

Bernward Beyerle (Fortsetzung)

Trist. III 7, 41-44 (Textänderung in V. 41 wahrscheinlich von Ludwig
Friedrich Barthel (1898-1962), 1958 anläßlich einer deutschen Über-
setzung dieser Passage vorgenommen).
*Partitur: Elbach[1962], Werkreihe für Musik

Lex van Delden (geb. 1919)
"Daedalus, tired of Creta ... " [für Sprecher, Bariton-Solo und Orche-
ster][1.], "Icarus! Icarus! Where are you?" [für Bariton-Solo, 2 So-
prane, 2 Alte, 2 Tenöre, 2 Bässe, gemischten Chor und Orchester][2.]
in: "Icarus" A Radiofonic Oratorio [für Sprecher, Sopran-Solo, Alt-Solo,
Bariton-Solo, gemischten Chor und Orchester] op. 77 (1962), 1. in [Teil]
II, 2. in: [Teil] III von "Icarus"
1.: Met. VIII 183-233 [-Icare] 2.: Met. VIII 232-233 [-Icare] engl. Ü.:
Mary M. Innes
Partitur/*Studienpartitur: Amsterdam [1963], DONEMUS

Petr Eben (geb. 1929)
"Epitaf I." [für Männerchor a cappella]
Trist. III 3, 73-77 [-titulo est]
*Partitur: Prag o. J., Supraphon

Karl Heinz Füssl (geb. 1924)
"Iam super oceanum venit" (I), "Aestus erat" (II) in: "Cantiunculae amo-
ris" Drei lateinische Gesänge für Tenor und Streichquartett (oder Streich-
orchester) op. 15 (1976), I und II
I: Am. I 13, 1-3 [-mane], 9. 31-42. 47-48 II: Am. I 5
*Partitur: Autograph im Besitz des Komponisten, Wien

Anselm Hüttenbrenner (1794-1868)
"Gutta cavat lapidem" [für 4st. Männerchor a cappella] (31. 3. 1847)
Ep. ex Ponto IV 10, 5 [-lapidem]
*Partitur: Autograph im Besitz von Frau Guda Hüttenbrenner, Graz

"Tempora, si fuerint nubila, solus eris" [für Männerquartett (1. und
2. Tenor, 1. und 2. Baß)] (13. 4. 1847)
Trist. I 9, 6
*Partitur: Autograph im Besitz von Frau Guda Hüttenbrenner, Graz

"Donec eris felix, multos numerabis amicos" [für Männerquartett
(1. und 2. Tenor, 1. und 2. Baß)] (21. 4. 1847)
Trist. I 9, 5
*Partitur: Autograph im Besitz von Frau Guda Hüttenbrenner, Graz

Ingvar Lidholm (geb. 1921)
"Motto" [für 4st. gemischten Chor a cappella]
Met. XV 180 [neque enim-]-184 [-sunt semper]
*Chorpartitur: Stockholm [1961], Nordiska Musikförlaget

Krzysztof Penderecki (geb. 1933)
"Poscimur: effulget tenebris" [für Sopran-Solo, Tenor-Solo, Baß-Solo
und Orchester][1.], "Icare, ubi es" [für Sopran-Solo, gemischten Chor
und Orchester] [2.], "... et facta est" [für Männerchor und Orchester]
[3.] in: "Kosmogonia" für Soli, Chor und Orchester (1970), in:"῎Απειρον"

Krzysztof Penderecki (Fortsetzung)

1.: Met. II 144 2.: Met. VIII 232 [ohne "dixit"] 3.: Met. II 157 [-et facta]
Partitur/*Studienpartitur/*Textbuch: Mainz [1970], Schott
Schallplatte: Stefania Woytowicz, Sopran/Kazimierz Pustelak, Tenor/
Bernard Ładysz, Baß/Chor und Sinfonie-Orchester der
National-Philharmonie Warschau/Dirigent: Andrzej Mar-
kowski; Philips 6500 683

Alois Piňos (geb. 1925)

"Ars Amatoria" Musikalische Spiele für zwei Solo-Stimmen [Sopran- und
Bariton-Solo], männlicher (sic!) Chor und symphonisches Orchester auf
Worte von P. Ovidius Naso: "Preludium" ("Quomodo amor regendus sit"),
"Variatio I" ("De puellis capiendis"), "Variatio II" ("De dotibus ingenii"),
"Interludium" ("Quomodo amor institutus est"), "Variatio III" ("Ad me-
tam!"), "Postludium" ("De magisterio Nasonis") (1967)
Preludium: Ars am. I 1-4. 31-34. 29-30 Variatio I: Ars am. I 35-39. 61-66.
269-274. 345-350. 229-230. 237-244. 461-464. 663-666. 673-675. 677-678.
769-770 Variatio II: Ars am. II 13-14. 107-108. 111-112. 119-120. 153-156.
151-152. 159-160. 157-158. 515-516. 177-178. 231-232. 237-238. 519-520.
243-248. 295-296. 447-456. 459-460 Interludium: Ars am. II 467-478 Variatio III: Ars am. II 685-692. 703-706. 717-728 Postludium: Ars am. II
733-734. 739-744
Partitur: Prag [1971], Artia

Antonio Salieri (1750-1825)

"Gutta cavat lapidem, non vi ..." [3st. Kanon]
Epist. ex Ponto IV 10, 5 [-lapidem] (die Fortsetzung "non vi, sed saepe
cadendo" stammt aus dem Mittelalter)
*Autograph im Besitz der Bibliothek der Gesellschaft der Musikfreunde
in Wien, Mus. ms. A 515/5; in: Der altsprachliche Unterricht, Reihe
XXIII, Heft 5, 1980, Beilage (4 Kanons nach lateinischen Texten, hrsg.
von J. Draheim, 3.)

Bearbeitung dieses Kanons mit deutschem Text:
"Steter Tropfen" für 2 Tenöre, Bariton und Klavier in: Zwei Kanons,
2. (Einrichtung und Klaviersatz: Paul Cadow)
*Partitur (Einzelausgabe): Wiesbaden [1969], Breitkopf & Härtel
Anm.: Dieses Arrangement ist ebenso überflüssig wie ungeschickt gemacht, vor allem was die stilwidrige und hölzerne Klavierbegleitung und den deutschen Text betrifft, durch den sowohl der musikalische als auch der sprachliche Witz der Originalfassung völlig
zerstört wird.

Philippine Schick (1893-1970)

"Gutta cavat lapidem, non vi ..." in: "Sententiae Latinae" [für gemischten Chor a cappella] op. 54 (1952), II
Epist. ex Ponto IV 10, 5 [-lapidem] (die Fortsetzung "non vi, sed saepe
cadendo" stammt aus dem Mittelalter)
*Partitur: Autograph im Besitz der Städtischen Musikbibliothek, München

Jiří Šlitr (geb. 1924)

"prolog" [für Singstimme und Klavier] in: Dobře Placená Procházka Jiří
Suchý Jiří Šlitr, S. 30-32

Jiří Šlitr (Fortsetzung)

Met. I 89-93
*Prag/Preßburg [1967], Editio Supraphon

Dalibor Spilka (geb. 1931)
"De vita sua" (Ovidii carminis fragmentum) [für gemischten Chor a cappella] (1972)
Trist. IV 10, 111-132
*Partitur: Autograph im Besitz des Komponisten, Brünn/ČSSR

"Donec eris felix" in: "De amicitia" [für gemischten Chor a cappella]
(1974)
Trist. I 9, 5-6
*Partitur: Autograph im Besitz des Komponisten, Brünn/ČSSR

John Travers (um 1703-1758)
"Proximus a tectis" [3st. Kanon]
Remedia amoris 625
*Stimmen: Manuskript aus dem 18. Jh. im Besitz der British Library,
        London (Add. 29393-29395, 5.)

Romuald Twardowski (geb. 1930)
"Cantus antiqui" na sopran, klawesyn, fortepian i perkusję - pour soprano, clavecin, piano et percussion [für Sopran, Cembalo, Klavier und Schlagzeug] (1962): I: "Icarus", II: "Narcissus", III: "Niobe"
I: Met. VIII 227-230, 232 [Icare] [ubi es] II: Met. III 432-436, 507 III: Met.
VI 308-312
Partitur: Krakau [1969], Polnischer Musikverlag

Eberhard Werdin (geb. 1911)
"König Midas" für gemischten Chor, Bariton (u. Sprecher), 2 Klaviere
und Schlagzeug (1969)
Met. XI 85-193 (passim) dt. Ü. (mit einigen Auslassungen, Hinzufügungen
und Umstellungen): Reinhard Suchier (1823-1907)/Heinrich Christian
Pfitz, bearbeitet von Wilhelm Plankl (1900-1958), mit Änderungen vom
Komponisten
Partitur: Mainz [1972], Schott

Gerhard Wimberger (geb. 1923)
"Ars amatoria - Liebeskunst" Kantate nach Ovid für Sopran- und Bariton-
Solo, [gemischten] Chor, Combo und Kammerorchester (1967)
I: Ars am. I 1-4. 35-38. 41-44. 55-56. 59-66. 269-274 II: Ars am. I 437-438.
455-456. 469-470. 479-486 III: Ars am. I 505-506. 513-524 IV: Ars am. I
487-496. 619-622. 611-612. 663-666. 669-670. 719-720 V: Ars am. II 703-
708. 717-734. 739-740. 743-744
Partitur: Mainz o. J. , Schott

PERVIGILIUM VENERIS

(La Veillée de Vénus - Pervigilium Veneris, Texte établi et traduit par
Robert Schilling, Paris 1944)

Frederic Austin (1872-1952)
"Pervigilium Veneris" ("The Vigil of Venus") [für gemischten Chor und

Frederic Austin (Fortsetzung)

Orchester]
V. 1-4. 7. 13-16.1.1.19-22. 28-39. 58. 42-55. 57 [-amavit]. 76-79. 81-93 Urtext und engl. Ü. vom Komponisten [letztere soll gesungen werden]
Partitur/*Klavierauszug: London [1931], Novello

Anthony Milner (geb. 1925)
"Cras amet qui nunquam amavit" [für Sopran-Solo, Tenor-Solo, gemischten Chor und Orchester] in: "Roman Spring" Cantata for Soprano and Tenor Soli, Chorus and Orchestra (1969), I
V. 1-4. 1 (= Refrain, hier öfter als in der genannten Ausgabe!), 5-8. 59.
9-16. 1. 17-21. 27-31. 1. 32-36. 81-84. 1. 89. 1 ("cras canoris ..." (nach
V. 6) nicht in der gen. Ausgabe!)
Partitur/*Klavierauszug: London [1970], Universal Edition

Karl Friedrich Zelter (1758-1832)
"Cras amet qui nunqu' amavit" Canon à 4 [4st. Kanon a cappella] (1813)
V. 1 (= Refrain)
*Manuskript im Besitz der Musikabteilung der Staatsbibliothek Preußischer Kulturbesitz, Berlin (Mus. ms. autogr. Zelter 11, 2. , V, Nr. 2, S. 4);
in: Der altsprachliche Unterricht, Reihe XXIII, Heft 5, 1980, Beilage
(4 Kanons nach lateinischen Texten, hrsg. von J. Draheim, 4.)

PETRONIUS (PETRONIUS ARBITER)

(Pétrone, Le Satiricon, Texte établi et traduit par Alfred Ernout, Paris 1922)

Louis Durey (geb. 1888)
"Trois Poèmes de Pétrone" [für Singstimme und Klavier] (1918): "La
Boule de neige" [1.], "La Métempsychose" [2.], "La Grenade" [3.]
1. : Fr. 60 2. : Sat. 79 3. : Fr. 33 frz. Ü. : nach Charles Héguin de Guerle
*Paris [1919], Durand

Karl Heinz Füssl (geb. 1924)
"Lecto compositus" in: "Cantiunculae amoris" Drei lateinische Gesänge
für Tenor und Streichquartett (oder Streichorchester) op. 15 (1976), III
Fr. 38
*Partitur: Autograph im Besitz des Komponisten, Wien

Jan Kapr (geb. 1914)
"Inveniat, quod quisque velit" (1.), "Accusare et amare" (3.), "Nomen
amicitiae sic" (8.) in: "Contraria Romana" eight songs to texts of classic
latin poets for baritone and piano, 1. , 3. , 8.
1. : Fr. 40 3. : Fr. 55 8. : Sat. 80, 9, 1-4
*Hastings-on-Hudson [1972], Joshua Corporation c/o General Music
                        Publishing Co.

Ton de Kruyf (geb. 1937)
"Omnia quae miseras" (I), "Somnia" (II), "O litus vita" (III), "Fallunt
nos oculi" (IV) [für gemischten Chor (III mit Tenor-Solo), Klavier zu
4 Händen, elektronische Orgel, Harfe und Schlagzeug] in: "Cantate"
koor, tenorsolo, instrumentaal ensemble op teksten van Petronius en
Ovidius (1977)

Ton de Kruyf (Fortsetzung)

I: Fr. 35 II: Fr. 30 III: Fr. 49 IV: Fr. 29
*Partitur: Amsterdam 1978, DONEMUS

Maurice Ravel (1875-1937)
"D'Anne qui me jecta de la neige" Epigramme de Clément Marot [für
Singstimme und Klavier] (1898)
Fr. 60 frz. Ü.: Clément Marot (1496-1544)
Paris o. J., Demets (in: "Deux epigrammes", Nr. 1)/*Paris o. J., Eschig
Schallplatte: Gérard Souzay, Bariton/Dalton Baldwin, Klavier; Philips
          839733 LY

PHÄDRUS (PHAEDRUS)

Jan Novák (geb. 1921)
"Rana rupta" quinque vocum (A 5 voci miste e palloncino da gonbiare)
[für 5st. gemischten Chor und Luftballon] (1970)
Fab. I 24
*Partitur: Padua [1977], Zanibon

"Cum de fenestra corvus" [für Singstimme (solistisch oder chorisch) und
Klavier] in: "Schola cantans" graves auctores Latini leviter decantandi
(1973), IV.
Fab. I 13, 1-12
*Padua [1974], Zanibon

Antonio Salieri (1750-1825)
"Varietas delectat" Canone a 2 [2st. Kanon]
Fab. II, prol. 10 [Original: "ut delectet varietas"] vgl. auch Cicero, de
natura deorum I 22
*Autograph im Besitz der Bibliothek der Gesellschaft der Musikfreunde
in Wien, Mus. ms. A 513/11; in: Der Altsprachliche Unterricht, Reihe
XXIII, Heft 5, 1980, Beilage (4 Kanons nach lateinischen Texten, hrsg.
von J. Draheim, 1.)

siehe auch ÄSOP

PLINIUS DER ÄLTERE (GAIUS PLINIUS SECUNDUS DER ÄLTERE)

Gerhard Wimberger (geb. 1923)
"Gefühl und Bewußtsein gibt es für Seele und Körper ..." [für Sprech-
stimme (1. Sprecher sagt: "Plinius der Ältere", 2. Sprecher liest das
Zitat) und Orchester] in: "Memento vivere" Gesänge vom Tod nach Tex-
ten von Kurt Marti, Abraham a Sancta Clara, Paul Fleming, Andreas
Gryphius u. a. für Mezzosopran, Bariton, 3 Sprechstimmen, gemischten
Chor und Orchester (1974)
Nat. hist. VII 188 [nec magis - natalem] dt. Ü.: Ludwig Friedländer (1824-1909)
Partitur (S. 81): Kassel/Basel/Tours/London [1974], Bärenreiter

PRIAPEA

(Poetae Latini minores, post Aemilium Baehrens iterum recensuit
Fridericus Vollmer, Vol. II, Fasc. 2: Ovidi Nux, Consolatio ad Liviam,
Priapea, Leipzig 1923)

Ton de Kruyf (geb. 1937)
"Carminis incompti" [für gemischten Chor, Klavier zu 4 Händen, elektro-
nische Orgel, Harfe und Schlagzeug] in: "Cantate" koor, tenorsolo, in-
strumentaal ensemble op teksten van Petronius en Ovidius (1977), V
I Anm.: Der Komponist gibt fälschlich Ovid als Autor an.
*Partitur: Amsterdam 1978, DONEMUS

PUBLILIUS SYRUS

(Die Sprüche des Publilius Syrus, Lateinisch-Deutsch, ed. Hermann
Beckby, München 1969)

László Kalmár (geb. 1931)
"Difficile est" [1], "Dolor animi" [2], "Nec mortem" [3], "Amor ut
lacryma" [4], "Amans ita ut fax" [5], "Nil magis" [6], "Blanditia" [7],
"In amore" [8], "In Venere" [9], "Aut amat" [10], "In Venere" [11],
"Amoris vulnus" [12], "Amori finem" [13], "Peccare pauci" [14], "Bene
vixit" [15], "Bona homini" [16], "Mors infanti" [17], "Mortem ubi con-
temnas" [18], "Quam miserum" [19] in: "Senecae Sententiae" [für 4st.
gemischten Chor a cappella], I.: "Vita" (1-2), II.: "Amor" (3-14),
III.: "Mors" (15-19)
1: D 23 2: D 21 3: N 57 4: A 39 5: A 38 6: N 17 7: B 13 8: I 39 9: I 46
10: A 6 11: I 38 12: A 31 13: A 42 14: P 35 15: B 39 16: B 11 17: M 52
18: M 56 19: Q 4
*Partitur: London [1967], Boosey & Hawkes

RÖMISCHE GRABINSCHRIFTEN

Gerhard Wimberger (geb. 1923)
"Du, der du dies liest ..." [für Sprechstimme (3. Sprecher sagt: "Rö-
mische Grabinschrift", 1. Sprecher liest das Zitat) und Orchester] in:
"Memento vivere" Gesänge vom Tod nach Texten von Kurt Marti, Abra-
ham a Sancta Clara, Paul Fleming, Andreas Gryphius u. a. für Mezzoso-
pran, Bariton, 3 Sprechstimmen, gemischten Chor und Orchester (1974)
CIL IX 3473 dt. Ü.: Ludwig Friedländer (1824-1909)
Partitur (S. 81): Kassel/Basel/Tours/London [1974], Bärenreiter

RÖMISCHE WEINSPRÜCHE

(Siegfried Loeschcke, Denkmäler vom Weinbau aus der Zeit der Römer-
herrschaft an Mosel, Saar und Ruwer, Trier 1933)

Harald Genzmer (geb. 1909)
"Römische Weinsprüche" für vierstimmigen Männerchor a cappella in:
Drei Lieder für vierstimmigen Männerchor a cappella, Nr. 3
lat. Texte bei Loeschcke a. a. O., hauptsächlich S. 44-51
*Partitur (Einzelausgabe von Nr. 3): Mainz [1959], Schott

SALLUST (GAIUS SALLUSTIUS CRISPUS)

Dalibor Spilka (geb. 1931)
"Idem velle atque idem nolle" [1.], "Concordia res parvae crescunt" [2.]
in: "De amicitia" [für gemischten Chor a cappella] (1974)
1.: Catilinae Coniuratio 20, 4 2.: Bellum Iugurthinum 10, 6
*Partitur: Autograph im Besitz des Komponisten, Brünn/ČSSR

SENECA DER ÄLTERE (LUCIUS ANNAEUS SENECA)

(Sénèque le Rhéteur, Controverses et Suasoires, ed. Henri Bornecque,
Tome Premier, Paris 1932)

László Kalmár (geb. 1931)
"Mortem timere" in: "Senecae Sententiae" [für 4st. gemischten Chor a
cappella], III. : "Mors"
contr. exc. III 5, 2
*Partitur: London [1967], Boosey & Hawkes

SENECA DER JÜNGERE (LUCIUS ANNAEUS SENECA)

Manuel de Falla (1876-1946)
"Venient annis saecula seris" [für Männerchor (nur Bassi I und II) und
Orchester] in: "Atlàntida" Cantata scenica in 1 Prologo e 3 Parti sul
poema di Jacinto Verdaguer adattato da Manuel de Falla. Opera postuma
completata da Ernesto Halffter, in: Parte Terza, in: Il Pellegrino-Coro
Profetico-Profezia di Seneca
Medea V. 374 [venient-]-379
*Klavierauszug von Ernesto Halffter: Mailand [1962], Ricordi
Schallplatte: Tarrès/Perez-Inigo/Ricci/Gimenez/Sardinero/Escolania
            de Nuestra Senora de Recuerdo/Span. Nationalorchester
            und Chor/Dirigent: Rafael Frühbeck de Burgos; EMI 1 C
            157-02987/88 Q

Ernst Křenek (geb. 1900)
"Non queror" [für Sopran und Orchester] in: "Instant remembered"
("Augenblick erinnert") for soprano voice and instruments (1967/68), 3.
Medea V. 422 [Non queror-]-425 [-quatiam]
Partitur: Kassel [1970], Bärenreiter

Jan Novák (geb. 1921)
"Planctus Troadum" concentus monodiaria vocis alterius (contralto),
choro femineo, fidibus maioribus octonis, fidibus maximis binis et instrumentis percussionis duobus tympanotribis modulandus [Kantate für
Alt-Solo, Frauenchor, 8 Violoncelli, 2 Kontrabässe und Schlagzeug
(2 Spieler)] (1969)
Die Troerinnen V. 1-7. 14-21. 41-48. 56 [non tamen-]-58. 63-132 [-fletus].
136 [post-]-146. 149-163
Partitur: Autograph im Besitz des Komponisten, Neu-Ulm

Iannis Xenakis (geb. 1922)
"Medea Senecae" [für Männerchor und Kammerorchester] (1967)
Medea V. 105. 110-111. 301-336. 339 [dedit illa-]-379. 668-669
Partitur: Paris [1971], Salabert (Musique Contemporaine)

siehe auch EPIKUR

siehe auch HIPPOKRATES

PSEUDO-SENECA

(L. Annaei Senecae Opera quae supersunt, ed. Fr. Haase, Vol. III,
Leipzig 1872 (de moribus: S. 462 ff.);
L. Annaei Senecae monita, et eiusdem morientis extremae voces. Ex
codicibus Parisinis saeculi VII. et IX. primus ed. Ed. Wölfflin, Erlangen 1878;
Proverbia Senecae secundum ordinem alphabeti, o.O. u.J. (um 1500)
in: Sammelband der Universitätsbibliothek Heidelberg M 791 Inc.)

László Kalmár (geb. 1931)
"Solitudinem" [1], "Nondum felix" [2], "Si multis" [3], "Quis plurimum"
[4], "Fortior est" [5], "Vita hominis" [6] in: "Senecae Sententiae" [für
4st. gemischten Chor a cappella], I. : "Vita" (1-4), II. : "Amor" (5),
III. : "Mors" (6)
1: de moribus 27 = Proverbia S 2: de mor. 23 3: Prov. S 4: de mor.
46 = monita 2 = Prov. Q 5: de mor. 81 = mon. 65 6: mon. 112
*Partitur: London [1967], Boosey & Hawkes

SEXTUS EMPIRICUS
(siehe EPIKUR)

STATIUS (PUBLIUS PAPINIUS STATIUS)

(P. Papini Stati Silvae, rec. A. Marastoni, Leipzig 1970)

Rudolf Bode (1881-1970)
"An den Schlafgott" [für Singstimme und Klavier] in: "Antike Lieder", [7.]
Silvae V 4 dt. Ü. : Rudolf Hunziker (1870-1946)
*Berlin-Lichterfelde [1952], Vieweg

SUETON (GAIUS SUETONIUS TRANQUILLUS)

Karl Loewe (1796-1869)
"Caesar Gallias subegit" [für 4st. gemischten Chor a cappella (?)] (1852)
Divus Iulius 49 prope finem
Anm. : Manuskript verloren; vgl. Maximilian Runze, Dr. Carl Loewes
Tätigkeit am alten Stettiner (später Marienstifts-)Gymnasium, in:
Neue Jahrbücher 28, 1911, S. 281; Leopold Hirschberg, Carl Loewe
und das klassische Altertum, in: Neue Jahrbücher 36, 1915, S. 197,
Datierung nach: Gustav Wendt, Lebenserinnerungen eines Schul-
manns, Berlin 1909, S. 51. Danach wurde der Chor am 29. 4. 1852
zum 50jährigen Dienstjubiläum von Dr. Karl Friedrich Wilhelm
Hasselbach, des Direktors des Gymnasiums, in Stettin aufgeführt.
"Hier hatte Löwe für den lateinischen Text eine populäre Melodie
komponiert". (Wendt a. a. O.)

Karl Friedrich Zelter (1758-1832)
"Cantus martialis romanus" [für zwei 3st. Männerchöre] (1810)
Divus Iulius 49 prope finem
*Partitur: Manuskript im Besitz der Musikabteilung der Staatsbibliothek
          Preußischer Kulturbesitz, Berlin, Mus. ms. autogr. Zelter 11,1;
          II, Nr. 6, S. 20-22

Karl Friedrich Zelter (Fortsetzung)

*Stimmen (Tenore I., II. [unisono!], Basso I., II.)
in: Tafel-Lieder für Maennerstimmen. Für die Liedertafel zu Berlin in
Musik gesetzt von Carl Fried: Zelter. Heft VII, Nr. 2, Berlin o.J.,
Trautwein, später Magdeburg o.J., Heinrichshofen

TACITUS (CORNELIUS TACITUS)

Dalibor Spilka (geb. 1931)
"Principes mortales, res publica aeterna" in: "De re publica" [für ge-
mischten Chor a cappella] (1974)
Ann. III 6, 3 [Original: "principes mortales, rem publicam aeternam
esse".]
*Partitur: Autograph im Besitz des Komponisten, Brünn/ČSSR

TERENZ (PUBLIUS TERENTIUS AFER)

László Kalmár (geb. 1931)
"Amantium ira" in: "Senecae Sententiae" [für 4st. gemischten Chor a
cappella], II.: "Amor"
Das Mädchen von Andros V. 555
*Partitur: London [1967], Boosey & Hawkes

TIBULL (ALBIUS TIBULLUS)

Jean Françaix (geb. 1912)
"Prière de Sulpicia" in: "3 Duos" pour 2 Sopranos et quatuor à cordes
(1934), II.
franz. Text vom Komponisten nach Motiven aus c. III 11
Partitur: Autograph im Besitz des Komponisten, Paris

Jan Novák (geb. 1921)
"Amores Sulpiciae" VI carmina chorica vocibus quattuor puellarum
concinenda [für 4st. Frauenchor a cappella] (1965)
I: c. III 13 II: c. III 14 III: c. III 15 IV: c. III 16 V: c. III 17 VI: c. III 18
*Partitur: Padua [1971], Zanibon

Claudio Spies (geb. 1925)
"Dicamus bona verba" [für Sopran, Tenor, Flöte, Fagott und Klavier] in:
"Seven Canons" (1959), 2. und 5. Kanon (die übrigen Kanons sind rein in-
strumentale Stücke)
c. II 2, 1-2
Partitur: Autograph im Besitz des Komponisten, Princeton/New Jersey,
USA
Anm.: Die "Seven Canons" wurden zur Feier von Igor Strawinskys 77. Ge-
burtstag 1959 komponiert.

TUCCIANUS
(siehe ANTHOLOGIA LATINA)

VERGIL (PUBLIUS VERGILIUS MARO)

Luciano Berio (geb. 1925)
"Ora" per voci e strumenti [für Sopran, Mezzosopran, Englisch Horn,

Luciano Berio (Fortsetzung)

kleinen Chor (Sopran, Alt, 2 Tenöre, 2 Bässe) und Orchester] (1971)
Aen. II 1
Anm. in der Partitur: "Il testo è basato su un verso dell' "Eneide" di
Virgilio trasformato in inglese con la collaborazione di Maurice Essam -
"Conticuere omnes intentique ora tenebant"".
Anm. hierzu: Auf eine Vertonung des Originaltextes von Aen. II 1 (bis S. 8
der Partitur) folgt die Vertonung eines engl. Textes vom Komponisten
und Maurice Essam, der in gedanklicher Anknüpfung zu dem Vergil-Zitat
geschrieben wurde (bis S. 19 der Partitur). Daran schließt sich wieder
eine Vertonung des Vergil-Verses im Urtext an (bis S. 23, Ende der Partitur). Alle Texte sind jeweils auf Sopran, Mezzosopran und Chor verteilt.
Partitur: Wien/London/Zürich [1971], Universal Edition

Cesar Bresgen (geb. 1913)
"Nobis placeant ante omnia silvae" [für 4st. Männerchor a cappella] [Pro-
log in Form eines 4st. Kanons zu]: "Die Jagd" Motette nach alten Texten
für Männerchor a cappella (1950)
ecl. 2, 62 [nobis-]
*Partitur: Heidelberg [1951], Süddeutscher Musikverlag Willy Müller

"Nobis placeant ante omnia silvae" [für gemischten Chor a cappella] in:
"Die Jagd" Motette nach alten Texten für gemischten Chor zu 4-5 Stimmen [a cappella] (1950), I: "Leitspruch" (mit wesentlichen Abweichungen
von der Fassung für Männerchor)
ecl. 2, 62 [nobis-]
*Partitur: Heidelberg [1951], Süddeutscher Musikverlag Willy Müller

Benjamin Britten (1913-1976)
"Ultima Cumaei" [für gemischten Chor und Orgel ad lib.] in: "Voices for
Today" Anthem for Chorus (Men, Women and Children) [für Knabenchor,
gemischten Chor und Orgel ad lib.] op. 75 (1965)
ecl. 4, 4-10. 18-25. 37-45. 50-52. 60-62 [-parve puer]
*Partitur: London [1965], Faber & Faber

Mario Castelnuovo-Tedesco (1895-1968)
"A Galatea" 2 Madrigali a 4 voci dalle "Bucoliche" di Virgilio [für 4st.
gemischten Chor a cappella] (1914): [1.] "Huc ades o Galatea", [2.] "Ne-
rine Galatea"
1.: ecl. 9, 39-43 2.: ecl. 7, 37-40
*Partitur: Autograph im Besitz von Frau Clara Castelnuovo-Tedesco,
         Beverly Hills/USA

Helmut Eder (geb. 1916)
"cadunt umbrae" [für Alt, Tonband und Orchester] in: "cadunt umbrae"
für Alt, Tonband und Orchester op. 61 (1973), III
ecl. 1, 83 [cadunt] [umbrae] (aus einer Textcollage von Rudolf Bayr)
Partitur/Studienpartitur: Wien [1974], Doblinger

Hermann Goetz (1840-1876)
"Arma virumque cano" [für Tenor (Rolle des Lucentio), danach für Sopran (Rolle der Bianka) und Orchester] in: "Der Widerspänstigen Zähmung" Komische Oper in 4 Akten nach Shakespeare's gleichnamigen
Lustspiel frei bearbeitet von Joseph Viktor Widmann (1868-1872), 3. Akt,

Hermann Goetz (Fortsetzung)

Anfang der 2. Szene (Bianka, Lucentio, Hortensio)
Aen. I 1-3 [-litora]
Partitur/*Klavierauszug: *1) Leipzig [1875], Kistner
                 2) London [1876], Augener
                 3) Leipzig o. J., Peters
Schallplatte: Teschemacher/Trötschel/Ahlersmeyer u. a. /Chor und
            Orchester der Dresdener Staatsoper/Dirigent: Karl Elmen-
            dorff; Urania (USA) set 221

Hans Werner Henze (geb. 1926)
"Musen Siziliens" Konzert für Chor, zwei Klaviere, Bläser und Pauken
auf Eklogen-Fragmente des Vergil: I: "Pastorale", II: "Adagio", III: "Si-
lenus" (1966)
I: ecl. 9, 44-64 II: ecl. 10, 47-69 III: ecl. 6, 26 [-simul incipit-]-44
*Studienpartitur: Mainz [1966], Schott
Faksimile einer Seite der autographen Partitur in: Klaus Geitel, Hans
Werner Henze, Berlin [1968], Rembrandt Verlag
Schallplatte: Joseph Rollino und Paul Sheftel, Klavier/Dresdner Kreuz-
           chor/Mitglieder der Staatskapelle Dresden/Dirigent: Hans
           Werner Henze; Deutsche Grammophon 139374

Charles Edward Ives (1874-1954)
"Go my songs!" [für Singstimme und Klavier] in: "Old Home Day" [für
Singstimme, Querpfeife oder Violine oder Flöte und Klavier] (1920)
ecl. 8, 68 und öfter engl. Ü.
Anm.: Der lat. Originaltext dieses Verses ist dem Lied als Motto voran-
       gestellt.
  1) in: 114 Songs, Redding/Conn. 1922, [2]1925?, Privatdruck, 52
  2) in: 50 Songs, 1923, Privatdruck
  3) in: 13 Songs, New York [1958], Peer International Corporation
 *4) in: 114 Songs, New York [1975], Peer International Corporation, 52
    (in: Five Street Songs, No. 1)

Karl Loewe (1796-1869)
"Didonis novissima verba" [für 4st. gemischten Chor a cappella (?)]
Aen. IV 651-658 (?)
Manuskript verloren; vgl. Maximilian Runze, Dr. Carl Loewes Tätigkeit
am alten Stettiner (später Marienstifts-)Gymnasium, in: Neue Jahrbücher
28, 1911, S. 281; Leopold Hirschberg, Carl Loewe und das klassische
Altertum, in: Neue Jahrbücher 36, 1915, S. 197

Gian Francesco Malipiero (1882-1973)
"Vergilii Aeneis": I. "La Morte di Didone", II. "Le Nozze di Lavinia"
Sinfonia eroica per orchestra, coro e voci sole [für Solostimmen, ge-
mischten Chor und Orchester] (1944)
I.: Aen. I, IV (passim) II.: Aen. V, VI (passim), VII 15-24. 29-32. 303.
120-122, XI 96-97, IX 481-495, XII 889. 931-937, XI 124-125 it. Ü.
Anm.: Teilweise sehr freie Übersetzung, die manchmal größere oder
       kleinere Abschnitte des Urtextes zusammenfassend oder para-
       phrasierend widergibt; auch die aus den Büchern VII bis XII ange-
       gebenen Verse decken sich nur approximativ mit dem vertonten
       Text.

Gian Francesco Malipiero (Fortsetzung)

Partitur: Mailand [1946, ²1952], Suvini Zerboni
*Klavierauszug: Mailand [1952], Suvini Zerboni

"La terra" (dal I° libro delle Georgiche di Virgilio) per coro a 4 voci e
piccola orchestra [für 4st. gemischten Chor und kleines Orchester] (1946-
1948)
I. : Georg. I 5 [vos, o clarissima-]-12 [-vestra cano] II. : Georg. I 43-46
III. : Georg. I 63 [ergo age-]-66 IV. : Georg. I 100-101 [-agricolae]
V. : Georg. I 125 [ante Iovem], 127 [ipsaque tellus]-131 VI. : Georg. I
187-188 VII. : Georg. I 276-280 VIII. : Georg. I 293-296 IX. : Georg. I
311-315 X. : Georg. I 328-331 [-stravit pavor] XI. : Georg. I 383-389
XII. : Georg. I 424-426
*Partitur/Orgel- bzw. Klavierauszug: Mailand [1949], Suvini Zerboni

"Ave Phoebe, dum queror" (da "Le mie giornate") per piccolo coro e 20
istrumenti [für gemischten Chor und Kammerorchester] (1964)
ecl. 10, 69 [-Amor]+ecl. 8, 17+ecl. 8, 52-56+ecl. 8, 58-60 [-deferar]
Anm. : Vor ecl. 10, 69, zwischen ecl. 10, 69 und 8, 17 und zwischen ecl.
    8, 17 und 8, 52 stehen einige nicht identifizierte, jedoch nicht von
    Vergil stammende Verse bzw. Worte.
*Studienpartitur: Mailand [1965], Ricordi

Wolfgang Amadeus Mozart (1756-1791)
"Incipe Menalios" Canon. Sit trium series una [3st. Rätselkanon] KV 73r
(89ªII), 1. (1770)
ecl. 8, 21 und öfter
Schreibweise als Rätselkanon:
1) in: Otto Jahn, W. A. Mozart, Zweite durchaus umgearbeitete Auflage.
    In 2 Theilen, Erster Theil, Leipzig 1867, S. 116 (auch in der 3. und
    4. Auflage von Jahns Biographie, jeweils im 1. Teil)
2) in: Hermann Abert, W. A. Mozart. Herausgegeben als fünfte, vollstän-
    dig neu bearbeitete und erweiterte Ausgabe von Otto Jahns Mozart,
    Erster Teil, Leipzig 1919, S. 186
3) in: Mozart-Kanons im Urtext, herausgegeben von Gottfried Wolters,
    Wolfenbüttel 1956, Möseler, S. 56
Schreibweise als Rätselkanon und Entzifferung in Partitur:
*in: Wolfgang Amadeus Mozart, Neue Ausgabe sämtlicher Werke, Serie
    III: Lieder, mehrstimmige Gesänge, Kanons: Werkgruppe 10: Ka-
    nons, vorgelegt von Albert Dunning, Kassel [1974], Bärenreiter,
    19. Vier Rätselkanons, 1., S. 73-74

Jan Novák (geb. 1921)
"Dido" narratio, cantica, lamenta - e versibus Vergilii, A. IV, compo-
sita vocum sonis instrumentorumque discripta [für Mezzosopran, Rezitator, Männerchor und Orchester] (1967)
Aen. IV 1-5. 9-29. 129-142. 151-155. 160-172. 2 79 [-Aeneas]. 282 [monitu-].
281. 288-291 [-dissimulent]. 296-298 [-timens]. 304-308. 314-330. 393-394.
396. 408-412. 584-590. 607-621. 642-668
Partitur: Autograph im Besitz des Komponisten, Neu-Ulm

"O crudelis Alexi" [für Singstimme und Klavier] (1968)
ecl. 2, 6-13
*Autograph im Besitz des Komponisten, Neu-Ulm

Jan Novák (Fortsetzung)
"Gratulatio ad sollemnia natalicia a. MCMLXVIII" [für Sopran, Alt, Tenor und Baß a cappella] (1968)
ecl. 4, 4-7
*Partitur: Autograph im Besitz von Prof. Dr. Günther Wille, Tübingen
Anm.: Das Werk trägt die Widmung "familiae Wille quadrivocae animo
grato dicata a Iano Novák" und das Datum "13.12.68".

"Mimus Magicus" per Soprano-Clarinetto in Si b-Pianoforte [für Sopran,
Klarinette in B und Klavier] (1969)
ecl. 8, 64-109
*Padua [1971], Zanibon

"Orpheus et Eurydice" per soprano solo, viola d' amore e pianoforte [für
Sopran, Viola d' amore und Klavier] (1970)
Georg. IV 458-527
*Partitur: Padua [1977], Zanibon

"IV Fugae Vergilianae" [für 4st. gemischten Chor a cappella] (1974)
I: ecl. 1, 1-5 II: Georg. III 284-285 III: Aen. IX 717-719 IV: ecl. X 75-77
*Partitur: Autograph im Besitz des Komponisten, Neu-Ulm

Krzysztof Penderecki (geb. 1933)
"Ecloga VIII" (Vergilii "Bucolica") für 6 Männerstimmen [alto I, II, tenore, baritono I, II, basso, a cappella] (1972)
ecl. 8, 64-69. 73-79. 91-109 (ausgelassen: V. 65: tura, V. 78: dic, V. 96:
nascuntur plurima Ponto, V. 103: adgrediar)
*Studienpartitur: Mainz [1974], Schott
Schallplatten: Schola Cantorum, Stuttgart/Leitung: Clytus Gottwald (in:
            Neue Chormusik II); Wergo 60 070
            The King's Singers (in: Contemporary Collection); Aves
            INT 161. 513

Johann Friedrich Reichardt (1752-1814)
"Aeneas zu Dido" von Schiller [für tiefe Männerstimme und Klavier]
Aen. IV 331-361 dt. Ü.: Friedrich von Schiller (1759-1805)
*Beul am Rhein o. J., Musikmagazin zu Beul am Rhein

Jean-Jules Aimable Roger-Ducasse (1873-1954)
"Sur quelques vers de Virgile" Choeur pour voix de femmes avec accompagnement d' Orchestre ou de Piano [für Frauenchor und Orchester oder
Klavier] (1910)
ecl. 1, 83+ecl. 1, 20 [quo semper-]-21+ecl. 1, 82+Georg. I 342/Aen. V 838/
ecl. 1, 55 (Kontamination?) frz. Ü. (sehr frei, teilweise paraphrasierend
bzw. den Originaltext weiter ausspinnend sowie verschiedene Verse kon-
taminierend)
Partitur/*Ausgabe mit Klavier: Paris [1910], Durand

Philippine Schick (1893-1970)
"Quadrupedante putrem ... " in: "Sententiae Latinae" [für gemischten
Chor a cappella] op. 54 (1952), V
Aen. VIII 596
*Partitur: Autograph im Besitz der Städtischen Musikbibliothek, München

Dalibor Spilka (geb. 1931)
"Labor improbus omnia vincit" [1.], "Nulla salus bello" [2.] in: "De re
publica" [für gemischten Chor a cappella] (1974)
1.: Georg I 145 [labor-]-146 [-improbus] (Worte umgestellt)
2.: Aen. XI 362 ("te" ausgelassen)
*Partitur: Autograph im Besitz des Komponisten, Brünn/ČSSR

Richard Strauss (1864-1949)
"Sic itur ad astra" [für Baß-Solo und Orchester] in: "Capriccio" Ein
Konversationsstück in einem Aufzug von Clemens Krauss und Richard
Strauss op. 85 (1941), IX. Szene (Rede des Theaterdirektors La Roche)
Aen. IX 641 [sic-]
Anm.: Ein Reflex auf dieses Zitat findet sich zu Beginn der XI. Szene
    der Oper: 2. Diener: "Was wollte der Direktor mit seiner langen
    Rede?" - 3. Diener: "Er sprach sogar griechisch!" - 4. Diener:
    "Ich habe nichts verstanden." (Textbuch a. a. O., S. 81).
Partitur: Berlin-Grunewald [1941], Johannes Oertel
Klavierauszug (S. 239): Berlin-Grunewald [1942], Johannes Oertel
Textbuch (S. 69): Berlin-Grunewald [1942], Johannes Oertel
Schallplatten: Schwarzkopf/Wächter/Gedda/Fischer-Dieskau/Hotter/
    Ludwig u. a./Philharmonia Orchestra London/Dirigent:
    Wolfgang Sawallisch; Columbia C 90997/99
    Auger/Janowitz/Troyanos/Schreier/de Ridder/Fischer-
    Dieskau/Prey/Ridderbusch u. a./Symphonie-Orchester
    des Bayerischen Rundfunks/Dirigent: Karl Böhm; Deutsche
    Grammophon 2709 038

Igor Strawinsky (1882-1971)
"... restore the Age of Gold" [für Tenor (Tom Rakewell) und Orchester]
in: "The Rake's Progress" an Opera in 3 Acts (1949-1951), Act I. Scene
1 (Duet and Trio)
Aen. VI 792 [aurea-]-793 [-rursus] engl. Ü.: John Dryden (1631-1700)
(The Poetical Works of Dryden. A new Edition revised and enlarged by
George R. Noyes, Cambridge/Mass. 1909, [6]1949, S. 608, V. 1081, lautet
im Original: "Born to restore a better age of gold"), vgl. Igor Strawinsky
mit Robert Craft, Erinnerungen und Gespräche, Frankfurt am Main 1972,
S. 343
Partitur/*Klavierauszug: London [1951], Boosey & Hawkes

Karl Friedrich Zelter (1758-1832)
"Vespera Lutheri" [für tiefe Männerstimme und Klavier] in: Berliner
Musen-Almanach für das Jahr 1830, zwischen S. 280 und 281 [Anmerkun-
gen dazu auf S. 281]
Aen. IV 651-654
Berlin 1830, G. Fincke

Teil II
Vollständige Schauspiel- und Bühnenmusiken zu antiken Tragödien, Satyrspielen und Komödien

AISCHYLOS

Der gefesselte Prometheus

Marion Eugenie Bauer (1887-1955)
1930

Luigi Cortese (geb. 1899)
Bergamo, Teatro delle Novità, 22. 9. 1951 ("Prometeo" Oper in 3 Akten, Text vom Komponisten nach Aischylos)

Norman Demuth (1898-1968)
1948

Maurice Emmanuel (1862-1938)
Paris, 23. 3. 1919 ("Prométhée enchaîné" Lyrische Tragödie in 3 Akten nach Aischylos op. 16)

Jacques François Fromental Halévy (1799-1862)
Paris, 18. 3. 1849

Arthur Honegger (1892-1955)
Avenches Waadt, Freiluft-Theater, 1946

André Jolivet (geb. 1905)
1954

Wilfried Howard Mellers (geb. 1914)
Birmingham, University, 1947

*Carl Orff (geb. 1895)
Stuttgart, Württembergisches Staatstheater, 24. 3. 1968 ("Prometheus" ΑΙΣΧΥΛΟΥ ΠΡΟΜΗΘΕΥΣ ΔΕΣΜΩΤΗΣ)

Goffredo Petrassi (geb. 1904)
Syrakus, Teatro Greco, 1954 (Übersetzung von Gennaro Perrotta)

*Rudolf Wagner-Régeny (1903-1969)
Kassel, 12. 9. 1959 ("Prometheus" nach Aischylos)

Orestie
1) die gesamte Trilogie

Pierre Boulez (geb. 1925)
Brüssel, 1956

Norman Demuth (1898-1968)
1950 (Oper, Text von David Clarke nach Aischylos)

Orestie, 1) die gesamte Trilogie (Fortsetzung)

Enno Dugend (geb. 1915)
Westdeutscher Rundfunk, Köln, 1961 (Hörspielmusik, Übersetzung von
Emil Staiger)

Cecil Armstrong Gibbs (1889-1960)
Cambridge, 1921 (op. 33)

Alfred Ottokar Lorenz (1868-1939)
Coburg, Hoftheater, 5. 10. 1908

Gian Francesco Malipiero (1882-1973)
Syrakus, Teatro Greco, 1948 (Übersetzung von Manara Valgimigli)

Manuel Manrique de Lara (1863-1929)
(1890-1894)

Angelo Musco (1925-1968)
Syrakus, Teatro Greco, 1960 (Übersetzung von Pier Paolo Pasolini)

Menelaos Pallantios (geb. 1914)
1949

Rudolf Freiherr von Procházka (1864-1936)
Prag, 1896 ("Klytämnestra" Griechisches Tonschauspiel nach der Orestie
des Aischylos)

Max von Schillings (1868-1933)
Berlin, Theater des Westens, 24. 10. 1900; München, Königliches Hof-
und Nationaltheater, 19. 4. 1902 (op. 12)

Sergej Iwanowitsch Tanejew (1856-1915)
St. Petersburg, Marinskitheater, 29. 10. 1895 ("Oresteja" Opern-Trilogie
nach Aischylos)

*Felix von Weingartner (1863-1942)
Leipzig, 15. 2. 1902 ("Orestes" Eine Trilogie nach der "Oresteia" des
Aischylos op. 30: I. Teil: Agamemnon, II. Teil: Das Todtenopfer, III. Teil:
Die Erinyen)

Iannis Xenakis (geb. 1922)
Ypsilanti/Michigan, 1966

2) die einzelnen Tragödien
    I. Agamemnon

Jacques Chailley (geb. 1910)
1947

Dimitrie Cuclin (1885-1978)
1922 (Oper in 2 Teilen und 5 Akten, Text vom Komponisten nach Aischylos)

Orestie, 2) die einzelnen Tragödien, I. Agamemnon (Fortsetzung)

Patrick Arthur Sheldon Hadley (geb. 1899)
1953

Albert Huybrechts (1899-1938)

Percival Robson Kirby (geb. 1887)

George Frederick Linstead (geb. 1908)
(Oper nach Aischylos, komp. 1924)

Darius Milhaud (1892-1974)
Paris, 14. 4. 1927 ("L' Orestie d' Eschyle": I: "Agamemnon" (nur eine
Szene, V. 1448-1577), Übersetzung von Paul Claudel, komp. 1913) Szeni-
sche UA: Darmstadt, 29. 5. 1955

Walter Parratt (1841-1924)
Oxford, Balliol College, 1880

Charles Hubert Hastings Parry (1848-1918)
Cambridge, November 1909

Ildebrando Pizzetti (1880-1968)
Syrakus, Teatro Greco, 1930 (Übersetzung von Armando Marchiori)

Ettore Romagnoli (1871-1938)
Syrakus, Teatro Greco, 1914 (Übersetzung von Ettore Romagnoli)

Ferdinand Schultz (1829-1901) (Pseudonym: Georg Romberg)
(ersch. Berlin 1896) ("Äschylus' Agamemnon". Introduktion, Chöre und
Melodramen mit Begleitung von Pianoforte, Harmonium und (ad lib.)
Harfe. Übersetzung von B. Todt)

Marios Varvoglis (1885-1967)
1932

Charles Francis Abdy Williams (1855-1923)

II. Die Opfernden am Grab

Ferruccio Bonavia (1877-1950)

*Darius Milhaud (1892-1974)
Paris, 15. 6. 1919 (Fragmente); Paris, Théâtre National de l' Opéra, 8. 3.
1927 (das vollst. Werk) ("L' Orestie d' Eschyle": II: "Les Choéphores",
Übersetzung von Paul Claudel, komp. 1915/16)

Giuseppe Mulè (1885-1951)
Syrakus, Teatro Greco, 1921 (Übersetzung von Ettore Romagnoli)

O r e s t i e , 2) die einzelnen Tragödien, III. Die Eumeniden

Friedrich Kriegeskotten
(ersch. Düsseldorf 1908) (Aischylos Eumeniden, übersetzt von Ulrich von
Wilamowitz-Moellendorff op. 58)

*Darius Milhaud (1892-1974)
Antwerpen, 27.11.1927 (nur das Finale), Berlin, 1963 (das vollst. Werk)
("L'Orestie d'Eschyle": III: "Les Euménides", Übersetzung von Paul
Claudel, komp. 1917-1922)

Ferdinand Schultz (1829-1901) (Pseudonym: Georg Romberg)
(ersch. Berlin o.J.) ("Die Eumeniden des Aeschylus", Chöre und Melodramen mit Begleitung des Pianoforte, Harmonium und (ad lib.) Harfe.
Übersetzung von B. Todt)

Charles Villiers Stanford (1852-1924)
Cambridge, Theatre Royal, 1.12.1885 (griech. Originaltext)

Die Perser

Bernhard, Erbprinz (später: Herzog) von Sachsen-Meinigen (1851-1928)
Weimar, 1882

Rubin de Cervin
1975 (Musik zu einer Fernsehfassung)

Jacques Chailley (geb. 1910)
1936

Enno Dugend (geb. 1915)
Bayerischer Rundfunk, München, 29.1.1971 (Hörspielmusik)

Maurice Emmanuel (1862-1938)
Paris, Opéra, 18.6.1929 ("Salamine" Oper, Text von Théodore Reinach
nach Aischylos)

Rudolf Escher (geb. 1912)
1963

Antiochos Evangelatos (geb. 1904)
1933

Giorgio Federico Ghedini (1892-1965)
Syrakus, Teatro Greco, 1950 (Übersetzung von Ettore Bignone)

Xavier Henry Napoléon Leroux (1863-1919)
Paris, Théâtre de l'Odéon, 5.11.1896

Henri Sauguet (geb. 1901)
1940

Marios Varvoglis (1885-1967)
1934

Die Schutzflehenden

Arthur Honegger (1892-1955)
Paris, Stadion Roland-Garros, 1941 (Übersetzung von André Bonnard)

Iannis Xenakis (geb. 1922)
Epidauros, 1964

Sieben gegen Theben

Rudolf Kelterborn (geb. 1931)
Zürich, 1963 ("Die Errettung Thebens" Oper in 3 Aufzügen von Rudolf
Kelterborn, nach Aischylos)

Giuseppe Mulè (1885-1951)
Syrakus, Teatro Greco, 1924 (Übersetzung von Ettore Romagnoli)

Bruno Nicolai
Syrakus, Teatro Greco, 1966 (Übersetzung von Carlo Diano)

SOPHOKLES

Aias

Johann Gottfried Heinrich Bellermann (1832-1903)
Berlin, Großer Hörsaal des Berliner Gymnasiums, 6.2.1856

William Sterndale Bennett (1816-1875)
(op. 45)

George Kazasoglou (geb. 1910)

Bertus van Lier (geb. 1906)
1932

George Alexander Macfarren (1813-1887)
Cambridge, 1882

*Friedrich Wilhelm Markull (1816-1887)
(ersch. Leipzig 1881) ("Der rasende Ajas des Sophokles". Nach Donner's
Uebersetzung für [4st.] Männerchor und Orchester op. 131)

Wassilij Wassiljewitsch Netschajew (1895-1956)

Karl Schmidt (1869-1948)
(op. 11)

Mikis Theodorakis (geb. 1925)

Riccardo Zandonai (1883-1944)
Syrakus, Teatro Greco, 1939 (Übersetzung von Ettore Bignone); Rom,
Teatro Adriano, Dezember 1941 ("Commenti musicali all' Aiace di So-
focle")

Antigone

Necil Kâzim Akses (geb. 1908)
1942

Jean Binet (1893-1960)
1937

Reginald Smith Brindle (geb. 1917)
(1969/ersch. London 1972) ("The Death of Antigone" Opera - Words by
Sophocles [Antigone], Euripides [Die Phönikierinnen] and the Composer)

Fiorenzo Carpi (geb. 1918)
Syrakus, Teatro Greco, 1954

Rubin de Cervin
1971 (Musik zu einer Fernsehbearbeitung) (Übersetzung von Eugenio
Della Valle)

Jacques Chailley (geb. 1910)
1939

Carlos Chávez (geb. 1899)
1932

Enno Dugend (geb. 1915)
1) Recklingen, Ruhrfestspiele 1957 (Übersetzung von Friedrich Hölderlin)
2) Westdeutscher Rundfunk, Köln, 1962 (Hörspielmusik, Übersetzung von
   Friedrich Hölderlin)

Edward German (1862-1936)

Michail Fabianowitsch Gnessin (1883-1957)
(komp. 1913/14) (op. 13)

Patrick Arthur Sheldon Hadley (geb. 1899)
Cambridge, Arts Theatre, 1939

Karl Hallwachs (1870-1959)
Göttingen, 1915 ("Tragödie")

Arthur Honegger (1892-1955)
Paris, Atelier, 20.12.1922; Brüssel, Théâtre de la Monnaie, 28.12.1927
("Antigone" Tragédie Musicale en 3 actes, Paroles de Jean Cocteau,
Adaption libre d'après Sophocle)

André Jolivet (geb. 1905)
1951

John Joubert (geb. 1927)
London, BBC, 1954 ("Antigone" Rundfunkoper (Text von R. Prickett nach
Sophokles) op. 11)

George Kazasoglou (geb. 1910)

Antigone (Fortsetzung)

Percival Robson Kirby (geb. 1887)

Bertus van Lier (geb. 1906)
1952

*Felix Mendelssohn Bartholdy (1809-1847)
Potsdam, Neues Palais, 28. 10. 1841 (op. 55)

Giuseppe Mulè (1885-1951)
Syrakus, Teatro Greco, 1924 (Übersetzung von Ettore Romagnoli)

Bruno Nicolai
Syrakus, Teatro Greco, 1966 (Übersetzung von Eugenio Della Valle)

*Carl Orff (geb. 1895)
Salzburg, Felsenreitschule, 9. 8. 1949 ("Antigonae" - Ein Trauerspiel des
Sophokles von Friedrich Hölderlin)

Menelaos Pallantios (geb. 1914)
1942 ("Antigone" Musikalische Tragödie, nach Sophokles)

Willem Pijper (1894-1947)
(1920, revidiert 1922 und 1926)

Georgios Poniridis (geb. 1892)
1939

Hugo Rüter (1859-1949)
Wandsbek, 1923

*Charles-Camille Saint-Saëns (1835-1921)
Paris, Théâtre Français, 21. 11. 1893

Heinz Tiessen (1887-1971)
(zwischen 1918 und 1921)

Antoni Uruski (1872-1934)

Erich Werner (geb. 1913)
Karlsruhe, Badisches Staatstheater, 30. 1. 1955

Charles Francis Abdy Williams (1855-1923)

Julien-François Zbinden (geb. 1917)
1954

Elektra

Dennis Drew Arundell (geb. 1898)

Granville Bantock (1868-1946)
London, Court Theatre, 15. 7. 1909

Elektra (Fortsetzung)

Stanley Bate (1913-1959)

Fiorenzo Carpi (geb. 1918)
Mailand, Piccolo Teatro, 1951 (Übersetzung von Salvatore Quasimodo)

Stanislas Champein (1753-1830)
("Electre" Prosatragödie in 5 Akten nach Sophokles und Euripides von
St. Champein fils und J. Champein, nicht aufgeführt)

Franz Commer (1813-1887)
Berlin, 1843

Walter Johannes Damrosch (1862-1950)
1917

Alphons Diepenbrock (1862-1921)
Den Haag, Haagsche Volksuniversiteit, 12.11.1920

Arthur Edwin Dyer (1843-?)
1889

Antiochos Evangelatos (geb. 1904)
1939

Mario Labroca (geb. 1896)
Syrakus, Teatro Greco, 1956 (Übersetzung von Leone Traverso)

Solon Michaelidis (geb. 1905)

*Henri Pousseur (geb. 1929)
(ersch. London 1968) ("Electre" action musicale, livret de pierre rhallys
d'après sophocle, représentation graphique réalisée par sylvano bussotti
à partir de la musique)

König Oidipus

Necil Kâzim Akses (geb. 1908)
1943

Karel Albert (geb. 1901)

Flor Alpaerts (1876-1954)

George Antheil (1900-1959)
Berlin, Staatliches Schauspielhaus, 1929

Johann Gottfried Heinrich Bellermann (1832-1903)
Berlin, 1858

Luciano Berio (geb. 1925)
1977 (Musik zu einer Fernsehfassung von Vittorio Gassman)

König Oidipus (Fortsetzung)

Günter Bialas (geb. 1907)
1962

Willy Burkhard (1900-1955)
1944 (op. 72)

Fiorenzo Carpi (geb. 1918)
Syrakus, Teatro Greco, 1958 (Übersetzung von Ettore Romagnoli)

Jani Christou (1926-1970)
Athen, 1969

Enno Dugend (geb. 1915)
Westdeutscher Rundfunk, Köln, 1961 (Hörspielmusik, Übersetzung von
Emil Staiger)

Helmut Eder (geb. 1916)
Linz, 1960 ("Oedipus" Oper, nach Sophokles)

Georges Enesco (1881-1955)
Paris, Opéra, 10. 3. 1936 ("Oedipe" Oper, Text von Edmond Fleg nach
Sophokles)

Reinhold Moritzowitsch Gliere (1875-1956)
1921

Michail Fabianowitsch Gnessin (1883-1957)
(komp. 1914/15) (op. 19)

Hubert James Hales (geb. 1902)
(op. 17)

Arthur Honegger (1892-1955)
Paris, Théâtre Français, Mai 1952

Alexander Alexandrowitsch Iljinski (1859-1919)

Arend Koole (geb. 1908)

Ernst Křenek (geb. 1900)
Salzburg, Felsenreitschule, 27. 7. 1965

Franz Lachner (1803-1890)
München, Kgl. Hoftheater, 18. 11. 1852

Eduard Lassen (1830-1904)
Weimar, 7. 2. 1874/Jena 1868

Leevi Antti Madetoja (1887-1947)
1936 (op. 75, Nr. 2)

Roberto Mann (geb. 1925)
Syrakus, Teatro Greco, 1972 (Übersetzung von Salvatore Quasimodo)

König Oidipus (Fortsetzung)

Frank Martin (1890-1974)
1923

Edmond Membrée (1820-1882)
Paris, Théâtre Français, 1857

Olivier Messiaen (geb. 1908)
1942 ("Musique de scène pour Oedipe" für Ondes Matenot)

Giuseppe Mulè (1885-1951)
Syrakus, Teatro Greco, 1922

*Carl Orff (geb. 1895)
Stuttgart, Württembergisches Staatstheater, 11. 12. 1959 ("Oedipus der Tyrann" Ein Trauerspiel des Sophokles von Friedrich Hölderlin)

John Knowles Paine (1839-1906)
Cambridge/Mass., Harvard University's Department of the Classics, Mai 1881

Harry Partch (1901-1974)
Oakland/Calif., Mills College, 1952, revidiert Sausalito/Calif., 1954

Ildebrando Pizzetti (1880-1968)
Fiesole, Anfiteatro, 1904 (Übersetzung von Ettore Romagnoli)

Ettore Romagnoli (1871-1938)
Syrakus, 1922 (Übersetzung von Ettore Romagnoli)

Hugo Rüter (1859-1949)
Wandsbek, 1899

Charles Villiers Stanford (1852-1924)
Cambridge, 1887 (griech. Originaltext)

*Igor Strawinsky (1882-1971)
Paris, Théâtre Sarah Bernhardt, 30. 5. 1927 ("Oedipus Rex" Opéra-oratorio en deux actes d'après Sophocle par Igor Strawinsky et Jean Cocteau, Texte de J. Cocteau, mis en latin par J. Danielou)

Virgil Thomson (geb. 1896)
1941

Ernst Toch (1887-1964)
1932 (Radio-Musik in 2 Teilen)

Bruno Walter (1876-1962)
München, 1910 (Bearbeitung von Hugo von Hofmannsthal)

Felix von Weingartner (1863-1942)
New York, Metropolitan Theatre, 1914

König Oidipus (Fortsetzung)

Erich Werner (geb. 1913)
Karlsruhe, Badisches Staatstheater, 24. 10. 1948

Oidipus auf Kolonos

George Antheil (1900-1959)
Berlin, Staatliches Schauspielhaus, 1929

Johann Gottfried Heinrich Bellermann (1832-1903)
Berlin, 1860

Fiorenzo Carpi (geb. 1918)
Syrakus, Teatro Greco, 1952 (Übersetzung von Ettore Bignone)

Arthur Honegger (1892-1955)
Paris, Théâtre des Champs-Elysées, 1947

Ernst Křenek (geb. 1900)
Salzburg, Felsenreitschule, 27. 7. 1965

Frank Martin (1890-1974)
1924

*Felix Mendelssohn Bartholdy (1809-1847)
Potsdam, Neues Palais, 1. 11. 1845 (op. 93)

Robin K. Orr (geb. 1909)
1951

Ildebrando Pizzetti (1880-1968)
Syrakus, Teatro Greco, 1936 (Übersetzung von Ettore Bignone)

Charles Radoux-Rogier (1877-1952)
Brüssel, 1901 ("Oedipe à Colone" Oper, nach Sophokles)

Guy Ropartz (1864-1955)
Paris, Comédie Française, 1924 (Ü. von G. Rivollet)

Gioachino Rossini (1792-1868)
(komp. zwischen 1813 und 1816?, vgl. H. Weinstock, Rossini, New York
1968, S. 231-233 und 460-461)

Eliodoro Sollima (geb. 1926)
Syrakus, Teatro Greco, 1976 (Übersetzung von Marcello Gigante)

Aurel Stroe (geb. 1932)
1963 ("Musique pour Oedipe à Colone de Sophocle")

Philoktet

Luciano Berio (geb. 1925)
Mailand, Teatro Uomo, 1976 (Übersetzung von Enzio Cetrangulo)

Philoktet (Fortsetzung)

Elliot Cook Carter (geb. 1908)
1933

Arthur Coquard (1846-1910)
Paris, Odéon, 19. 11. 1896

Alexander Alexandrowitsch Iljinski (1859-1919)

Hugo Rüter (1859-1949)
Wandsbek, 1922

Erich Werner (geb. 1913)
Karlsruhe, Badisches Staatstheater, 24. 6. 1961

Die Spürhunde (Satyrspiel)

Giuseppe Mulè (1885-1951)
Syrakus, Teatro Greco, 1927 (Übersetzung von Ettore Romagnoli)

*Albert Roussel (1869-1937)
Paris, Opéra, 1. 7. 1925 ("La Naissance de la lyre" Conte lyrique en un ac-
te et trois tableaux d'après Sophocle. Poème de Théodore Reinach; op. 24)

Die Trachinierinnen

Pierre Capdevielle (geb. 1906)
1943/44

Ildebrando Pizzetti (1880-1968)
Syrakus, Teatro Greco, Mai 1933 (Übersetzung von Ettore Bignone)

Johann Friedrich Reichardt (1752-1814)
Berlin, Nationaltheater, 10. 4. 1802 ("Herkules Tod" Monodram mit Chören (für einen Sprecher, gemischten Chor und Orchester), Text nach Sophokles vom Komponisten)

EURIPIDES

Alkestis

Hugo Vernon Anson (1894-1958)
(Übersetzung von Gilbert Murray)

Rutland Boughton (1878-1960)
Glastonbury, 26. 8. 1922/London, Covent Garden, 11. 1. 1924 ("Alkestis"
Oper, Text von Euripides in der Übersetzung von Gilbert Murray)

Fiorenzo Carpi (geb. 1918)
Ostia, Teatro Romano u. a. a. O. , 1956 (Übersetzung von Eugenio Della
Valle)

Antoine Aimable Élie Elwart (1808-1877)
Paris, Théâtre de l' Odéon, 16. 3. 1847 (Übersetzung von Hippolyte Lucas)

Alkestis (Fortsetzung)

Henry Gadsby (1842-1907)
1876

Charles Koechlin (1867-1950)
1938 (op. 169)

Charles Harford Lloyd (1849-1919)
1887

Zygmunt Mycielski (geb. 1907)

Ettore Romagnoli (1871-1938)
Vicenza, 1914 (Übersetzung von Ettore Romagnoli)

Hugo Rüter (1859-1949)
Wandsbek, 1927

Sergej Nikiforowitsch Wassilenko (1872-1956)
(Jugendwerk)

*Egon Wellesz (1885-1974)
Mannheim, 20. 3. 1924 ("Alkestis" Drama in einem Aufzuge nach Euripides von Hugo von Hofmannsthal op. 35)

Charles Francis Abdy Williams (1855-1923)
Berkshire, Bradfield College, 1895

Hermann Zilcher (1881-1948)
München, Kammerspiele, 14. 4. 1916 ("Alkestis", nach Euripides von
Hofmannsthal)

Andromache

Henry Gadsby (1842-1907)

George Kazasoglou (geb. 1910)

Angelo Musco (1925-1968)
Syrakus, Teatro Greco, 1964 (Übersetzung von Raffaele Cantarella)

Herbert Windt (geb. 1894)
Berlin, Staatsoper, 16. 3. 1932 ("Andromache" Oper in 2 Akten)

Die Bakchen

Anatolij Nikolajewitsch Alexandrow (geb. 1888)

Alfred Louis Charles Bonaventure Bruneau (1857-1934)
Paris, Opéra, 30. 10. 1912 ("Les Bacchantes" Ballett in 2 Akten, Szena-
rium vom Komponisten und Felix Naquet nach Euripides, komp. 1886)

Die Bakchen (Fortsetzung)

Enno Dugend (geb. 1915)
Westdeutscher Rundfunk, Köln, 27.12.1972 (Hörspielmusik)

Giorgio Federico Ghedini (1892-1965)
Mailand, 21.2.1948 ("Le Baccanti" Oper in 3 Akten (Text von Tullio Pinelli nach Euripides))

Hans Werner Henze (geb. 1926)
Salzburg, Großes Festspielhaus, 6.8.1966 ("Die Bassariden" - "The Bassarids" Opera seria mit Intermezzo in einem Akt nach den "Bacchantinnen" des Euripides, Libretto von Wystan Hugh Auden und Chester Kallman)

Giuseppe Mulè (1885-1951)
Syrakus, Teatro Greco, 22.4.1922 (Übersetzung von Ettore Romagnoli)

Harry Partch (1901-1974)
University of Illinois, 1964 ("Revelation in the Courthouse Park" nach Euripides' "Die Bakchen")

Willem Pijper (1894-1947)
1924

Ettore Romagnoli (1871-1938)
Padua/Venedig, 1912 (Übersetzung von Ettore Romagnoli)

Ernst Toch (1887-1964)
1926

Guido Turchi (geb. 1916)
Syrakus, Teatro Greco, 1950 (Übersetzung von Ettore Romagnoli)

*Egon Wellesz (1885-1974)
Wien, Staatsoper, 20.6.1931 ("Die Bakchantinnen" Oper in 2 Akten von Egon Wellesz op. 44. Nach dem Drama des Euripides frei für die Opernbühne gestaltet)

Elektra

Antiochos Evangelatos (geb. 1904)
1969

Dimitri Mitropoulos (1896-1960)

Menelaos Pallantios (geb. 1914)

Roman Vlad (geb. 1919)
Syrakus, Teatro Greco, 1968 (Übersetzung von Carlo Diano)

Hekabe

Antiochos Evangelatos (geb. 1904)
1943

H e k a b e (Fortsetzung)

Gian Francesco Malipiero (1882-1973)
Syrakus, Teatro Greco, 1939 (Übersetzung von Manlio Faggella); Rom,
Teatro Reale dell' Opera, 11. 1. 1941 ("Ecuba" Tragedia in tre atti (da
Euripide). Libera Traduzione di G. F. Malipiero)

Jean Martinon (1910-1976)
Straßburg, 1956 ("Hécube" Oper, Text von Serge Moreux nach Euripides)

Darius Milhaud (1892-1974)
Paris, Théâtre Scaramouche, 6. 9. 1937

Bruno Nicolai
Syrakus, Teatro Greco, 1962 (Übersetzung von Salvatore Quasimodo)

Constantine Nottara (geb. 1890)

Emilios Riadis (1885-1935)
1927

H e r a k l e s

Hans Chemin-Petit (1864-1917)
(ersch. Berlin-Lichterfelde 1907) ("Chöre zum Herakles des Euripides".
Metrisch übersetzt und mit den altgriechischen Metren rhythmisiert von
Karl Brandt. Komponiert und harmonisiert z. T. nach altgriechischen
Originalmelodien - für Deklamation, Soli und 1st. Chor mit Klavier)

Bruno Nicolai
Syrakus, Teatro Greco, 1964 (Übersetzung von Salvatore Quasimodo)

H i p p o l y t o s

Granville Bantock (1868-1946)
London, Gaiety Theatre, 1908

William Henry Bell (1873-1946)
("Hippolytus" Oper in 3 Akten, nach Euripides)

Giancarlo Chiaramello (geb. 1939)
Syrakus, Teatro Greco, 1970 (Übersetzung von Carlo Diano)

Norman Demuth (1898-1968)
1950

Learmont Drysdale (1866-1909)
("Hippolytus" Oper in 2 Akten, Text von Euripides in der Übersetzung von
Gilbert Murray)

Raffaele Mingardo
Vicenza, Teatro Olimpico, 1965 (Übersetzung von Carlo Diano)

Dimitri Mitropoulos (1896-1960)

Hippolytos (Fortsetzung)

Giuseppe Mulè (1885-1951)
Syrakus, Teatro Greco, 1936 (Übersetzung von Giovanni Alfredo Cesareo)

Angelo Musco (1925-1968)
Syrakus, Teatro Greco, 1956 (Übersetzung von Leone Traverso)

Adolf Schulz (1817-1884)
Berlin, Kgl. Schauspielhaus, 1851 (Übersetzung von Fritze)

Wladimir Alexejewitsch Senilow (1875-1918)
1915 ("Hippolytus" Oper in einem Akt, nach Euripides)

Ion

Theodore Karyotakis (geb. 1903)
1937

Gino Marinuzzi (geb. 1920)
Syrakus, Teatro Greco, 1962 (Übersetzung von Quintino Cataudella)

François (Franz) Mathieu (1846-1901)
Karlsruhe, 1899 (unter dem Titel "Ion", in deutscher Sprache; Original-
titel: "L'Apollonide" Oper, Text von Leconte de Lisle nach Euripides)

Charles Wood (1866-1926)
Cambridge, 1890

Iphigenie bei den Taurern

Henk Badings (geb. 1907)
Holland Festival,1951 (Niederl. Übersetzung von Martinus Nijhoff)

Hugh Archibald Clarke (1839-1927)
1903

Giorgio Federico Ghedini (1892-1965)
Sabrata (Tripolis), Teatro Romano, 1938

Solon Michaelidis (geb. 1903)

Giuseppe Mulè (1885-1951)
Syrakus, Teatro Greco, 1933 (Übersetzung von Giovanni Alfredo Cesareo)

Jane Peers Newhall
(ersch. Boston 1924) ("The lyric Portions of two dramas of Euripides:
Iphigenia at Aulis, Iphigenia among the Taurians" (Originaltext))

Petro Petridis (geb. 1892)
1940

Iphigenie bei den Taurern (Fortsetzung)

Roman Vlad (geb. 1919)
Syrakus, Teatro Greco di Palazzolo Acreide u. a. a. O. , 1957 (Übersetzung von Elda Bossi)

Charles Wood (1866-1926)
Cambridge, 1894

Iphigenie in Aulis

Walter Johannes Damrosch (1862-1950)
1915

Arsenij Nikolajewitsch Koreschtschenko (1870-1922)
(op. 18)

Giuseppe Mulè (1885-1951)
Syrakus, Teatro Greco, 1930 (Übersetzung von Giunio Garavani)

Jane Peers Newhall
(ersch. Boston 1924) ("The lyric Portions of two dramas of Euripides: Iphigenia at Aulis, Iphigenia among the Taurians" (Originaltext))

Gino Stefani
Syrakus, Teatro Greco, 1974 (Übersetzung von Eugenio Della Valle)

Kyklops (Satyrspiel)

Giuseppe Mulè (1885-1951)
Syrakus, Teatro Greco, 1927 (Übersetzung von Ettore Romagnoli); Ostia, Teatro Romano u. a. a. O. , 1949 (Übersetzung von Eugenio Della Valle)

Willem Pijper (1894-1947)
1925

Medea

Giancarlo Chiaramello (geb. 1939)
Syrakus, Teatro Greco, 1972 (Übersetzung von Carlo Diano)

Walter Johannes Damrosch (1862-1950)
1915

Lehman Engel (geb. 1910)
1935 ("Medea" Oper nach Euripides)

Giorgio Federico Ghedini (1892-1965)
Ostia, Teatro Romano, 1949 (Übersetzung von Ettore Romagnoli)

George Kazasoglou (geb. 1910)

Solon Michaelidis (geb. 1905)

<u>M e d e a</u> (Fortsetzung)

<u>Darius Milhaud</u> (1892-1974)
Antwerpen, Flämische Oper, 7.10.1939 ("Médée" Oper in einem Akt,
Text von Madeleine Milhaud nach Euripides)

<u>Giuseppe Mulè</u> (1885-1951)
Syrakus, Teatro Greco, 1927 (Übersetzung von Ettore Romagnoli)

<u>Angelo Musco</u> (1925-1968)
Syrakus, Teatro Greco, 1958 (Übersetzung von Ettore Romagnoli)

<u>Joel Warren Spiegelman</u> (geb. 1933)
1964 (Elektronische Musik)

<u>Carl Gottfried Wilhelm Taubert</u> (1811-1891)
Potsdam, Neues Palais, 7.8.1843 (op. 57)

<u>Ernst Toch</u> (1887-1964)
1930 (Radio-Musik)

<u>Marios Varvoglis</u> (1885-1967)
1942

<u>Sándor Veress</u> (geb. 1907)
1938

<u>O r e s t</u>

<u>George Kazasoglou</u> (geb. 1910)

<u>Die Phönikierinnen</u>

<u>Michail Fabianowitsch Gnessin</u> (1883-1957)
(Komp. 1912-1916, op. 17)

<u>Mikis Theodorakis</u> (geb. 1925)
Syrakus, Teatro Greco, 1968 (Übersetzung von Enzio Cetrangulo)

<u>R h e s u s</u>

<u>Ernest Walker</u> (1870-1949)
Oxford, University Dramatic Society, 19.12.1922

<u>Die Troerinnen</u>

<u>Fiorenzo Carpi</u> (geb. 1918)
Syrakus, Teatro Greco, 1952 (Übersetzung von Ettore Romagnoli)

<u>Louis Adolphe Coerne</u> (1870-1922)

<u>John Herbert Foulds</u> (1880-1939)
(op. 65)

Die Troerinnen (Fortsetzung)

Cecil William Turpie Gray (1895-1951)
London, BBC, 1944 ("The Trojan Women" Oper nach Euripides, komp.
1938-1940)

Percival Robson Kirby (geb. 1887)

Arsenij Nikolajewitsch Koreschtschenko (1870-1922)
(op. 15)

Bruno Nicolai
Syrakus, Teatro Greco, 1974 (Übersetzung von Edoardo Sanguineti)

Emil Peeters (1893-1974)
Duisburg, 1929 (Oper, Text von Franz Werfel)

Doriano Saracino
Prato/Mailand, 1965 (Freie Bearbeitung von Jean Paul Sartre)

Mikis Theodorakis (geb. 1925)

Virgil Thomson (geb. 1896)
1940 (Radio-Musik, Übersetzung von Gilbert Murray)

ARISTOPHANES

Die Acharner

Hugh Archibald Clarke (1839-1927)
(ersch. 1886)

Charles Hubert Hastings Parry (1848-1918)
(ersch. London 1914)

Die Frauen am Thesmophorienfest

Charles Cushing (geb. 1905)
1933

Der Frieden

Dennis Drew Arundell (geb. 1898)

Andre Asriel (geb. 1922)
1962 (Bearbeitung von Peter Hacks)

Fiorenzo Carpi (geb. 1918)
Ostia, Teatro Romano u. a. a. O., 1967

Hans Werner Henze (geb. 1926)
1964 (Bearbeitung von Peter Hacks)

Nikos Mamangakis (geb. 1929)
1966

Der Frieden (Fortsetzung)

Robert de Roos (geb. 1907)

Die Frösche

Franz Commer (1813-1887)
Berlin, 1842

Benedetto Ghiglia
Syrakus, Teatro Greco, 1976 (Übersetzung von Benedetto Marzullo)

Engelbert Humperdinck (1854-1921)
1879/80; 1886 (Fragment)

Percival Robson Kirby (geb. 1887)

Walter Leigh (1905-1942)
Cambridge, Arts Theatre, 1937

Charles Hubert Hastings Parry (1848-1918)
(komp. 1891, ersch. London 1892)

Lysistrate

*Boris Blacher (1903-1975)
Berlin, Städtische Oper, 30. 9. 1951 ("Lysistrata" Ballett in drei Bildern
nach Aristophanes op. 34)

Sten Broman (geb. 1902)

Mark Brunswick (1902-1971)
1936 ("Ballet Suite" (Text aus Aristophanes' "Lysistrata") für Mezzosopran und Frauenchor)

Hanns Eisler (1898-1962)
Wien, 1954

Wolfgang Fortner (geb. 1907)
1945

Reinhold Moritzowitsch Glière (1875-1956)
1923

Raoul Gunsbourg (1859-1955)
Monte Carlo, 1923 (Musikalische Komödie in 3 Akten)

Glen Haydon (1896-1966)
University of North Carolina, 1936

Engelbert Humperdinck (1854-1921)
Berlin, Kammerspiele, 27. 2. 1908 (Übersetzung von Leo Greiner)

Lysistrate (Fortsetzung)

Paul Kont (geb. 1920)
Dresden, 1961 ("Lysistrate" Die Komödie des Aristophanes (Text unter
Verwendung der Originals in der Übersetzung Ludwig Seegers vom Komp.))

László Lajtha (1892-1963)
Budapest, Königliche Oper, 25. 2. 1937 (Ballett)

*Elizabeth Maconchy (geb. 1907)
Bishop Stortford College, Juni 1968 (Extravaganza in One Act after Aristophanes)

Wilfried Mellers (geb. 1914)
Birmingham, Highbury Little Theatre, 1948 ("Lysistrata" a play in music)

Richard Mohaupt (1904-1957)
1941 ("Lysistrata" Tanzkomödie mit Chor, Soli und Orchester); Karlsruhe, 1957 (komp. 1955, Neubearbeitung für Orchester unter dem Titel
"Der Weiberstreik von Athen")

Leo Ornstein (geb. 1892)
1933

Emil Petrovics (geb. 1930)
(1962, ersch. Budapest 1966 (Taschenpart.)) ("Lysistrate" Komische
Konzertoper in einem Akt (Text von Aristophanes, übersetzt von Gábor
Devecseri))

Hans Schindler (1889-1951)
Düsseldorf, 17. 10. 1910 (Übersetzung von Leo Greiner)

Mikis Theodorakis (geb. 1925)

Karl Winkler (geb. 1899)
(ersch. Wien 1961 (Klavierauszug)) ("Lysistrata" Oper in 2 Akten und
einem chorischen Zwischenspiel nach Aristophanes op. 31)

Der Reichtum

Paul Kont (geb. 1920)
Klagenfurt, 1977 ("Plutos" Stück für Sänger)

Darius Milhaud (1892-1974)
Paris, Théâtre de l'Atelier, 1. 2. 1938

Die Vögel

Georges Auric (geb. 1899)
1926

*Walter Braunfels (1882-1954)
München, 4. 12. 1920 ("Die Vögel" Ein lyrisch-phantastisches Spiel in zwei
Aufzügen nach Aristophanes. Dichtung und Musik von Walter Braunfels
op. 30)

Die Vögel (Fortsetzung)

Ernest Amédée Chausson (1855-1899)
1889

Alphons Diepenbrock (1862-1921)
Amsterdam, 15.2.1918

John Knowles Paine (1839-1906)
Cambridge/Mass., Harvard Classical Club, 1901

Charles Hubert Hastings Parry (1848-1918)
(komp. 1883, ersch. London 1885)

Goffredo Petrassi (geb. 1904)
Ostia, Teatro Romano, 1947

Piet (Petrus Johannes) Tiggers (1891-1968)

Marios Varvoglis (1885-1967)
1930

Die Weibervolksversammlung

Fiorenzo Carpi (geb. 1918)
Ostia, Teatro Romano u. a. a. O., 1957

Angelo Musco (1925-1968)
Benevent, Teatro Romano, 1957

Die Wespen

Nikos Mamangakis (geb. 1929)
1963

Thomas Tertius Noble (1867-1953)
Cambridge, 1897

Ralph Vaughan Williams (1872-1953)
Cambridge, 1909

Die Wolken

Fiorenzo Carpi (geb. 1918)
Ostia, Teatro Romano u. a. a. O., 1968

George Kazasoglou (geb. 1910)

Percival Robson Kirby (geb. 1887)

Giuseppe Mulè (1885-1951)
Syrakus, Teatro Greco, 1927 (Übersetzung von Ettore Romagnoli)

Die Wolken (Fortsetzung)

Angelo Musco (1925-1968)
Ostia, Teatro Romano/Syrakus, Teatro Greco di Palazzolo Acreide, 1955

Charles Hubert Hastings Parry (1848-1918)
(ersch. London 1905)

Ettore Romagnoli (1871-1938)
Syrakus, Teatro Greco, 1927

MENANDER (MENANDROS)

Dyskolos (Der Griesgram)

Jean Binet (1893-1960)
1957 ("Discolos" (nach Menander von V. Martin und B. Bouvier) für Flöte, Klarinette und Schlagzeug)

Karl Michael Komma (geb. 1913)
Tübingen, Februar 1960

Epitrepontes (Das Schiedsgericht)

Hans Vogt (geb. 1911)
Mannheim, Nationaltheater, 18. 2. 1964 ("Athenerkomödie" ("The Metropolitans") Opera giocosa in einem Akt von Christopher Middleton nach einem Fragment des Menander. Deutsche Übersetzung von Erich Fried und Hans Vogt)

PLAUTUS (TITUS MACCIUS PLAUTUS)

Amphitruo

Enrico Cortese
Syrakus, Teatro Greco di Palazzolo Acreide u. a. a. O. , 1969

Maurice Emmanuel (1862-1938)
Paris, 20. 2. 1937 ("Amphitryon" Comédie musicale (Text von A. Ernout nach Plautus))

Pietro Ferro (1903-1960)
Ostia, Teatro Romano, 1954

Aulularia

Ezio Carabella (1891-1964)
Ostia, Teatro Romano u. a. a. O. , 1938

Bacchides

Richard Mohaupt (1904-1957)
Louisville (Kentucky), 1954 ("Double-trouble" Oper in einem Akt nach Plautus); Karlsruhe, Badisches Staatstheater, 1957 (unter dem Titel "Zwillingskomödie")

Casina

Roman Vlad (geb. 1919)
Ostia, Teatro Romano u. a. a. O. , 1956

Menaechmi

Mario Labroca (geb. 1896)
Benevent, Teatro Romano u. a. a. O. , 1957

Luca Tocchi (geb. 1901)
Ostia, Teatro Romano u. a. a. O. , 1938

Mercator

Ilhan Usmanbaş (geb. 1921)
1950

Miles gloriosus

Arthur Kusterer (1898-1967)
(komp. 1955-1961) ("Gloriolus" Komische Oper in zwei Akten, frei nach
Plautus)

Mostellaria

Elliot Cook Carter (geb. 1908)
1936

Pseudolus

Fiorenzo Carpi (geb. 1918)
Syrakus, Teatro Greco di Palazzolo Acreide u. a. a. O. , 1955

Bohuslav Martinů (1890-1959)
Brünn, Nationaltheater, 5. 5. 1928 ("Der Soldat und die Tänzerin" Komi-
sche Oper in drei Akten (Text nach einer Komödie des Plautus von J. L.
Budin))

Rudens

Bruno Nicolai
Syrakus, Teatro Greco, 1976 (Übersetzung von Emanuele Castorina)

Trinummus

Giambattista Martini ("Padre Martini") (1706-1784)
Parma, 22. 7. 1780

György Ránki (geb. 1907)

TERENZ (PUBLIUS TERENTIUS AFER)

Adelphoe

Enno Dugend (geb. 1915)
Bayerischer Rundfunk, München, 21. 1. 1972 (Hörspielmusik)

SENECA DER JÜNGERE (LUCIUS ANNAEUS SENECA)

Ödipus

Josep Soler (geb. 1935)
Barcelona, Palau de la Musica, 1975 ("Edipo y Iocasta" Oper nach Seneca)

Anhang I
Eine Auswahl von Bearbeitungen altgriechischer Musik bzw.
von Fälschungen altgriechischer Musik seit 1800

Denkmäler altgriechischer Musik-Sammlung, Übertragung und Erläuterung aller Fragmente und Fälschungen von Egert Pöhlmann, Nürnberg
1970 (Erlanger Beiträge zur Sprach- und Kunstwissenschaft, Band 31)

<u>Denkmäler Nr. 1-2 Mesomedes</u> (S. 13-15)

Karl Loewe (1796-1869)
"An die Muse" Hymne an die Kalliope (Dionysios)-Griechische Melodie,
von Loewe rhythmisirt und neu harmonisirt [für Singstimme und Kla-
vier] (1842) in: Carl Loewes Werke, Gesamtausgabe der Balladen, Legenden, Lieder und Gesänge für eine Singstimme ..., herausgegeben
von Dr. Max Runze, Bd. XVI: Das Loewesche Lied, S. 197, Anmerkungen
dazu von Max Runze S. XXXIX-XL
dt. Ü.
*Leipzig [1903], Breitkopf & Härtel

Daniel Ruyneman (1886-1963)
"Ode to the Muse" [für Singstimme (Bariton), Querflöte, Oboe, Violoncello und Harfe] in: "Ancient Greek Songs" (1954), [3.]
engl. Ü. /dt. Ü.
*Partitur (mit engl. Ü.)/*Singstimme + Harfe (mit dt. Ü.)/Klavierauszug
(mit engl. und dt. Ü.): Amsterdam [1957], DONEMUS

<u>Denkmäler Nr. 16* A. Kircher</u> (S. 47-49)

Karl Loewe (1796-1869)
"Ode des Pindar" (in der Tenorstimme bezeichnet als "Pindarische Ode")
[für eine Solostimme (?) (Tenor?) und 4st. gemischten Chor a cappella]
(1845) (Es sind nur Abschriften der 4 Chorstimmen (Sopran, Alt, Tenor,
Baß) erhalten, die Solostimme bzw. Solostimmen fehlen; von ihr bzw.
ihnen sind nur die letzten 2 Takte aus Stichnoten in den Chorstimmen ersichtlich)
<u>Pindar</u>, Pyth. I 1-12 dt. Ü.: Friedrich Wilhelm Thiersch (1784-1860)
Anm.: Nach Leopold Hirschberg, Carl Loewe und das klassische Alter-
      tum (Neue Jahrbücher 36, 1915, S. 203) waren von Loewe ursprüng-
      lich die Verse 1-20 (= Strophe I, Antistrophe I, Epode I) im Urtext
      für Tenor-Solo und gemischten Chor gesetzt worden; die autogra-
      phe Partitur, die sich damals (1915) in der Königlichen Bibliothek
      in Berlin befand, ist jedoch, seit die Bestände der Bibliothek wäh-
      rend des 2. Weltkrieges ausgelagert wurden, verschollen. Nach
      Maximilian Runze, Dr. Carl Loewes Tätigkeit am alten Stettiner
      (später Marienstifts-)Gymnasium (Neue Jahrbücher 28, 1911,
      S. 281) hat Loewe nachträglich die deutsche Übersetzung von Fried-
      rich Wilhelm Thiersch, die in den abschriftlichen Stimmen allein
      erscheint, unter den von ihm verwendeten Urtext gesetzt. Runze
      spricht a. a. O. auch nicht von "Tenorsolo" wie Hirschberg, son-
      dern gibt als Besetzung "gemischten Schülerchor mit Soli" an.
4 Stimmen (Chor: Sopran, Alt, Tenor, Baß)
*Mehrfach vervielfältigte Abschriften im Besitz der Musikabteilung der
Staatsbibliothek Preußischer Kulturbesitz, Berlin (in: Mus. ms. 13091/20)

Denkmäler Nr.16* (Fortsetzung)

Karl Loewe (Fortsetzung)
"Pindarische Ode" Für Männerstimmen [für eine Solostimme (?) (Tenor?)
und 4st. Männerchor a cappella] [Es sind nur Abschriften der Chorstimmen (Tenor I^{mo} e II^{do}, Baß [I u. II] jeweils auf einem Blatt und in einem
System) erhalten, die Solostimme bzw. Solostimmen fehlen; von ihr bzw.
ihnen sind nur die Anfangs- und Schlußtakte aus Stichnoten in den Chorstimmen ersichtlich]
Pindar, Pyth. I 1-20 dt. Ü.: Friedrich Wilhelm Thiersch (1784-1860)
Anm.: Dies dürfte eine nachträgliche Bearbeitung von "Ode des Pindar"
    sein (aus dem gemischten Chor wird Männerchor, deswegen Trans-
    position von e-moll nach a-moll, ♩ wird zu ♪, leichte melodische
    und rhythmische Veränderungen); ob sie von Loewe stammt, ist
    nicht festzustellen. Sie enthält jedoch merkwürdigerweise Text und
    Musik der von Hirschberg a.a.O. genannten Epode I (= V. 13-20),
    die in den erhaltenen Stimmen der Fassung für gemischten Chor
    fehlt.
2 Stimmen (Chor: Tenor I^{mo} e II^{do}, Baß [I u. II])
*Mehrere Abschriften im Besitz der Musikabteilung der Staatsbibliothek
Preußischer Kulturbesitz, Berlin (in: Mus. ms. 13091/20)

Friedrich Silcher (1789-1860)
"Goldene Harfe Apollons" (Überschrift: "Altgriechische Melodie zu den
ersten 8 Zeilen der ersten pythischen Ode Pindars") [für eine Solostimme
(Sopran?, bezeichnet als "Eine Stimme"), 4st. gemischten Chor (?, be-
zeichnet als "Chorus (nach der Zither)") und Klavier (?) (der mit "Eine
Stimme" bezeichnete Abschnitt ist dreistimmig in 2 Systemen (Violin-
und Baßschlüssel), der mit "Chorus ..." bezeichnete vierstimmig in glei-
cher Weise notiert)]
Pindar, Pyth. I 1-6 [-πυρός]   dt. Ü.: nach Friedrich Gedike (1754-1803)
*Partitur: Autograph mit zahlreichen Streichungen und Korrekturen (offen-
    bar erste Niederschrift) im Besitz des Silcher-Museums,
    Schnait/Württemberg

"Altgriechische Melodie zu den ersten 8 Versen der ersten pythischen
Ode von Pindar" ... für Männerstimmen gesetzt von S. [ilcher] [für eine
Solostimme (Tenor?, bezeichnet als "Eine Stimme"), 4st. Männerchor
(bezeichnet als "Chorus (der Chor nach der Zither)") und Klavier (?)
(der mit "Eine Stimme" bezeichnete Abschnitt ist vier- bis sechsstimmig
in 2 Systemen (Violin- und Baßschlüssel), der mit "Chorus ..." bezeichnete vierstimmig in gleicher Weise notiert)]
Pindar, Pyth. I 1-6 [-πυρός]   dt. Ü. (Text nicht eingetragen, doch wohl
identisch mit dem von "Goldene Harfe Apollons", s.o.)
Anm.: Es handelt sich hier offenbar um eine 2. Fassung bzw. Bearbei-
    tung (aus dem gemischten Chor wird Männerchor, deswegen Trans-
    position von e-moll nach a-moll, einige satztechnische Änderun-
    gen) von "Goldene Harfe Apollons" (vgl. den ganz ähnlichen Fall
    bei Loewe, s.o.), in die der Text jedoch nicht eingetragen wurde.
    Dieses Autograph weist im Gegensatz zu dem der 1. Fassung keine
    Streichungen und Korrekturen auf, trägt am Schluß jedoch noch
    den Hinweis "Nach der muthmaßlichen Begleitung der alten Grie-
    chen in Terzen, Quinten, Sexten, Octaven u. Grundharmonien und
    gerader (?) Bewegung auf u. ab" sowie in der Überschrift Hinwei-

Denkmäler Nr. 16*, Friedrich Silcher (Fortsetzung)

se auf die Quelle der Melodie ("Philodem von der Musik" übersetzt
von Murr ...)
*Partitur: Autograph im Besitz des Silcher-Museums, Schnait/Württem-
berg
Anm.: Die Anregung zu diesen beiden Bearbeitungen erhielt Silcher durch
die Schrift "Philodem von der Musik. Ein Auszug aus dessen vier-
tem Buche. Aus dem Griechischen einer Herkulanischen Papyrus-
rolle übersetzt von Christoph Gottlieb von Murr. Nebst einer Probe des Hymnenstils altgriechischer Musik, Berlin 1806", speziell
durch deren "Anhang einer Probe des Hymnen-Styls altgriechischer Musik. Herausgegeben von C. G. Murr" (S. 50 ff.). Vgl. besonders S. 51, S. 61 (mit der Übersetzung von Gedike) sowie den
von Charles Burney (1726-1814) stammenden Baß zur Melodie, den
Silcher aber nur teilweise benutzt hat, auf S. 63.

Albert Thierfelder (1846-1924)
"Erste pythische Öde" nach der überlieferten Melodie bearbeitet und mit
griechischem und deutschem Texte herausgegeben von A. Thierfelder [für
eine tiefe Männerstimme und Klavier oder Harfe] in: "Altgriechische Musik", Sammlung von Gesängen aus dem klassischen Alterthume vom 5.
bis 1. Jahrhundert v. Chr. nach den überlieferten Melodien mit griechischem und deutschem Texte nebst einleitenden Vorbemerkungen herausgegeben und für den Konzertvortrag eingerichtet von A. Thierfelder,
S. 15-19
Pindar, Pyth. I 1-12 [-Μοισᾶν]   Urtext und dt. Ü. vom Bearbeiter
*Leipzig [1899], Breitkopf & Härtel

Denkmäler Nr. 17* Homerischer Hymnus 13 (S. 50-52)

Albert Thierfelder (1846-1924)
"Homerische Hymnen. I. An Demeter. II. An Aphrodite". Nach einer von
Marcello 1724 mitgetheilten Melodie bearbeitet und übersetzt von A. Thier-
felder [für Singstimme und Klavier]
I.: Homerischer Hymnus 13   II.: Homerischer Hymnus 10   Urtext und
dt. Ü. vom Bearbeiter
Anm.: Thierfelder hat der Melodie zum Demeter-Hymnus, die Marcello
als angeblich antik präsentierte, probeweise auch den Text des
Aphrodite-Hymnus unterlegt.
*Leipzig [1900], Breitkopf & Härtel

Denkmäler Nr. 18 Seikilos (S. 54-57)

Henk Badings (geb. 1907)
"Inleiding, Variaties en Finale" voor 2 Violen ["Einleitung, Variationen
und Finale" für 2 Violinen] (Geschreven in het 31-toon-systeem [im 31-
Ton-System komponiert, Thema der Variationen ist die Melodie des sog.
"Seikilos-Lieds"] (1975)
*Partitur: Amsterdam [1976], DONEMUS

Denkmäler Nr.18 Seikilos (Fortsetzung)

Albert Thierfelder (1846-1924)
"Epigrammation" Eingerichtet und deutsch übersetzt von A. Thierfelder
[für Altsolo (bei der Wiederholung 1st. Frauenchor) und Klavier oder
Harfe] in: "Altgriechische Musik", Sammlung von Gesängen aus dem klas-
sischen Alterthume vom 5. bis 1. Jahrhundert v. Chr. nach den überlie-
ferten Melodien mit griechischem und deutschem Texte nebst einleitenden
Vorbemerkungen herausgegeben und für den Konzertvortrag eingerichtet
von A. Thierfelder, S.29
Urtext/dt. Ü. vom Bearbeiter
*Leipzig [1899], Breitkopf & Härtel

Denkmäler Nr.19 Anonymus Atheniensis (S.58-67)

Gabriel Fauré (1845-1924)
"Hymne à Apollon" Chant Grec du IIe Siecle avant J.-C., découvert à
Delphes-Accompagnement par Gabriel Fauré, Texte grec restitué par
Henri Weil, Transcription par Théodore Reinach [für eine Singstimme,
1st. Chor, Harfe, Querflöte und 2 Baßklarinetten op. 63 bis] (1894)
Urtext/frz. Ü.
Partitur/*Klavierauszug: Paris [1894], O. Bornemann, zweite verbesser-
                    te Auflage* Paris [1914], S. Bornemann

Albert Thierfelder (1846-1924)
"Hymnus an Apollo" Eingerichtet und deutsch übersetzt von A. Thierfel-
der [für eine tiefe Männerstimme (ad lib.), 1st. Männerchor und Klavier]
in: "Altgriechische Musik", Sammlung von Gesängen aus dem klassischen
Alterthume vom 5. bis 1. Jahrhundert v. Chr. nach den überlieferten Me-
lodien mit griechischem und deutschem Texte nebst einleitenden Vorbe-
merkungen herausgegeben und für den Konzertvortrag eingerichtet von
A. Thierfelder, S.22-26
Urtext/dt. Ü. vom Bearbeiter
*Leipzig [1899], Breitkopf & Härtel

Ein Teil der Melodie dieses Fragments ohne den Text fand auch Verwendung in:
Botho Sigwart (1884-1915)
"Die Lieder des Euripides" Eine Mär aus Alt-Hellas von Ernst von Wil-
denbruch. In Musik gesetzt von Botho Sigwart. Drei Aufzüge, Erster Akt,
nach Ziffer 54 (Klavierauszug S. 38)
Anm.: Der Komponist bemerkt hierzu am unteren Rand der S. 38 des Kla-
            vierauszugs: "Die ersten Takte dieses Themas entsprechen einem
            Stück aus dem Hymnus an Apollo, der 1893 in Delphi wieder aufge-
            funden wurde. (Nach der Bearbeitung von A. Thierfelder)". Das
            genannte Thema wird von Querflöten und Harfen gespielt.
Klavierauszug: o. O. o. J., Selbstverlag?

Denkmäler Nr.20 Limenios (S.68-76)

Daniel Ruyneman (1886-1963)
"Prosodion" [für Singstimme (Bariton), Querflöte, Oboe, Violoncello und
Harfe] in: "Ancient Greek Songs" (1954), [4.]

Denkmäler Nr.20 Limenios, Daniel Ruyneman (Fortsetzung)

nur Zeile 35-40 engl. Ü. /dt. Ü. : Albert Thierfelder (1846-1924)
*Partitur (mit engl. Ü.)/*Singstimme + Harfe (mit dt. Ü.)/Klavierauszug
(mit engl. und dt. Ü.): Amsterdam [1957], DONEMUS

Albert Thierfelder (1846-1924)
"Prosodion (Feierliches Marschlied)" gefunden 1893 in Delphi, bearbeitet von A. Thierfelder [für Singstimme (tiefe Männerstimme) und Klavier
oder Harfe] in: "Altgriechische Musik", Sammlung von Gesängen aus dem
klassischen Alterthume vom 5. bis 1. Jahrhundert v. Chr. nach den überlieferten Melodien mit griechischem und deutschem Texte nebst einleitenden Vorbemerkungen herausgegeben und für den Konzertvortrag eingerichtet von A. Thierfelder, S. 27-28
nur Zeile 35-40 Urtext/dt. Ü. vom Bearbeiter
*Leipzig [1899], Breitkopf & Härtel

Denkmäler Nr.21 Euripides (S. 78-82)

Daniel Ruyneman (1886-1963)
"Fragment of Orestes by Euripides" [für Singstimme (Bariton), Querflöte, Oboe, Violoncello und Harfe] in: "Ancient Greek Songs" (1954), [1.]
Euripides, Orestes V. 338-344 engl. Ü. /dt. Ü. : Albert Thierfelder (1846-
1924)
*Partitur (mit engl. Ü.)/*Singstimme + Harfe (mit dt. Ü.)/Klavierauszug
(mit engl. und dt. Ü.): Amsterdam [1957], DONEMUS

Albert Thierfelder (1846-1924)
"Chor aus Orestes (Fragment)" Eingerichtet und deutsch übersetzt von
A. Thierfelder [für Baritonsolo (bei der Wiederholung 1st. Chor), Saiteninstrumente (Kithara), Blasinstrumente (Aulos) oder Klavier] in: "Altgriechische Musik", Sammlung von Gesängen aus dem klassischen Alterthume vom 5. bis 1. Jahrhundert v. Chr. nach den überlieferten Melodien mit griechischem und deutschem Texte nebst einleitenden Vorbemerkungen herausgegeben und für den Konzertvortrag eingerichtet von
A. Thierfelder, S. 20-21
Euripides, Orestes V. 338-344 Urtext/dt. Ü. vom Bearbeiter
*Partitur: Leipzig [1899], Breitkopf & Härtel

Die Melodie dieses Fragments ohne den Text fand auch Verwendung in:
Botho Sigwart (1884-1915)
"Die Lieder des Euripides" Eine Mär aus Alt-Hellas von Ernst von Wil-
denbruch. In Musik gesetzt von Botho Sigwart. Drei Aufzüge, Erster Akt,
nach Ziffer 44 (Klavierauszug S. 32)
Anm. : Der Komponist bemerkt hierzu am unteren Rand der S. 32 des
        Klavierauszugs: "Diese Melodie der Streicher bis zum Ende der
        Seite (das Thema des Euripides) ist das von mir frei ergänzte,
        rhythmisierte und harmonisierte Chorfragment aus dem Orestes
        des Euripides, das uns auf einem Papyrus des Erzherzog Rainer
        erhalten ist. (Nach der Übertragung von H. Riemann)".
Klavierauszug: o. O. o. J. , Selbstverlag.

Denkmäler Nr. 30 Pap. Berlin 6870 (S. 94-97)

Albert Thierfelder (1846-1924)
"Päan" Eingerichtet und deutsch übersetzt von A. Thierfelder[für eine
tiefe Männerstimme, Aulos (Holzblasinstrument) und Klavier oder Harfe]
Urtext/dt. Ü. vom Bearbeiter
*Partitur: Leipzig[1919], Breitkopf & Härtel

Denkmäler Nr. 32 Pap. Berlin 6870 (S. 100-103)

Daniel Ruyneman (1886-1963)
"Tekmessa" [für Singstimme (Bariton), Querflöte, Oboe, Violoncello und
Harfe] in: "Ancient Greek Songs" (1954), [2.]
engl. Ü. /dt. Ü. : Albert Thierfelder (1846-1924)
*Partitur (mit engl. Ü. /*Singstimme + Harfe (mit dt. Ü.)/Klavierauszug
(mit engl. und dt. Ü.): Amsterdam [1957], DONEMUS

Albert Thierfelder (1846-1924)
"Tekmessa an der Leiche ihres Gatten Aias" Eingerichtet und deutsch
übersetzt von A. Thierfelder [für eine Singstimme (Frauenstimme), Au-
los (Englisch Horn) und Klavier oder Harfe]
Urtext/dt. Ü. vom Bearbeiter
*Partitur: Leipzig [1919], Breitkopf & Härtel

Anhang II
Instrumentalwerke, denen ein Zitat aus der antiken Literatur als
Motto oder Überschrift vorangestellt oder beigegeben ist

AISCHYLOS

Adolf Jensen (1837-1879)
"Morgendämmerung" in: "Idyllen" 8 Klavierstücke zu zwei und vier Hän-
den op. 43 (1872), I.
Agamemnon V. 264-265 dt. Ü.
*Ausgabe für Klavier zu 2 Händen/Ausgabe für Klavier zu 4 Händen:
Breslau o. J., Hainauer

"Kassandra" (I.) und "Kypris" (VII.) in: "Eroticon" 7 Klavierstücke [für
Klavier zu 2 Händen] op. 44 (1872), I., VII.
I. : Agamemnon V. 1206 dt. Ü. : Johann Gustav Droysen (1808-1884)
VII. : Fr. 125, 20-26 (aus den Danaiden) (Die Fragmente der Tragödien des
Aischylos, hrsg. von Hans Joachim Mette, Berlin 1959, S. 44) dt. Ü. :
Johann Gustav Droysen (1808-1884)
Breslau o. J., Hainauer/*Braunschweig o. J., Litolff

ANTHOLOGIA GRAECA

Adolf Jensen (1837-1879)
"Mittagsstille" in: "Idyllen" 8 Klavierstücke zu zwei und vier Händen
op. 43 (1872), V.
XVI 12 (Platon?) dt. Ü.
*Ausgabe für Klavier zu 2 Händen/Ausgabe für Klavier zu 4 Händen:
Breslau o. J., Hainauer

ARISTOPHANES

Charles-Valentin Alkan (1813-1888)
"Les Initiés" in: "Esquisses" 48 Motifs en quatre suites op. 63 [für Kla-
vier zu 2 Händen], Nr. 5
Die Frösche V. 449-454 frz. Ü.
*Paris o. J., Costallat

Adolf Jensen (1837-1879)
"Waldvöglein" (III.) und "Dionysosfeier" (VIII.) in: "Idyllen" 8 Klavier-
stücke zu zwei und vier Händen op. 43 (1872), III., VIII.
III. : Die Vögel V. 209-211. 223-224 VIII. : Die Wolken V. 603-606 dt. Ü. :
Johann Gustav Droysen (1808-1884)
*Ausgabe für Klavier zu 2 Händen/Ausgabe für Klavier zu 4 Händen:
Breslau o. J., Hainauer

"Hochzeitsmusik" für Klavier zu 4 Händen op. 45 (1873)
Die Vögel V. 1708-1719 dt. Ü. : Johann Gustav Droysen (1808-1884)
Breslau o. J., Hainauer/*Leipzig o. J., Peters (zusammen mit "Abend-
musik" op. 59)

BION

(Bucolici Graeci, ed. U.v. Wilamowitz-Moellendorff, Oxford 1905)

Adolf Jensen (1837-1879)
"Adonis Klage" in: "Eroticon" 7 Klavierstücke [für Klavier zu 2 Händen]
op. 44 (1872), V.
App. X:'Αδώνιδος 'Επιτάφιος, 42 [μεῖνον-]-52 [-ἄγριον] (S. 123/
24) dt. Ü.
Breslau o.J., Hainauer/*Braunschweig o.J., Litolff

CARMINA ANACREONTEA

(Carmina Anacreontea, ed. K. Preisendanz, Leipzig 1912)

Walter Niemann (1876-1953)
"Anakreon":'Frühlingsstimmung' und 'Feierlicher Tempelreigen' nach
Gedichten des Anakreon für Streichorchester op. 50
Nr. 46, Nr. 44, 11-15 dt. Ü.: Eduard Mörike (1804-1875) (Die Überschrif-
ten lauten: "Der Frühling" und "Auf die Rose")
Partitur: Leipzig [1918], Kahnt

PINDAR

Roman Vlad (geb. 1919)
Ode super "Chrysea Phorminx" per chitarra e orchestra da camera [für
Gitarre und Kammerorchester] (1962-1964)
Pyth. I 1 [-φόρμιγξ] [als Überschrift]
*Partitur: London [1972], Universal Edition

SOPHOKLES

Adolf Jensen (1837-1879)
"Elektra" in: "Eroticon" 7 Klavierstücke[für Klavier zu 2 Händen]op. 44
(1872), IV.
Elektra V. 1260-1262 dt. Ü.
Breslau o.J., Hainauer/*Braunschweig o.J., Litolff

THEOKRIT (THEOKRITOS)

Adolf Jensen (1837-1879)
"Abendnähe" in: "Idyllen" 8 Klavierstücke zu zwei und zu vier Händen
op. 43 (1872), VI.
Id. VII 132 [ἔν τε βαθείας]-137.141-143 dt. Ü.
*Ausgabe für Klavier zu 2 Händen/Ausgabe für Klavier zu 4 Händen:
Breslau o.J., Hainauer

"Die Zauberin" (II.), "Galatea" (III.), "Eros" (VI.) in: "Eroticon" 7 Kla-
vierstücke [für Klavier zu 2 Händen] op. 44 (1872), II., III., VI.
II.: Id.II 38-40 [-καταίθομαι]. 14-16 III.: Id.XI 28-29 [-δύναμαι]
VI.: Id.III 15-16 [-ἐθήλαζεν] dt. Ü.
Breslau o.J., Hainauer/*Braunschweig o.J., Litolff

HORAZ (QUINTUS HORATIUS FLACCUS)

Charles-Valentin Alkan (1813-1888)
"Odi profanum vulgus et arceo: favete linguis" in: "Esquisses" 48 Motifs
en quatre suites op. 63 [für Klavier zu 2 Händen], Nr. 34
c. III 1, 1-2 [-linguis]
*Paris o. J., Costallat
Schallplatte: Joachim Draheim, Klavier (in: Antike Dichtung im Spiegel
    der Musik); audite FSM 53179

Helmut Eder (geb. 1916)
"Nil admirari" für Kammerorchester op. 46 (1967)
epi. I 6, 1 [-admirari]
Partitur/Studienpartitur: Wien [1968], Doblinger

Johann Peter Emilius Hartmann (1805-1900)
Pris-Sonate [d-Moll][für Klavier zu 2 Händen] op. 34 (1843)
Ars poetica V. 348 [neque-], 350
1) Hamburg [1843], Schuberth & Co.
2) Neue Ausgabe mit Fingersätzen von August Winding: Kopenhagen o. J.,
    Hansen

Adolf Jensen (1837-1879)
"Sturm und Drang" in: "Vier Impromptus" [für Klavier zu 2 Händen]
op. 20, I.
c. III 3, 7-8
*Hamburg o. J., Fritz Schuberth

Jan Novák (geb. 1921)
"Odae" V exercitationes in Horatium clavili binis manibus [5 Etüden für
Klavier zu 2 Händen, in denen zugleich 5 Horaz-Oden vertont sind, de-
ren Melodie nicht in einem separaten System notiert, sondern in den
Klaviersatz eingearbeitet ist] (1978): I "Ad Apollinem", II "Ad Faunum",
III "Threnus", IV "Ad Melpomenen", V "Ad Mercurium"
I: c. I 31, 1-8. 17-20 II: c. III 18 III: c. I 24, 1-8 IV: c. IV 3, 1-4. 17-20
V: c. III 11, 1-16
Autograph im Besitz des Komponisten, Neu-Ulm
Anm.: Der Komponist schrieb dem Verfasser über dieses Werk am
    10. 1. 1979: "ceterum ODAE/1978/non ad cantum vocis adhiberi
    debeant. clavicen solummodo versus Horatianas secum tacitus
    ruminet".

Julius Weismann (1879-1950)
Sonatine a-moll "Ille terrarum" für zwei Klaviere vierhändig op. 122
(1936)
c. II 6, 13-14 [-ridet]
*Partitur: Leipzig [1936], Steingräber

OVID (PUBLIUS OVIDIUS NASO)

Hector Berlioz (1803-1869)
"Tristia" Recueil de morceaux détachés pour choeur et orchestre ...
op. 18: "Meditation religieuse" (Nr. 1) (1831), "La Mort d' Ophélie" Bal-
lade (Nr. 2) (1848) [für Frauenchor und Orchester], "Marche funèbre
pour la dernière scène d' Hamlet" (Nr. 3) (1848) [für Orchester]

Hector Berlioz (Fortsetzung)

Trist. I 1, 13 [qui-]-14 (in der franz. Erstausgabe und in der Gesamtausgabe, nicht im Autograph)
Partitur: 1) Paris o.J., Richault
        2) in: Hector Berlioz, Werke, hrsg. von Ch. Malherbe und F. Weingartner, Band XIV: Gesänge mit Orchesterbegleitung Abt. I, Leipzig [1903], Breitkopf & Härtel, S. 1-6, 75-88 (Nr. 1 und 2); Hector Berlioz, Werke ..., Band VI: Kleinere Instrumentalwerke, Leipzig [1902], Breitkopf & Härtel, S. 41-56 (Nr. 3)
Schallplatte: (nur Nr. 3) London Symphony Orchestra/Dirigent: Colin Davis; Philips LY 5802913/Philips 6747271

Karl Ditters von Dittersdorf (1739-1799)
[12 Sinfonien nach Ovids Metamorphosen für Orchester] (1783-1785):
1. "Les quatre âges du monde" (C-Dur), 2. "La chûte de Phaèton" (D-Dur), 3. "Actéon changé en cerf" (G-Dur), 4. "Andromède sauvée par Persée" (F-Dur), 5. "Phinée avec ses amis changés en rochers" (D-Dur), 6. "Les paysans changés en grenouilles" (A-Dur), 7. "Jason qui enlève la toison d'or", 8. "Le siège de Mégare", 9. "Hercule changé en dieu", 10. "Orphée et Euridice", 11. "Midas élu pour juge entre Pan et Apollon", 12. "Ajax et Ulisse qui se disputent les armes d' Achille"
Den Sinfonien bzw. den einzelnen Sätzen der Sinfonien sind folgende Mottos aus den Metamorphosen vorangestellt:
    1.: Larghetto: I 89 [-aetas], Allegro e Vivace: I 114 [subiit-]-115 [-deterior], Minuetto con Garbo: I 125. Finale. Presto: I 127 [de-]
    2.: Adagio non molto/Allegro: II 1, Andante: II 41, Tempo di Minuetto: II 49 [-patrem], Finale. Vivace ma non troppo presto: II 311-313
    3.: Allegro: III 146 [per-], Adagio (più tosto Andantino): III 163-164, Tempo di Minuetto: III 174 [-Cadmi], Finale. Vivace: III 250
    4.: Adagio non molto: IV 664 [caelo-]-665 [-ortus erat], Presto (Vivace): IV 667 [motis-], Larghetto: IV 673 [nisi-]-675 [-opus], Finale. Vivace: IV 736 [gaudent-]
    5.: Andante più tosto Allegretto: V 3 [nec coniugalia-]-4, Allegro assai: V 70 [at ille-]-72 [-Athin], Andante molto: V 112 [qui-], Finale. Vivace/Tempo di Minuetto: V 180 [et Gorgonis]
    6.: Allegretto non troppo presto: VI 344 [agrestes-]-345, Adagio, ma non molto: VI 360, Minuetto. Moderato: VI 361 [-prohibere], Finale. Adagio/Vivace, ma moderato: VI 377 [-rauca est]
    7.: Largo ma non troppo/Allegro moderato: VII 7 [adeunt-], Adagio: VII 9, Minuetto: VII 55 [non magna-]-56 [-sequar], Ciacona: VII 158 [tetigit-]
    8.: Vivace: VIII 7, Andante: VIII 17 [solita est-]-18, Minuetto: VIII 29, Allegro assai: VIII 106
    9.: Allegro/Vivace: IX 134 [actaque-]-135 [-terras], Adagio: IX 142 [flendoque-]-143 [-suum], Minuetto: IX 152 [-habet], Allegro: IX 158
    10.: Larghetto: X 11-12 [-vates], Allegro moderato/Adagio: X 40-42, Minuetto: X 48-50, Adagio/Vivace/Allegretto: X 53-59. 62-63 [-dixit]
    11.: Moderato: XI 154, Largo: XI 170 [quorum-]-171, Minuetto: XI 173 [arguitur-]-174 [-Midae], Vivace: XI 179
    12.: 1. Satz: XIII 6 [et mecum-], 2. Satz: XIII 137 [meaque-]-139 [-careat], Minuetto: XIII 383 [fortisque-], Allegro molto/Adagio: XIII 384

Karl Ditters von Dittersdorf (Fortsetzung)

Nr. 1-3:
Stimmen: Trois simphonies, exprimant trois métamorphoses d'Ovide ...
analysées par Mr. I. T. Hermès ..., Wien [1785], Artaria
& Co.
*Klavierauszug (3 Hefte): Première (Seconde, Troisième) Sinfonie ex-
primant la Métamorphose d'Ovide ... arrangée
pour le Forte-piano, ou clavecin, Wien [1787/
88], Franz Anton Hoffmeister
Nr. 1-6:
Partitur/Stimmen in: Ausgewählte Orchesterwerke von Carl Ditters von
Dittersdorf, hrsg. von Josef Liebeskind, I. Ab-
theilung, Bde. I-VI, Leipzig [1899 ff.], Gebrüder
Reinecke
Reprint der Partitur in: Selected Orchestral Works of Karl Ditters von
Dittersdorf, ed. by Josef Liebeskind, New York
1971, Da Capo Press, S. 3-180
Nr. 4:
*Partitur/Stimmen: Mainz [1970], Schott (hrsg. von Günter Kehr, leider
ohne Angabe der Ovid-Zitate!)
Schallplatte: Mainzer Kammerorchester/Dirigent: Günter Kehr;
Turnabout TV 34274 ("XVIII Century Studentenmusik")
Nr. 7-12: sind verschollen.
Vgl. hierzu auch: Johann Timotheus Hermes, Analyse de XII Métamor-
phoses tirées d'Ovide, & mises en musique par Mr. Charles-Ditters de
Dittersdorf, Breslau [1786]. Diese Analysen waren der ersten Lieferung
des Erstdrucks wenigstens z. T. beigegeben. Eine deutsche Übersetzung
erschien unter dem Titel: Analyse der zwölf Metamorphosen-Symphonieen
von Karl von Dittersdorf. Zum hundertsten Todestage des Komponisten
aus dem Französischen des J. T. Hermes übersetzt und durch einen Le-
bensabriß eingeleitet von Georg Thouret, Berlin 1899.
Anm.: Die Zitatangaben richten sich für Nr. 1-6 nach der Ausgabe von
Liebeskind, für Nr. 7-12 nach den Analysen von Hermes.

PROPERZ (SEXTUS PROPERTIUS)

Franz Liszt (1811-1886)
"Marche funèbre. En Mémoire de Maximilien I, Empereur du Mexique
* 19 Juin 1867" [für Klavier zu 2 Händen] in: "Années de Pèlerinage",
Troisième Année, Nr. 6 (1867)
II 10, 6 [in magnis-]
Mainz [1883], Schott in: "Années de Pèlerinage", Troisième Année, Nr. 6
(auch als Einzelausgabe)
*Leipzig [1916], Breitkopf & Härtel in: Franz Liszts Musikalische Werke,
hrsg. von der Franz Liszt-Stiftung, II: Piano-
fortewerke, Band VI: Wanderjahre ..., S. 188-191

VERGIL (PUBLIUS VERGILIUS MARO)

Franz Liszt (1811-1886)
"Sunt lacrymae rerum" En mode hongrois [für Klavier zu 2 Händen] in:
"Années de Pèlerinage", Troisième Année, Nr. 5 (1872)
Aen. I 462 [-rerum]

Franz Liszt (Fortsetzung)

Mainz [1883], Schott in: "Années de Pèlerinage", Troisième Année, Nr. 5
          (auch als Einzelausgabe)
*Leipzig [1916] in: Franz Liszts Musikalische Werke, hrsg. von der
          Franz Liszt-Stiftung, II: Pianofortewerke, Band VI:
          Wanderjahre ..., S. 182-187
Budapest [1956], Editio Musica Budapest (Einzelausgabe)

Charles Martin Loeffler (1861-1935)
"A Pagan Poem" (After Virgil) composed for orchestra with piano, eng-
lish horn and three trumpets obbligato [ursprünglich für Klavier und 12
Instrumente (1901), dann für Orchester mit obligatem Klavier, Englisch
Horn und 3 obligaten Trompeten (1906)] op. 14
ecl. 8 (in der Partitur nicht angegeben, laut Oliver Strunk, Vergil in Mu-
sic, in: The Musical Quarterly 16, 1930, S. 496)
Partitur: New York [1909], G. Schirmer

Edward MacDowell (1861-1908)
"Andantino ed Allegretto" [für Klavier zu 2 Händen] in: "Erste moderne
Suite" e-moll op. 10 (1883), III.
Aen. II 255 [per amica-]
Leipzig [1883], *2[1906] (vom Komponisten revidierte Ausgabe), Breit-
          kopf & Härtel

Pietro Mascagni (1863-1945)
"Sunt Lacrymae Rerum!" [für Klavier zu 2 Händen] in: "King Albert's
Book" A Tribute to the Belgian King and People from Representative
Men and Women Throughout the World, S. 167
Aen. I 462 [-rerum]
*[London] [1915], Verlag des Daily Telegraph

Gabriel Pierné (1863-1937)
Sonata da camera pour trois instruments (flûte, violoncelle & piano):
Prélude, Sarabande et Finale op. 48 (1927)
ecl. 5, 1-3 frz. Ü.
Paris [1927], Durand

Henri Rabaud (1873-1949)
"Eglogue" Poème Virgilien pour Orchestre [op. 7] (1898)
ecl. 1 (nur V. 1-2 und 83 abgedruckt)
Partitur/Arrangement für Klavier zu 4 Händen vom Komponisten:
                         Paris [1898], Durand

Anhang III
Instrumentale Vorspiele zu antiken Dramen

AISCHYLOS

Der gefesselte Prometheus

Karl Goldmark (1830-1915)
"Der gefesselte Prometheus" Ouvertüre op. 38 (1889) (ersch. Leipzig 1890, Simrock)

Orestie III. Die Eumeniden

William Wallace (1860-1940)
"Symphonic Prelude" (UA London, Crystal Palace, 1893)

SOPHOKLES

Aias

Henri Tomasi (1901-1971)
"Ouvertüre" (zu der Fassung von J. Maigret) (1934)

Antigone

Vladimír Sommer (geb. 1921)
"Ouvertüre" (1957) (UA Prag, 26.11.1957)

König Oidipus

Ildebrando Pizzetti (1880-1968)
"Tre Preludi Sinfonici" (1904) (ersch. Mailand 1927, ²1947, Ricordi)

Johann Friedrich Reichardt (1752-1814)
"Ouvertüre" (1812) (Partitur und Stimmen im Besitz der Deutschen Staatsbibliothek, Berlin, Mus.ms.Reichardt 28)

Max von Schillings (1868-1933)
"Symphonischer Prolog" op. 11 (1900) (ersch. Berlin 1901, Bote & Bock)

Oidipus auf Kolonos

Granville Bantock (1868-1946)
"Overture to a Greek Tragedy" (1911) (ersch. 1912, Sibelius gewidmet)

EURIPIDES

Die Bakchen

Granville Bantock (1868-1946)
"Prelude" (1945)

Iphigenie in Aulis

Arrigo Pedrollo (1878-1964)
"Intermezzi" (ersch. Mailand 1938, Carish)

ARISTOPHANES

Die Frauen am Thesmophorienfest

Granville Bantock (1868-1946)
"Overture to a Greek Comedy" (1941)

Die Frösche

Granville Bantock (1868-1946)
"Comedy Overture" (1935)

Lysistrate

Leo Ornstein (geb. 1892)
"Lysistrata-Suite" für Orchester (1933)

Die Vögel

Granville Bantock (1868-1946)
"Comedy Overture" (1946)

BIBLIOGRAPHIE

a) Allgemeine Nachschlagewerke

Brockhaus Enzyklopädie in zwanzig Bänden [und zwei Bänden Ergänzungen] - Siebzehnte völlig neu bearbeitete Auflage des großen Brockhaus, Wiesbaden 1966-1976
Grande Dizionario Enciclopedico UTET, Turin 1967 ff.
Nouvelle Biographie Générale depuis les temps les plus reculés jusqu'à 1850-60, Paris 1857 ff.
The National Union Catalog-Pre-1956 Imprints, Volume 1-685, London 1968-1980

b) Musiklexika, Musikbibliographien, Bibliothekskataloge

Die Musik in Geschichte und Gegenwart (abgekürzt: MGG) - Allgemeine Enzyklopädie der Musik - Unter Mitarbeit zahlreicher Musikforscher des In- und Auslandes herausgegeben von Friedrich Blume, 14 Bände, Kassel/Basel 1949-1968; Supplement Band 15 (A-D), Kassel/Basel 1973
Grove's Dictionary of Music and Musicians. Third Edition edited by H. C. Colles, 5 Bände, New York 1952; Fifth Edition edited by Eric Bloom, 9 Bände, London 1954; Supplementary Volume, London 1961
Musik-Lexikon von Dr. Hugo Riemann, Fünfte vollständig umgearbeitete Auflage, Leipzig 1900
Hugo Riemanns Musik-Lexikon, Neunte vom Verfasser noch vollständig umgearbeitete Auflage nach seinem Tode (10. Juli 1919) fertiggestellt von Alfred Einstein, Berlin 1919
Hugo Riemanns Musik-Lexikon, Zehnte Auflage, bearbeitet von Alfred Einstein, Berlin 1922
Hugo Riemanns Musiklexikon, Elfte Auflage, bearbeitet von Alfred Einstein, 2 Bände, Berlin 1929
Riemann Musik Lexikon, Zwölfte völlig neubearbeitete Auflage in drei Bänden herausgegeben von Wilibald Gurlitt:
Personenteil A-K, Mainz 1959
Personenteil L-Z, Mainz 1961
Sachteil [A-Z] (begonnen von Wilibald Gurlitt, fortgeführt und herausgegeben von Hans Heinrich Eggebrecht), Mainz 1967
Ergänzungsband Personenteil A-K (herausgegeben von Carl Dahlhaus), Mainz 1972
Ergänzungsband Personenteil L-Z (herausgegeben von Carl Dahlhaus), Mainz 1975
Frank-Altmann, Kurzgefaßtes Tonkünstler-Lexikon:
Erster Teil: Neudruck der Ausgabe von 1936, 15. Auflage, Wilhelmshaven 1971
Zweiter Teil: Ergänzungen und Erweiterungen seit 1937, Band 1: A-K, 15. Auflage, Wilhelmshaven 1974; Band 2: L-Z, 15. Auflage, Wilhelmshaven 1978
Meyers Handbuch über die Musik, herausgegeben und bearbeitet von Heinrich Lindlar, Mannheim [3]1966
Friedrich Herzfeld, Lexikon der Musik, Berlin 1957
Deutsches Musiker-Lexikon, herausgegeben von Erich H. Müller, Dresden 1929
Carl Freiherr von Ledebur, Tonkünstler-Lexicon Berlin's von den ältesten Zeiten bis auf die Gegenwart, Berlin 1861; Reprint Tutzing und Berlin 1965 (mit Nachwort von Rudolf Elvers)

Komponisten und Musikwissenschaftler der Deutschen Demokratischen Republik - Kurzbiographien und Werkverzeichnisse, Berlin [2]1966

The International Cyclopedia of Music and Musicians, edited by Oscar Thompson, New York 1939; Tenth Edition, Editor: Bruce Bohle, New York/Toronto/London 1975

Kenneth Thompson, A Dictionary of Twentieth-Century Composers (1911-1971), London 1973

Dictionary of Contemporary Music, John Vinton, Editor, New York 1974

Marc Honegger, Dictionaire de la Musique, 2 Bände, Paris 1970

Enciclopedia della Musica, Vol. I, Mailand 1963, Vol. II, III, IV, Mailand 1964

Robert Eitner, Biographisch-Bibliographisches Quellen-Lexikon der Musiker und Musikgelehrten christlicher Zeitrechnung bis Mitte des neunzehnten Jahrhunderts, Leipzig 1900-1904, 10 Bände; 2. verbesserte Auflage in 11 Bänden, Graz 1959/60

Répertoire international des sources musicales (RISM): Recueils imprimés XVIIIe siècle, München/Duisburg 1964

Répertoire international des sources musicales (RISM): Einzeldrucke vor 1800 (Redaktion: Karlheinz Schlager): Band 1-7, Kassel/Basel/Tours/London 1971-1978

Handbuch der musikalischen Literatur ..., hrsg. von C. F. Whistling, Leipzig 1828; Reprint Hildesheim/New York 1975; Zweiter Ergänzungsband der von 1829-33 erschienenen Werke von Adolph Hofmeister, Leipzig 1834; Dritter Ergänzungsband der von 1834-38 erschienenen Werke von Adolph Hofmeister, Leipzig 1839; Reprint beider Bände Hildesheim/New York 1975

Handbuch der musikalischen Literatur [ab Bd. 17 Hofmeisters Handbuch der Musikliteratur], hrsg. von A. Hofmeister, Bd. 1-19, Leipzig 1844-1943

Jahresverzeichnis der deutschen Musikalien und Musikschriften. Bearbeitet von der Deutschen Bücherei. Jahrgänge 92-122, Leipzig 1944-1978

Franz Pazdírek, Universal-Handbuch der Musikliteratur, 12 Bände, Wien 1904-1910, Reprint Hilversum 1967

Catalogue of Manuscript Music in the British Museum, by Augustus Hughes-Hughes, Vol. II: Secular Vocal Music, London 1908

Catalogue of Printed Music between 1487 and 1800, Now in the British Museum, by William Barclay Squire, 2 Bände (1.: A-K, 2.: L-Z and two Supplements) London/Leipzig 1912; Reprint Nendeln/Liechtenstein 1968

Catalogue of Printed Music in The Library of The Royal College of Music, London, by Wm. Barclay Squire, London/Leipzig 1909

Internationales Musikinstitut Darmstadt - Informationszentrum für zeitgenössische Musik: Katalog der Abteilung Noten, Darmstadt 1966; Bibliothek Nachtrag 1969/70, Darmstadt 1970

Opern auf Schallplatten 1900-1962. Ein historischer Katalog, Wien/Karlsruhe 1974

Die Oper im XX. Jahrhundert. Diskographie (Deutsche Musik-Phonothek Berlin), Berlin 1964

c) Spezialliteratur, einschl. Bibliographien zu einzelnen Autoren und
Sachgebieten, Texten antiker Autoren sowie Quellenwerken (Briefsamm-
lungen, Dokumenten u. ä., jeweils unter dem Namen des Autors). Es
wurden auch einige Titel aufgenommen, die im Rahmen dieser Arbeit
keine Verwendung fanden, jedoch z. T. wertvolle Ergänzungen zum Thema
bieten, vor allem was die Vertonungen vor 1700 betrifft.

Theodor W. Adorno, Coda: Schumanns Lieder, in: Zum Gedächtnis
Eichendorffs, in: Noten zur Literatur I, Frankfurt 1958, S. 134-143
Wilhelm Altmann, Meyerbeer im Dienste des preußischen Königshau-
ses, in: Zeitschrift für Musikwissenschaft 2, 1919/20, S. 94-112
Rudolph Angermüller, Antonio Salieri - Sein Leben und seine weltlicher
Werke unter besonderer Berücksichtigung seiner "großen" Opern, Teil I:
Werk- und Quellenverzeichnis (Schriften zur Musik, Bd. 16), München 1971
Richard Batka, Eine Komposition Franz Grillparzers, in: Neue Revue
(Berlin), I., 1908, S. 581-586
Julius Becker, Ueber die Bearbeitung der antiken Dramen: Antigone
und Medea, für unsere Bühnen, in: Neue Zeitschrift für Musik, 20. Bd.,
Nr. 3, 8. 1. 1844, S. 9-10; Nr. 4, 11. 1. 1844, S. 14-15
A. Böckh, E. H. Toelken, F. Förster, Über die Antigone des Sopho-
kles und ihre Darstellung auf dem Königl. Schloßtheater im neuen Palais
bei Sanssouci. Drei Abhandlungen, Berlin 1842
Wolfgang Boetticher, Robert Schumann. Einführung in Persönlichkeit
und Werk, Berlin 1941
Hans Boettcher, Beethovens Homer-Studien, in: Die Musik XIX, 1927,
Heft 7, S. 478-485
August Bopp, Friedrich Silcher, Stuttgart 1916
Charles van den Borren, Horace et la musique, in: Études horatiennes,
Recueil publié en l'honneur du bimillénaire d'Horace (Travaux de la
faculté de philosophie et lettres de l'université de Bruxelles, Tome VII),
Brüssel 1937, S. 247-254
Alfred Bruneau, Geschichte der französischen Musik (Übertragen von
Max Graf) ("Die Musik", hrsg. von Richard Strauss, Band IV), Berlin o. J.
Georg Büchmann, Geflügelte Worte und Zitatenschatz, Verbesserte
Neuausgabe, neu bearbeitet von Dr. Paul Dorpert, Zürich o. J.
Catull's Buch der Lieder in deutscher Nachbildung von Theodor Heyse,
Berlin 1855
Peter Cornelius, Literarische Werke, Erste Gesamtausgabe im Auf-
trage seiner Familie herausgegeben:
I.   Band: Ausgewählte Briefe, 1. Band, hrsg. von Carl Maria Cornelius,
            Leipzig 1904
II.   Band: Ausgewählte Briefe, 2. Band, hrsg. von Carl Maria Cornelius,
            Leipzig 1905
III. Band: Aufsätze über Musik und Kunst, hrsg. von Edgar Istel, Leipzig
            1904
IV.   Band: Gedichte, hrsg. von Adolf Stern, Leipzig 1905
[Deutsch] Schubert-Thematic Catalogue of All His Works in Chronologi-
cal Order by Otto Erich Deutsch in collaboration with Donald R. Wake-
ling, London 1951
Otto Erich Deutsch, Musikverlags-Nummern. Eine Auswahl von 40 da-
tierten Listen 1710-1900. Zweite, verbesserte und erste deutsche Ausgabe, Berlin 1961

Eduard Devrient, Meine Erinnerungen an Felix Mendelssohn-Bartholdy und Seine Briefe an mich, Leipzig 1869

Eduard Devrient, Aus seinen Tagebüchern, 2 Bände, hrsg. von Rolf Kabel, Weimar 1964

Eduard Devrient, Geschichte der deutschen Schauspielkunst, hrsg. von Rolf Kabel und Christoph Trilse, Bd. II, Berlin 1967

Ernst Doblhofer, Eine wundersame Errettung des Horaz. - Versuch einer Modellinterpretation von carm. 1, 22, in: Der altsprachliche Unterricht, Reihe XX, Heft 4, 1977, S. 29-44

Joachim Draheim, Vertonungen antiker Dichtungen und ihre Behandlung im Unterricht, in: Der Altsprachliche Unterricht, Reihe XX III, Heft 5, 1980, S. 6-27

Johann Gustav Droysen, Kleine Schriften zur alten Geschichte, Zweiter Band, Leipzig 1894

François Duysinx, Horace et la musique, in: Journées d' Études Nr. 36, 1963/64, S. 31-46

Arnfried Edler, Studien zur Auffassung antiker Musikmythen im 19. Jahrhundert, Kassel 1970

Paul Eickhoff, Eine aus dem Mittelalter überlieferte Melodie zu Horatius III/9, nebst dem Bruchstück einer solchen zu III/13, in: Vierteljahresschrift für Musikwissenschaft 7, 1891, S. 108-115

László Eösze, Zoltán Kodály, sein Leben und sein Werk, Bonn 1964

Hellmut Flashar, F. Mendelssohn-Bartholdys Vertonung antiker Dramen, in: Berlin und die Antike. Aufsätze, hrsg. von Willmuth Arenhövel und Christa Schreiber, Berlin 1979, S. 351-361

Eduard Fraenkel, Horaz, Darmstadt 1971

Max Friedländer, Das deutsche Lied im 18. Jahrhundert, 2 Bände, Stuttgart/Berlin 1902; Reprint Hildesheim 1962

Natale Gallini, Importante inedito rossiniano: La Musica di scena dell' Edipo a Colono di Sofocle ritrovata nella sua integrità, in: La Scala: Rivista dell' Opera 31, Mailand 1952, S. 19-26

Emanuel Geibel, Klassisches Liederbuch - Griechen und Römer in deutscher Nachbildung, Berlin 1875, [5]1888, [6]1906; Neuausgabe Leipzig 1959

Klaus Geitel, Hans Werner Henze, Berlin 1968

[Adolf Glasbrenner] Antigone in Berlin. Frei nach Sophokles von Ad. Brennglas, Leipzig [2]1843

Johann Wolfgang Goethe, Gedenkausgabe der Werke, Briefe und Gespräche, hrsg. von Ernst Beutler, Erster Band, Zürich 1950, [2]1961

[Goethe] Briefwechsel zwischen Goethe und Zelter in den Jahren 1799 bis 1832, hrsg. von Ludwig Geiger, 3 Bände, Leipzig 1902

Franz Grillparzer, Sämtliche Werke, Vierzehnter Band: Prosaschriften II: Aufsätze über Literatur, Musik und Theater. Musikalien, Wien 1925

[Hagedorn] Des Herrn Friedrichs von Hagedorn, sämmtliche Poetische Werke. Erster Theil., Wien 1780

Jacques Handschin, Musikgeschichte im Überblick, Luzern/Stuttgart [2]1964

Eduard Hanslick, Grillparzer und die Musik, in: Musikalische Stationen, Berlin 1880, S. 331-361

Eduard Hanslick, Grillparzer als Musiker, in: Musikalisches und Litterarisches (Der "Modernen Oper" V. Theil). Kritiken und Schilderungen, Berlin 1889, S. 269-278

Max Hasse, Der Dichtermusiker Peter Cornelius, 2 Bände, Leipzig 1922/23

Joseph Haydn, Gesammelte Briefe und Aufzeichnungen, unter Benutzung der Quellensammlung von H. C. Robbins Landon herausgegeben und erläutert von Dénes Bartha, Kassel 1965

Friedrich Hebbel, Tagebücher, Historisch-kritische Ausgabe von R. M. Werner, Zweiter Band: 1840-44, Berlin-Steglitz 1913

Heinrich Heine, Sämtliche Werke in zwölf Teilen, hrsg. von P. Beyer, K. Quenzel und K. H. Wegener, Zweiter Teil, Leipzig 1921

Sebastian Hensel, Die Familie Mendelssohn 1729 bis 1847. Nach Briefen und Tagebüchern, Berlin 1879 (3 Bände), Berlin ^{2}1880 (2 Bände), Leipzig ^{18}1924 (2 Bände)

Leopold Hirschberg, Unbekannte Kompositionen antikisierender Dichtungen (über "Themisto" und "Die Hochzeit der Thetis" von Karl Loewe), in: Blätter für Haus- und Kirchenmusik, Nr. 4, Langensalza 1901, S. 54-56

Leopold Hirschberg, Carl Loewes Chorgesänge weltlichen Inhalts (u. a. über "Fünf Oden des Horaz ... " op. 57), in: Die Musik VII, 1908, Heft 23, S. 263-283 und VII, 1908, Heft 24, S. 346-361

Leopold Hirschberg, Carl Loewe und das klassische Altertum, in: Neue Jahrbücher 36, 1915, S. 190-212

Leopold Hirschberg, Webers Musik zu Grillparzers "Sappho", in: Die Musik XVIII, 1926, Heft 9, S. 651-653

[Hoboken] Joseph Haydn. Thematisch-bibliographisches Werkverzeichnis, zusammengestellt von Anthony van Hoboken, Band II, Mainz 1971

Max Hoffmann, August Böckh. Lebensbeschreibung und Auswahl aus seinem wissenschaftlichen Briefwechsel, Leipzig 1901

Q. Horati Flacci Opera, tertium recognovit Fridericus Klingner, Leipzig 1959

Walter Hummel, W. A. Mozarts Söhne, Kassel/Basel 1956

Herbert Hunger, Lexikon der griechischen und römischen Mythologie mit Hinweisen auf das Fortwirken antiker Stoffe und Motive in der bildenden Kunst, Literatur und Musik des Abendlandes bis zur Gegenwart, Wien ^{6}1969

Otto Jahn, Wie wurden die Oden des Horatius vorgetragen?, in: Hermes 2, 1867, S. 418-433

[Jähns] Carl Maria von Weber in seinen Werken. Chronologisch-thematisches Verzeichnis seiner sämmtlichen Compositionen nebst Angabe der unvollständigen, verloren gegangenen, zweifelhaften und untergeschobenen ... von Friedr. Wilh. Jähns, Berlin 1871, Reprint Berlin-Lichterfelde 1967

Josef Kaut, Festspiele in Salzburg, Salzburg 1969/München 1970

Wilhelm Keller, Carl Orff's ANTIΓONH. Versuch einer Einführung, Mainz 1950

Kindlers Literatur Lexikon, Band I-VII, Ergänzungsband, Zürich 1965-1974

[Köchel] Chronologisch-thematisches Verzeichnis sämtlicher Tonwerke Wolfgang Amadé Mozarts nebst Angabe der verlorengegangenen, angefangenen, von fremder Hand bearbeiteten, zweifelhaften und unterschobenen Kompositionen von Dr. Ludwig Ritter von Köchel - Sechste Auflage, bearbeitet von Franz Giegling, Zürich, Alexander Weinmann, Wien, Gerd Sievers, Wiesbaden, Wiesbaden 1964

Georg Richard Kruse, Zelter, Leipzig 1915, ^{2}1930

Georg Richard Kruse, Der Wildschütz - Zur Geschichte der Oper, in: A. Lortzing, Der Wildschütz oder Die Stimme der Natur, Komische Oper in drei Akten, Klavierauszug, Neu revidierte Ausgabe, hrsg. von Georg Richard Kruse, Frankfurt/London/New York ^{2}1948, S. 4-8

Georg Christoph Lichtenberg, 2x2 = 3 oder vom fruchtbaren Zweifel -
Ein Brevier, Wiesbaden 1952

Arthur M. Little, Mendelssohn's Music to the Antigone of Sophocles
(Diss. Leipzig), Washington 1893

Albert Lortzing, Gesammelte Briefe, hrsg. von Georg Richard Kruse,
Neue, um 82 Briefe vermehrte Ausgabe, Regensburg 1913

[Mendelssohn] Briefe aus den Jahren 1830 bis 1847 von Felix Mendelssohn Bartholdy. Herausgegeben von Paul Mendelssohn Bartholdy und Prof.
Dr. Carl Mendelssohn Bartholdy in Freiburg im Br., Zweite billige Ausgabe in einem Bande, Leipzig 1870 (willkürlich entstellte und unzuverläs-
sige Ausgabe!)

Felix Mendelssohn-Bartholdys Briefwechsel mit Legationsrat Karl
Klingemann in London, herausgegeben und eingeleitet von Karl Klingemann [junior], Essen 1909

[Mendelssohn] Ein tief gegründet Herz - Der Briefwechsel Felix Mendelssohn-Bartholdys mit Johann Gustav Droysen, herausgegeben von Carl
Wehmer, Heidelberg 1959

Giacomo Meyerbeer, Briefwechsel und Tagebücher, hrsg. von Heinz
Becker und Gudrun Becker, Band 3: 1837-1845, Berlin 1975

[Mörike] Anakreon und die sogenannten Anakreontischen Lieder. Revision der J. Fr. Degen'schen Übersetzung mit Erklärungen von Eduard
Mörike, Stuttgart 1864; ohne die Erklärungen auch in: Griechische Lyrik.
Übertragen von Eduard Mörike, herausgegeben und mit einem Nachwort
versehen von Uvo Hölscher (Exempla Classica 8), Frankfurt/Hamburg
1960, S. 48-84

Briefwechsel zwischen Eduard Mörike und Moriz v. Schwind, hrsg. v.
H. W. Roth, Stuttgart 1914

Hans Joachim Moser, Paul Hofhaimer. Ein Lied und Orgelmeister des
deutschen Humanismus, Stuttgart/Berlin 1929; Reprint Hildesheim 1966
(enthält sämtliche Horaz-, Vergil-, Martial- und Catull-Vertonungen von
Hofhaimer)

Hans Joachim Moser, Didonis novissima verba in der Musik, in: Gymnasium 58, 1951, S. 322-326

Erich H. Mueller von Asow, Richard Strauss - Thematisches Verzeichnis:

Band   I: Opus 1-59, Wien/Wiesbaden 1959

Band II: Opus 60-86, Wien/Wiesbanden 1962

Band III: Werke ohne Opuszahlen (Nach dem Tode des Verfassers vollendet und herausgegeben von A. Ott und F. Trenner), Wien/München 1974

Alfred de Musset, Poésies complètes, Texte établi et annoté par Maurice Allem (Bibliothèque de la Pléiade), Paris 1957

E. Nowaczyk, Moniuszkos Sololieder, thematischer Katalog, Krakau
1954 [poln.!]

[Ophüls] Brahms-Texte. Vollständige Sammlung der von Johannes
Brahms componirten und musikalisch bearbeiteten Dichtungen. Herausgegeben von Dr. G. Ophüls, Berlin [2]1908

Helmuth Osthoff, Vergils Aeneis in der Musik von Josquin des Prez bis
Orlando Lasso, in: Archiv für Musikwissenschaft 11, 1954, S. 85-102

Helmuth Osthoff, Domenico Mazzocchis Vergil-Kompositionen, in:
Festschrift Karl Gustav Fellerer zum sechzigsten Geburtstag, Regensburg 1962, S. 407-416

Ovid, Metamorphosen erkl. von Moriz Haupt, Bd. 1, Berlin 1853,
[5]1871 (1. Bd.; 2. Bd. bearbeitet von Otto Kern)

Giovanni Battista Pighi, I ritmi e i metri della poesia latina con parti-
colare riguardo all' uso di Catullo e d'Orazio, Brescia 1958

Mario Pintacuda, Tragedia antica e musica d'oggi. La musica nelle rappresentazioni moderne dei tragici greci in Italia. Elenco cronologico delle principali rappresentazioni tragiche dal 1904 al 1977 in Italia, Cefalù 1978

Egert Pöhlmann, Denkmäler altgriechischer Musik-Sammlung, Übertragung und Erläuterung aller Fragmente und Fälschungen, Nürnberg 1970

Wilhelm Pökel, Philologisches Schriftsteller-Lexikon, Leipzig 1882

Viktor Pöschl, Horazische Lyrik. Interpretationen, Heidelberg 1970

Viktor Pöschl, Die Dionysosode des Horaz (c. 2, 19), in: Hermes 101, 1973, S. 208-230

Max Puttmann, Franz Grillparzer und die Musik (Musikalisches Magazin, Heft 31), Langensalza 1910

Johanna v. Rauchenberger-Strauss, Jugenderinnerungen, in: Richard Strauss Jahrbuch 1959/60, herausgegeben von Willi Schuh, Bonn 1960, S. 7-30

Heinrich G. Reichert, Urban und human-Gedanken über lateinische Sprichwörter, Hamburg ³1957

[Rüdiger] Goethes und Schillers Übertragungen antiker Dichtungen, hrsg. von Horst Rüdiger, München 1944

Maximilian Runze, Dr. Carl Loewes Tätigkeit am alten Stettiner (später Marienstifts-)Gymnasium, in: Neue Jahrbücher 28, 1911, S. 275-282

Sappho. Griechisch und deutsch, hrsg. und übertragen von Emil Staiger, Zürich 1957

Karl Emil von Schafhäutl, Abt Georg Joseph Vogler, Augsburg 1888

Karl Schefold, Die Bildnisse der antiken Dichter, Redner und Denker, Basel 1943

Erich Schenk, Giuseppe Antonio Paganelli. Sein Leben und seine Werke, nebst Beiträgen zur Musikgeschichte Bayreuths (Diss. München 1925), Salzburg 1928

[Schünemann] Führer durch die deutsche Chorliteratur, herausgegeben von Georg Schünemann, Bd. I: Männerchor, Wolfenbüttel 1935

Willi Schuh, Goethe-Vertonungen, ein Verzeichnis, Zürich 1952

Gerhard Schuhmacher, Geschichte und Möglichkeiten der Vertonung von Dichtungen Friedrich Hölderlins (Forschungsbeiträge zur Musikwissenschaft, Bd. XVIII), Regensburg 1967

Hermann Seeliger, Antike Tragödien im Gewande moderner Musik-Ästhetische und metrische Studien (Wissenschaftliche Beilage zum Programm des Realgymnasiums zu Landeshut, Ostern 1905), Leipzig 1905

Ludwig Sieber, Karl Friedrich Zelter und der deutsche Männergesang, Basel 1862

Sophokles. [Sämtliche Tragödien, übersetzt] Von J. J. C. Donner, Heidelberg 1839

Annegret Staufer, Fremdsprachen bei Shakespeare - Das Vokabular und seine dramatische Funktion, Frankfurt am Main 1974

Eduard Stemplinger, Das Fortleben der horazischen Lyrik seit der Renaissance, Leipzig 1906; Reprint Hildesheim 1976

Eduard Stemplinger, Horaz im Urteil der Jahrhunderte, Leipzig 1921

Franz Stieger, Opernlexikon: Teil I: Titelkatalog:
1. Band A-E, Tutzing 1975
2. Band F-N, Tutzing 1975
3. Band O-Z, Tutzing 1975

[Storrs] Ad Pyrrham. A polyglot collection of translations of Horace's Ode to Pyrrha (Book 1, Ode 5), assembled with an introduction by Ronald Storrs, London 1959

Richard Strauss, Dokumente seines Lebens und Schaffens. Auswahl und verbindender Text von Franz Trenner, München 1954

Richard Strauss - Stefan Zweig, Briefwechsel, hrsg. von W. Schuh, Frankfurt am Main 1957

W. Oliver Strunk, Vergil in Music, in: The Musical Quarterly 16, 1930, S. 482-497

Ursula Stürzbecher, Werkstattgespräche mit Komponisten, München 1973

Ernst Tanzberger, Jean Sibelius, eine Monographie, Wiesbaden 1962

Henry Thomas, Musical Settings of Horace's Lyric Poems, in: Proceedings of the Musical Association, 46. Session, London 1919/20, S. 73-97

Werner Thomas, Franz Schuberts Antikenlieder, in: Blätter der Gesellschaft der Musik- und Kunstfreunde Heidelberg VI, 1959, Nr. 2, S. 5-8, Nr. 3, S. 10-14

Werner Thomas, Carl Orff. De Temporum Fine Comoedia ... Eine Interpretation, Tutzing 1973

Erich Valentin, Handbuch der Chormusik (sehr unzuverlässig!):
Band I, Regensburg [1]1953, Neuauflage 1968
Band II, unter Mitarbeit von Hermann Handerer, Regensburg [1]1958, Neuauflage 1968

Frans Vester, Flute Reportoire Catalogue, London 1967

Johann Heinrich Voss, Des Horatius Werke, 2 Bde., Heidelberg 1806

Horst Weber, Hugo von Hofmannsthal-Bibliographie: Werke - Briefe - Gespräche - Übersetzungen - Vertonungen, Berlin/New York 1972

Otto Weinreich, Franz Schuberts Antikenlieder, in: Deutsche Vierteljahresschrift für Literaturwissenschaft und Geistesgeschichte 13, 1935, S. 91-117, mit Ergänzungen wieder abgedruckt in: Otto Weinreich, Ausgewählte Schriften II, unter Mitarbeit von Ulrich Klein hrsg. von Günther Wille, Amsterdam 1973, S. 447-483

Otto Weinreich, Catull, Hamburg 1960

Herbert Weinstock, Rossini-A Biography, New York 1968

Gustav Wendt, Lebenserinnerungen eines Schulmanns, Berlin 1909

Günther Wille, Musica Romana - Die Bedeutung der Musik im Leben der Römer, Amsterdam 1967

Günther Wille, Alte und Neue Musik zu Catull, in: Catull, Sämtliche Gedichte. Lateinisch und deutsch, herausgegeben, eingeleitet und übersetzt von Otto Weinreich, Zürich/Stuttgart 1969, S. 77-93

Günther Wille, Horaz, Carmen 2, 10 Rectius vives und Catull, Carmen 85 Odi et amo, in: Romania cantat. Lieder in alten und neuen Chorsätzen mit sprachlichen, literarischen und musikwissenschaftlichen Interpretationen, Bd. II: Interpretationen ..., hrsg. von Francisco J. Oroz Arizcuren unter Mitarbeit von Gio Batta Bucciol und Irene Monreal-Wickert, Tübingen 1980, S. 15-29

Percy M. Young, Zoltán Kodály, a Hungarian Musician, London 1964

Ruth Zinar, The Use of Greek Tragedy in the History of Opera, in: Current Musicology 12, 1971, S. 80-95

d) Anthologien mit Vertonungen antiker Texte

1) Vollständige Notenbeispiele sind in folgenden unter c) genannten Werken enthalten:
   Eickhoff, Eine aus dem Mittelalter überlieferte Melodie zu Horatius III 9 ...

Moser, Paul Hofhaimer ...
Pighi, I ritmi e i metri ...
Stemplinger, Das Fortleben ...
Strunk, Vergil in Music ...
2) Daneben sind hier zu nennen:
W. Mc Arthur, Latin Lyrics with Measured Music, London 1925
Rochus von Liliencron, Die Horazischen Metren in deutschen Kom-
    positionen des 16. Jahrhunderts, in: Vierteljahresschrift für Mu-
    sikwissenschaft 3, 1887, S. 26-91
ders., dass. mit Partitur in moderner Notenschrift, Leipzig 1887
Joseph Wagner, Carmina Horatii selecta in usum iuventutis stu-
    diosae ad modos aptata (Parthenon. Societas amicorum littera-
    rum humanarum Hungarica, Acta societatis 9), Budapest 1934

Register

I
Antike Autoren und Sammelwerke

Äsop 10 29 111-113 123 152 159
    207 216
Aischylos 9 11 14 19 20 23-27 108
    113-115 226-230 257 263
Alkaios 12 29 41 81 115-116 159
Alkaios von Messene 116 121
Alkman 12 29 117
Anakreon 2-4 6 11 12 17 18 29 53
    101 102 117-119 123
Anthologia Graeca 14 29 106 116
    120-124 140 151 153 154 156
    158 159 168 257
Anthologia Latina 34 46 106 176
    183 220
Antipatros von Sidon 120 123
Anyte von Tegea 121-123
Apicius 34 176
Apollonidas 120 123
Appian 123
Apuleius 176
Archilochos 123
Aristophanes X 19 28 108 124 150
    244-248 257 264
Aristoteles 124 145
Asklepiades 120 124
Augustin 155
Ausonius 106 176 177

Bakchylides 125
Batrachomyomachia 124 125 150
Bion 29 125 258

Cäsar 46 177
Carmina Anacreontea 2-4 6 11
    12 14 17-19 29 101 102 106 125-
    137 258
Carmina convivalia 137-139 169
Carmina popularia 139
Catull IX 32 33 37 43 46 47 66 74
    177-182 197
Cicero 74 182 183 210
Claudian 60 183

Demokrit 29 140
Dicta Catonis 183
Diodoros 122 140
Diodoros Zonas 120 140
Dionysios 251

Ennius 182 183
Epikur 29 140 209 218 219
Euripides 3 6-10 13 14 19 23 28
    107-109 140-143 231 237-244
    255 263 264

Florus 176 183
Fragmenta adespota (ed. Page) 144

Gregorius Corinthius 160 164
Griechische Grabepigramme 144

Hadrian 34 184
Heraklit 29 144-145 158
Herodot 29 145-146
Hippokrates 146 218
Homer X 8-10 12 74 106 146-149
Homerische Hymnen 149-150 253
Pseudo-Homer 124 125 150
Horaz IX X XI 1-3 6 14 15 30 34
    39-99 106 113 129 162 184-208
    259

Ibykos 12 29 150-151
Ion von Chios 12 29 151
Isokrates 29 151

Julianos von Ägypten 121 151
Juvenal 34 209

Kallimachos 122 123 151
Kyros 120 151

Laktanz 140 209
Leonidas von Tarent 122 151
Likymnios 12 29 151
Longos 13 152
Lukan 34 209
Lukian 152
Lukrez 9 34 209 210
Lyrica adespota (ed. Powell) 152
    153
Lysias 29 153

Macrobius 210
Makedonios von Thessalonike 121
    153
Manilius 210

Marcus Argentarius 120 153
Mark Aurel 29 106 153
Martial 13 34 46 67 210 211
Melanippides 29 153
Meleagros von Gadara 120-122
    154
Menander 19 108 154 248
Mesomedes 50 251
Mimnermos 154
Moschos 154
Musaios 154

Nepos 74 75

Oracula Sibyllina 29 154 155
Orphische Hymnen 29 155 156
Ovid 9 10 30 35 74 211-215 217
    259-261

Palladas von Alexandria 120 156
Paulos Silentiarios 120 156
Pervigilium Veneris 57 214 215
Petronius 215 216
Phädrus 46 74 111 113 216
Philodemos von Gadara 120 156
Pindar 2 7 10 11 14 50 109 156
    157 251-253 258
Platon 14 29 120 122 123 145 157
    158 257
Plautus 19 20 63 108 248 249
Plinius der Ältere 216
Plutarch 139 159
Poseidippos 122 159
Priapea 216 217
Properz 30 261
Publilius Syrus 34 217

Römische Grabinschriften 217
Römische Weinsprüche 217
Rufinos 120 159

Sallust 183 217
Sappho X 3 5 8-10 12 14-18 29 41
    81 106 120 121 144 159-168
Semonides 168
Seneca (der Ältere) 218
Seneca (der Jüngere) 19 21 108 140
    146 217-220 250
Pseudo-Seneca 219
Sextus Empiricus 140 219
Simonides 12 29 39 168 169
Simplicius 145
Skolien 137-139 169
Sophokles X 7 9-11 14 19-23 25-29
    37 38 108 109 169-172 230-237
    258 263
Statius 219
Sueton 57 219 220

Tacitus 220
Terenz 19 21 108 220 250
Terpander 172
Theokrit X 29 31 172 173 258
Pseudo-Theokrit 173
Tibull 30 220
Timokreon 173
Tuccianus 176 220
Tyrtaios 39 40 173 174

Vergil 9 11 30-32 35 43 58 59 74
    101 220-225 261 262

Xenophanes 174
Xenophon 29 36 174 175

II
Moderne Autoren u. a.

(Dichter, Schriftsteller, Übersetzer antiker Texte, Verfasser von Sekun-
därliteratur, bildende Künstler, Musikinterpreten, historische Persönlichkeiten).
Nicht aufgenommen wurden: Buch- und Musikverleger, Herausgeber von
antiken und modernen Texten sowie von Noten, außer wenn sie als Autoren zitiert werden, die in der Danksagung S. 103-105 und in der Bibliographie S. 265 ff. genannten Personen, die Interpreten der auf den Seiten
111-225 erwähnten Schallplatten.

Abert, Hermann 100 132 223
Abraham a Sancta Clara 124 140
   143 145 153 210 216 217
Adorno, Theodor W. 85
Ady, Endre 163
Aldington, Richard 121
Alexis, Willibald 21
Altmann, Wilhelm 27
Angermüller, Rudolph 70
Anton, J. D. 127
Arcangeli, Giuseppe 125
Arnim, Bettina von 21
Auden, Wystan Hugh 112 239
Augustus 48

Bach, Rudolf 166 180
Baltz, Johanna 50 200
Bantock, Helen F. 16 120 144 160
Baretti, Giuseppe 49
Barthel, Ludwig Friedrich 212
Batka, Richard 6 148
Bayr, Rudolf 169 221
Becker, Julius 22
Belleau, Rémi 127
Bernhardt, Sarah 80
Bernhoff, John 115 120 144 149 160
Bianconi, Johann Ludwig 186
Bignone, Ettore 119 122 141 144
   171 229 230 236 237
Binder, Wilhelm 63 195
Bismarck, Otto von 39
Bitter, C. H. 62
Blankensee, Carl von 5 163
Bobrikow, Nikolai Iwanowitsch 40
Boeckh, August 21 22 38 60
Böcklin, Arnold 70
Boettcher, Hans 12 147
Böttger, Adolf 166
Boetticher, Wolfgang 22
Bonnafé, Alphonse IX
Bonnard, André 230

Bornemann, Wilhelm 58
Borren, Charles van den IX
Bosse-Sporleder, Maria 112
Bossi, Elda 242
Bothe, Friedrich Heinrich 143
Bottarelli, Giovan Gualberto 53
   185-187 189 190 192 193 204 206
Boutens, Pieter Cornelis 166 168
Bouvier, B. 248
Brandt, Karl 240
Brod, Max 33 36 174 178
Bruchmann, Franz von 19 132 134
Bruneau, Alfred 69
Bruno, Giordano 9
Brygos-Maler 14
Brzostowska, Janina 162
Budin, J. L. 249
Bülow, Hans von 74
Bürger, Gottfried August 128
Bunsen, Christian Karl Josias
   Freiherr von 24
Burney, Charles 253
Buths, Julius 120
Byron, George Gordon Noel 137

Cäsar 57
Cantarella, Raffaele 149 238
Carman, Bliss 162
Carmina Burana 179
Castorina, Emanuele 249
Cataudella, Quintino 241
Celtis, Konrad 42 43 47
Cesareo, Giovanni Alfredo 241
Cetrangulo, Enzio 236 243
Champein, J. 233
Champein fils, St. 233
Chapman, George 147
Clarke, David 226
Claudel, Paul 228 229
Claudius, Matthias 56
Cocteau, Jean 29 231 235

Cogan, Philip 128
Collin, Paul 121
Cornelius, Carl Maria 73
Corneloup, Marcel 177
Cory, William Johnson 122 123
Cotte, Roger 188
Cousin, Victor 158
Cowley, Abraham 130
Craigher de Jachelutta, Jakob
    Nikolaus 134
Creagh, John Patrick 141
Curtius, Ernst 125
Curtius 74
Curzon, Alfred 6

Dahnk-Baroffio, Emilie 191
Danielou, Jean 29 235
Davenport, Guy 123
David (biblischer König) 74
Degen, J. Fr. 6 12
Della Valle, Eugenio 231 232 237
    242
Deutsch, Otto Erich 66 68
Devecseri, Gábor 246
Devrient, Eduard 20 22
Diano, Carlo 230 239 240 242
Dibdin, Charles Isaac Mungo 137
Diels, Hermann 140 145
Donner, Johann Jakob Christian
    11 21 38 170 230
Droste-Hülshoff, Annette von 73
Droysen, Johann Gustav 21-23
    257
Dryden, John 10 205 225
Dumas, Alexandre 75
Dunning, Albert 100 101
Duysinx, François IX

Ebers, Georg 117
Ebert, Johann Arnold 138 139
Edler, Arnfried 15 17
Eichendorff, Joseph von 73 77 85
Elßler, Johann 67
Ermatinger, Emil 120 168
Ernout, Alfred 248
Essam, Maurice 221
Esterházy, Nikolaus Joseph von
    69

Faggella, Manlio 240
Fenton, John 161
Ferlendis, Giuseppe 68
Ferrier, Kathleen 172
Fielding, Henry 48
Fleg, Edmond 234

Fleming, Paul 124 140 143 145 153
    210 216 217
Förster, F. 22
Fraenkel, Eduard 46 48 58 86 88-
    90 93 94 96 98
France, Anatole 3
Francis, Philip 194 199
Fried, Erich 248
Friedländer, Ludwig 216 217
Friedrich Wilhelm II. 186
Friedrich Wilhelm III. 60
Friedrich Wilhelm IV. 20 23-27 62
Fritze 241
Fröhlich, Kathi 6 190
Funk, Addie 136

Gail, Jean-Baptiste 3 126 127 130
    131
Gallini, Natale 20
Garavani, Giunio 242
Garnett, Richard 120
Gasse, Horst 113
Gassmann, Vittorio 233
Gedike, Friedrich 252
Geibel, Emanuel 39 40 125 151 154
    168 174 197
Geiger, Ludwig 56
Geiringer, Karl 198
Geitel, Klaus 32 222
Gellert, Christian Fürchtegott 69
Geppert, Karl Eduard 203 204
Gerstenberg, Heinrich Wilhelm von
    131 163
Giacosa, Giuseppe 200
Gigante, Marcello 236
Glareanus, Henricus 43
Glasbrenner, Adolf 21 37
Gleim, Johann Wilhelm Ludwig 18
Görgemanns, Herwig XI
Goethe, Johann Wolfgang von 6 11
    16 18 20 31 56-60 66 74 131 134
    136 137 163 183 207
Götz, Johann Nikolaus 128 135
Golding, Arthur 10 211
Gosse, Edmund William 120
Gower, John 10 211
Graf, Max 69
Grandaur, Franz 136
Green, John 54 185
Greiner, Leo 245 246
Grillparzer, Franz 8 15 17 154 162
    164 166 167
Gryphius, Andreas 124 140 143 145
    153 210 216 217
Gürsching, Heinrich 177

Hacks, Peter 244
Hagedorn, Friedrich 18 53 68 191
Halévy, Léon 74
Hammerstein, Reinhold XI
Handschin, Jacques 43
Hanslick, Eduard 6 190
Hardinge, William M. 120
Hardt, Richard 139
Hasenclever, Walter 40
Hasse, Max 73 75 76 79 188
Hasselbach, Karl Friedrich Wilhelm 219
Haubrich, Heinz 162
Haupt, Moriz 74
Hebbel, Friedrich 21 73
Héguin de Guerle, Charles 215
Heifetz, Jascha 84
Heine, Heinrich 21
Herder, Johann Gottfried 16 121 135 155 167
Hermes, Johann Timotheus 261
Herwegh, Georg 40
Hess, Ernst 100
Heyse, Paul 74
Heyse, Theodor 74
Hirschberg, Leopold 5 50 61 62 148 167 196 219 222 251 252
Hölderlin, Friedrich 10 11 29 73 118 157 170 172 231 232 235
Hölscher, Uvo 17
Hölty, Ludwig Heinrich Christoph 73
Hoffmann, Max 21
Hoffmann von Fallersleben, Heinrich 13 152
Hofmannsthal, Hugo von 235 238
Holmes, J. S. 140
Hubbard, M. 58
Hunziker, Rudolf 219

Illica, Luigi 200
Innes, Mary M. 212

Jacobi, Johann Georg 18
Jacobs, Christian Friedrich Wilhelm 121
Jähns, Friedrich Wilhelm 167
Jahn, Otto 41 100 101 132 223
Jockisch, Walter 178
Juillerat, Paul 152
Junghans, Hermann August 134
Jurkovič, Pavel 112

Kallman, Chester 239
Kant, Immanuel 140
Katharina II. (von Rußland) 48 200

Kern, Otto 74
Kiaer, Ludolph Ove 190
Kircher, Athanasius 50 251-253
Klingner, Friedrich 70
Klopstock, Friedrich Gottlieb 44
Knauer, Vincenz 136
Knebel, Karl Ludwig von 210
Köhler, Reinhard 74
Kolle, Anna 124
Kopisch, August 26
Krauss, Clemens 225
Kruse, Georg Richard 31 38 59 173 206
Kurfess, Alfons 155

Lafaye, Georges 178
Lang, Andrew 120 172
Laroche 7 8
Lawson, Mrs. Malcolm 202
Leaf, Walter 122 147
Leconte de Lisle, Charles 80 126 133 135 154 173 241
Leonardo da Vinci 9
Leopardi, Giacomo 165
Lessing, Gotthold Ephraim 11 13 18 56 59 67 69 126 139 210
Levi, Hermann 64
Lichtenberg, Georg Christoph 66
Lieberkühn, Christian Gottlieb 131
Liliencron, Rochus von 45
Linde, Philander von der 135
Lucas, Hippolyte 237
Luther, Martin 29 31 32 113
Lord Lytton 201

Maecenas 47 62 66 69
Maigret, J. 263
Mancuso, Umberto 193
Marchiori, Armando 228
Marot, Clément 216
Marti, Kurt 124 140 143 145 153 210 216 217
Martin, V. 248
Marzullo, Benedetto 245
Mathesius, Johannes 32
Mayrhofer, Johann 20 114
Maximilian I. (Kaiser von Mexiko) 261
Melanchthon, Philipp 32
Mendès, Catulle 80
Mickiewicz, Adam 73
Middleton, Christopher 248
Milhaud, Madeleine 243
Milman, Henry Hart 141
Moebius, Ernst Anton Ludwig 127

Mörike, Eduard 6 10-12 17-19
75 102 107 118 119 127-129
134 173 205 258
Moore, Thomas 4 118 119 127 133
136
Moreau le Jeune, Jean-Michel 69
Morel, Auguste 26
Moreux, Serge 240
Moser, Hans Joachim 30 32 43
Mosino, Franco 150
Müller, Carl Wilhelm 192
Müller, W. von 23-26
Murger, Henri 200
Murr, Christoph Gottlieb von 253
Murray, Gilbert 13 141-143 237
240 244
Musset, Alfred de 10 54 55 193 197

Naquet, Felix 238
Nestle, Wilhelm 151
Neubecker, Annemarie XI
Nieuwland, Pieter 127
Nijhoff, Martinus 241
Nisbet, R.G.M. 58
Nottebohm, Gustav 147
Novalis (Friedrich von Hardenberg)
190
Novello, Vincent 4 136 137 205

Oehler, August 122
Oertzen, Ulrich von 149
Ophüls, Georg 13
Oppeln-Bronikowski, Friedrich von
3
Osthoff, Helmuth 30

Palladio, Andrea 19
Pasolini, Pier Paolo 227
Payer, H. 198
Perkowska, Ewa 165
Perrotta, Gennaro 226
Peterich, Eckart 116 167
Pfitz, Heinrich Christian 214
Philips, Carlo 11 113
Pinelli, Tullio 239
Pinterics, Carl 134
Plamenac, Dragan 197
Plankl, Wilhelm 214
Plassmann, Joseph Otto 156
Platen, August von 137 172
Pöhlmann, Egert 109 251
Pöschl, Viktor XI 86 91 93 98 99
Polzelli, Luigia 69
Pope, Alexander 148
Preisendanz, Karl 115 116 130

Prévost d'Exiles, Antoine-
François, Abbé 36
Prickett, R. 231
Proust, Marcel 80

Quasimodo, Salvatore 10 12 13 115-
118 144 150-153 159 161 165 168
169 233 234 240

Raffael (Raffaello Santi) 22
Ramler, Karl Wilhelm 44 128 163
194
Rauchenberger-Strauss, Johanna
von 7
Raumer, Friedrich von 23
Redern, Wilhelm Friedrich Graf
von 23 24
Reed, Henry 172
Reichert, Heinrich G. 142
Reinach, Théodore 229 237 254
Reinhardt, Karl 122
Rhallys, Pierre 233
Riemann, Hugo 255
Riemer, Friedrich Wilhelm 59
Rivollet, G. 236
Robbins Landon, H. C. 69
Romagnoli, Ettore 12 115 228 230
232 234 235 237-239 242 243 247
Ronsard, Pierre de 127
Rückert, Friedrich 73
Rüdiger, Horst 117
Runze, Maximilian 5 50 219 222
251
Rydberg, Viktor 40 174

Sachs, Klaus-Jürgen 67
Saenger, Eduard 122 124 138 139
Saint-Foix, Marie Olivier Georges
du Parc Poullain, Comte de 100
Salaman, Malcolm Charles 55 133
201
Sanguineti, Edoardo 244
Sartre, Jean Paul 244
Scheffel, Josef Victor von 64 195
Scheffer, Thassilo von 150
Schefold, Karl 15
Schenk, Erich 44 186
Schiller, Friedrich von 10 11 31 32
56 142 224
Schlegel, August Wilhelm 119
Schmidt, Heinrich 37
Schmidt, Karl 7
Schneider, Leonhard 124
Schucht, J. 26
Schuh, Willi 8 28

Schulz, Christian 58
Schwind, Moritz von 11 12
Seeger, Ludwig 246
Semper, Hans 74
Shakespeare, William 34 35 57 69 221
Shelley, Percy Bysshe 141
Spiess, Eric 154
Staiger, Emil 81 122 227 234
Standhartner, Josef und Minna 75
Staufer, Annegret 35
Stemplinger, Eduard IX 70 180 191
Stephanus, Henricus 101 132
Stieger, Franz 17
Stieglitz, Heinrich 31
Stolberg-Stolberg, Christian
    Graf zu 4
Stolberg-Stolberg, Friedrich
    Leopold Graf zu 122
Stowasser, Josef Maria 132
Straube, Karl 51
Strettell, Alma 120
Stroh, Wilfried XI 164
Strunk, Oliver 262
Stüber, J. Ch. 171
Stürzbecher, Ursula 12
Suchier, Reinhard 214
Szołdrska, H. 165

Tanzberger, Ernst 40
Těsnohlídek, Rudolf 174
Thiersch, Friedrich Wilhelm 251
    252
Thomas, Henry IX 44 53 201
Thomas, Werner 155
Thouret, Georg 261
Thovez, Enrico 118 160
Tieck, Ludwig 21-25
Tobler, Georg Christoph 155
Toelken, E. H. 22
Todt, B. 228 229
Toscanini, Arturo 84
Trakl, Georg 162
Traverso, Leone 233 241
Trencséni, József 194
Trenner, Franz 8
Trevelyan, Robert Carverley 173

Triller, Daniel Wilhelm 197

Ussow, D. 166
Uz, Johann Peter 18

Valgimigli, Manara 165 227
Valle de Paz, Edgar Samuel del
    85
Vellacott, Philip 113 141
Verdaguer, Jacinto 218
Verlaine, Paul 80
Vesseron, Henri 130
Vogg, Herbert 189
Voß, Johann Heinrich 8 12 59 61
    147-149 195 203

Walpole, Sir Robert, Earl of
    Orford 2 129 192
Weber, Gottfried 61
Weber, Lisbeth 130
Weil, Grete 178
Weil, Henri 254
Weinreich, Otto IX 19 20 33 47
Weinstock, Herbert 20 236
Weissel, Ludwig 129 133
Wendt, Gustav 219
Werfel, Franz 40 244
Wharton, Henry Thorton 16 115
    120 144 160
Widmann, Joseph Viktor 35 221
Wieland, Christoph Martin 74
Wilamowitz-Moellendorff, Ulrich
    von 46 58 229
Wildenbruch, Ernst von 254 255
Wille, Günther IX XI 33 42 47 49
    76 224
Wolf, Friedrich August 57-59
Wolters, Gottfried 100 101
Wyzewa, Théodore de 100

Young, Percy M. 87
Yraven, Prosper 121

Zorin 167
Zukowski, S. F. 164
Zweig, Stefan 28

III
Komponisten

(auch musikalische Bearbeiter)

Agricola, Johann Friedrich 138
Akses, Necil Kâzim 231 233
Albert, Karel 233
Albrecht, Georg von 184
Alexandrow, Anatolij Nikolajewitsch 238
Alkan, Charles-Valentin 257 259
Alpaerts, Flor 233
Andriessen, Hendrik 52 184
Andriessen, Louis 157
Anson, Hugo Vernon 237
Antheil, George 28 233 236
Antoniou, Theodore 9 145 146 153 156 159
Arne, Thomas Augustine 53 185
Arrigo, Girolamo 13 118 144 159
Arundell, Dennis Drew 232 244
Asriel, Andre 29 111 244
Auric, Georges 28 246
Austin, Frederic 214 215

Bach, Johann Christian 96 186 187 190 193 204
Bach, Johann Sebastian 3 22 72 186
Badings, Henk 241 253
Bantock, Granville 16 17 28 29 115 120 125 140 141 144 159 160 173 232 240 263 264
Barber, Samuel 141
Barth, Richard 16 160
Barthélémon, François Hippolyte 186 187 190 193 204
Bate, Stanley 233
Battishill, Jonathan 186
Bauer, Marion Eugenie 226
Baumbach, Friedrich August 186
Becker, Günther 9 17 120 146 160 168
Beethoven, Ludwig van 12 22 46 49 66 70 72 146 147 166
Bell, William Henry 240
Bellermann, Johann Gottfried Heinrich 230 233 236
Bendig, Jürgen 177
Bennett, Richard Rodney 10 211
Bennett, William Sterndale 230
Benvenuti, Giacomo 118 160
Berg, Engelbert 46 47 187
Berg, Josef 10 147

Bergman, Erik 117
Berio, Luciano 147 220 221 233 236
Berkeley, Lennox 29 120
Berlioz, Hector 73 259 260
Bernhard, Erbprinz (später: Herzog) von Sachsen-Meiningen 229
Beyerle, Bernward 211 212
Bialas, Günter 29 154 155 234
Binet, Jean 187 231 248
Birtwistle, Harrison 15 17 113 160 176 177
Bizet, Georges 187
Blacher, Boris 245
Blech, Leo 73
Bliss, Arthur 29 147 172
Blow, John 161
Bode, Rudolf 120 168 219
Böckmann, Alfred 115
Bonavia, Ferruccio 228
Boroni, Antonio 186 187 190 193 204
Boughton, Rutland 237
Boulez, Pierre 226
Boyce, William 187
Bräutigam, Helmut 124 138 139
Brahms, Johannes 13 40 152 191
Brandt-Caspari, Alfred 18 126 150 161
Braunfels, Walter 246
Brereton, Robert P. 46 187 188
Bresgen, Cesar 115 135 221
Brindle, Reginald Smith 231
Britten, Benjamin 169 221
Broman, Sten 245
Bruch, Max 39 40 168 173 174
Burneau, Alfred Louis Charles Bonaventure 238
Brunswick, Mark 161 245
Bürthel, Jacob 126
Burkhard, Willy 234
Bussotti, Sylvano 233

Cadow, Paul 213
Callcott, John Wall 188
Capdevielle, Pierre 237
Carabella, Ezio 248
Carpi, Fiorenzo 231 233 234 236 237 243 244 247 249
Carter, Elliot Cook 237 249

Castelnuovo-Tedesco, Mario 84-99
  188 221
Cervin, Rubin de 229 231
Cesek, Hans A. 18 126
Chailley, Jacques 227 229 231
Chailly, Luciano 13 168 177
Champein, Stanislas 233
Chausson, Ernest Amédée 18 28
  126 247
Chávez, Carlos 231
Chelard, Hippolyte André Jean
  Baptiste 166
Chemin-Petit, Hans 240
Cherubini, Luigi 3 126-128
  130-132 188
Chiaramello, Giancarlo 240 242
Christou, Jani 9 113 234
Clarke, Hugh Archibald 241 244
Coerne, Louis Adolphe 243
Commer, Franz 233 245
Cooke, Benjamin 147 148 159
Cooke, Thomas Simpson 118
Copland, Aaron 32
Coquard, Arthur 237
Cornelius, Peter 63 72-79 86 96
  188 189
Cortese, Enrico 248
Cortese, Luigi 226
Coutts, David 190
Cuclin, Dimitrie 227
Cushing, Charles 244

Dallapiccola, Luigi 12 15 17 115
  117 118 150-152 161
Damrosch, Walter Johannes 233
  242
Danzi, Franz 49
David, Ferdinand 166
Debussy, Claude 87 88
Delden, Lex van 141 212
Demuth, Norman 226 240
Diepenbrock, Alphons 189 233 247
Dittersdorf, Karl Ditters von 260
  261
Donizetti, Gaetano 17
Drysdale, Learmont 240
Dugend, Enno 156 227 229 231 234
  239 250
Durey, Louis 215
Dycke, Ernst 169
Dyer, Arthur Edwin 233

Eben, Petr 157 212
Eder, Helmut 169 189 221 234 259
Egk, Werner 10 29 112

Eisler, Hanns 118 119 174 245
Elgar, Edward 29 120
Ellerton, John Lodge 6 127
Elwart, Antoine Aimable Élie 237
Emmanuel, Maurice 127 226 229
  248
Enesco, Georges 234
Engel, Lehman 242
Escher, Rudolf 229
Eulenburg, Fürst Philipp zu 8
Evangelatos, Antiochos 229 233 239

Falla, Manuel de 218
Fauré, Gabriel 80 254
Ferro, Pietro 248
Fesch, Willem de 189
Fischer von Waldheim, Gotthelf 189
Flemming, Friedrich Ferdinand 46
  57 58 61 189 190 206
Flothuis, Marius 117 169 172
Focke, Hendrik Charles 127
Fortner, Wolfgang 28 177 245
Foss, Lukas 123
Foulds, John Herbert 243
Françaix, Jean 124 150 220
Freer, Eleanor Everest 127
Frid, Géza 140 183
Füssl, Karl Heinz 212 215
Fuga, Sandro 141

Gabrieli, Andrea 19
Gade, Niels Wilhelm 18 127
Gadsby, Henry 238
Genzmer, Harald 12 19 29 127 155
  190 217
German, Edward 231
Gerster, Ottmar 161
Ghedini, Giorgio Federico 229 239
  241 242
Ghiglia, Benedetto 245
Gibbs, Cecil Armstrong 227
Giefer, Willy 140 151 156 169
Giordani, Tommaso 186 187 190
  193 204
Glière, Reinhold Moritzowitsch
  234 245
Gluck, Christoph Willibald 17 73 86
Gnessin, Michail Fabianowitsch 231
  234 243
Görner, Johann Valentin 53
Goetz, Hermann 30 35 221 222
Goldmark, Karl 263
Goldschmidt, Adalbert von 84 161
  190
Gossec, François-Joseph 3 126-128

(Gossec, François-Joseph)
130-132 188
Goudimel, Claude 43
Gounod, Charles 17 121
Gow, William 190
Grandjean, Axel Carl William 190
Graun, Carl Heinrich 138
Gray, Cecil William Turpie 244
Gregori, Nininha 116 117 152 161
Grétry, André Ernest Modeste 69
Grillparzer, Franz 6 8 148 190 191
Gürsching, Albrecht 128 177
Gunsbourg, Raoul 245

Hadley, Patrick Arthur Sheldon
228 231
Händel, Georg Friedrich 2 191
Haeusler, Ernst 128
Hahn, B. 191
Hahn, Reynaldo 80-83 88 191
Hales, Hubert James 234
Halévy, Jacques François Fromental
Elie 74 226
Halffter, Cristobal 9 119 121 138
156 174
Halffter, Ernesto 218
Hallwachs, Karl 231
Hamilton, Iain 209
Hanuš, Jan 139
Harmonicus 128
Hartmann, Johann Peter Emilius
259
Haubenstock-Ramati, Roman 158
Hauer, Josef Matthias 11 113 170
Haydn, Joseph 13 66-70 128 129 138
139 191 192 198 210 211
Haydon, Glen 245
Hegar, Friedrich 139
Heighington, Musgrave 2 6 53 129
192
Hemel, Oscar van 177
Henze, Hans Werner 28 29 32 36 37
112 177 178 222 239 244
Heron, Claudio 192
Hess, Ludwig 129
Heyman, Katherine Ruth 162
Hiller, Johann Adam 192
Hofhaimer, Paul 43
Holmès, Augusta 54 193
Holst, Gustav 13 141 142
Holzapfel, Rudolf Maria 148
Holzbauer, Ignaz 186 187 190 193
204
Honegger, Arthur 28 29 226 230 231
234 236

Howard, Samuel 193
Hüttenbrenner, Anselm 72 142 193
212
Hullah, John Pyke 193
Hummel, Johann Nepomuk 17
Humperdinck, Engelbert 28 245
Hundziak, Andrzej 15 162
Hurník, Ilja 29 112 193
Huybrechts, Albert 228
Huzella, Elek 178

Iljinski, Alexander Alexandrowitsch
234 237
Ives, Charles Edward 210 222

Jachino, Carlo 52 193
Jackson of Exeter, William 193 194
Janáček, Leoš 36 174 175
Jelinek, Hanns 153
Jensen, Adolf 257-259
Jolivet, André 226 231
Jonák, Zdeněk 211
Josquin Desprez 30
Joubert, John 231

Kabalewski, Władysław 129 162
Kalmár, László 217-220
Kaňák, Zdeněk 183
Kapr, Jan 176 178 215
Karyotakis, Theodore 241
Kaun, Hugo 8 15 17 162
Kazasoglou, George 230 231 238
242 243 247
Kelterborn, Rudolf 16 162 230
Ketterer, Ernst 116 162
Kienzl, Wilhelm 12 129
Killmayer, Wilhelm 16 162
Kirby, Percival Robson 228 232
244 245 247
Kirnberger, Johann Philipp 2 44
84 88 90 157 162 163 194
Klefisch, Walter 130
Knab, Armin 116
Knorr, Ernst Lothar von 210
Kodály, Zoltán 65 87 163 194
Koechlin, Charles 238
Komma, Karl Michael 248
Kont, Paul 246
Koole, Arend 234
Koreschtschenko, Arsenij Niko-
lajewitsch 242 244
Kounadis, Arghyris 9 17 34 148
163 184
Krása, Hans 33 178
Křenek, Ernst 28 158 218 234 236

Kriegeskotten, Friedrich 229
Krol, Bernhard 194 195
Krug, Arnold 63 195
Kruyf, Ton de 215 217
Küster, Hermann 63 195
Kusterer, Arthur 249
Kytzler, Bernhard 130

Labroca, Mario 233 249
Lachner, Franz 28 195 234
Lachner, Vinzenz 64 65 195
Lacombe, Louis 18 130
Lajtha, László 246
Lang, Carl 7
Lassen, Eduard 28 234
Lasso, Orlando di 30 66
Leigh, Walter 245
Leroux, Xavier Henry Napoléon 229
Le Sueur, Jean-François 3 126-128 130-132 188
Leveridge, Richard 130 131
Lidholm, Ingvar 212
Lier, Bertus van 230 232
Linstead, George Frederick 228
Liszt, Franz 17 70 73 86 88 261 262
Lloyd, Charles Harford 238
Loebner, Roland 195
Loeffler, Charles Martin 262
Loewe, Karl 4-6 8 10 19 31 32 50 51 61-63 86 88 131 142 148 163 195 196 219 222 251 252
Lorenz, Alfred Ottokar 227
Lortzing, Albert 21 37 38 73 170
Lothar, Friedrich Wilhelm 121

MacDowell, Edward 262
Macfarren, George Alexander 230
Maconchy, Elizabeth 246
Maderna, Bruno 13 150 153
Madetoja, Leevi Antti 196 234
Malipiero, Gian Francesco 32 158 176 178 196 222 223 227 240
Mamangakis, Nikos 9 114 244 247
Mann, Roberto 234
Manrique de Lara, Manuel 227
Marcello, Benedetto 253
Margola, Franco 121 169
Marinuzzi, Gino 241
Mariottini, Antonio 196
Markull, Friedrich Wilhelm 230
Marpurg, Friedrich Wilhelm 44 84 96 116 131 139 196 197
Martin, Frank 235 236
Martini, (Padre) Giambattista 20

(Martini, (Padre) Giambattista) 100-102 249
Martinon, Jean 240
Martinů, Bohuslav 32 249
Marx, Adolph Bernhard 16 163
Marx, Karl 47 55 178 197
Mascagni, Pietro 262
Massenet, Jules 17 36 55 80 197
Mathieu, François (Franz) 241
Mazzochi, Domenico 30
Mederitsch, Johann 6
Méhul, Étienne-Nicolas 3 19 126-128 130-132 188
Melartin, Erkki Gustaf 125 163
Melichar, Alois 40 197
Mellers, Wilfried Howard 226 246
Membrée, Edmond 235
Mendelssohn Bartholdy, Felix 16 20-28 37 38 63 232 236
Messiaen, Olivier 235
Meyerbeer, Giacomo 26 27 49
Michaelidis, Solon 233 241 242
Mieg, Peter 157
Milhaud, Darius 28 33 178 228 229 240 243 246
Milner, Anthony 179 197 209 215
Mingardo, Raffaele 240
Mirsch, Paul 132
Mitropoulos, Dimitri 239 240
Mizler, Lorenz Christoph 197
Moeschinger, Albert 8 15 164
Mohaupt, Richard 246 248
Moniuszko, Stanisław 164
Monteverdi, Claudio 17
Moser, Rudolf 132 198
Motte, Diether de la 140
Mozart, Franz Xaver 139
Mozart, Leopold 44
Mozart, Wolfgang Amadeus 30 41 66 72 100-102 132 135 223
Müthel, Johann Gottfried 53
Mulè, Giuseppe 228 230 232 235 237 239 241-243 247
Musco, Angelo 227 238 241 243 247 248
Mussorgski, Modest 92
Mycielski, Zygmunt 238

Nares, James 132
Neefe, Christian Gottlob 121 198
Netschajew, Wassilij Wassilje-witsch 230
Neukomm, Sigismund von 70 198
Newhall, Jane Peers 241 242
Nicolai, Bruno 230 232 240 244 249

Niculescu, Stefan 144
Niemann, Walter 258
Noble, Thomas Tertius 247
Nottara, Constantine 240
Novák, Jan 32 43 46 112 149 176
177 179 182 198 199 211 216
218 220 223 224 259

Oberleithner, Max von 33 179
Oboussier, Robert 170
Oertzen, Rudolf von 149
Offenbach, Jacques 17
O'Neill, William 199
Orff, Carl 8 16 29 33 142 155 157
164 170 171 179-181 226 232 235
Ornstein, Leo 246 264
Orr, Robin K. 236
Ottley, Bruce 7 157

Pacini, Giovanni 17
Paganelli, Giuseppe Antonio 44
186 199
Paine, John Knowles 235 247
Pallantios, Menelaos 227 232 239
Pattasz, Edward 15 16 165
Pálóczi Horváth de Pálócz, Ádam
194 199 200
Parratt, Walter 228
Parry, Charles Hubert Hastings
119 133 228 244 245 247 248
Partch, Harry 235 239
Pedrollo, Arrigo 264
Peeters, Emil 244
Penderecki, Krzysztof 9 114 154
171 209 212 213 224
Pepusch, John Christopher 2
Pergolesi, Giovanni Battista 73
Perkowski, Piotr 16 165
Persichetti, Vincent 29 112
Petrassi, Goffredo 15 16 165 226
247
Petridis, Petro 241
Petrová, Elena 181
Petrovics, Emil 246
Philidor, François André 48 49 200
Pierné, Gabriel 262
Pijper, Willem 232 239 242
Piños, Alois 30 213
Pizzetti, Ildebrando 28 84 149 165
171 181 228 235-237 263
Poniridis, Georgios 232
Porrino, Ennio 13 116 165 169
Poser, Hans 29 113
Pousseur, Henri 233
Procaccini, Teresa 210

Procházka, Rudolf Freiherr von
227
Puccini, Giacomo 34 36 200
Purcell, Henry 92

Rabaud, Henri 262
Radoux-Rogier, Charles 236
Rainier, Priaulx 121
Ránki, György 249
Rasenberger, Friedrich 8 149
Ravel, Maurice 88 216
Rawthorne, Alan 181
Reger, Max 50 51 200
Reicha, Anton 17 159
Reichardt, Gustav 60 200 224
Reichardt, Johann Friedrich 11 19
31 32 224 237 263
Reinthaler, Karl Martin 18 133
Respighi, Ottorino 88
Reutter, Hermann 16 142 166
Riadis, Emilios 240
Riedel, Hermann 133
Rimski-Korssakow, Nikolai 149
Ritter, Alexander 73
Rocca, Lodovico 119 121 122 144
Roger-Ducasse, Jean-Jules
Aimable 30 224
Romagnoli, Ettore 228 235 238 239
248
Roos, Robert de 245
Ropartz, Guy 236
Rosenfeld, Gerhard 29 113
Rossini, Gioachino 20 125 236
Roussel, Albert 133 154 173 237
Rubbra, Edmund 122
Rüter, Hugo 232 235 237 238
Rungenhagen, Karl Friedrich 56
Ruppe, Christian Friedrich 45 54
84 88 201
Ruyneman, Daniel 251 254-256

Saint-Saëns, Charles-Camille 17
28 65 201 232
Salaman, Charles Kensington 33
55 84 133 181 201
Salieri, Antonio 30 70-72 146 201
202 213 216
Salmenhaara, Erkki 182
Salviucci, Giovanni 10 143
Saracino, Doriano 244
Satie, Erik 29 158
Sauguet, Henri 229
Schebalin, Wissarion Jakowlewitsch
166
Schick, Philippine 30 183 213 224

Schilling, Otto-Erich 116
Schillings, Max von 18 19 28 134 227 263
Schindler, Gerhard 122
Schindler, Hans 246
Schmidt, Karl 7 230
Schoeck, Othmar 12 134
Schönberg, Arnold 33 184
Schouwman, Hans 166
Schrey, Wilhelm 116
Schubert, Franz 19 20 31 70 85 92 114 134
Schultz, Ferdinand 228 229
Schultz-Adaïewsky, Ella von 55 202
Schulz, Adolf 241
Schulz (Kriegsrat) 59 202
Schumann, Clara 22
Schumann, Robert 12 22 27 63 64 73 85
Seiber, Mátyás 182
Senfl, Ludwig 43
Senilow, Wladimir Alexejewitsch 241
Sessions, Roger 29 173
Sgro, Nicola 150
Sibelius, Jean 40 174 263
Sicilianos, Yorgo 9 143
Sigwarth, Botho 8 149 166 254 255
Silcher, Friedrich 39 171 174 252 253
Simon, Hermann 119
Šlitr, Jiří 213 214
Smyth, Ethel Mary 134 135
Soler, Josep 250
Sollima, Eliodoro 236
Soltys, Adam 124
Sommer, Vladimír 263
Spiegelman, Joel Warren 243
Spies, Claudio 184 220
Spilka, Dalibor 145 182 183 202 214 217 220 225
Spontini, Gaspare 166 198
Stallbaum, Johann Friedrich 45 56 63 202
Stanford, Charles Villiers 28 29 122 229 235
Stark, Ludwig 63 202
Stefani, Gino 242
Steffan, Joseph Anton 18 135
Stojowski, Sigismond 202
Strauss, Richard 7 8 19 28 69 171 225
Strawinsky, Igor 17 29 109 220 225 235

Stroe, Aurel 236
Studer, Hans 116 117 119 122 135 149 150 155 167 173

Tanejew, Sergej Iwanowitsch 227
Tate, Phyllis 13 143
Taubert, Otto 203
Taubert, Wilhelm 23 26 63 64 203 204 243
Teichmüller, Anna 18 135
Telemann, Georg Philipp 18 135
Terzakis, Dimitri 145 167
Theodorakis, Mikis 230 243 244 246
Thierfelder, Albert 253-256
Thomson, Virgil 235 244
Thompson, Randall 204
Thybo, Leif 182
Tiessen, Heinz 232
Tiggers, Piet (Petrus Johannes) 247
Tischhauser, Franz 182
Tocchi, Luca 249
Toch, Ernst 235 239 243
Tomasi, Henri 263
Travers, John 30 204 209 214
Tritonius, Petrus 42 43 205
Tscherepnin, Nikolai Nikolajewitsch 15 167
Tsouyopoulos, Georges S. 9 114 172
Turchi, Guido 239
Twardowski, Romuald 214

Urspruch, Anton 11 135 136
Uruski, Antoni 232
Usmanbaş, Ilhan 249

Varvoglis, Marios 228 229 243 247
Vaucorbeil, Auguste Emanuel 152
Vaughan Williams, Ralph 13 143 247
Vento, Mattia 186 187 190 193 204
Veress, Sándor 243
Vierling, Georg 136
Vlad, Roman 239 242 249 258
Vogler, Georg Joseph ("Abbé Vogler") 49 50 205
Vogt, Hans 29 64 113 205 207 248
Volkmann, Robert 17
Vorstman, Robert 7 143

Wagner, Joseph IX 205
Wagner, Richard 54 55 73 76 77 79 92

Wagner-Régeny, Rudolf 226
Walker, Ernest 13 119 136 143 243
Wallace, William 263
Walter, Bruno 235
Wand, Günter 182
Warlock, Peter 29 123
Wassilenko, Sergej Nikiforowitsch 238
Weber, Carl Maria von 8 15 49 50 167
Weber, Gustav 139 172
Webern, Anton von 12 16
Weingartner, Felix von 28 227 235
Weismann, Julius 259
Weismann, Wilhelm 156
Wellesz, Egon 10 157 238 239
Werdin, Eberhard 214
Werner, Erich 232 236 237
Wesley, Samuel 3 4 84 136 137 205 206
Wesley, Samuel Sebastian 137
Wetz, Richard 172
Whitaker, John 137
Williams, Charles Francis Abdy 232 238
Wilson, John 44
Wimberger, Gerhard 30 124 140 143 145 153 210 214 216 217

Winding, August 259
Windsperger, Lothar 11 137
Windt, Herbert 238
Winkler, Karl 246
Wiszniewski, Zbigniew 40 41 206
Wolf, Hugo 12
Wood, Charles 241 242
Worgan, James 167
Worgan, John 206
Woyrsch, Felix 117 168
Wright, Thomas 206
Wunsch, Hermann 10 172

Xenakis, Iannis 9 172 218 227 230

Zagwijn, Henri 168
Zandonai, Riccardo 28 230
Zanettovich, Daniele 209 211
Zbinden, Julien-François 232
Zelter, Karl Friedrich 31 32 56-60 173 183 206 207 215 219 220 225
Zender, Hans 145
Zenger, Max 18 125 137 151 154 168
Zilcher, Hermann 238
Zimmermann, Bernd Alois 115
Zumsteeg, Johann Rudolf 31
Zwintscher, Rudolf 45 46 207

Inhaltsverzeichnis

Vorwort IX

I. Einführende Betrachtungen 1
　1. Das Verhältnis zwischen den Vertonungen von Originaltexten
　　und übersetzten Texten der griechischen und lateinischen Li-
　　teratur - Die Vertonungen von griechischen Originaltexten
　　vom 18. bis zum 20. Jahrhundert 1
　2. Einige Aspekte der Vertonungen übersetzter antiker Texte ... 9
　3. Die Bedeutung und geschichtliche Entwicklung der einzelnen
　　antiken Autoren und Literaturformen im Rahmen ihrer Ver-
　　tonungen vom 18. bis zum 20. Jahrhundert 13
　4. Vertonungen antiker Texte als Zitate 34
　5. Vertonungen antiker Texte als politische Demonstrationen ... 39

II. Geschichte der Horaz-Vertonungen 41
　1. Vorbemerkungen 41
　2. Die "gelehrte" Tradition 42
　3. Die "freie" Tradition 47
　　a. Das "Carmen saeculare" in der Musik 48
　　b. Die Ode "Donec gratus eram" (c. III 9) in der Musik 52
　4. Vertonungen horazischer Oden für Männerchor 56

III. Analysen ausgewählter Horaz-Vertonungen 66
　1. Joseph Haydn, "Vixi" 3st. Kanon 66
　2. Antonio Salieri, "Integer vitae" 2st. Kanon (c. I 22) und
　　"Parturiunt montes" (Ars poetica 139) für 4 Singstimmen
　　a cappella 70
　3. Peter Cornelius, "O Venus regina" für 4st. Männerchor
　　a cappella 72
　4. Reynaldo Hahn, "O Fons Bandusiae" Fragment d'une Ode
　　d'Horace pour Soprano Solo et Choeur de Voix de Femmes .. 80
　5. Mario Castelnuovo-Tedesco, "Sei odi di Orazio" 84

Exkurs: Zum Text von Mozarts Rätselkanon "Thebana bella"
　　KV 73r, Nr.4 100

Vorbemerkungen zur Bibliographie - Danksagung 103

Bibliographie der Vertonungen antiker Texte für den Zeitraum von
　　1700 bis 1978 106
Teil Ia: Vertonungen griechischer Texte mit Ausnahme vollständi-
　　ger Bühnenmusiken 111
Teil Ib: Vertonungen lateinischer Texte mit Ausnahme vollständi-
　　ger Bühnenmusiken 176
Teil II: Vollständige Schauspiel- und Bühnenmusiken zu antiken
　　Tragödien, Satyrspielen und Komödien 226

Anhang I: Eine Auswahl von Bearbeitungen altgriechischer Musik
　　bzw. von Fälschungen altgriechischer Musik seit 1800 ... 251

Anhang II: Instrumentalwerke, denen ein Zitat aus der antiken
            Literatur als Motto oder Überschrift vorangestellt
            oder beigegeben ist 257
Anhang III: Instrumentale Vorspiele zu antiken Dramen 263

Bibliographie 265
    a. Allgemeine Nachschlagewerke 265
    b. Musiklexika, Musikbibliographien, Bibliothekskataloge .. 265
    c. Spezialliteratur, einschließlich Bibliographien zu einzelnen
       Autoren und Sachgebieten, Dokumenten u. ä., jeweils unter
       dem Namen des Autors 267
    d. Anthologien mit Vertonungen antiker Texte 272

Register 274
    I: Antike Autoren und Sammelwerke 274
    II: Moderne Autoren u. a. 276
    III: Komponisten (auch musikalische Bearbeiter) 281

Inhaltsverzeichnis 288

HEUREMATA

Lieferbar:

Band 1: *Günther Wille*
Der Aufbau des Livianischen Geschichtswerks.
1973. 124 S.
ISBN 90 6032 026 3

Band 2: *Eberhard Mähl*
Gymnastik und Athletik im Denken der Römer.
1974. VI,83 S.
ISBN 90 6032 035 2

Band 3: *Gesine Lörcher*
Der Aufbau der drei Bücher von Ovids Amores.
1975. VIII,105 S.
ISBN 90 6032 037 9

Band 4: *Wolff-Rüdiger Heinz*
Die Furcht als politisches Phänomen bei Tacitus.
1975. VI,85 S.
ISBN 90 6032 038 7

Band 5: *Jutta Väterlein*
Roma ludens. Kinder und Erwachsene beim Spiel im antiken Rom.
1976. VI,126 S.
ISBN 90 6032 068 9

Band 6: *Arnulf Dieterle*
Die Strukturelemente der Intrige in der griechisch-römischen Komödie.
1980. 358 S.
ISBN 90 6032 119 7

Die Reihe wird fortgesetzt.
Alle Bände sind einzeln lieferbar, jedoch nimmt der Verlag auch Fortsetzungs-Bestellungen entgegen.
Ausführlicher Prospekt mit Preisangabe wird auf Verlangen zugeschickt.

Verlag B.R. Grüner BV
P.O.B. 70020
Amsterdam – Holland

St